学習者の自律をめざす協働学習

シリーズ 言語学と言語教育

第11巻 コミュニケーション能力育成再考
　　　　－ヘンリー・ウィドウソンと日本の応用言語学・言語教育
　　　　村田久美子，原田哲男編著
第12巻 異文化間コミュニケーションからみた韓国高等学校の日本語教育
　　　　金賢信著
第13巻 日本語eラーニング教材設計モデルの基礎的研究
　　　　加藤由香里著
第14巻 第二言語としての日本語教室における「ピア内省」活動の研究
　　　　金孝卿著
第15巻 非母語話者日本語教師再教育における聴解指導に関する実証的研究
　　　　横山紀子著
第16巻 認知言語学から見た日本語格助詞の意味構造と習得
　　　　－日本語教育に生かすために　森山新著
第17巻 第二言語の音韻習得と音声言語理解に関与する言語的・社会的要因
　　　　山本富美子著
第18巻 日本語学習者の「から」にみる伝達能力の発達　木山三佳著
第19巻 日本語教育学研究への展望－柏崎雅世教授退職記念論集
　　　　藤森弘子，花薗悟，楠本徹也，宮城徹，鈴木智美編
第20巻 日本語教育からの音声研究　土岐哲著
第21巻 海外短期英語研修と第2言語習得　吉村紀子，中山峰治著
第22巻 児童の英語音声知覚メカニズム－L2学習過程において　西尾由里著
第23巻 学習者オートノミー－日本語教育と外国語教育の未来のために
　　　　青木直子，中田賀之編
第24巻 日本語教育のためのプログラム評価　札野寛子著
第25巻 インターアクション能力を育てる日本語の会話教育
　　　　中井陽子著
第26巻 第二言語習得における心理的不安の研究　王玲静著
第27巻 接触場面における三者会話の研究　大場美和子著
第28巻 現代日本語のとりたて助詞と習得　中西久実子著
第29巻 学習者の自律をめざす協働学習－中学校英語授業における実践と分析
　　　　津田ひろみ著

シリーズ 言語学と言語教育 29

学習者の自律をめざす協働学習

中学校英語授業における実践と分析

津田ひろみ 著

ひつじ書房

まえがき

　本書は、自律的学習態度を育成するひとつの方法として学習者中心の協働学習に着目し中学校の英語教育という現場のデータに基づき、その実態と効果について分析と考察を行った実証的研究であり、2011年3月に受理された博士論文「自律的学習者の育成をめざす協働学習の役割に関する研究―中学校における英語リーディングの事例を通して」を元に、いくつかの加筆修正を行った。

　1970年代中ごろに端を発する学習ストラテジー研究は40年というその歴史の中で研究の流れが大きく変化してきた。当初は、学習ストラテジーを分類し、それぞれの学習ストラテジーの使用頻度を学習者間で比較し、上位学習者の使用する学習ストラテジーを下位学習者に指導することを目的とする研究が主流であったが、次第に、学習ストラテジーの使用頻度が必ずしも重要な意味をもたないことが明らかにされ、タスクの特徴や個人差を考慮すべきとする批判的考察が多くなされるようになった。その後、学習ストラテジーは個別に使用するのではなく統合的に使用することによって意味をもつのであり、メタ認知がその統合(orchestration)を司るという認識が生まれた。現在は、学習ストラテジー指導の効果を直接扱う量的研究に代わり、メタ認知に注目しながら自律的な学習、あるいは自己制御学習を研究テーマとし、学習者やタスクを取り巻くコンテクストをも視野に入れたナラティブ研究を始めとする質的研究が盛んになってきている。

　本書はそのような研究の流れに沿うものであり、基礎情報を得るために量的研究を行っているが、自由記述分析や教室エスノグラフィーなど後半に示す質的研究に重点が置かれている。一方、東日本大震災の後、人と人との

「絆」の重要性が見直されてきたが、本書が注目した協働学習は正に学習者同士の「絆」の上に立つ、コミュニケーションを基礎とする学習形態であり、今日の日本社会がめざす方向に合致していると言える。

　加えて、これまで、協働学習と自律的学習、あるいは自律的学習とメタ認知など二者の関連を扱った研究は多くなされてきたが、協働学習・メタ認知・自律的学習の三者を関連づけた研究はあまり見当たらない。協働学習を通して学習者がどのようにメタ認知を働かせ自律的な学習態度を高めていくか、その過程を明らかにすることによってより効果的な授業のあり方を提案することができると考える。

　本書の特徴は次の3点である。まず、もっとも重要なのは、中学校という教育現場で収集した複数のデータに基づいている点である。質問紙と英語運用能力テストに基づく量的研究に加え、学習者による自由記述、授業の参与観察、そして回顧インタビューによる質的研究を行っている。つまり、量的研究と質的研究を合わせた三角測量によって協働学習について多角的な分析を行っている。これが2点目の特徴である。そして3点目は、協働学習が学習者の相互行為に基づくコミュニケーションの一形態であるという認識に基づき、教室談話をコミュニケーション理論に則って分析している点である。以上のように本書は教育実践と理論を併せた研究であるので、第二言語習得やコミュニケーション分野の研究者のみならず、現場で英語教育に携わる教師の方々にも興味をもってお読みいただけるはずである。

　本書は7章から構成されており、前半の第1章から第3章において、研究の背景、目的、方法、先行研究について詳述し、データ収集および採用した分析方法を概説している。第4章から第6章が本書の中心部分で、量的調査により自律的学習態度の涵養における協働学習の効果を分析するとともに、質的調査により協働学習に対する学習者の認識、および協働学習における相互行為の実態を探り、それらと従来の教師主導型授業との比較を行なっている。第7章の結論では、分析結果をまとめ、研究の問題点と今後の課題について考察している。

　ここで、論文作成の経緯とそれにまつわる個人的経験を披露させていただきたい。

本書のテーマである「協働学習」は中学生の頃から温めていたトピックである。当時、私は明治学園という福岡県北九州市にあるカトリックの学校に通っていたが、中学校から高校へ進むときに資格試験があると聞き、ひとりも欠けることなくみんなで進学したいという強い思いから、学級会の時間を使って勉強方法を話し合うことにした。自分の得意科目について、役立ちそうな参考書や勉強方法、暗記方法などについてアイディアを出し合い、生徒たちだけで真剣に話し合った。

　その後、教師として職を得てから、その経験を担当する中学校の帰国生クラスで実践してみようと考え、グループ・ディスカッションを取り入れてみたものの、なかなかうまく行かなかった。立教大学のジョセフ・ショールズ先生にご相談したところ、ペア・ワークから始めるようご助言いただき、ペアから数人のグループ、そしてクラス（10人程度）へとディスカッションの規模をだんだんに広げていった。それがこの研究テーマの始まりである。

　数年前に15年間務めた中学校の講師を辞め、現在は4つの大学で講師を務めているが、大学のクラスでもグループ・ディスカッションはうまく機能している。協働学習の一番の利点は、学生が自ら学ぼうとする力が育つことである。教師主導型授業では教師が権威的な立場に立って効率よく正解へと学習者を誘導しがちだが、協働学習は正解に辿り着くまでのプロセスを大事にする。それこそが、学習者が主体的に学ぶために必要な時間なのだ。つまり、協働学習では、一方的な情報や知識の伝授でなく、自分の考えをもった学習者によって意味のある相互行為が実現される。その結果、学生の授業への取り組み方が受身から能動へ変わり、加えて、クラスの学生同士が仲良くなる。次第に、学び合うことも上手になり、そうした和気藹々とした空気は授業を楽しくしてくれる。協働学習は学習者同士の学び合いと定義しているが、実は同時に、教師と学習者の協働でもあるのだ。

　本書のもうひとつのテーマである「自律的」な学習者とは、自ら学ぼうとする姿勢をもち自らの学習を組み立てることのできる学習者を意味するが、最近は「自己調整学習」というくくりで学習動機と関連させた研究が進められている。いかにして学習者に学習意欲をもたせ、自ら学ぼうとする姿勢をもたせるかというのは、おそらく教育における永遠のテーマなのではないだ

ろうか。本書は、英語が得意でない学習者が教師の手助けなしに仲間の力によって学習活動に引き入れられる変化の様子を扱った事例によって、現場に立つ教師の方々にひとつの教室指導のあり方を提案することができたと思う。

今後はフィールドを中学校から大学に移し、協働学習を取り入れたクラスにおける学習者の自律性と学習動機との関連を探り、教育の現場にさらなる提案をしたいと考えている。

本書の出版にいたるまでに、多くの先生方や同輩、友人にご指導、ご支援をいただいた。この場を借りて、皆様にお礼の言葉を申し上げたい。

指導教授である立教大学の平賀正子先生には、時には厳しくご指導いただき、時には温かく勇気付けていただいた。この10年間一番近くで研究を見守りご助言くださった平賀先生には感謝の気持ちでいっぱいである。立教大学の小山亘先生と関西大学の竹内理先生にはお忙しいご校務の合間を縫って最後まで丁寧なご指導をいただき、おかげで研究をいっそう深めることができたことに深く感謝している。立教大学の鳥飼玖美子先生、早稲田大学の舘岡洋子先生、愛媛大学の中山晃先生、東海大学の服部順子先生、京都産業大学の大和隆介先生を始めとする小学校英語科研グループの先生方、そして、今もなお地域の中等教育に貢献し続けておられる井上泰次先生にも様々な形でご指導、ご支援いただいたことに心から感謝する。

一方、精神面では、立教大学の野田研一先生や久米昭元先生、明治学園の松下きみ子先生、研究科一期生の仲間や後輩たちが、折に触れ励ましの言葉をかけてくださった。さらに、調査に快く協力してくださった中学校の校長先生・副校長先生、英語科の先生方と多くの生徒の皆さん、GTECをご提供くださった(株)ベネッセコーポレーションの五十嵐俊哉さん、統計ソフトSPSSの八木さん、そして、校正をお手伝いしてくださった立教大学大学院の私市信子さん、行森まさみさん、東京大学大学院のイリーナ・ドゥビンカさん、皆さんのご協力も忘れられない。

本書の出版に当たっては、研究科の後輩である綾部保志さんと同期生の稲村恭子さん、そして同じ町内に住む日本ライセンス協会会員の小高壽一さんに貴重なアドバイスをいただいた。そして幸せなことに、ひつじ書房さんが

出版の機会を与えてくださった。社長であり編集長である松本功氏に心から感謝したい。さらに、出版の手続きを進めてくださったアシスタントの海老澤絵莉さんと渡邉あゆみさんにはたいへんお世話になった。

　こうしてたくさんの方たちのお力を借りて仕上がった本書が、教育的立場におられる方々に協働学習の効果と問題点についてより深く知っていただき、さらに協働学習の導入の仕方をご理解いただくための一助になればたいへん嬉しく思う。将来は、英語科だけでなく他の教科にも広く応用し、できれば教科間の教師の協働を実現させることが私の夢であり、大きな目標である。よって、英語教育のみならず広く教育やコミュニケーションに関心をおもちの方々の目に留まれば幸いである。

　本書を、お茶の水女子大学英文科のクラスメイトである故竹村和子さんと明治学園の同級生である故澤木恵美子さん、2人の友人に捧げたい。

　最後に、この10年間、母を理解し支えてくれた3人の子供たちと、健康を気遣いながら温かく見守ってくれた両親、そしていつも優しい目でみつめていてくれた今は亡き甲斐犬のチャメに心から感謝の気持ちを伝えたい。ありがとう。

　本書は多くの「人の輪」に支えられて完成した「協働」の賜物である。

　　2013年6月

梅雨空の下、府中の自宅にて
津田　ひろみ

目　次

まえがき ……………………………………………………………………… v
文字化記号一覧 …………………………………………………………… xv

第 1 章　英語教育の現状と研究の意義 ── 1
1.1　最近の英語教育の現状 ………………………………………… 2
1.2　研究の目的と意義 ……………………………………………… 6
1.3　本書の構成 ……………………………………………………… 8

第 2 章　英語教育に関する研究の動向 ── 13
2.1　近年の研究の傾向 ……………………………………………… 13
2.2　学習ストラテジーに関する研究について …………………… 15
 2.2.1　研究の発端となった Oxford (1990) の概要 ……………… 16
 2.2.2　Oxford (1990) 以外の学習ストラテジーの分類 ………… 19
 2.2.3　Oxford (1990) に対する最近の批判 ……………………… 21
 2.2.4　学習ストラテジーの使用・認識に影響を与える要因に
    関する問題点 ………………………………………………… 24
 2.2.5　学習ストラテジー研究の動向 …………………………… 30
2.3　自律的学習に関する研究について …………………………… 35
 2.3.1　学習における自律の定義 ………………………………… 35
 2.3.2　自律的学習とメタ認知ストラテジーの関係 …………… 40
 2.3.3　自律的学習と協働学習の関係 …………………………… 42
 2.3.4　自律的学習における教師の役割 ………………………… 44
 2.3.5　学習における社会コンテクスト ………………………… 45
2.4　協働学習に関する研究について ……………………………… 47

2.4.1　協働学習の定義 ･･･ 47
　　2.4.2　協働学習の理論的枠組み ･･････････････････････････････ 50
　　2.4.3　協働学習の成立条件 ･･････････････････････････････････ 54
　2.5　社会文化的アプローチに基づく研究 ････････････････････････ 60
　　2.5.1　「発達の最近接領域」理論という概念 ･････････････････ 60
　　2.5.2　「対話」という概念 ･･････････････････････････････････ 64
　　2.5.3　「抑圧からの解放」という概念 ････････････････････････ 68
　　2.5.4　協働学習を支える主要概念の比較 ･･････････････････････ 71
　2.6　研究の動向―まとめ ････････････････････････････････････ 77

第3章　研究の枠組み ― 87
　3.1　本書における鍵概念の作業定義 ･･････････････････････････ 87
　　3.1.1　自律的学習者とは何か ･･････････････････････････････ 87
　　3.1.2　協働学習とは何か ･･････････････････････････････････ 88
　3.2　研究の対象 ･･ 89
　　3.2.1　研究協力者 ･･ 89
　　3.2.2　調査のフィールド ･･････････････････････････････････ 91
　3.3　方法論の概要 ･･ 92
　　3.3.1　量的調査 ･･ 95
　　3.3.2　質的調査 ･･ 98

第4章　質問紙調査の統計分析と結果 ― 109
　4.1　調査の概要 ･･･ 109
　　4.1.1　リサーチ・クエスチョン ･･･････････････････････････ 109
　　4.1.2　調査の対象 ･･･････････････････････････････････････ 110
　　4.1.3　調査手順 ･･･ 110
　4.2　調査方法 ･･･ 112
　　4.2.1　英語運用能力テスト：GTEC ････････････････････････ 112
　　4.2.2　英語学習に関する質問紙 ･･･････････････････････････ 113
　　4.2.3　リーディング・タスクに関する質問紙 ･･･････････････ 117
　　4.2.4　統計的手法 ･･･････････････････････････････････････ 120
　4.3　分析結果と考察 ･････････････････････････････････････ 120
　　4.3.1　協働学習と英語運用能力の関連について ･････････････ 120

4.3.2　協働学習におけるメタ認知の認識度について …………………… 123
　　4.3.3　協働学習における
　　　　　　リーディング・ストラテジー使用について ………………… 130
　4.4　量的調査のまとめ ………………………………………………………… 136
　　4.4.1　リサーチ・クエスチョン ……………………………………… 136
　　4.4.2　今後の課題 ……………………………………………………… 138

第5章　自由記述調査の質的分析と結果 ―――――― 141
　5.1　調査の概要 …………………………………………………………………… 141
　　5.1.1　リサーチ・クエスチョン ……………………………………… 141
　　5.1.2　調査の対象 ……………………………………………………… 142
　　5.1.3　調査の手順 ……………………………………………………… 142
　5.2　調査の方法 …………………………………………………………………… 143
　　5.2.1　予備調査 ………………………………………………………… 143
　　5.2.2　自由記述シートによる調査 …………………………………… 145
　5.3　分析と考察 …………………………………………………………………… 145
　　5.3.1　予備調査の分析結果 …………………………………………… 146
　　5.3.2　自由記述シートの分析結果 …………………………………… 150
　　5.3.3　自由記述に関する考察 ………………………………………… 165
　5.4　自由記述に関する調査のまとめ ………………………………………… 174

第6章　協働学習の教室エスノグラフィー分析と結果 ―― 179
　6.1　調査の概要 …………………………………………………………………… 180
　　6.1.1　研究課題 ………………………………………………………… 180
　　6.1.2　調査の対象 ……………………………………………………… 180
　　6.1.3　調査の手順 ……………………………………………………… 181
　6.2　分析の方法 …………………………………………………………………… 183
　　6.2.1　協働学習の定義と分析の枠組み ……………………………… 183
　　6.2.2　鍵概念について ………………………………………………… 185
　6.3　教室で起こっていること①―分析と考察 …………………………… 193
　　6.3.1　エピソード #1（補遺 22）……………………………………… 195
　　6.3.2　エピソード #2（補遺 24）……………………………………… 228
　　6.3.3　エピソード #3（補遺 26）……………………………………… 241

 6.4　協働学習における相互行為のまとめ ……………………………… 256
 6.5　教師主導型学習における相互行為のエスノグラフィー分析 ………… 262
   6.5.1　調査の概要 ……………………………………………………… 262
   6.5.2　教室で起こっていること②―分析と考察 ………………… 264
 6.6　協働学習における相互行為と教師主導型学習における
   相互行為の比較 …………………………………………………… 275

第7章　自律的な学習者の育成をめざす
　　　　協働学習と英語教育 ─── 281

 7.1　研究の概要 ……………………………………………………………… 281
   7.1.1　研究の結果と考察 ……………………………………………… 282
   7.1.2　結論 ……………………………………………………………… 288
   7.1.3　協働学習における教師の役割 ………………………………… 291
 7.2　研究の限界と今後の課題 …………………………………………… 293
   7.2.1　研究の限界 ……………………………………………………… 293
   7.2.2　今後の課題 ……………………………………………………… 294

参考文献 ……………………………………………………………………………… 297

補遺 …………………………………………………………………………………… 315

あとがき ……………………………………………………………………………… 377

索引 …………………………………………………………………………………… 381

文字化記号一覧

```
ⅹⅹⅹ     ：聞き取れない発話
｜       ：同時発話
・・・    ：言いよどみ
？       ：上り調子のイントネーション
。       ：下がり調子のイントネーション
、       ：話の途中の息継ぎ
。。。    ：発話が完了しておらず、発話が続きそうなイントネーション
！       ：強い言い切り
___     ：注目すべき部分
[  ]     ：筆者による説明
```

第1章
英語教育の現状と研究の意義

　教育分野では近年、「自律」という言葉が繰り返され、学習者が自ら学習に取り組む姿勢をもつことが期待されている。そうした自律的な学習態度の育成には学習を振り返り管理するメタ認知が大きく関わるとされてきたが、学習者の英語運用能力やタスクの種類、学習者の性格など学習者要因に加えて、クラスメートとの関係、受験の有無や家庭環境、社会の状況など学習者を取り巻く大小の社会コンテクストの重要性も見直されてきている。一方、指導法については、学力向上に効果があるとして長年偏重されてきた習熟度別学習に代わって、学習者中心の教授法である協働学習が注目され始めている（秋田, 2007；出口, 2004；佐藤, 2006）。
　このような時代の潮流を吟味し、その要請に応じるには、協働学習において学習者がどのようにメタ認知を働かせ、自律的な学習態度を促進するのかを調べることが重要であると思われる。本書は、学習者間の相互行為に基づく協働学習を中学校の英語リーディングクラスに導入し、協働学習が自律的学習者の育成においてどのような役割を果たし、また、どのような問題点があるか、教育現場で収集した実証データに基づいて多角的に検討する。
　本章では、始めに研究の背景として英語指導法の変遷と生徒の変化を論じ、続いて指導法における現代の潮流を概観する。その上で、本研究の目的と位置づけを明らかにし、本書の構成を述べる。
　尚、本書は2010年度に立教大学に提出した筆者の博士論文であるが、出版に当たり第6章の後半を中心に多少の加筆・修正を行った。

1.1 最近の英語教育の現状

グローバル化が進むにつれ日本人に求められる英語力は少しずつ変化してきたが、それを反映して中学校英語教育にはいくつか大きな変更が見られた。文部科学省から10年ごとに出される学習指導要領を手がかりに、2000年以降に見られた中学校英語教育の目標や指導法の変遷について以下に整理しながら英語教育の現状を明らかにする。

99年版の学習指導要領ではコミュニケーション英語に重点が置かれた結果、必修単語の数が大幅に減少し、中学校3年間に学ぶ英単語の新語の数は1000語程度(89年版)から900語程度(99年版)に、そのうち「必ず習うべき基本語」の数は507語(89年版)から100語(99年版)に大幅に削減された。また、「中学校学習指導要領解説—外国語編」では、「単に外国語の文法規則や語彙などについての知識をもっているというだけではなく、実際のコミュニケーションを目的として外国語を運用することができる能力」(1999, p.7)の育成を最重要項目として"communicative English"に力点を置くことが明記されている。「読むことの言語活動」については「物語や説明文などのあらすじや大切な部分を読み取る」(1999, p.19)ことを学習目標とし、「ある程度の長さをもち、まとまった内容をつたえようとするもの」(1999, p.19)を読むべき文章として設定した。しかし、実際には、中学校英語の教科書の内容は「使える英語」の習得を目標とした会話中心のものとなり、まとまった読み物の量は激減したのである。

さらに、2002年度に「ゆとり教育」が始まって以来、週当たりの中学校の英語の授業時数は3〜4時間になるなど、教育に大きな転機が訪れた。その結果、2008年に文部科学省が発表した「PISA 2006年調査国際結果の要約[1]」(文部科学省, 2008)において、日本人学習者の学力は急激な低下を示した。中でも、母語の読解力は2000年の第1回調査以来ずっと低迷[2]している。科学的リテラシーと数学的リテラシーでは、参加国の中で上位に位置しているのに対し、読解力はOECDの平均にほぼ並ぶレベルである。PISAでは「読解力」を「自らの目標を達成し、自らの知識と可能性を発達させ、効果的に社会に参加するために、書かれたテキストを理解し、利用

し、熟考する能力」と定義している。問題は、テキストからの「情報の取り出し」、書かれた情報に基づき推論して意味を理解するというテキストの「解釈」、書かれた情報を自らの知識や経験に位置づける「熟考・評価」、という3つの観点に立って構成されている。選択肢問題だけでなく記述式問題も多く取り入れられており、テキストを利用し、テキストに基づいて自分の意見を論じることが求められる。このような「考える力」、あるいは「主体的(自律的)に学ぶ力」を測るテストにおいて日本人学習者はフィンランドや韓国の学習者に大きく遅れを取ったのである。つまり、与えられた知識を素直に受け止め、練習を繰り返すことによって暗記するという従来の学習法が行き詰ったと言える。

また、佐藤(2001)は、国際教育到達度評価学会(IEA)[3]1999年の調査結果を分析し、日本、韓国、北朝鮮、シンガポール、台湾、中国、香港に見られた大幅な学力低下を「東アジア型教育の危機」と呼んだが、これらの国々では習熟度別学級編成を取り入れているという(p. 31)。日本の中等教育の現場においても、数学・英語に関しては習熟度別指導が効果的であると考えられてきた。しかし、近年、佐藤を始めとして、習熟度の異なる学習者が共に学ぶ協働学習を取り入れようとする試みが少しずつ進められている(秋田, 2007；沖浜, 2007)。教師主導型学習から学習者中心の学習へとシフトさせようという試みである。しかしながら、実践範囲の拡大に比べると、その実践結果について、理論に基づく詳しい検証は遅れているのが実情であろう。

このような教育の現状を鑑み、2007年に発表された中学校学習指導要領(文部科学省, 2008)には、大幅な変更が見られた。たとえば、中学校で習得すべき英語語彙数は900語から1200語へ、週当たりの英語の授業時数は3時間から4時間へそれぞれ増加した。その他にも、以下に示すような改定が行なわれた。まず、一般方針として総則に、「思考力、判断力、表現力その他の能力をはぐくむとともに、主体的に学習に取り組む態度を養(う)」ことを目標とすると述べられ、配慮すべき事項として、「生徒の興味・関心を生かし、自主的、自発的な学習が促されるよう工夫する」こと、そして「生徒が学習の見通しを立てたり学習したことを振り返ったりする活動を計画的に取り入れる」ことなど、学習者の自律およびメタ認知力に言及している。

評価に関しては、「生徒の良い点や進歩の状況などを積極的に評価するとともに、指導の過程や成果を評価」するというように、学習の結果だけでなく、学習の過程（プロセス）を重視する姿勢が見られる。さらに、総則だけでなく、「外国語」の節の言語活動の項では、話すこと、読むこと、そして書くことにおいて、生徒間の相互行為（コミュニケーション）が重視され、言語活動の取り扱いの項では、「互いの考えや気持ちを伝え合う」「さまざまな考えや意見などの中からコミュニケーションが図れるような話題を取り上げる」など、相互行為における多様性を受容する姿勢を育もうとする活動が含まれている。

　以上に示したように、新学習指導要領にはメタ認知と相互行為（コミュニケーション）に関する記述が多く見られるようになった。つまり、文部科学省が目標とする「使える英語」の力を実現するためには、考える力をもった「自律的な学習者」を育成することが急務であり、その目標を達成するためには、学習を計画し管理する力（メタ認知力）と相互行為を円滑に行う力（コミュニケーション力）が重要であるという新たな方向性が示されたと解釈できよう。

　ここでこれまでに述べた日本の教育の歴史を概括するならば、元来、教師の統制の元に規律を正して知識を吸収することを中心とする教師主導型の教授形態が主流であったが、その後「ゆとり教育」の時代に入り、教授する知識の量を削減すると共に何事も生徒に強要せず生徒の「個性」を重視しようとする方向へ転換した。しかし、その一方で、自分では充分に学習できない生徒を「自己責任」の名の下に放置する結果となった。その後の新学習指導要領（2008）は、学習者間の相互行為や多様な思考を受容すること、そして学習者の自律を重視しており、これまでの教師主導型学習でもゆとり学習でもなく、さらに新自由主義にも基づかない、新しい学習の方向性を示したと言える。

　このような教育の大きなうねりの中で、現場の生徒はどのように変化したであろうか。筆者の15年にわたる教壇からの視点に基づき、都市における国立大学附属中学校[4]の英語教育現場における、いわばミクロ・レベルでの生徒の変化を次に振り返る。

近年の生徒の変化は2つの大きな傾向として捉えられる。ひとつは英語運用能力の二極化であり、もうひとつは学習者の孤立化である。一般には、日本の学習者の英語運用能力の低下ばかりが注目されているが、全員のレベルが一律に下がったわけではなく、知識量の多い「できる」生徒と基礎からやり直さなければならない「できない」生徒に二極化し、中間層が減少した。中学校の英語の教科書の内容が会話文中心になり、文法やリーディングにかける時間数が学校でも家庭でも減少し、教科書を使って自分で勉強しづらくなった結果、塾通いをする生徒の割合が高くなったことが原因のひとつと思われる。塾に通う生徒は知識を蓄え入試問題に精通する一方、塾に通わない生徒は充分な文法知識や必要な語彙を身につけることすら難しい、というように英語力における生徒の二極化が起こった。どちらのグループに属するにせよ、自ら喜んで学習に取り組めていない生徒も多くいることに留意したい。

　自宅学習あるいは家庭教師の場合は当然、個別学習である。塾の場合も個別学習、あるいは競争学習になる。加えて、受験合格を目的とする塾では、学習の過程や考え方を吟味するのではなく時間内に正しい答え(結果)を出すことに執着し、いかに効率よく学習するかが重要課題となる。たとえば、塾に通う生徒は正誤(True / False)問題の解き方のポイントを皆同様に心得ているし、英文の書き換え問題は多くの生徒が得意とする。そのような受験合格のためのスキルを手っ取り早く身につけるにはその道に長けた塾の先生の指示に従うのがもっとも確実な方法となり、権威に依存した学習法が身についてしまう。その結果、試行錯誤を繰り返しながら自分の力で正解に辿り着こうと努力したり、仲間と協力して課題を解決しようとすることがなくなり、したがって解決したときに学ぶ喜びを味わうこともない。このような、素直で成績は良いが自分の頭を使って考えることを忘れてしまった生徒が近年多く見受けられる。加えて、日本における少子化もこの傾向を助長していると考えられる。そして、このような傾向は教科としての英語のみに関わる問題ではなく、授業態度やクラス活動などにおいても、自分の問題だけに意識が集中し仲間と協力し合えずグループないしクラス全体が見えない生徒、つまり、メタ認知を働かせられない生徒が増えていると認識している教師が多い。

上述のように英語カリキュラムが会話中心に変化したことにより、英語文法がわからない生徒が増え、自分で勉強できず塾に通い、そこで先生に教えてもらうことが当然となり、自分で努力しない生徒が多くなってきた。このような生徒の変化に対応するために、学習者中心の教授法である協働学習が注目されるようになったのは、当然の結果であったと考えられる(Nunan, 1988；1992)。

　日本語教育の分野では協働学習を早くから取り入れられており、舘岡(2005)は学習者(留学生)が与えられた課題に対して相互に教え学び合うことにより、読む・書くなどの学習内容をより良く理解することができたと協働学習の成果を報告している。さらに、国立大学附属中学校・高等学校など一部の学校でも、協働で学習することの効果が認められ徐々に取り入れられ始めている(佐藤, 2006)。英語授業における協働学習はまだあまり一般的ではないと思われるが、筆者は中学校の帰国生を対象とする週1回の英語授業に協働学習を取り入れて学習ストラテジーの指導を行ったが(津田, 2005)、そこでは、協働学習が個別学習より学習者に好まれただけでなく、英語運用能力の向上に効果的であったという結果[5]を得た。一般に、日本人は話し合いが苦手であるため学習者の相互行為に基づく協働学習の導入は難しいとされてきたが、学習指導要領にも相互行為やコミュニケーションの重要性が述べられている今日、学習者たちは協働学習に馴染みやすい素地を培ってきており、協働学習を取り入れる好機であると考える。

1.2　研究の目的と意義

　近年の教育分野における研究の動向に鑑み、本書では量的研究と質的研究を併せた三角測量[6]を行う。協働学習における相互行為を学習のコンテクストを視座に入れた社会文化的アプローチによってさまざまな角度から検討し、協働学習が自律的学習態度の育成において果たす役割をメタ認知[7]と関連づけて明らかにすることを目的とする。自律的学習者の育成に関わる要因のうち教育的指導によって変化する要因として学習ストラテジーやメタ認知、動機などが考えられるが(竹内, 2010)、本書ではその中でも現在の日本

における英語指導に欠けていると思われるメタ認知に着目する。研究対象としたメタ認知とは、メタ知識を含むメタ認知ストラテジーを指す。つまり、学習全般に関するメタ認知、および具体的なタスクに関するメタ認知ストラテジーの双方を指導し、自律的な学習態度との関連を探る。

協働学習については、Johnson and Johnson（1989）が個別学習より自律的学習態度の育成に効果的であることを示した。また、ヴィゴツキー（2001 [1956]）の発達の最近接領域理論やバフチンの「対話理論」は学習において相互行為が効果的であると認めている[8]。そこで、本書は中学校の英語授業の一部に協働学習を導入し、自律的な学習者の育成におけるその効果を分析することとした。

自律的学習者、協働学習という2つの鍵となる概念については、現段階で以下のように同定する。これまでの研究（Benson, 2001；Goh, 1997；Wenden, 1991）では、自律的学習者とは、学習ストラテジーのひとつであるメタ認知ストラテジー[9]を利用し、学習の目標に沿って計画を立て、実行し、自らの学びをモニターし、学習結果を振り返り、計画を見直すなど、自らの学習に主体的に関わり、学習を管理することのできる学習者と定義されてきたが、本書では、社会文化理論の視座に立った考察を加味し、上述の定義に「学習者の意識の社会化」を付加する。学習者の自律に関与する主な要因には学習者の年齢、性別、動機づけ、性格、国民性などさまざま挙げられるが（Takeuchi, et al., 2007）、本書では、学習場面において権威的な立場に立つ教師や仲間の言動が学習者に及ぼす影響が大きいと考え、学習環境の中でも社会的役割を中心とした社会文化的側面に焦点化して考察する。つまり自らの学習を管理することに加え、周囲の人的・物理的状況（狭義の社会コンテクスト）に意識を向けることのできる学習者、と定義する。そのためにはメタ認知の知識およびストラテジーが必要となる。

次に、協働学習とは、グループを構成するメンバー（通常4名[10]）が共通のゴールに向かって互いの意見を交換しながら問題解決を図る学習形態を指す。学習の結果をグループで統一する必要はなく個々人の結果は異なって構わない。教師はタスクを準備・提示するが授業ではファシリテータとして学習者を脇から補助する立場を取り、学習の主体は学習者である。併せて、協

働学習は思考を深め視野を広げることをめざすものであって、単なる知識の教授には不向きであるなど万能ではない点に留意する必要がある。

データの分析枠組みについては、社会文化的アプローチが本書の関わるどの分野においても注目されてきていることに鑑み、協働学習をバフチンの「カーニバル」に見立て、フレイレの「解放の教育学」を参照して分析を試みる。併せて、自律的学習態度の到達の程度をメタ認知レベルのミクロからマクロへの変化という尺度によって解釈する。これまで協働学習と自律的学習、またメタ認知と自律的学習の二者間の関連を示す研究は教育分野で多くなされてきたが（Cotterall, 2008；Esch, 1997；Goh, 1997；Little, 1996；竹内, 2008）、本書はメタ認知を媒介として協働学習と自律的学習を関連づけるものであり、このように三者間の関連を示す研究は新しい試みと思われる。

もうひとつ本書の特徴として、理論と現場データを組み合わせた研究である点が挙げられる。学校という制約の下で収拾した英語運用能力テスト、質問紙、自由記述、授業の参与観察、回顧インタビュー等の教育現場における生のデータについて、社会文化理論と擦り合わせながら量的および質的分析[11]を行っている。

以上に概観したとおり、本研究は協働学習という比較的新しい指導法について、現場データに関する社会文化的アプローチによる分析結果を提示し、研究者のみならず学習者の自律を目標とする現場の教師にとっても意義のある研究であると考える。

1.3 本書の構成

上述のとおり、本書は自律した学習者を育成するひとつの方法として「協働学習」を中学校英語教育に取り入れ、その効果を量的研究と質的研究を併せた三角測量によって検証するものである。本書の構成を以下に簡単に示す。

第1章「序論」では、日本の中学校英語教育を中心とする教育事情を概観し、本書の目的と意義を論じた。

続く第2章「先行研究」では、「学習ストラテジー」、「自律的学習」、「協

働学習」、という3つの分野に関する先行研究をまとめる。学習ストラテジー研究の最近の動向として、社会文化的視座を取り入れた研究が目立つようになってきたが、学習者の自律に関する研究においても社会コンテクストを考える傾向が強く見られる。そのような新しい動向を押さえた上で、学習者の自律性の涵養に有効であるとされる協働学習について、実践に基づく研究(沖浜, 2008；佐藤, 2006)を整理し、本書における協働学習の基本概念を確認する。

　本書は、協働学習について量的研究と質的研究を併せた多角的な調査・分析を行うが、第3章「リサーチ・デザイン」では、量的研究と質的研究それぞれの研究協力者と調査フィールドについて詳述し、加えて、採択した方法論と分析方法の枠組みについて概説する。量的研究では、対照群を含む調査協力者数が少ないため有意差に加え効果量(effect size)に基づく統計分析を行い、自由記述データの分析にはKJ法(川喜田, 1967)を用いた。さらに、授業の観察データに基づく教室コミュニケーションの分析に当たって、シルヴァスティン(2009 [1976, 1985, 1987, 1993])による出来事モデル(小山, 2008)を分析枠組みとして採用した。第3章では、これらの分析方法について論議する。

　第4章では、英語運用能力テストと質問紙調査によって得られたデータに基づく量的調査(調査1)を扱う。協働学習が英語運用能力の伸長や学習ストラテジーの習得にどのような効果を及ぼすか、英語運用能力による上位・中位・下位の3群の結果について、効果量を用いた統計分析の結果を考察し、学習者の自律の程度と照応する。

　次に、第5章では、量的分析によって明らかにされた3群の差異についてより詳細に考察する。まず、質問紙調査を用いた予備調査によって、協働学習を通して学習者にどのような変化があったか、その影響について前述の3群の特徴を探る。次に、学習者による自由記述の内容をKJ法、および相互行為論によって分析する(調査2)。英語運用能力別に自律的学習態度との関連を検討し、教室における相互行為のあり方について考察する。併せて、学習者の記述に見られる協働学習の利点と問題点を整理し、最後に、学習者が意識を焦点化する学習ストラテジーや学習活動について、学習者の自律の

程度との関連を可視化して示す。ただし、第5章に示す考察はあくまで理念型モデルに基づく分析である。

そこで、第6章では、量的調査や自由記述シートの分析では明らかにされなかった教室における生徒間の相互行為、つまり、協働学習における学習プロセスを授業の参与観察に基づく質的調査(調査3)によって明らかにする。協働学習がコミュニケーションの一形態であるという洞察に基づき、コミュニケーション理論を中心とする分析枠組みに則って協働学習における生徒の相互行為の様子を多角的に分析し、さらに、バフチン(1996［1975］)、フレイレ(1979［1970］)、ヴィゴツキー(2001［1956］)、ワーチ(2004［1991］)など社会文化理論の視座に立った解釈枠組みにより相互行為についての考察を深める。

第6章の終わりには、協働学習における相互行為の特徴を明確にするため、教室コミュニケーションの基本とも言える教師主導型授業における教師と生徒の相互行為の観察結果を示す。そこから教師主導型授業における学習プロセスの特徴を描出し、協働学習の場合と比較・分析を行う。

最後に第7章では、4つの調査に基づく研究の結論と教育分野への提言、および研究の限界と今後の課題について述べる。本書は筆者が担当する生徒を主たる研究協力者とし、量的研究と質的研究を併せた三角測量によって自律的学習態度の育成における協働学習の効果について多角的に分析を行い、研究協力者の変化の過程を探ろうと試みた。その研究結果に基づき、対話に基づく協働学習が中学校において自律的学習態度を涵養する指導法のひとつとして効果が期待されるかどうかについて調査結果を整理する。次に、グループの編成方法や評価の仕方など、協働学習の中等英語科教育への導入に当たって考察すべき未解決の問題を明らかにする。加えて、今回の調査は主に学習後の生徒の変化に焦点を当てた研究であるが、今後の課題として、学習前の要因である学習の動機づけへの協働学習の影響について研究を進める予定について言及する。

以上が、本書の構成についての概要である。

注

1. 「生徒の学習到達度調査」は OECD によって実施され、57 ヵ国／地域から約 40 万人の 15 歳児が参加した。我が国では、平成 18 年 6・7 月に、高校 1 年生約 6,000 人を対象に実施された。
2. 分野別日本の結果と OECD 平均の比較(括弧内の数字が OECD 平均値)

	2000 年	2003 年	2006 年
読解力	522(500) 8 位/31	498(494)14 位/41	498(492)15 位/57
科学的リテラシー	550(500) 2 位/31	548(500) 2 位/41	531(500) 6 位/57
数学的リテラシー	557(500) 1 位/31	534(500) 6 位/41	523(498)10 位/57

3. IEA とは、国際教育到達度評価学会による中学生を対象とする理数科に関する調査で、子どもの学力や校外学習時間、子どもの学習意識などに関する国際比較を行なっている。第 1 回 1964 年(12 カ国参加)、第 2 回 1981 年(20 カ国参加)、第 3 回 1995 年(41 カ国参加)、第 3 回の追跡調査 1999 年(38 カ国参加)と継続的に調査している。
4. 調査対象は国立大学附属中学校の生徒であるため、学力や家庭環境等において標準的中学生とは言えない可能性がある。
5. 教師が一方的に説明する教師主導型教授法より学習者中心の協働学習の方が、理解が深まり、タスクの内容に対する視野が広がり、学習者の英語学習への動機づけを高めることができた。
6. 三角測量とは、多角的データ、あるいは先行研究によって理論や結果を裏づけし説明することによって、論文の妥当性、信頼性、客観性を高めようとする方法のひとつとされる。(Rudestam and Newton, 2001, pp. 90–100)本書が方法論として採択した三角測量については第 3.3 節を参照。
7. 竹内(2008)はメタ認知を「見る、聞く、話す、読む、書く、理解する、覚える、考えるといった認知プロセスとその結果を、一段高いレベルから客観的にとらえなおし認識する」と定義し、知識とストラテジーの使用という 2 つの側面があるとしている。
8. 一方、佐藤(2001；2004)は、習熟度別学習が学力の伸長に対して効果的でない事実を示し批判している。
9. メタ認知ストラテジーとは、社会ストラテジーや情意ストラテジーと同様、学習を進めていく過程で各段階がうまく機能するよう学習者が意識的に使用する方略を指す。具体的な例として、学習の目標設定、目標達成のための計画立案、進捗状況の振り返り、計画の見直し、などが挙げられる(詳細は第 2.2.1 節参照)。

10 佐藤 (2006) や沖浜 (2007) は 4 名が好ましいとしている (詳細は第 3.1.2 節参照)。
11 参与観察もインタビューも教師である調査者が行ったため、研究協力者である生徒との間に力関係が生じる危険も予測されるが (Briggs, 1986)、本書が対象とする英語選択授業は一般の科目と異なり成績をつける必要がないため、Breen (2001) が指摘するような教師による成績に基づく生徒の階層付けが比較的発生しにくいと考えられる。そのため、教師 - 生徒という力関係による回答への影響はもちろん皆無とは言い切れないが、さほど甚大ではないと考える。

第 2 章
英語教育に関する研究の動向

　第1章では、研究の背景と問題点を中心に述べたが、本章では、研究の出発点である学習ストラテジー、研究のゴールである自律的学習者の育成、研究対象である協働学習、そして、解釈枠組みである社会文化理論を中心とする先行研究を示す。

2.1　近年の研究の傾向

　各分野の先行研究に先駆けて、学習ストラテジー、自律的学習、および協働学習という3分野に近年、共通して見られる動向を概観する。

　学習者の自律を目標とする学習ストラテジーについては、これまでメタ認知ストラテジー[1]が研究の中心であったが、近年では、社会ストラテジーや情意ストラテジーなどを総合的に指導し、併せて、学習者を取り巻く社会的コンテクストをも考慮しようとする傾向が見られる(竹内, 2010)。学習者の自律に関する研究においても同様に、学習者だけに焦点を当てるのではなく、学習者をとりまく仲間、教室、学校、社会など社会的コンテクストを無視することはできないと考えられるようになってきた(Gu, 2003；Macaro, 2006；Norton and Toohey, 2001；Takeuchi, Griffiths, and Coyle, 2007)。そのような状況の下、これまでの教師主導による習熟度別学習に代わって学習者中心の教授法が重視される傾向が強まり、その結果、社会的コンテクストを包含する協働学習が注目されるようになってきた。一方、研究方法については、量的研究では捨象されがちな学習のコンテクストを視野に入れた質的研究の必要性が高まってきている。

本書は、上記のような教育および研究の動向に鑑み、中学校の英語リーディングのクラスで学習ストラテジー、とりわけメタ認知の知識とストラテジーを指導するに当たって協働学習を導入し、その効果を自律的学習態度の育成という観点から分析する。これまで、メタ認知と自律的学習態度、あるいは、協働学習と自律的学習態度、というように二者間の関連を探る研究は多くなされてきたが、自律的学習態度とメタ認知を関連づけながら協働学習について論じた研究はあまり見当たらない。しかも、従来行われてきた統計による量的研究に加え、学習者による自由記述と授業の参与観察という教育現場のデータに基づく質的研究を行う点は新しい試みと言えよう。

　本章では、学習ストラテジー、自律的学習、協働学習、そして社会文化的アプローチ、の4分野に関する先行研究について以下の順で論ずることとする。

　第2節では、Oxford(1990)による学習ストラテジー研究から最近までの学習ストラテジーに関する研究の動向を整理し、近年、議論されている問題点を「ストラテジーの分類」「批判」「コンテクスト」「質的研究」という4つのキーワードに沿ってまとめながら本書の方向性を示す。続く第3節では「自律的学習」を同定した後、自律的学習者育成のさまざまな方法を探り、さらに近年の自律に関する研究の動向を参照しながら本研究のゴールである自律的学習者像を明らかにする。次に、第4節では、本研究の根幹であり、かつ、自律的学習者の育成に効果があるとされる指導法のひとつである「協働学習」の定義について論議する。協働学習の理論的枠組みを示した後、成立条件を自律的学習との関連において整理し、本書で取り上げる協働学習のあり方と比較する。第5節では、協働学習に関する質的研究の解釈枠組みとして採用した社会文化的アプローチの中から、本研究に深く関わる「対話」に重点を置くバフチン[2]を中心として、教育哲学者フレイレ、および心理学者ヴィゴツキーらの主な概念を比較しながら整理する。最終の第6節では、ここまでに概説した当該分野の先行研究を包括し、本書の立ち位置を確認する。以上が、本章の構成のあらましである。

2.2 学習ストラテジーに関する研究について

まず始めに、学習ストラテジーに関する研究の概要を示す。30年にわたる言語学習ストラテジー (Language Learning Strategies：LLS) 研究において、Oxford (1990) による分類が、学習ストラテジー使用に関する質問紙 (Strategy Inventory for Language Learning：SILL) と共に広く流布してきた (木村・斉藤・遠藤, 1997；Oxford, 1996；竹内, 1991)。しかし、学習ストラテジーの分類に関しては様々な議論がなされており、認知理論に基づく Rubin (1975) や O'Malley and Chamot (1990) など Oxford (1990) 以外の分類も重要とされる。

その後の当該分野における研究では、主として量的研究の枠組みで、学習ストラテジーの指導により成功した学習者と成功しなかった学習者の2グループに分類し、成功したグループの学習ストラテジー使用の特徴に基づいて指導法を確立することに主眼が置かれてきた (Chamot and Kupper, 1989；木村・斉藤・遠藤, 1999・2000・2001；竹内, 1998)。しかし、学習者ひとりひとりの性格や学習スタイルなどの学習者における個人差や、直面するタスクの種類や学習環境など、これまで量的調査では捨象されてきた個別の要因が大きく影響することが指摘され (Green and Oxford, 1995；Griffiths, 2008a；竹内, 1991・2001)、学習ストラテジー使用におけるコンテクストの重要性が見直されてきた。その結果、学習ストラテジー研究は、今までの学習全般に関する統計分析を中心とする量的研究からタスクベースの研究へ、そして、コンテクストを視野に入れた質的研究へと移行してきている (Takeuchi, 2003)。さらに、社会文化理論的視座に立ち、権力関係や社会文化的特質をも射程に入れた相互行為に関心が向けられるようになり、研究は教室エスノグラフィーへと進んできている (Chamot, 1987；Takeuchi, Griffiths, and Coyle, 2007)。

一方、学習ストラテジー指導が目標とする自律的学習者の育成との関連について、これまではメタ認知ストラテジーが最も重要であるとされてきたが、学習ストラテジー使用におけるコンテクストの重要性が見直されたことに伴い、コンテクストに関連する社会ストラテジーと情意ストラテジーや、

メタ認知ストラテジーと併せて認知ストラテジーが研究対象とされるようになった（竹内, 2008）。そして、学習に社会的コンテクストを取り入れた協働学習が自律的学習態度の涵養に効果的であると考えられるようになってきた（van Lier, 2000）。

加えて、近年では、質問紙に対する批判も見られるようになった。SILL の質問項目の分類が不明瞭であり、文化によっては不適切な表現や使用しないストラテジー項目が含まれる（Bedell and Oxford, 1996；津田, 2004）など、SILL そのものに対する批判に加え、質問紙という調査法の潜在的問題、さらに LLS 使用に影響を及ぼす要因に関する問題なども浮上してきた。また、本節の冒頭に述べたように、学習ストラテジー研究の流れが量的研究から質的研究へと大きな変化を見せている（Grenfell and Macaro, 2007）。

以下、Oxford（1990）の概要を説明した後、4つのキーワード（ストラテジーの分類、質問紙、批判、新たな動向）に沿ってこれまでの研究を整理して示す。

2.2.1　研究の発端となった Oxford（1990）の概要
（1）Oxford（1990）による学習ストラテジーの分類

Oxford（1990）は、62 の言語学習ストラテジーを帰納的に選択し、学習言語に直接関わる「直接ストラテジー」（記憶・認知・補償）と学習言語に直接関わらないが、言語学習全般を管理する「間接ストラテジー」（メタ認知・情意・社会）という2つのカテゴリー、6つのストラテジー・グループに分類した。Oxford（1990）によるストラテジーの分類を図 2.1 に示す。

図 2.1　Oxford（1990）による言語学習ストラテジーの分類

次に、上記の6つのストラテジー・グループの特徴を簡略に示す。
1)直接ストラテジー
　学習言語に直接関わる記憶・認知・補償の各ストラテジー・グループからなる。
①記憶ストラテジー：グループ分けする、画像イメージを利用する、など学習者が新しい情報を記憶したり思い出したりするためのストラテジー
②認知ストラテジー：要約したり、演繹的に推理したり、学習者が学習言語を理解し発信することができるようにするストラテジー
③補償ストラテジー：未知の単語の意味を推測する、同義語を使うなど、学習言語に関する知識が不足していてもその言語の使用を可能にするストラテジー
2)間接ストラテジー
　学習言語に直接関わらないが、言語学習全般を管理・サポートするストラテジーで、メタ認知・社会・情意の各ストラテジー・グループからなる。
①メタ認知ストラテジー：既知の知識を見直し、目標を定め、計画を立て、効果的な学習方法をみつけるなど、学習者が自身の学習過程を調整するストラテジー
②社会ストラテジー：質問する、指導を受ける、他の学習者と協力する、また他人と共感するなど他者と関わるためのストラテジー
③情意ストラテジー：深呼吸や音楽によって不安を鎮めたり、思い切って手を上げるよう自分を励ますなど、学習者の感情・態度・動機・価値観に関わるストラテジー
　以上が、Oxford(1990)による6つの分類の内訳である。
　ここまでに見たように、Oxford(1990)の言語学習ストラテジーの一覧は、言語学習ストラテジー、言語コミュニケーション・ストラテジー、社会言語ストラテジーまで幅広く網羅し、リスニング・スピーキング・リーディング・ライティングの4技能すべてをカバーしている。その上、質問紙は、外国語学習者(EFL：English as a Foreign Language)および第二言語学習者(ESL：English as a Second Language)の双方を対象とする2種類が準備されている。つまり、SILLは、あらゆる状況に対応するように設定されている

のだが、後に示すように、そのことが問題とされている。

(2) Oxford(1990)の質問紙 SILL

　Oxfordは図2.1に示した分類に基づき、学習ストラテジー使用に関する50の質問について、5段階のリカート・スケールによって自己回答する質問紙（SILL）を構築した。各国語に翻訳され、世界各国の学習ストラテジー使用の様子を同一基準で比較することを可能にしたという点でSILLは非常に有効であった。実際、世界中から調査結果が寄せられている（Bedell and Oxford, 1996；Chamot, Barnhardt, El-Dinary, and Robbins, 1996）。
　以下にSILLの尺度の一部と質問の抜粋を示す。

【尺度の例】

　　|　|　|　|　|　　　　　1：Never or almost never（全くあてはまらない）
　1　2　3　4　5　　　　5：Always or almost true of me（非常によくあてはまる）

【質問の例】

記憶ストラテジー　　　・英語における既習の事柄と新しい事柄の関連を考える
　　　　　　　　　　　・新しい単語は文中で使って覚える
認知ストラテジー　　　・英語のパターンをみつけようとする
　　　　　　　　　　　・英語の発音をよく練習する
補償ストラテジー　　　・知らない単語の意味は推測する
　　　　　　　　　　　・英語を読むとき新しい単語をすべて調べない
メタ認知ストラテジー　・英語の学習の目標がはっきりしている
　　　　　　　　　　　・英語で話しかけられそうな人を探す
社会ストラテジー　　　・英語がわからなければ誰かに教えてもらう
　　　　　　　　　　　・英語圏の人々の文化について学ぼうとしている
情意ストラテジー　　　・英語を使っていて緊張していると感じる
　　　　　　　　　　　・英語でうまくできたとき自分を褒めたりご褒美を与える

前述のとおり、SILL によって多くの研究が為され、その結果が報告され、各国間の比較が可能となった。しかしながら、SILL について問題点も指摘されている（Dörnyei, 2003a；津田, 2007）。たとえば、SILL には言語学習ストラテジー（学習するために必要なストラテジー）だけでなく、コミュニケーション・ストラテジーや社会言語ストラテジー（周囲との相互行為を首尾よく進めるためのストラテジー）など異なる状況におけるストラテジーが混在しているという問題、そして、ESL 版と EFL 版が用意されているとはいえ、質問紙 SILL は英語母語話者を中心に考えられており、日本のような英語圏とは異なる社会言語構造をもつ環境が考慮されていないという問題、また、質問が英語学習一般に関わる内容（タスクが無い場合）と、具体的なタスクに関わる内容（タスクが有る場合）が混在しているという問題、さらに、学習者の習熟度は刻々と変化しており、それに伴い使用するストラテジーも変化するはずであるが、SILL は定点観測（固定化された場面設定）を基盤としており、学習における動的側面（dynamism）を捉えることができない、などさまざまな問題が挙げられている。

　以上、学習ストラテジーの代表的な研究、Oxford（1990）の概略と代表的な問題点を示した。次節では、Oxford（1990）以外の分類法の主なものとして、Rubin（1975）と O'Malley and Chamot（1990）を取り上げて検討する。

2.2.2　Oxford（1990）以外の学習ストラテジーの分類
(1) Rubin（1975）による学習ストラテジーの分類

　Oxford（1990）に先駆け、Rubin（1975）は学習者の自律を目標とした認知プロセスに基づいた分類を示し、学習における個人差や ESL/EFL を含む学習者の背景としての文化差をも考慮していた。加えて、学習ストラテジーだけでなくコミュニケーション・ストラテジーも含め、習熟度の高い学習者によるストラテジーの使用、学習の動機づけ、学習機会の獲得、などについて学習過程に基づく分析を行った。特に、推測（guess）のストラテジーに注目し、習熟度の高い学習者ほど曖昧さ（ambiguity）を容認するという特徴があることを検証した。さらに、年齢による学習段階（learning stage）によって使用するストラテジーが異なるとして、子供の方が新しいことを柔軟に取り入れる

が、年齢が上がるにつれてストラテジーの使用頻度が高まることを示した。このように学習のレベルによって学習ストラテジーの使用状況には段階があるという考え方は、第5章の図5.1「自律的学習者への階層的フレーム」に示されている Tsuda(2006)および津田(2007)の分析枠組みに通ずるものである。

(2) O'Malley and Chamot(1990)による学習ストラテジーの分類

　Oxford(1990)に並ぶもうひとつの代表的分類として、O'Malley and Chamot(1990)が挙げられる。言語学習と言語使用のストラテジーを区別し、認知理論に基づいてストラテジーを、認知・メタ認知・社会／情意の3グループに演繹的に分類した。認知ストラテジーは学習教材に直接働きかけるものであり、メタ認知ストラテジーは、学習方法・学習計画・モニター・自己評価など学習過程を管理する認知プロセスに関する知識であり、社会／情意ストラテジーは他者との関係や自己管理などを含むものとした。津田(2007)も、認知プロセスに基づく O'Malley and Chamot(1990)の分類に依拠し、大きく3つの段階に分けている。その主な理由として、Oxford(1990)のストラテジー一覧には言語学習ストラテジーとコミュニケーション・ストラテジーが混在しており、「直接ストラテジー」に属する3つの下位分類(記憶・認知・補償)の分類基準が不明瞭であるという先に述べた2つの問題点が解消されていることが挙げられる。しかし、津田(2007)は、O'Malley and Chamot(1990)の分類からコミュニケーション・ストラテジーや社会ストラテジーをはずして学習ストラテジーに限定し、加えて、アンダーソンの3つの認知段階(1982［1980］, p. 235)[3]に倣って学習ストラテジーを使用・認識のしやすさに応じて3つの階層[4]を設定した点において O'Malley and Chamot(1990)の分類と異なる[5]。

　ここまで、学習ストラテジーの主たる分類を3つ示した。次の節では、広く世界中に流布してきた Oxford(1990)の分類と質問紙(Strategy Inventory for Language Learning：SILL)に対する批判と、それに対する Hsiao and Oxford(2002)の反論を対照させながら整理する。

2.2.3 Oxford(1990)に対する最近の批判
(1) Oxford(1990)の分類に関する問題点と批判

　前述したとおり、Oxford(1990)によるストラテジーの分類には、英語学習全般に関するストラテジー使用についての質問と、具体的なタスクに関するストラテジー使用についての質問が混在するため[6]、回答時に学習者が判断に迷うと批判されている。たとえば、「新しい単語はその使用場面を思い描いて覚える」のはタスクベース・ストラテジーであり、「英語で読めるものをどんどん探す」などとは明らかに次元が異なるが、両者が並列しているため、学習者がSILLに回答する際にとまどいを感じることが確認されている(津田, 2004)。この点について、Hsiao and Oxford(2002)は、学習(L2 learning)と使用(L2 use)に分けてストラテジーを調査すべきという見方もあるが(Ellis, 1994；Cohen, 1998)、実際にはL2の学習と使用は重なる部分が多いため分離して調査することは難しいと反論している。確かに、明確に分離することは難しいと思われるが、Tseng, et al.(2006)や本書のように、タスクが有る場合と無い場合についてそれぞれ別の質問紙による調査を行なうことにより、ある程度分離することは可能であると思われる。

　また、タスクベースのストラテジーを考えた場合には別の問題が生じる。つまり、頻繁に使用するストラテジーであっても当該タスクでたまたま使用しない場合もあり、タスクの有無によって学習者は回答が異なるという結果が報告されている(Ikeda and Takeuchi, 2000；Kimura, 2001；Oxford, et al., 2004；津田, 2004)。しかし、このような批判に対して、Hsiao and Oxford(2002)は、タスクの有無によるストラテジー使用の差は見られなかったこと、しかしながら、従来の"general SILL"を補足するものとしてタスクベースのSILLを研究中であり、それは詳細なコンテクストを考慮しており実用的であると報告している[7]。つまり、前言にも拘わらず、Hsiao and Oxford(2002)もタスクの有無によってストラテジー使用に違いが生じる[8]ことを認めていると解釈される。

　さらに、Oxford(1990)のストラテジー一覧には、言語学習ストラテジーだけでなくコミュニケーション・ストラテジーや社会言語ストラテジーなどが同一紙面上に含まれている点が問題として指摘される。たとえば、「フ

ラッシュ・カードを使って新しい単語を覚える」「授業の復習をする」などに代表される学習ストラテジーと、「英語で会話しているとき適当な単語がみつからないときはジェスチャーを使う」「ネイティブと話しているとき、間違いは直してもらう」などに見られるコミュニケーション・ストラテジー、そして、「英語圏の文化を学ぶ」などに代表される社会ストラテジーがすべて混在しているのである。その上、具体的なタスクにおいて4技能に関する質問が混在している。この問題に関しては、ストラテジー研究グループ(Learning Strategy Research Group)が4技能に文法、語彙、翻訳というスキルを加えて理解しやすい質問紙を開発中であるという(Hsiao and Oxford, 2002)。しかし、学習者個人の学習スタイルや学習環境の差異を考慮に入れるならば、どれほど項目を増やし細かく分類しても、考えられるすべてのストラテジーを網羅することは難しい。また、元来、ストラテジーは学習者の自律を目的とするものであることを鑑みれば、学習者自らが自分に適した学習スタイルや学習信条に合ったストラテジー項目を見つけ一覧を開発することが理想であろう。研究者は、そのための足場掛けとして(教師のために)ストラテジーの枠組み、あるいは、ストラテジーの例を示す(modeling)ことが求められるのであり、教師主導(teacher-centered)ですべての項目を提示しその使用頻度を測るという研究方法そのものについて再考を要すると考える。

　また一方では、OxfordはParkと共に第二言語学習における初習者(lower-level L2 learners)のために技能別簡易ストラテジー一覧を準備中だという(Hsiao and Oxford, 2002)が、これでは、学習者の固定的・静的状況しか捉えられないであろう。つまり、ヴィゴツキーのZPD理論が示すような学習者の成長の可能性を考慮していない。本来、成長する可能性をもつ学習者の動的状況の把握が可能であるような緩い枠組みが好ましいのであり、学習者の成長の可能性を無視し初習者という特定のレベルに限った質問紙は適切でないと考える。

　次に、Oxford(1990)によるストラテジー分類では直接ストラテジーの分類の基準が不明瞭であった。たとえば、「イメージを利用して覚える」「授業の内容を復習する」(記憶ストラテジー)、「知らない単語の意味を推測する」

(補償ストラテジー)などは認知ストラテジーとして分類することも可能であり、記憶・認知・補償の各ストラテジーを正確に区別して分類することは困難であると思われる。この点について、Hsiao and Oxford(2002)は、原典である Oxford(1990)の解説を引き、もともと分類におけるある程度の不明瞭さは予測の範囲であり、分類項目がすべて関連し合わないような分類は現実にありえない、と反論している。しかし、O'Malley and Chamot(1990)のように、認知・メタ認知・社会／情意ストラテジーの3グループに分類することによって、前述のような混乱をある程度、避けることは可能であると思われる。

最後に、社会・文化面に関する問題点として、EFL 向けの SILL においても、英語話者とは言語構造や社会文化構造が異なる背景をもつ日本をはじめとする非英語圏の学習者にとって理解しにくい質問項目[9]が含まれている。Hsiao and Oxford(2002)は、もともと Oxford(1990)のストラテジーの分類(taxonomy)は ESL の学習環境を想定しており、EFL の学習者は異なるストラテジー使用パターンを有するであろうと述べて問題点を認めている(p. 379)。しかし、SILL には EFL 用と ESL 用の2パターンが準備されており、上記の Hsiao and Oxford(2002)の反論は SILL の実情と矛盾している。

(2) SILL に関する問題点

前項で検討したように、Oxford(1990)の分類に基づく質問紙 SILL には、複数のスキル、複数の分野のストラテジーが同一紙面上に混在しており、その問題解決には general SILL とは別にスキル別 SILL が必要であると考えられる。加えて、各グループの分類基準が不明瞭であるという問題も抱えている。このような Oxford(1990)の SILL に対してさまざまな批判が挙がっているが、SILL に限らず、5件法からなる自己評価に基づく質問紙による調査方法に対する疑問も報告されている(Dörnyei, 2003a；Gu, Wen and Wu, 1995；木村, 1998；Kimura, 2001)。以下にそれぞれの論の要旨を述べる。

質問紙の5段階のリカート・スケールについて、前出の Gu, et al.(1995)は、それぞれの段階が示す頻度は主観的な判断によるものであり、客観的な

データを得ることは難しいと述べている。木村(1998)は質問項目の属性に関して5つの問題点(質問の曖昧さ・二重質問・程度を表す副詞の意味の曖昧さ・質問の表現の難しさ・回答者の経験と質問の関連の薄さ)を取り上げ被験者の発話プロトコルを通してSILLを始めとする質問紙の妥当性を検討し、質問紙作成の難しさを指摘した。また、Cohen and Scott(1996)は調査者によって質問紙の答えがコントロールされる危険性を指摘している。

次項では、このようなSILLに関する問題の詳細について取り上げ(前出のDörnyei(2003a)についても次項で取り上げる)、3つの観点に分けて整理しながら、これまでの学習ストラテジーに関する研究の動向について検討する。

2.2.4 学習ストラテジーの使用・認識に影響を与える要因に関する問題点

学習ストラテジー研究における問題点は、先に挙げたOxford(1990)に対する批判だけではない。その他にも量的調査の結果に影響を与える可能性のある複数の要因が指摘され、それらは3つに分類される。まず、質問紙調査そのものに関する問題点、次に、被験者の習熟度、そしてタスクの有無および難易度、これら3つの視点から質問紙の問題点を整理する。

(1)従来の調査方法に関する批判

Dörnyei(2003a, p.39)は、学習ストラテジーについて、使用頻度が低くても十分なものもあるとして、使用頻度だけでなく使用の「適切さ」[10]を調査することが重要であり、リカート・スケールに基づく調査のもつ危険性・不十分さを指摘した。しかし、一方でVandergrift(2003)は、ストラテジーを組み合わせた使用の方法(orchestrating strategy use)に注目すべきであると主張した。

Oxford, et al.(2004)は、タスクの有無と難易度によってどのストラテジーを使用すべきかという適切さの判断が、学習者の習熟度により異なることを指摘し、ストラテジーの使用頻度よりも「適切さ」が重要であることを明らかにした。Dörnyei(2003a)との相違点は、学習者の習熟度によって「適切に」使用できるストラテジーが異なることを指摘しながら、やはり質問紙に

よる調査を行っている点である。

このように、若干の違いはあるものの、Dörnyei(2003a)やOxford, et al.(2004)が指摘した「適切さ」は今までの研究では注目されなかった新たな視点である。それは、ストラテジー使用において状況の総合的な判断に基づく主体的な選択を可能にする力、要するに「メタ的視点」と言えよう。今後のストラテジーの研究において新たな視点として注目されると思われるが、その調査ために質的研究が必要となることが予見される。現に、すでにいくつかの質的研究が試みられている。たとえば、竹内(2003)はストラテジー使用におけるESLとEFLというコンテクストの違いを考慮し、EFLにおける学習成功者のストラテジー使用に関するインタビュー記事を基に質的研究を行ったが、それは、OxfordのSILLとはまったく異なる研究方法であった。一方、Faerch and Kasper(1987)はthink-aloud procedureなど口頭によるレポート(verbal report)を分類した。Oxford, et al.(2004, p. 36)も示すように、質問紙とバーバル・レポートを併用することによってそれぞれの利点を活かし欠点を補うことも、より信憑性の高いデータを収集するためのひとつの方法であろう。一方、Pavlenko and Lantolf(2000)は被験者のナラティブの分析による質的研究を試みている。

Oxford and Burry-Stock(1995)は、SILLが他の質問紙と異なり、信頼性と妥当性に裏付けられたもっとも有効なストラテジーの質問紙であると主張し、全体の傾向を把握する尺度として質問紙の有効性を支持した。そして、観察には時間と手間がかかり、インタビュー・学習日記などの自己報告は社会的規範や主観的判断の影響を受けるため、正確なデータを得ることは難しいと批判した[11]。自己報告によるデータの正確さについては確かに問題があると思われるが、津田(2004)は、SILLのように一見、客観的に見える自己評価もまた主観的判断に委ねられる一面を有し、中学生にとっては非常に難しい判断であるという調査結果を得た。

上述した以外にも、リカート・スケールによる質問紙調査では捉えられない側面があることを示す研究は多い。

一例を挙げれば、Wenden(1986, pp. 196-197)は大学生の英語学習歴に関する回顧インタビューを分析した研究で、被験者の中には回答する際に、特

定の場面を思い起こして回答する者、実践に関係なく教えられたことを思い起こして回答する者、など4通りの可能性[12]があることを検証した。しかし、たとえ被験者が一般論に基づいて回答したとしても、その結果は被験者の学習に対する信条を反映しており、ストラテジーを選択する際の基準であると考えて問題ないと結論した。いわば、信頼性・妥当性の問題が指摘されてきたバーバル・レポートに関して、Wenden(1986)はデータによってその妥当性を裏づけしたと言える。一方、LoCastro(1994)は、質問紙とインタビューの結果の食い違いを明らかにし、量的研究だけでなくエスノグラフィーによる研究の必要性を述べた。

　しかしながら、回顧インタビューでの信頼性については、実際の活動から時間が経っているため記憶が曖昧になり正しい回答が得られない可能性が高いという問題が指摘されている。そこで近年では、活動を録画したビデオを見せながら質問して答えさせる "stimulated recall interview" の方がより正確なデータが得られると分析する研究もある(Gas and Mackey, 2000)。質問紙調査についても同様に、時間の経過に伴い記憶が薄れる可能性があるため、タスク直後に調査を行った方が記憶も新しく、信頼できる回答が得られると考えられる。しかし、個々のタスクについて質問紙調査を行った場合、個々の結果を標準化することは難しく、したがって、他の研究と比較することが困難であるという問題が発生する。

　以上見てきたように、量的研究であれ質的研究であれ、どのような調査方法を取っても完璧ということはありえない。したがって、Oxford, et al. (2004)が提案するように、いくつかの調査方法を併用しお互いの欠点を補うような三角測量が見直されてきている(Ikeda and Takeuchi, 2000；Kimura, 2001)。

(2) 習熟度の視点から

　ストラテジーに関する研究では、習熟度の高い学習者(successful / good learners)の使用するストラテジーを明らかにし、それを習熟度の低い学習者(unsuccessful / poor learners)に教えることによって学習効果を上げようとするものが多く見られた(Rubin, 1975；竹内, 2003)。

そのような研究の流れの中で、Vann and Abraham(1990)は、習熟度の低い2人の学習者を対象としてthink-aloud procedureにより学習ストラテジー使用に関する質的調査を行ったところ、2人は全く異なるストラテジーを使用したことが確認された。一方は、言われたことに基づいて定型どおりの使用傾向を示したが、他方は得意とするコミュニケーション能力に基づいた使用傾向を示したという。Block(1986)はthink-aloud protocolsによる調査を行い、L1とL2に共通のストラテジーが存在すると分析した。また、Ikeda and Takeuchi(2003)はリーディングに関する研究において習熟度がストラテジー指導の効果に影響を及ぼすこと、そして指導効果が5ヶ月続いたことを検証した。これらの研究は、単に学習ストラテジーの使用頻度を分析対象とした研究では不十分であり、個人の特徴、年齢、学習暦など学習者要因を考慮すべきであることを示唆している。

　一方、津田(2004)は、習熟度により使用頻度が大きく異なるメタ認知の知識とストラテジーを中心に指導したところ、習熟度の低い学習者による学習ストラテジー使用頻度が急激に上昇したが、1年後の調査の結果、学習者、特に習熟度の低い学習者に定着していないことが明らかになった。つまり、習熟度の高い学習者の使用する学習ストラテジーを習熟度の低い学習者に一方的に教えても効果は持続しなかったのである。バフチンによれば「権威的な言葉」[13]は学習者の内面に変化を起こすことができないという(ワーチ, 2004, p. 107)。教師による指導は、特に習熟度の低い学習者にとっては、「権威的な言葉」となりやすく、よってその場では理解したように見えるが、彼らの中に変化を起こすことはできず、本当の習得には至らなかったものと解釈される。

　Schramm(2008)はリーディング・タスクの遂行過程は直接観察することができないため、16時間におよぶthink-aloud protocolsの手法を使い、3つの英語能力レベルの特徴を明らかにしようと試みた。それによると、もっとも高いレベルの学習者は、なぜそれをするかという明確な目的を持っており、それに相応しいストラテジーを選んで使っていたが、2番目のレベルの学習者は、リーディング教材における著者の主張を探ろうとして著者に対して問いかけたり独り言をつぶやいたりしていたという。そして、一番下のレ

ベルの学習者は、理解度テストの出来具合を気にかけていた、という結果を報告している。このように、どの習熟度レベルであっても学習者は何らかのストラテジーを使用するが、学習者が意識を向ける対象が習熟度によって大きく異なるという、これまでの研究結果に比べ、より詳しいストラテジーの使用状況[14]が確認された。

　Griffiths(2008a)はこれまで30年間の学習ストラテジーに関する研究を概観し、問題点を整理している(Cohen, 2007)。とりわけ、「学習ストラテジー」の定義は多岐にわたっており、未だに収束していないという。加えて、近年では「学習ストラテジー」という用語を避けて「自己調整(self-regulation)」という用語を使う教育心理の研究者もいる[15]という。Griffiths(2008a)は、自ら編み出した質問紙 English Language Learning Strategy Inventory(= ELLSI：32項目5件法)に基づいて131名の被験者の調査を行った。被験者を Oxford Placement Test(Allan, 1995)によって lower level と higher level に分けストラテジー使用の頻度を調査したところ、higher level の方が多くの項目にわたって高い頻度での使用が見られた。その調査の際には、5件法で答えさせること、頻度だけで調査すること、下位群の学習者はこの時点で下位群なのであり変化する可能性があること、学習者を固定的に分類することは問題であること、など考えうる条件を整理した上で考察を行ったところ、higher level の被験者はメタ認知ストラテジーを多く使用し、特に、自分の学習を見直す、英語を使う機会を探す、などの項目において差異が見られ、さらに、4つのスキルに関する項目を統合したストラテジー使用が見られたという。このように学習者の成長の可能性を考慮し、グループ分類を動的に捕らえようとした研究は、学習ストラテジーの分野では他に見当たらない。しかも考えうる問題点をすべて検討した末に得られた結果がこれまでの研究と相違なかったという点で、Griffiths(2008a)はこれまでの研究の検証に大きく貢献したと言えよう。

(3)タスクの難易度の視点から

　Thompson and Rubin(1996)はリスニング・タスクとストラテジー使用の関連を調べ、タスクの難易度が低い場合、認知・メタ認知ストラテジーの使

用が少なくなることを指摘した。また、ストラテジーを指導することによってストラテジーの使用頻度が高まり、同時にリスニング力も向上したことを報告している。

　Ikeda and Takeuchi(2000)はリーディングにおいて、タスクの難易度の違いに加えて「タスク無し」のグループを作り、「難しいタスク有り」「易しいタスク有り」と併せて3つのグループを設定し、それぞれのタスク遂行における学習ストラテジー使用を調査した。その結果、タスクが無い場合、ストラテジー使用に関する学習者自身の判定は不正確になり、使用頻度を高めに評価する傾向があることを明らかにした。一方、津田(2004)は日本人中学3年生のリーディング・クラスにおいて調査を行なった結果、Ikeda and Takeuchi(2000)の結果とは逆に、タスクが無い場合には、使用頻度を低めに評価する傾向が見られた[16]。また、「難しいタスク」の場合は、習熟度の低いグループではストラテジー使用頻度が低下したが、習熟度の高いグループでは上昇し、学習者の習熟度によってタスクの難易度の影響は異なって表れた。このような違いは、習熟度の高いグループはタスクの難易度が上がるとより熱心にタスクに取り組んだのに対し、習熟度の低いグループは早々にタスクの遂行を諦めたことがその一因として挙げられているが、このような研究結果は、被験者が中学生という英語学習における初習者であることも影響していると推察される。

　また、前掲のDörnyei(2003a)が論じているように、質問紙調査では全体的な現象だけを捉えてしまい、細部が見えにくいという問題がある。たとえば、前述の津田(2004)では、量的研究において、タスクの有無により習熟度別に学習ストラテジー使用頻度に異なる結果が出た。その原因を探るため回顧インタビューを行ったところ、習熟度の高い学習者はタスクが無い場合、すでに使用が自動化されているストラテジーについてはその使用を自覚できなかったためSILLの回答に反映されなかったが、一方、タスクがある場合は、使用するストラテジーを意識化[17]することができたため、SILLの結果に反映されたという事情が明らかになった。この事例は、量的研究では捨象されてしまうコンテクストが分析を深めることがありうることを示している。

Oxford, et al.(2004)は、SILL が一般的なストラテジー使用傾向を評価するのに対し、タスクベースの質問紙は、タスクの有無およびタスクの難易度によるストラテジー使用の違いを評価することが可能であることを示した[18]。また、リーディングに関する調査を行い、「タスク無し」と「易しいタスク有り」の場合において、習熟度の高いグループはメタ認知ストラテジーおよび全体を把握しようとするトップダウンのストラテジー[19]に高い使用頻度を示したが、習熟度の低いグループは単語や発音、文法など細部にこだわるボトムアップのストラテジー[20]に高い使用頻度を示した。一方「難しいタスク有り」の場合は習熟度の低いグループが母語や音声に関係するボトム・アップのストラテジーをより高い頻度で使用したという結果を示した。

　Ikeda and Takeuchi(2000)もまたリーディング・ストラテジー使用について調査を行った。まず、リーディングに関する 34 のストラテジーを選出し、タスクの難易度によって使用するストラテジーを詳細に分析した。タスクの難易度が上がると、習熟度の低いグループはタスク遂行を中止するが、習熟度の高いグループはより多くのストラテジーを使って積極的にタスクに取り組むことがデータから明らかになり、タスクの難易度はストラテジー使用に影響すると結論づけた。この点に関して、中学生を対象とした前述の津田(2004)もまったく同様の結果を得ている。

　以上に示した複数の研究から導き出される結論は、タスクの難易度、およびタスクの有無は習熟度と深く関連しながらストラテジーの使用状況に影響するという事実である。信頼性(reliability)や妥当性(validity)が認められ変数にも干渉されにくいとされる SILL において、上述のようにタスクの難易度や有無によってストラテジー使用およびストラテジー調査結果に違いが見られたことは注目に値する。したがって、学習一般に関する general SILL の数字だけで学習者の使用するストラテジーを正確に分析することは難しいと結論されよう。

2.2.5　学習ストラテジー研究の動向

　以上のような批判に基づき、学習ストラテジーは個々のコンテクストを射

程に入れた質的研究へと移行してきている。以下に、最近の学習ストラテジーに関する質的研究の動向を簡単に整理する。

(1) 新たな研究の動向

前項で示したように、研究の方向は、まだ数は少ないが、社会文化的コンテクストを射程にいれた研究へ向かっている (Oxford and Schramm, 2007)。以下に、研究例を示す。

Goh(1997)は、リスニングのクラスにおいて学習日誌をつけさせ、質的研究を行った。日誌の記述内容を KJ 法により分類した結果、学習日誌をつけることにより学習者のメタ認知に対する気づきが高まること、また、学習プロセスに関するディスカッションがメタ認知に対する気づきを高めるのに有効に働くことを確認した。これらはどちらも自己と同一にならない「他者」の目をもって学習を振り返る（桑野, 2002, pp. 34-35）ことができた結果であると考えられる。学習日誌に基づくこのような研究方法は、本書の「自由記述」という調査方法の決定に影響を与えた。また、学習プロセスに関するディスカッションを本書では協働学習という形で取り入れ実施した。

Norton and Toohey(2001)の研究もまた、社会文化的コンテクストを重視するという方向をめざした。2 人の学習者の社会的な立場を詳細に記述し、かれらの属するコミュニティーとの関わりについて綿密に分析を行ったグループ・ネットワークの視座に立つ研究である。また、Gu(2003, p. 2)は、教師、クラスメイト、教室の雰囲気、家庭環境、教育の社会・文化的伝統、カリキュラム、学習の機会等、学習を取り巻くコンテクストが学習ストラテジーの選択や使用に大きく影響を与えることを検証し、学習者 – タスク – コンテクストという関連に基づいたストラテジーの選択と使用・その効果を検証することが重要であると結論付けた。Takeuchi, Griffiths, and Coyle (2007)は、学習に影響する社会的要因を個人・グループ・状況の 3 つに分けて質的調査により詳細に分析した。その結果、個人やグループに関する要因が個々に関与するのではなくすべてが統合して状況的要因として関与すると結論した。とりわけ同一の目標を共有する教室は、各学習者が自分の目標への到達をめざす自律的な学習者を育成することをめざすものであり、どの

ような教室がもっとも良い結果を引き出すか検討することが今後の課題であるとしている。Chamot(2001)やMacaro(2006)もまた、個人要因だけでなく社会歴史文化的要因を考慮すべきだと指摘している。

　一方、Oxford(2003)は学習における権力関係や文化的差異を明らかにし、前出の竹内(2003)では、これまでに出版された研究書からGood Language Learners(GLL)の使用するストラテジーを抽出し、それらを習熟度によってBeginning, Intermediate, Advancedの3段階に分け、各グループの特徴をスキル別[21]に詳細に分析した。また、Gao(2006)は、インタビューを文字化したデータに基づいて分析を行なった。このような研究は、これまでの統計に基づく量的研究では不可能な調査内容であり、学習ストラテジー研究における新たな方向を示唆していると言える。

　前項で見たOxford(1990)に対する批判のように、質問紙SILLには英語学習全般に関する質問と具体的なタスクに関する質問が混在していた。そのような分類に対して、Tseng, Dörnyei, and Schmitt(2006, p. 81)は、ストラテジーを大きく二分することを提案した。つまり、どの場合にも当てはまるようなストラテジーに関する知識としての一般的ストラテジー(trait)と、コンテクストを考慮した個々のタスクに対して実際に使用されるタスクベースのストラテジー(states)を区別すべきであると主張したが[22]、併せて、研究の対象をストラテジーの使用頻度でなく「自己調整(self-regulation)」[23]の大きさを測る方向へとシフトさせることを提案した。このような研究対象の変換は、研究者の関心が学習の「結果」から「過程」へと推移してきたことを示唆するものである。

　Macaro(2006)もまた、コンテクストを捨象したストラテジー使用の静的肖像(a decontextualized and static picture of learner's strategy use)は意味がないとして、認知過程を測る新たなフレームを呈示し、タスクベースの自己申告プロトコルによる調査方法を編み出した。Hsiao and Oxford(2002)では、Macaroと同様、ある種のタスクに特化して学習者のダイナミックなストラテジー使用の様子(過程)を質的調査によって明らかにしようとした。

　ジマーマン(2006［2001］)は「自己調整学習(Self-regulated Learning)」という概念について、学習者はこの自己調整の過程を通して、自律的に学習を

進めていく能力やスキルを身につけていくと述べたが、ここで「自己調整」は「メタ認知」とほぼ同義で使われていると解釈される。これまでメタ認知ストラテジーだけが自律と深く関わるストラテジーとして注目されてきたが(Carrell, 1989)、近年では「自己調整(self-regulation)」や「自己管理(self-management)(Dörnyei, 2005；Rubin, 2001)」「自省的サイクル(reflective cycle)(竹内, 2008)」といった自律的学習を目標とする一連の認知活動の流れの中で、メタ認知ストラテジーが捉えられるように変化してきている[24]。以上に見てきたようにメタ認知の重要性が高く評価されてきているにも拘らず、竹内(2008, p. 89)が指摘するように、日本の英語教育においてメタ認知に対する認識が未だに充分ではない。

(2) 学習ストラテジーに関する研究の動向—まとめ

　ここまでに述べてきたように、学習ストラテジー研究はこれまでの量的研究から質的研究へと変化しつつある。それは、ストラテジー使用(結果)から学習過程へと研究の関心が移行してきたことを示し、つまり、これまで量的研究で捨象されてきた学習のコンテクストが重視されてきたということである。そのような動向の中で、Oxford(1990)による質問紙 SILL のさまざまな問題点が議論され、学習ストラテジー使用に関する統計結果に基づいて一般論を述べるのでは不十分であり、個々のコンテクストを射程に入れたインタビューやバーバル・レポート、そしてそれらのポートフォリオを利用した研究の必要性が注目されてきている。

　Chamot(2008)は、学習ストラテジーの使用頻度だけでなく、どのように使用されたかによってストラテジーの有用さが決定されるとして、質的研究の重要性を指摘しながらも、それぞれの研究法の問題点を検証した。たとえば、セルフ・レポートは必ずしも正確であるとは言えないが、学習における心理的過程(mental process)を表出する唯一の方法であるとしている。一方、回顧インタビューでは時間の経過に伴い記憶が薄れ詳細を忘れてしまうため、録画ビデオを見ながら質問する stimulated recall interview の方がより正確な回答を得られると提案した。また、タスクベースの質問紙の場合、記憶に新しい反面、個々のタスクに依拠した質問紙の標準化は難しく、他の研究

と比較することが困難であるという問題点を指摘した。学習ジャーナルに関しては、自らの学習過程を振り返ることによりメタ認知に関する気づきを高める[25]効果があることを認めている。そして、Think-aloud protocolは思考過程をオンラインで明らかにできるが、それを活用するスキルの習得には訓練が必要で、必ずしも有効な方法とは言えないとした。

　また、インタビューや被験者による自由記述など自己申告によるデータに関して、Briggs(1986)[26]は、Chamot(2008)と同様、調査者と被調査者の力関係や社会的地位を反映した歪みが内在する可能性があり、その解釈には被験者が置かれているコンテクスト、インタビュアーとの関係など、データの外側にあって意味付けに影響を与える可能性のある要因をも含めて分析する必要があると述べた。

　また、前掲のChamot(2008)は、研究の対象が、「教師が何をするか」ではなく、「学習者が何をするか」、つまり、教師の視座から学習者の視座に立った研究へシフトしている点を指摘しているが、このような新しい視座は、以下の研究にも見られる。

　Vandergrift(2005)は、メタ認知ストラテジーの使用が自己調整学習には欠かせないとした上で、自律的に内発的動機を生じさせるためには、教師中心型の授業ではなく学習者中心型の授業でなければならないと述べている。

　Goh(1997)は前述したとおり、早くから質的研究に注目し、学習者に"listening diary"を書かせることにより学習を振り返らせ、メタ認知への気づきを高めることができることを示した(p. 367)。さらに、リスニングの授業にディスカッションを取り入れることにより、タスクの内容だけでなくリスニングの過程について考えさせ、〈結果〉から〈過程〉への研究の視点のシフトを試みた(p. 368)。

　また、Gao(2007)は、質的研究または三角測量こそが、言語学習者と社会構造との相互行為を動的に捉え、また、そのような相互行為によって形成される方略的な学習の理解を可能にする研究方法であると述べている。そして、このような学習ストラテジーのもつ社会文化的役割に関する研究は、まだ始まったばかりであるが非常に重要であるとして、今後の学習ストラテジー研究が進むべき方向を示唆した。

以上に示したような、「学習者中心」の教授法(Vandergrift, 2005)、学習者と社会構造との相互行為(Gao, 2007)、学習過程に関するディスカッション(Goh, 1997)、などは、Chamot(2008)の示した学習者を中心とする新しい視座と同様、新たな学習ストラテジーに関する研究を方向づけるものと言えよう。

以上、第 2.2 節では、学習ストラテジーに関する先行研究について、1990年から広く世界中で使用されてきた Oxford(1990)に対するさまざまな批判について検討した。その結果、これまでの量的研究法に代わり、コンテクストを射程に入れた質的研究法が注目され、さらに、各調査法の限界を補うため三角測量が必要となってきていることを確認した。また、社会文化的コンテクストを視野に入れた学習者中心の教授法が重要であると主張する研究も多く行なわれている(Goh, 1997；Vandergrift, 2005；Gao, 2007；Chamot, 2008)。

以上、本節では、学習ストラテジーに関する先行研究を整理・分析し、学習ストラテジーの研究方法に関する問題点を明らかにした。

2.3 自律的学習に関する研究について

第 2.3 節では、本書が目標とする「自律的学習」に関する先行研究について整理する。始めに「自律的学習態度」の定義を明らかにし、続いて、自律的学習態度を涵養する手立て[27]について、メタ認知ストラテジー、および協働学習の両側面におけるこれまでの研究について検討する。最後に、自律的学習に関する研究方法の最近の動向について概観する。

2.3.1 学習における自律の定義

学習における「自律」(autonomy)とはどのような資質を指すのか、先行研究に探る。

Benson and Voller(1997, p. 1)が指摘するように、"autonomy"は抽象的概念であり、その定義は多岐にわたるが、ここでは、自律的学習態度に関するHolec(1981)、清田(2008)、van Lier(2008)の定義について考察した後、本

書のスタンスを明確にする。

(1) Holec(1981)による自律の定義

　Holec(1981, p. 3)によれば、学習における自律とは「自らの学習に責任をもつ[28]ことのできる能力(ability to take charge of one's own learning)」であり、「学習に責任をもつ」とは、1)学習の目標、2)学習計画と学習内容、3)学習方法、4)学習過程の振り返り、5)学習結果に対する評価、という学習の各局面において責任をもって意思決定できることを指すが、これらの局面は別個に存在するのではなく相互に関連しているという。学習におけるさまざまな局面において学習者の裁量を認めるということは、学習者の多様性を受容する教師の姿勢に裏付けされていなければならない。学習者の裁量を認めるということは、つまり、「教室における権力と管理という役割を教師から学習者にシフトした状態」(Benson, 2001, p. 13)と同義であると考えられる。教師は、学習における足場かけや補足など、学習者への支援を行うファシリテータとしての役割[29]を受け持つことになる。さらに、自律とは具体的な行動(behavior)ではなく、能力(capacity)であり、自律の「度合い(degree)」は、教師や周囲の仲間から受ける「支援(help, support)」[30]の程度によって示すものであり、数値で表示することは難しいとしている(p. 20)。

　ここには、「学習」という行為が孤立して行われる単独行動ではなく周囲との関わりをもって行われる社会的行為であるというホレクの基本的理念が反映していると解釈できる。また、このような学習観は、学習は社会コンテクストの中で周囲からの援助を得ることによって前進するというヴィゴツキーの学習観にも通じるものである。

　Nunan(1997, pp. 192-195)は、自律した学習者とは学習に関するあらゆることを決定しその結果についても責任を取ることができることを意味するが、教室、指導者、テキストなどすべてを管理できる完全に自律した学習者(the fully autonomous learner)など現実にはありえないので、自律的な学習を「目標とする」学習者を想定している。そのような学習者の自律とは、"all / nothing"ではなく"degree"であるとして、学習の目標設定から知識の応用にいたるまでHolec(1981)と同様に学習プロセス全体を俯瞰した上で、1)

Awareness, 2) Involvement, 3) Intervention, 4) Creation, 5) Transcendence という5段階を設定している。

(2) Pre-task に焦点を当てた清田(2008)による自律の定義

日本の中学・高校の教師である清田(2008, pp. 14–16)の定義は、Holec(1981)の「自律的学習者」の要素とは異なる次の6項目を挙げている。

1) 持続的な学習動機[31]をもっている。
2) 自己の能力を適切に判断できる。
3) 自らの学習の目標を設定できる。
4) 目標を達成するための適切な学習方法を選択できる。
5) 適切な学習計画をたて、それに基づいて学習活動ができる。
6) 集団的な学習活動において、状況を判断して友人や教師と協力して効果的な活動ができる。

6項目のうち、1)から5)の5項目はそれぞれ、動機・自己評価・学習目標・学習方法のモニタリング・学習計画に関するメタ認知ストラテジーである。これらは前述のHolec(1981)の自律の5項目に酷似しているが、Holec(1981)は学習全体を俯瞰したのに対し、清田(2008)はPre-taskに重点をおいて自律を考えている。清田には「学習の振り返り」が明記されていないが、その反面、Holecの定義に含まれていなかった学習の「動機づけ」[32]が含まれている。加えて、友人や教師など周囲との「協力」が明示的に示され、学習が個人でなく社会的出来事として捉えられていると言える[33]。

(3) In-task に焦点を当てた van Lier(2008)による自律の定義

van Lier(2008, pp. 169–170)は学習における自律的態度は段階を追って達成されるものであると考え、授業観察によって得られた"agency"[34]と学習の関わり方に基づいて自律の6つの段階を具体的に設定した。

① passive：答えられない、または1語のみで答えるなど最低限の反応しか

示さない。
② obedient：指示されたことをこなす。
③ participatory：教師の質問に積極的に回答する。みんなの前で発言しなくても、頭の中で内言 (inner speech) によって答えを準備する学習者も含まれる。
④ inquisitive：内容に関して自分で考えたり、気づいた質問を積極的に発したりできる。
⑤ autonomous：自発的に他の学習者を補助し、または教えることができる主体性をもつ。個別学習だけでなく、協働学習を行うことができ自律している。
⑥ committed：教師に促されなくても進んで他の学習者と話し合い、協働学習を行える。自分の意見をもち発言することができ、高度に自律している。

　先に示した Holec(1981) および清田(2008)と異なり、van Lier(2008) は In-task に焦点を当て自律的学習者への発達段階を明らかにしている。van Lier の6つの段階には、いわば「未自律」とも言える状態のステップ1およびステップ2が含まれており、自律的学習態度は学習によって徐々に獲得されることを示唆している。加えて、自分のアイデンティティを確立するステップ6は、自律的学習のゴールが社会コンテクストにおける自律、換言すれば、学習者の社会化であることを含意していると解釈される。これら6つの段階について van Lier(2008, p. 171) は、「ある特定のコンテクストに媒介されて agency が為すこと」と説明しており、各ステップについての記述は、学習における自律が孤立した状態ではなく社会コンテクストにおいて実現するものであることを示すものであり、Vygotsky(1996) の ZPD 理論に代表される相互行為に基づく学習観が通底していると推察される。
　このような学習における自律性の達成へ向けた具体的な6段階の指標は、自律的学習に関する質的研究において有用な尺度として機能すると思われる。本書の質的データの分析においても上記の van Lier(2008) の自律の6段階を参照した。

(4) Cohen (1998) と Cotterall (2008) による自律の定義

　Cohen (1998) は、"good learners" と "autonomous learners" を区別している。"good learners" とは、「自分に何ができるかわかっており、学習上の困難をうまく片付けることができる」学習者であり、一方、"autonomous learners" とは、「自分がおかれた学習状況の中で学習上の問題に関して意思決定できる能力」をもつ者であると定義している。つまり、"good learners" は必ずしも「意思決定できる」とは限らず、したがって "autonomous learners" と同義ではないとして二者の区別を明確にした。ヴィゴツキーも『教育心理学講義』(2005 [1926], p. 229) の中で、「それ(道徳教育がうまくいった場合)はせいぜい慎重なよい子、臆病で服従しやすい子、従順でびくびくしている子をつくりだした」と述べ、続けて「物事や行為に対する不自由で奴隷のような関係を前提としている」として、服従的な学習態度に対して批判的な姿勢を示している。

　Cotterall (2008) もまた、「学習における自律 (autonomy)」とは、「学習者が自分の学習について学習方法と精神的側面(動機づけなど)の両方に対して責任をもつことのできる能力であり、もっとも重要なのは、学習過程における意思決定である」(p. 110) と定義している。つまり、Holec (1981) は学習者の自律を、学習の管理ができる、すなわちメタ認知力を働かせられる、と規定したが、Cohen (1998) と Cotterall (2008) は、前述の van Lier (2008) と同様、学習における「意思決定」を自律の重要な要件として規定したと解釈される。

(5) 本書における自律の定義

　ここまでいくつか自律の定義を見てきたが、本書は、Pre-task に焦点を当てた清田 (2008) や、In-task に焦点を当てた van Lier (2008) と異なり、Post-task に焦点を当てる。なぜなら、これまでの研究結果 (津田, 2004) に基づき、Post-task の代表的活動である「振り返り」には、学習者の自律の程度によって明らかな差異が見られ、自律的学習に重要な要件であると考えるからである[35]。したがって、「振り返り」の項を含む Holec (1981) の自律の 5 項目を基礎として、メタ認知ストラテジーとも関連付け[36]、「学習における

自律とは、効果的に学ぶために自ら学習を管理できる能力である」と定義する。さらに、詳細について以下のように規定する。学習者が自ら管理する学習内容とは、①学習の目的、②学習計画と内容、③学習方法の振り返り、④学習結果の評価、⑤仲間との対等な相互行為、という5項目を指す。加えて、管理する能力とは、状況判断に基づき、自ら選択し決定する能力を指すものとする。⑤に関しては、Holec(1981)には含まれないが、学習を社会的行為とみなし、孤立した状態では自律は達成されないとの洞察に基づき(Vygotsky, 1996)、「社会ストラテジー」に照応する項目として組み入れる。本書の自律的学習過程の分析に際して、前述のとおり、van Lier(2008)が示した自律の6段階を参考にする。

以上、学習における自律の定義について検討したが、始めに述べたとおり、学習における自律は非常に抽象的な概念であるため、一言で定義することは危険であり、むしろさまざまな角度から検討しさらに考察を深めることが必要と思われる。

2.3.2　自律的学習とメタ認知ストラテジーの関係

本項では、学習における自律に深く関わるとされてきたメタ認知ストラテジーとの関連を探る。

まず始めに、メタ認知ストラテジーとは何であるか確認する(注1参照)。O'Malley and Chamot(1990, pp. 44–49)は、メタ認知ストラテジーとして、1)学習過程を熟考し、2)学習計画を立て、3)学習課題をチェックし、4)学習成果を自己評価する、という4段階を挙げている。

一方、前掲のHolec(1981, p. 3)は自律した学習者を、「自分にどのような学習が必要であるかを見極め、学習のゴールを決め、その学習に必要な教材を選択し、自分の不得意な部分を認識し、適切な学習のペースや時間配分を決め、学習をモニターしたり、学習を評価したりすることができる学習者」と定義しているが、これは明らかにO'Malley and Chamotのメタ認知ストラテジーの定義に一致している。

このように、自律的学習者の資質とメタ認知ストラテジーは、ほぼ同義であることは明らかであり、換言すれば、自律の程度の高い学習者はメタ認知

の知識をもちメタ認知ストラテジーをうまく利用することができると解釈される。

しかしながら、竹内(2008)やGoh(1997)は、メタ認知ストラテジーは、単独でなく、社会・情意ストラテジーとの関連の中で自律性の涵養に作用すると述べている。もはやメタ認知ストラテジーだけが自律に関与すると考えることは難しく、社会文化的コンテクストの中でメタ認知の働きについて論ずべきであると指摘しているのである。

Cotterall(2008, pp. 110–120)は具体的なデータによって同様の結果を示した。2人のスペイン語学習者の学習過程について質的分析を行い、社会文化的コンテクストが学習の成果に大きく影響することを明らかにしたのである。たとえ能力は同程度であっても、それぞれの学習者を取り巻くコンテクストによって学習者の動機づけ[37]や学習の目的、必要とする学習内容が大きく異なり、学習の結果をも大きく左右すると言う。

このように、学習者個人がメタ認知ストラテジーをどれだけ使用するかということが問題なのではなく、学習者が自分の置かれた社会コンテクストを視野に入れながら、コンテクストとの相互行為を通してどう学習を管理するかというメタ認知が重要となるのである。Esch(1997)やCotterall(2008)は、同様の内容をストラテジー使用における「適切さ」と表現した。

フレイレ(1979［1970］, p. 66)は、教師主導型学習のような権力による「被抑圧」状態における「銀行型学習」に対して批判的である。「入れ物をいっぱいに満たせば満たすほど、それだけかれは良い教師である。入れ物の方は従順に満たされていればいるほど、それだけかれらは良い生徒」と評価されるが、生徒が教師の情報を鵜呑みにし、自らの思考の主人公でなくなったとき、生徒は自由をなくし、教育における「被抑圧的存在」となると警告する。つまり、Cohen(1998)が "good learners" と "autonomous learners" を区別したように、フレイレ(1979［1970］)において教師主導型学習における「良い生徒」は暗記テストや到達度テスト(achievement test)においては良い結果を残すことは可能であろうが、彼らは必ずしも自律的な学習者とはならない。教師主導型学習におけるいわゆる「良い生徒」と、真に自律的な学習者とを区別するポイントは、学習者の「批判的視点」、つまり、学習者自身

をとりまくコンテクストを的確に判断した上で、自ら選択・決定するメタ認知力の有無であると言えよう。

2.3.3　自律的学習と協働学習の関係

以上を受けて本項では、社会的コンテクストを学習に取り入れた指導法として「協働学習」を取り上げ、自律的学習との関連を探るために、以下、Little(1996)、Esch(1997)と清田(2008)、そしてKohonen(1992)について論議する。

まず始めに、協働学習と対極にある個別学習と自律的学習の区別を明確にする。

Little(1996)は、言語学習の目的は学習言語によってうまくコミュニケーションできるようになることであり、学習は相互行為によって進められるものであると規定している。そして「自律が達成されるためには、他からのサポートや協力が必要である」という一種のパラドックスは、人間の性（さが）によるものであり、人間の経験に基づく知見であるとも述べている (p. 204)。他から自律することは、一見矛盾するようだが、孤立した状況では不可能であり、社会的相互行為・支援によって達成されるというのである[38]。このような相互行為は、ヴィゴツキーのZPD理論が指す「教授 – 学び」という学習のパターンと同じであると解釈できる。

Esch(1997, p. 167)は、個別学習または孤立した状態における学習は自律とは無縁であること、そして、協働学習こそが自律的学習者の育成に有効であるとして次のように述べている。学習者は協働学習において、他の学習者とのやりとりや議論を通じて自らの学習を振り返り、学習内容に対する理解を深め、考えを広げることができる。つまり相互行為によってメタ認知ストラテジーへの「気づき」が生じ、どの学習ストラテジーをどの場面でどう利用すべきか、という学習ストラテジー使用の「適切さ」を学ぶことができると言う。

前述の清田(2008)は、6項目の中に、「集団の活動を効果的に行う」という項目を挙げた理由として、「授業中に協働学習を行うことが、自律的な学習への大きな動機づけにつながると考えたからである」といい、協働作業を

通じて学習テーマの裏にある社会的問題への「気づき」を促し、そのことが学習者の自律的態度を促進させたと分析している。

上述の3者は学習における相互行為が学習者の自律に重要な役割を果たすことを示唆していたと言える。

次に示すKohonen(1992, pp. 18–19)は、相互行為による権威からの解放という側面と自律の関係を述べている。自律とは、外部の権威に影響されることなく、自ら進んで善悪を決めることのできる力とやる気で、しかも、社会的コンテクストの中で、他と協力しながら問題解決を図り、自分の行動に責任をもつことができることであると述べている。つまり、自律とは「相互行為」に基づき、かつ、外部の権威から解放された状態であるという。ここでKohonenが「外部の権威」と言及している対象は、フレイレ(1979［1970］)の言う「抑圧者」と同義であると考えられる。フレイレは、『被抑圧者の教育学』の中で、抑圧とその原因を被抑圧者が「省察」することによって自らを解放する戦いへと向かうことになる、と述べている。さらに、自由とは、被抑圧者が抑圧者のイメージを放棄し、自律と責任をもつことであり、自由は与えられるものではなく、闘いとるもの、人間の完成を追求するために不可欠のものであると述べている(フレイレ, 1979, pp. 22–25)。ここでいう自由は自律とほぼ同義であり、自ら獲得するものであるという点で、Holec(1981)の自律に関する洞察につながる。

前述のHolec(1981)は、個別学習を定義することによって、学習における自律と協働学習の関連をより明確にしている。Holec(1981, pp. 4–6)によると、個別学習は教師主導型であるという。学習者は「教えてもらう」という(受身の)立場に置かれ、もっとも重要な、学習の管理、および学習におけるさまざまな選択を学習者自身は行わない。したがって、個別学習において自律的学習は起こりえないと明言している。さらに、個別学習は権威に支配された枠組みの中でも可能である点において、個別学習と自律的学習は似ているように見えても決して同義ではないと、明確な区別を示した。

自律とは権威から解放された状態、つまり「抑圧からの解放」であり、また、バフチンによる誰もが自由に発言することが許される「カーニバルの広場」が実現した状態であると言えよう(詳細は第2.5節を参照)。

ヴィゴツキーの ZPD 理論は、仲間との協力を基礎とする学習活動において、周囲との相互行為を通して援助・支援を受けることによって、学習者個人では到達できない領域に達することができるという理論である(詳細は第 2.5.1 節参照)。ここには、「協働学習」という用語は用いられていないが、学習とは孤立した状態で進められるのではなく、仲間と共に取り組むことによってより大きな力が発揮されることを示唆している[39]。もちろん、協働学習においても権力は作用すると予測されるが、上下関係は固定的ではなく、学習者間で弾力的(flexible)に交替するため、教師という絶対的権力による管理とは同一ではなく、より対等に近い関係の対話が実現すると考えられる(詳細は第 6 章を参照)。

2.3.4　自律的学習における教師の役割

自律的学習における教師の役割について先行研究を検討する。

Holec(1981, p. 23)は、自律的学習が可能な環境における教師の役割は、学習を "produce" することではなく、"facilitate" することである、と明記している。教師の役割は、もはや「知識の源」から、学習者の「支援」にシフトしているという(Cohen, 1998, pp. 97–102；中田, 2008, p. 26)。支援とは、さまざまな環境に置かれている個々の学習者の状況を理解し、その上で、学習に対する自律的な管理能力を涵養すべく学習者を手助けすることであり、加えて、教師自身がそれを認識する必要があると言う。Benson(2001, p. 13)は、教師は学習者の多様性[40]に気づき、学習者によって必要とする内容がさまざまであることを理解しなければならず、また、自律性を育成するためには、教室内の権力と管理の役割を(教師から学習者へ)シフトしなければならないと述べている。Cotterall(2008)もまた、教師は学習者の多様性を受容し、学習の背景(contexts)が学習に及ぼす影響が大きいことを認識することが必要であると論じている。

このように、表現は少しずつ異なるが、どの研究者にも、自律的学習態度の育成には教師主導でなく学習者中心の教育が必要であり、教師は学習者の必要に応じて支援(support または facilitate)する立場であるとする考えが通底している。そして、このような考え方は、ヴィゴツキー[41]の ZPD 理論に

基づく足場掛けに通じる学習観であり、さらに、次節で取り上げる協働学習における教師の役割と一致する。

　もちろん、秋田(2007, p. 145)が示すように、「基礎として必要な技術や知識を習得させる段階では、内容をよく理解している教師のように、生徒より能力の高い人が教えたり援助したり足場をかけたほうが効果的」であることは間違いない。しかし、生徒が、与えられた知識を鵜呑みにするならば「自分自身であると同時に、抑圧者でもある(フレイレ, 1979 [1970], p. 131)」という現実を「批判的に発見する」(1979, p. 26)ことができず、生徒は「被抑圧的」状況から抜け出すことはできない。

　フレイレ(1979, p. 67)は、「知識は、自分を物知りと考える人びとが、何も知っていないとかれらが考える人びとに授ける贈物」であるが、「他者を絶対的無知としてみなすのは抑圧イデオロギーの特徴である」と批判する。「教師－生徒」の矛盾、換言すれば、「権力－支配」の関係の解決が必至であり、教師は「生徒との関係でかれらの仲間(partner)でなければならない」(1979, p. 72)と言う。つまり、教師という権威的な役割を放棄し、「生徒の中で生徒とともに学び続ける者の役割におきかえること」(1979, p. 72)が必要であると説明している。フレイレが理想とする、相手に対して対等の立場で向き合う姿勢は、バフチン(1996)の言う「権威的な声」からの脱却であり、「内的変化」を可能にすると解釈される。

2.3.5　学習における社会コンテクスト

　前項までに、学習は社会的な出来事であり(Ohta, 2000)、自律的学習態度の達成は学習者の意識が抑圧から解放されること、つまり学習者の意識の社会化であると言える。よって自律的学習態度は社会的コンテクストにおいて相互行為を通して育成されるのであり、学習の過程、すなわち社会化の過程こそが研究対象として重要であることを先行研究によって明らかにした。したがって、社会的コンテクストを視座に入れて学習過程を精査することが重要であると言える。

　本項では、学習者の自律に関する最近の研究方法として、社会コンテクストを視座に入れ、相互行為としての学習を観察・分析した2つの先行研究

を簡単に整理する[42]。

　まず、前出のCotterall(2008)は、学習者個人に注目するために学習者個人の置かれた社会コンテクストを詳細に検討し、"individual learners' language learning 'history'"の分析を行なった。「ライフ・ヒストリー」の枠組みで個人の学習目的、学習信条、学習ストラテジーを、今現在取り組んでいる学習を形成している要素の一部として調査・分析したのである。たとえば、「何が学習における成功であるか」という問いに対して学習者が抱くイメージは個人によってさまざまである。よって、教師は、学習ジャーナルなど学習者による記録に注目し、個人差を理解し、それぞれにどのようなサポートが必要であるか分析すべきであると言う。加えて、学習者個人の要求と指導内容が合致しなければ、たとえ学習ストラテジーをうまく利用できたとしても、良い結果をもたらすとは限らない[43]ことを指摘し、学習ストラテジー使用における「適切さ」にも言及している。

　Norton and Toohey(2001)は、Cotterall(2008)と同様に、学習者の置かれているコンテクストと言語学習の相互作用に照準を合わせ、いわゆる「ネットワーク」を枠組みとする分析を行った。たとえば、学習者の置かれている地域社会の社会的規範や、その地域社会で学習者がどのように受け入れられているか、といった人間関係、さらに、その地域社会で生活しながら、どのように言語を習得し、どのように言語使用を実践したか、という学習者とネットワークの関連を詳細に記述することによって、学習過程を明らかにしようとした[44]。

　Littlewood(1999)は、西洋で生まれた"autonomy"という概念はもともと集団への帰属意識の高い東アジアの国には当てはまらないのではないかという仮定に立ち、西洋の"proactive autonomy"という概念に対し、東アジアには"reactive autonomy"(p. 75)といういわば"proactive"に先行する予備段階が当てはまるであろうと主張した。しかしながら、調査の結果、文化による違いがあることは否定できないが、それよりも個人差の方が大きく、西洋対東洋といったプロトタイプに基づく二項対立的な見方は適当でないと結論している。つまり、「自律」に関して、文化差を越えた普遍的な要素があることを示唆した。Little(1999)は自律的な学習は生活環境から切り離すこと

はできないと考え、「自律」とは人間に普遍的に備わった能力であるとしながら、教育に関する研究においては個別の社会文化的側面をも含めて考察すべきであると述べている。一方、Gao(2010)は、言語習得に関する研究における社会文化的アプローチに対し、コンテクストを重視するあまり、個人差要因を軽んじることに警鐘を鳴らしている。

以上第2.3節では、本書が目標とするところの「学習者の自律」に関する先行研究を検討し、学習が社会的出来事であり、自律的学習者は社会コンテクストの中で育成されると考えられることを確認した。よって、協働学習が社会的コンテクストの中での学習を実現させている点において、個別学習に比べ自律的学習者の育成に対してより効果的であると結論される。

2.4 協働学習に関する研究について

前節までに、学習ストラテジーは元来、自律的学習者の育成を目標としたこと、そして、自律的学習にはメタ的視点をもつことが重要であること、そして、学習ストラテジーの研究にも、自律的学習の研究にも、社会的コンテクストが重要な役割を果たすことを確認した(Macaro, 1997)。本節では、社会的コンテクストを教育に取り込んだ協働学習が、個別学習より、学習者の自律性の涵養に効果的であることを先行研究に確認する。

第2.4.1節では協働学習の定義を同定し、第2.4.2節では協働学習に関する理論を概観し、第2.4.3節では協働学習の具体的な成立条件を探る。最後に第2.4.4節では、協働学習に関する実践報告を紹介した後、最近の研究の動向について述べる。

2.4.1 協働学習の定義

協働学習の定義はさまざまである。Oxford(1997, pp. 443–456)は、学習が個人的活動でなく社会的活動であるとし、Oxford and Nyikos(1997)は外国語教育におけるコミュニケーションのあり方を collaborative learning, cooperative learning, interaction の3つに分類した。collaborative learning は、社会構築主義に基づく学習様式で、ヴィゴツキーの ZPD 理論や足場掛け理論と密

接に関連するもの、cooperative learning は積極的な相互作用やグループ内の役割分担、目標に対する個人およびグループの責任、といった理論実践的な学習様式、そして、interaction はもっとも汎用的な用語であり、クラス内でのやりとりなども含まれるとして3つを区分した。本書は、グループメンバーの多様性には拘泥せず、グループ内の役割も設定せず、生徒間に発生する自然な相互行為を重視する立場を取る。よって、Oxford(1990)に従い、collaborative learning という用語を採用し、その日本語訳としてもっともふさわしいと思われる「協働学習」の漢字を当てる。次に示す日本協同教育学会の定義とは、グループの成立条件、および役割分担を厳密に規定しない点で大きく異なる。

日本協同教育学会では cooperative learning(ジェイコブズ・パワー・イン, 2005［2002］)の訳語として「協同学習」を用いている。基本となるグループの条件として、グループ内の個人の役割が明確であること、メンバーの学力が分散していること、タスク遂行へのメンバー各人の貢献が平等であることなどが厳密に規定されている。

「きょうどう」学習について英語の用語と訳語の関係は曖昧である。たとえば、ヴィゴツキーの collaborative learning を「協同学習」とする場合(ガートン, 2008；杉江・関田・安永・三宅, 2004)や、cooperative learning を「協同学習」とする場合(ジェイコブズ・パワー・イン, 2005；佐藤, 1996)、さらに認知科学の分野では「協調学習」や「共同学習」という用語も使われており[45]、日本語においても区分は明確に示されていない。

また、杉江・他(2004, p. 58)は、「きょうどう」を「協同」とし、「共」や「働」を当てる場合と区別して、次のように定義している。「個々のグループメンバーが、グループの全員がひとつの目標を達成するために、共になくてはならぬ存在として活動し合っていく」、すなわち、「グループ構成員が互恵的な相互依存関係(positive interdependence)を形成することが必要となるような目標を共有している場合、そのグループは協同していると見なす」として、単なるグループ学習と区別している。

舘岡(2005)は協働学習(collaborative learning)[46]を留学生対象の日本語教育に取り入れ、協働的学習に基づくピア・リーディングが留学生のリーディ

ング力を伸ばし理解を深めるのに効果があることを検証したが、「参加者が互いに働きかけあいながら協力して創造的な活動を行うという意味(p. 95)」で collaboration を「協働」と呼ぶという。舘岡(2005)は、① coordination(同調)② cooperation(協調)③ collaboration(協働)を区別しているが、①と②に協同が当てはめられることもあるため、③を協働として区別したと述べている。しかし、舘岡も漢字の使い分け・訳語が錯綜していると指摘する。

　その他にもいくつかの定義が挙げられる。Johnson and Johnson(1989, p. 2)は、協働学習とは、「同じ目標の達成のために共に活動すること」であると定義した。秋田(2007, p. 139)は、相互に学びの効果がある「互恵的学習」について、教える側の子どもは「抽象的に理解していたことと具体的な例がつながり、理解が深まる」とし、教えられる側の子は「ヒントを求めたり、一緒に解いてもらったりして相手の行動や話を見聞きする過程で、教えられる側の子も、適切な援助をうけ理解を深める」と説明している。Kagan(1994)もまた、明確な定義こそ示していないが cooperative learning の効果と問題点について議論しながら、individual learning や competitive learning と組み合わせることによって、より効果が上がると述べている(1 章 p. 1)。佐藤(2006, pp. 32–35)もまた定義としては示していないが、例を挙げながら協同学習を次のように描き出している。「わからない子どもにも参加の機会を保障し、その参加をとおして意味ある経験を豊かにする機会を保障する」。さらに続けて、互恵的な関係とはお節介がつきまとう「教え合う関係」でなく、「さりげない優しさ」で結ばれた「学びあう関係」であると細かく説明している。

　出口(2004, p. 59)は、協働学習を成功させるための共通理念として、小グループにおける活動方法を習得させるために「討議に関する指導」と「参加・協力に関する指導」という2種類の指導を提案している。学習者にこのような説明を行って共通理解を得ることは、秋田(2007)、佐藤(2006)も重要であるとしている[47]。

　以上、協働学習に対する呼称と定義を整理したが、先行研究からも明らかなように、協働学習を一言で明確に定義することは難しく、したがって、協働学習の成立条件を示すことによって、それぞれの立場から協働学習を規定

しようとする研究が多い(詳細は第 2.4.3 節参照)。

2.4.2　協働学習の理論的枠組み

協働学習の成立条件を検討する前に、協働学習の理論的枠組みを確認する[48]。

Johnson and Johnson(1989, p. 2)は、同じ目標の達成のために共に活動する協働学習を通じて学習者は、グループメンバーが一緒に活動したときにこそ自分の目標が達成できることを学ぶと説明しているが、これは、後述するKagan(1994)やジェイコブズ・他(2005)が示す「互恵的相互行為」と同義であると考えられる。

メタ認知ストラテジーの指導の場として協働学習は個別学習や競争的な学習[49]に比べて効果があると言う(Johnson and Johnson, 1989, pp. 170–171)。つまり、協働学習および競争学習を、社会的相互行為(social interdependence)として捉えて個別学習と区別しているが(Johnson and Johnson, 1989, pp. 2–5)、それは人間の本質に適ったやり方であり、グローバル化が進む今日の世界において経済的・政治的にも必要な方法であると指摘する。また高次の推論的ストラテジーやメタ認知ストラテジーの使用もより多く見られたという。さらに重要なことは、協働学習で学んだ学習者は、その後の個別学習において、もともと個別学習で学んだ学習者より良い結果を示したという(Johnson and Johnson, 1989, pp. 170–171)。この件については、何通りかの解釈が可能である。まず、学習者が協働学習を通して自律的な学習態度を身に付けたことを示唆しているという解釈。あるいは、協働学習での学びは学習者同士の相互行為に基づくため、学習者に「内的変化」を起こすが、個別学習で教師から学んだことは「権威的な声」として学習者に届くため学習者の内部に変化を起こさず、学んだ内容が定着しなかったという解釈(バフチン, 1996)。あるいは、協働学習において学習者は教師や社会的規範といった権威から解放され、その結果「自己の思考の主体」となって学習内容を理解し、自分のものにしていたという解釈(フレイレ, 1979［1970］)。どの解釈を取るにせよ、協働学習の方が、学習内容の定着に、より効果的であったことは確かである。

ヴィゴツキーは、「発達の最近接領域(Zone of Proximal Development: ZPD)理論」によって、「共同のなか、指導のもとでは、助けがあれば子どもはつねに自分1人でするときよりも多くの問題を、困難な問題を解くことができる」(ヴィゴツキー、2001［1956］, p. 299)と述べ、「自主的に解答する問題によって決定される現下の発達水準と、こどもが非自主的に共同のなかで問題を解く場合に到達する水準とのあいだの相違」によって決定される領域を「発達の最近接領域」と称する(ヴィゴツキー、2001［1956］, p. 298)。加えて、「発達の最近接領域の範囲にある課題については、子どもは協同の中で達成する」(ヴィゴツキー、2001［1956］, p. 26–27)ことができるという。つまり、子どもの認識力は、「見て学び、模倣し、自分1人でもできることから自分1人ではできないことへ移行する」のである。さらにヴィゴツキーは、「発達においてすでに成熟しているものを利用するにすぎないのであったら、それ自身が発達を促進し、新しいものの発生の源泉となること」はできず、したがって、「教育はつねに後ろに発達を従えた教育でなければならない」[50](ヴィゴツキー、2001, p. 27)と明言している。ヴィゴツキーにとって、「教授はつねにその心理学的基礎の発達の前を進む」べきものなのである(ヴィゴツキー、2001, p. 294)。このように、ヴィゴツキーは子どもの認識の発達をつねに教授-学習という関連において捉えようとした[51]。さらに、子どもの精神的機能の発達は、まず始めは、集団的・社会的活動(＝精神間機能)として、ほかの人々との協同作業のなかで「コミュニケーションの手段」となる〈外言〉に始まり、その後、次第に個人的活動(＝精神内機能)として、「論理的思考や道徳的判断、意志」などに関わる〈内言〉へと転化していくのだという(柴田、2006, p. 31)。つまり、ヴィゴツキーは、学習は社会的環境との相互行為の中で深められると考えたのである[52]。また、上掲の外言が内言に転化していく過程は、バフチンの多声(polyphony)[53]に通ずる概念である。なぜなら、学習者はグループメンバーとのさまざまな意見交換(dialogue / interaction)を通して認識を内化させるのであり、その結果生じた内言は、学習者ひとりの monologue ではなく、仲間たちの声と内在的に結びついた、いわば polyphony であると考えられるからである。

協働学習に関する研究における第一人者のひとりである佐藤(2006)は「学

びと協同」の関係について次のように述べている。学習とは「他者との協同をとおして、多様な考えと出会い、対象(教材)との新たな出会いと対話を実現して自らの思考を生み出し吟味する」ものである。よって、学びは本来的に「協同的である」。つまり、学びは他者との協同にもとづく「背伸びとジャンプ」、または「既知の世界から出発して未知の世界を探索する旅」であり「挑戦」であるという。そして、「ジャンプすること」が協同的学びの意義であり、したがって、ある程度高いレベルの課題が必要で、そのような課題の設定が協同的な学びの成否を決める[54]という(第5章参照)。そして、「1人ひとりの学びをより高いレベルに導くためには協同的な学びが不可欠である」と協働学習を肯定的に捉えている。加えて、協働学習がいかに有効であるかについて、ヴィゴツキーの「発達の最近接領域」理論と「内化」理論とを組み合わせ、以下のように説明している(佐藤, 2006, p. 63)。「1人で到達できる段階(現下の発達水準)」と「他者の援助によって到達できる段階(明日の発達水準)」の間に位置する「発達の最近接領域」における学びには、言語や概念などの「道具」に「媒介された活動」によって内化が起こるが、その間に3つの出会いと対話がある。まず、対象(教材)を含む新しい世界との出会いと対話、次に、他者(仲間や教師)との出会いと対話、そして遂に自己との出会いと対話、というように次第に学びの内化が進むという。佐藤(2006)は、協同学習はこれら3つの出会いを内包しており[55]、よって、学習者の学びを内化し深めるのに有効なのであると説明している。

　フレイレ(1979［1970］, p. 80 訳註)は、教師という権力から学習者が解放された教育のあり方を「課題提起型教育」と呼び、従来の教師主導型教育(フレイレは「銀行型教育」と呼ぶ)から区別している。「課題提起型教育」とは、「他者とともにある人間が、相互に、主体的に問題あるいは課題を選び取り設定して、かぎりない人間化へ向かっていくための教育」であると説明しており、このような解放教育でなければ、真の学びは起こらないと述べている。

　一方、バフチン(1968［1963］, pp. 180–181)は、そのような解放された状況を「カーニバル」と呼んで、以下のように説明している。

カーニバルとはフットライトなしの、演技者と観客の区別のない見世物である。そこではみんなが積極的な参加者であり、カーニバルの聖餐を享けるのである。カーニバルは観るものではなく、厳密にいうと、演じるものでさえなく、そのなかで生きるもの、その法則に働きかけられながら、それにしたがってカーニバル的生を生きるものなのである。カーニバル的生とは常軌を逸した生であり、なんらかの程度において《裏返しの生》《あべこべの世界》《monde à l'envers》である。（中略）社会的・ヒエラルキー的、その他（例えば年齢など）の不平等によって決定されているもろもろのものが取り除かれる。人と人のあいだの距離がすべて除かれ、カーニバル独特のカテゴリーである自由であけすけな接触が力をえてくる。

　このようなカーニバルとは、学習者が代わる代わる先生役を務め、互いに学びあう、学習者中心の協働学習の基本理念とぴったり合致する。教師主導型の学習場面と異なり、協働学習では教師役の生徒が固定せず、予期せずして役割交代が起こる。一時的に教師役を担う生徒はいわば教師の「パロディ」と言えるが、その点についてバフチンは、カーニバルはその世界感覚の核心とも言うべき「転換と交替」「死と再生のパトス」という二元性を備えており、それはあべこべの世界というパロディと深い関係にあると説明する。協働学習とは、二元性を備えた混沌とした世界、いわば、誰もが社会的ヒエラルキーから解放され自由に接触することのできる「カーニバル」が教室に実現した学習の場であると言えよう。この「カーニバル」という概念について桑野(2002, p. 203)は、「バフチンのいうこのカーニバルには理念的性格が強く感じられる」と分析している。
　協働学習は、上述のとおり、「教師－生徒」という元来の教室における社会役割関係が崩れ[56]、生徒同士が対等に近い関係で相互行為を繰り返しており、「カーニバル」が教室内に実現し、それゆえに生徒たちはお互いの言葉に「権威」を感じず、内的変化を起こす言葉として受け止めることができると解釈できるのではないか。しかし、桑野(2002)が指摘するように、「カーニバル」はあくまで理念型モデルとして理解されるものであり、現実には完

全に対等な関係だけで成り立つ「カーニバル」が存在することは難しいであろう。協働学習においても、当然、生徒間に何らかの力関係は常に存在するものと思われる(第 2.5 節に詳細を述べる)。

次に、協働学習が成立するための条件について、ジョンソン・ジョンソン・スミス(2001［1991］)、Kagan(1994)らの研究を比較・考察する。

2.4.3　協働学習の成立条件

第 2.4.3 節では、協働学習の成立条件に関するこれまでの研究を、学習者から見た条件と教師から見た条件とに大別して示す。まず、学習者の立場からの成立条件については、Kagan(1994)、ジェイコブズ・パワー・イン(2005)の他、日本における杉江・関田・安永・三宅(2004)、次いで、教師の立場からの成立条件については、佐藤(2006)、秋田(2007)、ヴィゴツキー(2005)を取り上げるが、上掲の先行研究のうち、佐藤(2006)は初等・中等教育を、他は大学生を研究対象としている。最後に協働学習を成立させるための教師の役割について整理する。

(1)学習者の立場からの協働学習の成立条件

Kagan(1994)は、協同学習(cooperative learning)は学習の動機づけを高め、もし、4 名で協同学習を行えば 4 名分以上の力を発揮すると考える。一方、伝統的な教師主導型の教授法では、教師が生徒を、彼らが望まない方向へ無理やり引っ張っていこうとし、その結果、教師は疲弊しきっていると分析する(1 章 p. 3)。その上で、Kagan(1994、4 章)は、協同学習を成功させる基本的要件として、

　1)互恵的支え合い(Positive Interdependence)
　2)個人の責任(Individual Accountability)
　3)平等な参加(Equal Participation)
　4)同時進行の相互交流(Simultaneous Interaction)

という 4 点(頭文字を取って PIES)を挙げている。「互恵的な支え合い」は、

グループメンバーとグループ全体のタスクの成功・不成功において、両者は同じ運命をたどることを意味する[57](4章 p. 7)。また、「平等な参加」を実現するために、グループ内の役割をメンバーに与えることを提案している(4章 p. 10)。そして、「同時進行の相互交流」は、教師主導型教授では常に破られているという(4章 p. 6)。なぜなら、教師が指名し指名された生徒だけが発言するという、いわゆる IRE(Mehan, 1979, I ＝ Initiation：教師による開始、R ＝ Response：生徒による応答、E ＝ Evaluation：教師による評価。詳細は第6章を参照。)と言われる典型的な授業パターンでは、同時進行の相互交流は実現しない。しかし、協働学習では、生徒の中にリーダーが出現したとしても、教師ほど一定して大きな権力を持ち続けることはなく、よって、頻繁に複数の生徒の発言が同時進行的に起こりうると分析する[58](詳細は第6章参照)。

　しかしながら、Kagan(1994)は協同学習のみに固執するわけではない。学習者が置かれた社会的コンテクストに即して、場合によっては、競争したり仲間に頼ったりすることも受け入れるだけの柔軟さ(flexibility)が必要だという。(Kagan, 1994, 1章 p. 5)このような柔軟な学習姿勢を可能にするには、自ら判断・選択・決定する自律した学習者としての資質が必要となろう。要するに、協働学習と自律的な学習は、表裏一体の関係にあると言える。

　ジェイコブズ・パワー・イン(2005)は前述の Kagan(1994)を基本とし、協同学習を成功させるために次の8つの条件を挙げている。

1) 互恵的な支え合い(役割分担と仲間意識)
2) 個人の責任(参加者はグループの学習と成功に参与する責任がある)
3) 同時進行の相互交流(生徒が互いにサポートできる環境の中での活発な話し合い)
4) 平等な参加(1人ひとりに特定の役割と責任を与える)
5) 多用なメンバーによるグループ作り(メンバーの異質性)
6) 協調の技能(仲間と協力しあう技能を意識的に身に着けさせる)
7) グループの自律性(民主的な学習の場を整える)
8) 協同学習における評価(仲間同士の評価、グループの評価、プロジェク

トの評価、個人の評価、など)

　前半の4項目については前述のKagan(1994)の4項目と同様であり、協働学習の基本的要件と思われる。ジェイコブズらによって新たに加えられた後半の4項目は、グループ・マネジメントを成功させるための要件といえる。このように、ジェイコブズらがグループの作り方、グループの自律など、グループ作りの条件を細かく規定しているのは、原題に"Teacher's sourcebook"(邦題:『先生のためのアイディアブック』)とあるように、この本には多くのタスクやアクティヴィティが掲載されており、現場の教師のために書かれたものであるためと推察される。この点に関して、前述のKagan(1994)は、グループにおけるリーダー・シップ・スキルや社会的成果は、協同学習によって当然身につく資質であるため必要条件として敢えて規定する必要はないと考えたという(1章p.2)。また、評価については、個人とグループを組み合わせた評価を提案しているが、協同学習を成功させるための要件として定めてはいない。
　杉江・他(2004)は大学における協同学習について検討し、ジョンソン・ジョンソン・スミス(2001［1991］)に依拠して、協同学習を「実効ある」ものにするため、望まれる学習活動の5つの条件を次のように定めている。

1) 互恵的依存関係の確立(グループの目標達成のためメンバー全員が貢献する)
2) 促進的相互交流の確保(メンバー同士の対面性と親和性をもつ環境整備が大事)
3) アカウンタビリテイーの明示(グループ目標達成のため各自の役割を確認する)
4) グループ学習技能の育成(グループ活動進行のための社会的技能の訓練をする)
5) 協同的活動評価の機会提供(グループの成果への各メンバーの貢献、相互の信頼関係、グループへの帰属意識を養う)

杉江・他(2004, p. 30)は、大学生の学びへの主体的参加を意図するならば、「(教師と学生の)双方向に加えて、さらに学生相互のやり取りを含む、三方向の授業がより有効」であると述べていることから明らかなように、ジェイコブズ・他(2005)がグループに注目していたのに対し、杉江・他(2004)は、グループに貢献する「個人」のあり方に焦点を当てており、Kagan(1994)に近いスタンスを取っていると思われる。

一方、効果的なグループの編成基準として、集団内の異質性を高めることが必要であるとしながらも、大学では学生の選択に任せているという。また、グループによる話し合いに先行する個人での思考の時間を重視することによって、話し合いへのメンバーの均等な参加を可能とし、話し合いを充実させることによって、グループで練り上げたレポートを提出させることを目標とする[59]。

(2) 教師の立場からの協働学習の成立条件

佐藤(2006, pp. 54-63)は、上掲の三者とはまったく異なる視点、すなわち、教師の視点からグループ学習の進行に沿って時系列に、「協同的学び」を成功させるための4点を挙げている。

1) グループの組織の仕方(誰もが対等であり、リーダーを作らない)
2) グループ学習の導入時期(個人学習も協同化すべき)
3) グループ学習の終了時期(学び合いに没頭している限り続けるが、話し合いが散漫となる直前に終える)
4) 教師の役割(学び合いに参加できない生徒と、学び合いが起こりにくいグループの対応のみ。グループの話し合いに入り込まない)

ここに見られる要点は、これまでに考察した研究と異なり、生徒ではなく教師へ向けた要点となっていることは明らかである。さらに、佐藤(2006)が、日本協同教育学会(ジェイコブズ・他、2005)やKagan(1994)の主張と異なるのは、教師の役割を規定しながらグループ組織における学習者のリーダーを作らず、誰もが対等であることを重視した点である。フレイレ(1979

[1970])の言う「権威からの解放」をめざしたか、あるいは、バフチン(1968[1963])の言う「カーニバルの広場」を実現させ、対等な立場での対話を可能にしようとしたと解釈される。

　上記の佐藤(2006)の理論に基づき、沖浜(2007, 2008.10)は中学校で「学びの共同体」という協同学習を実施した。無作為に抽出した男女4人を1グループとし、リーダーは作らず、グループの意見をまとめることもせず、若干難しいと思われる課題に取り組ませることによって、協同学習の効果が上がる、つまり「背伸びとジャンプ」が実現するという[60]。また、沖浜(2008.10)は、協同学習の一形態である「ジグソー」の実践報告の中で、指導後の生徒の感想は「肯定(80%)、否定(20%)」と、大部分が協同学習に賛成という結果を示したと述べている[61]。協同学習において学習者は、他の人と異なる意見をぶつけ合うことによって、自己をメタ的な視点で眺めることを繰り返し経験する。その過程で次第に自分自身のアイデンティティを確認し、自律的な学習への取り組みが実現すると考えられる。

(3) 協働学習を成立させる教師の役割

　協働学習における教師の役割について、上掲の佐藤(2006, pp. 57-58)は、生徒が1人残らずグループに参加できるようケアすることと、学び合いがうまくいかないグループの支援を行うことが必要であり、個人的に質問に答えたり、グループに余計な介入をすることは避けるべきであると主張する。

　秋田(2007, p. 145)は、協働学習における学習場面ごとに教師の役割を説明している。

1) 基礎として必要な技術や知識を習得させる段階では、内容をよく理解している教師のように、生徒より能力の高い人が教えたり、援助し足場をかけたほうが効果的[62]
2) 多面的な考え方のある概念について議論することで思考を深めるような場合は、年齢の近い者同士のほうが有効であり、より知識や技能のある熟達した人と話すとその話をそのまま受け入れがち[63]であり、自分で考えなくなったり自分の考えを言語化し明示化する機会がなくなる

3) 生徒相互のほうがより精緻な足場がかけられて理解が促される[64]

　上掲の3項目のうち、1)はヴィゴツキー(2001［1956］)の発達の最近接領域理論に基づくと思われる。2)と3)はバフチンの「権威的な声が学習者の内部に変化を起こさない」という主張(ワーチ, 2004)、およびフレイレ(1979［1970］)の「被抑圧からの解放」という概念に合致する。
　秋田が教師の役割として挙げた上記の3項から、協働学習はすべての学習に対して効果があるわけではないこと、つまり、知識の獲得には従来の教師主導型学習の方が効率的であり、その後、獲得した知識を定着させ、思考を深めるのには仲間との協働学習が有効であるとの主張が読み取れる。換言すれば、協働学習の限界を示し、教授法の使い分けをすることが大切であること[65]を示唆していると言えよう。
　一方、ヴィゴツキーは『教育心理学講義』(2005［1926］, pp. 26–27)の中で、生徒の積極性を教育課程の基礎に置くべきであると前置きした上で、教師は(社会)環境を変えることで子どもを教育するという。つまり、教師は「教育的社会環境の組織者、その環境と生徒との相互関係の調整者、管理者」であるべきとしている。
　これら3つの研究による教師の役割に通底する基本理念は、教師は協働学習の限界を認識した上で、ファシリテータとして動くべきということである。つまり、教師は協働学習において、教室の中心人物ではなく、教室の後ろに立ってクラス全体を見渡し、各学習者を把握すべくメタ的視点をもって、教育の社会コンテクストを調整する役割を果たすべきであると考えられる。これは、翻せば、協働学習が自律的な学習態度の涵養に効果的であると考えられる所以でもある。
　以上、第2.4節では、自律的学習態度の育成をめざすのに有効とされる指導方法のひとつである協働学習を取り上げ、その理論的枠組み、および実態の両面から検討した。また、協働学習を成立させるための教師の役割について先行研究を整理した。
　次節では、本書が解釈において依拠したところの社会文化理論的視座に立つ先行研究について述べる。

2.5 社会文化的アプローチに基づく研究

　本書は、自律的な学習者の育成という観点から中学校英語授業に導入した協働学習について調査・分析するものであるが、本章でこれまで見たように、近年では、学習者の自律や学習ストラテジーの研究に社会文化的コンテクストが重要であると考えられるようになってきている。よって、本書も、学習者を取り巻く教室内外の社会的コンテクストを視野に入れ、コミュニケーション理論に則って協働学習における相互行為の分析を行うこととする。そこで、本節では、分析における解釈の基礎枠組みである社会文化的アプローチに関して、バフチンを中心に、教育哲学者フレイレ、心理学者ヴィゴツキー、ワーチ、さらに社会文化理論を英語教育に応用しているラントルフらの研究について、本章でもすでに述べてきたことをまとめ、研究テーマと関連づけながら議論を進める。

2.5.1 「発達の最近接領域」理論という概念

　まず、協働学習の基本理念につながるヴィゴツキーの「発達の最近接領域」理論について考察する。

　ヴィゴツキーは、子どもの認知発達のレベルと教育の実施状況の両方を評価するために、「発達の最近接領域」という概念を導入した(Wertsch and Stone, 1985, pp. 164–5)。子どもの「発達の最近接領域」とは、「自主的に解答する問題によって決定される現下の発達水準と、子どもが非自主的に共同のなかで問題を解く場合に到達する水準とのあいだの相違」(ヴィゴツキー, 2001［1956］, p. 298)が決定するものであるという。つまり、発達の最近接領域とは、子どもがひとりでできる範囲である今日の限界(実際の発達レベル)と、精神間機能によって到達できる明日の限界(大人や自分よりできる仲間との協働による問題解決が可能と思われる発達のレベル)との差であり、それは子どもの「伸び代」、いわば「可能性」の領域であると言える。ヴィゴツキーは、子どもがすでに到達したレベルを評価するだけでなく、今後子どもの成長がみこまれる範囲に目を向けることが重要であるという認識に基づき、教育は子どもの発達の「先」を行くべきであり、教育に価値が認めら

れるのは、発達過程、あるいは発達の最近接領域(つまり、発達可能な領域)に見られる子どもの精神機能を活性化するときであるとした(Wertsch and Stone, 1985, p. 165)。換言すれば、課題の難易度が「今日の限界」以下のレベルであるとき、当然、学習者は自分で課題を解決することが可能であるから、外部からの足場掛けや「権威的な声(教師)」による指導を必要とせず、ZPD 理論が示すような相互行為(つまり、上下の階層のある関係に基づく相互行為)は成立しない[66]。

ヴィゴツキーの ZPD 理論が示唆する相互行為は、次に示すように、「模倣」から始まる上下関係が明確な、たとえば「教師-生徒」という関係において発生する。

> ことばの教授、学校における教授は、ほとんどが模倣に基づく。まさに学校において子どもは、自分が1人でできることではなく、自分がまだできないこと、しかし教師の協力や教師の指導のもとでは可能なことを学ぶのである。教授-学習において基本的なことは、まさに子どもが新しいことを学ぶということである。それ故、子どもに可能なこの移行の領域を決定する発達の最近接領域は、教授と発達との関係においてももっとも決定的なモメントである。
> (ヴィゴツキー, 2001 [1956], p. 302)

このような学習の成り立ちは、Reddy(1979)が示した conduit metaphor(導管メタファー)に基づくコミュニケーションの伝達モデル[67]によって説明される。送り手は受け手に向けて(一方向に)容器に入れた情報を送り、受け手は、その容器を受け取る。このような導管メタファーによる伝達モデルについて、ワーチ(2004 [1991], p. 101)は、「読み手と聴き手の機能は、ほぼ無化される」と批判する。加えて、〈理解〉とは理解する人の、相手に向けられる応答であるべきだが、この伝達モデルでは一方向の矢印で表現される単声的仮説に基づいており、〈能動的〉理解というバフチンの概念に真っ向から対立し、聴き手について「受け手」という用語が使われていることも問題であるとワーチは指摘する。つまり、ヴィゴツキーが描く「模倣を基本とす

る学習」において、学習者は従順な「受け手」であり、いわば、（後述するフレイレの言う）「被抑圧」状態に置かれていると解釈される。一方、教授者（送り手）はバフチンのいう「権威的な声」となり、学習者（受け手）へ情報を送り込む、という図式が成り立つ。このような学習をフレイレは「銀行型教育」と名づけ、イデオロギー的上下関係に基づく学習であるとして批判的態度を明らかにしている[68]（フレイレ, 1997 [1970], p. 67)。

　しかし、ヴィゴツキーは、このような学習がずっと続くと考えていたわけではない。学校での教授は形の「模倣」から始まるが、その後、意味の理解へと続く。そのような子どもの発達を助けるのは社会的相互行為であるという（Wertsch and Stone, 1985, p. 167）。教育が子どもの最近接領域に働きかけたときの子どもの変化を、ヴィゴツキーは次のように説明している。

> Any function in the child's cultural development appears twice, or on two planes. First it appears on the social plane, and then on the psychological plane. First it appears between people as an interpsychological category, and then within the child as an intrapsychological category.
>
> （Vygotsky, 1981, p. 163）

　まず社会的な次元で人と人との間における精神変化が起こり、その後、精神的な次元に進んで子どもの内面に働きかけるという。つまり、子どもは、始めは形式を模倣するが、その後、知識を内化していくというのである。

　ヴィゴツキーの研究の中心は、このような学習者の内部変化である。学習という子どもの発達における学習者の内部変化について、ヴィゴツキー（2001 [1956], p. 68）は、次のように説明する。まず、社会的ことば（外言）が取り入れられ、その後、「以前、他の人と話していたのと全く同じようなしかたで自分自身と話し始め」、「自己中心的ことば」を経て、思考の基礎としての「内言」が発達する。こうして、子どもの発達は社会の中でのみ可能となるのである。

"Any higher mental function necessarily goes through an external stage in its development because it is initially a social function."(Wertsch and Stone, 1985,

p. 166)と述べているように、どんな高度精神機能ももともと社会的な性格を有し、発達の段階では当然、学習者の社会化を伴う。知識の「内化(internalization)」とは、人の意識が社会的経験から脱却し、より広く一般化されていく過程と見ることができ、「自己中心的ことば」はその中間に表れる。以下は、ヴィゴツキーの考える「内化」に関するワーチらの説明である。

> ... for Vygotsky, internalization is viewed as part of the more general picture of how human consciousness emerges out of social life. For him, the reason behind a process's external form is its social nature.
> (Wertsch and Stone, 1985, p. 166)

　つまり、内言は子ども自身の内部における発話のキャッチボールであり、したがって、「内言」も「外言」と同様に対話的であると考えられる(Wertsch and Stone, 1985, p. 174)。そして、自己中心的なことばはその中間に位置し、"quasi-social, partly internalized individual activity that reflects the patterns and processes seen earlier in external social activity."(Wertsch and Stone, 1985, p. 176)と言うように、「半ば社会的で半ば内化された」状態で、しかも、もともと社会的行動に見られたパターンやプロセスが反映されることになるという。
　ワーチは次の実験によって、自己中心的ことばを通して子どもの自律が確立されていく様子を観察し、子どもの内部変化を理論的に説明した(Wertsch and Stone, 1985, pp. 174-5)。母と子の対話とタスク遂行の様子を観察したところ、子どもは初め、構造的にも機能的にも外言に近い自己中心的ことばを使用していたが、子どもの発話の対象は次第に母親(外部の存在)から自分自身(内部)へ移行し、自問自答のような形になり、子どもは徐々に母親に頼ることを止め、自律的に活動を進めるようになっていく様子が確認されたという。ワーチ(Wertsch, 1985, p. 59)によれば、ヴィゴツキーの自己中心的ことばとは、3歳頃に出現するもので、形式的にはそれまで親しんできた社会的接触機能をもつ外言に近いが機能的には内言に近く、7歳で消滅するまでに徐々に内言へと移行していくのだという。

ZPDとは、社会環境から取り込んだ外言が、自己中心的ことばを経由して、学習者の意識とも言える内言に変化する（内化する）ことが可能な領域と言い換えることができよう。つまり、ZPD理論も内言を含む「対話」に基づく理論であると考えられる。一方、Holec(1981, p. 20)は、学習者が自律するためには、周囲（社会）の助けが必要であるとしたが、そのような視座に立てば、ヴィゴツキーのZPD理論によって示されるような上下関係のある相互行為もまた、自律への必要なステップのひとつであると解釈することが可能であろう。またLee(1987)は、自己中心的ことばとは外言から内言への「過程」そのものであり(pp. 70–71)、"inner system"が出来上がることによって自己調整や振り返りが可能になると述べている(p. 93)。つまり、内言が発達することにより自律的な学習態度が促進されると解釈できよう[69]。

ここまで、ヴィゴツキーによる「発達の最近接領域理論」に基づく学習の概念について、「対話」を中心に考察した。

2.5.2 「対話」という概念

次に、協働学習の中心的概念であるバフチンの「対話」について考察する。桑野(2002, p. 59)は、「日常生活のなかの言語交通にあっても、話し手、聞き手の双方が能動的であることを無視し、話し手は能動的、聞き手は受動的といった前提が安易に立てられがちであることに対してバフチンは批判的であり、有意味なものである以上は、つねに〈対話〉的」であるはずであると述べている。つまり、バフチンは、意味は対話の中に生まれると考える。よって、バフチンは当時のフォルマリズムの言語観を批判し、「生活の言葉も、詩（の言葉）も、社会的相互作用の所産」であるとして、言葉が「内在的に社会的なものである」と主張した(桑野, 2002, pp. 61–62)。換言すれば、言葉はコンテクストの中で初めて意味をもつと解釈されよう。

ワーチ(2004［1991］)は、バフチンの「発話」について、ソシュールと比較し(p. 83)、「バフチンこそが生きた人間のコミュニケーションを研究することができた」と評した。なぜなら、「ソシュール流のラングとパロールとの区分を受容する結果生じる制約からは自由だったから」だ。つまり、ソシュールは「メッセージ」に焦点化した結果、「意思のある主体としての多

種多様な大衆が使用する言語を科学的に研究することはできない」と結論したが、バフチンは「コミュニケーション」という概念について、「種々雑多な生活上の偶然性に身をゆだねている生きた人びとが、互いに話を交わし合っているただ中に生じる出来事に関係したもの」と考え、コンテクストの中で刻々と変化していく「出来事」に焦点化した結果、「社会的言語の概念から導き出される組織化されたパターンを見つけることが可能」になったのである。バフチンは、話し手と聞き手の双方が意味のある「能動的な対話」を行うためには、決して自己と同一とならない「他者」の存在を必要とした（桑野, 2002, pp. 34–35）。つまり、「発話を直接生みだしたもっとも身近な状況だけでなく、当該の言語交通のもっとも遠い社会的原因や条件にも左右されている」（バフチン, 2002, p. 156）というのがバフチンの〈発話〉論であり、発話とは、目の前の聞き手に加えコミュニケーションを取り巻く社会歴史文化的状況など、多くの複雑な相互作用の産物であるという「polyphony（多声）理論」[70] が、バフチンの発話論を支えていると言える。その「多声」は、"utterance is always governed by its interaction with other voices"（Wertsch, 1985, p. 65）と言うように、さまざまな「声」との相互作用が影響するという。さらに、その声は、"more than one voice or ideological perspective can be reflected"（Wertsch, 1985, p. 65）であり、"multitude of bounded, verbal-ideological and social belief systems"（Wertsch, 1985, p. 64）であるので、たとえ個人の発話であっても、そこにはコンテクストにおける社会歴史的イデオロギーが影を落としていると言う意味で多声であることに変わりはない。Bakhtin（1981）は、また、話し手が発話を作るときには、「社会的言語を使って腹話術で話をしている」という。ここで「腹話術」とは、「対話性あるいは多声性の特殊な過程」を意味する。つまり、文法的、形式的にはひとりの話者による発話だが、「実際には二つの発話、二つの言葉遣い、二つの文体、二つの〈言語〉、二つの意味的、価値的な信念体系が混ぜ合わされている」ような「混成的構文（hybrid construction）」に「腹話術」が見られるという（ワーチ, 2004［1991］, p. 84）。このように、発話とはコンテクストの中に存在するのであり、孤立して monologue としては存在しえないものであることが強調されている。

> ある発話を作りだすということは一つ以上の社会的言語とことばのジャンルを使うということを含んでいるし、このような社会的言語のタイプは社会文化的に状況づけられているという理由から、意味は歴史的、文化的、そして制度的状況とほどけないほど複雑に結びついていると考えられるのである。　　　　　　　　　　（ワーチ, 2004［1991］, p. 93）

　ワーチが言うように、バフチンにとって発話と発話の意味は、発話者とその場にいる聞き手や話し手が指標する事物、社会歴史的状況すべての相互行為の中で成立すると考えられる (cf. van Lier, 2000)。
　バフチンの言う「ダイアローグ」とは「発話の交換」であり、つまり発話のキャッチボールが基本である。逆に、対話の参加者によって交換されない発話として、バフチンは権威的な声を挙げている。権威的な声とは、「承認」と「受容」を要求するが「内的説得力」をもたず、したがって、聞き手に影響を与えないという (バフチン, 1996, pp. 159–160)。このような権威的な声について、ワーチは、「他者の声および社会的言語との接触能力」がなく、無能力ゆえに「コミュニケーションの伝達モデルが仮定した単声テクスト」を生み出すと説明している (ワーチ, 2004［1991］, p. 107)。次に引用するのは、「権威的な声」に関するバフチンの記述である。

> Authoritative discourse can not be represented --- it is only transmitted…all this renders the artistic representation of authoritative discourse impossible. Its role in the novel is insignificant….It enters the artistic context as an alien body, there is no space around it to play in, no contradictory emotions --- it is not surrounded by an agitated and cacophonous dialogic life, and the context around it dies, words dry up.　　　　　　　　　（Bakhtin, 1981, p. 344）

　「権威的な声」とはすでに完結しており、他の声と交わって、変化する可能性が残されておらず、ただ「伝達されるだけ (only transmitted)」である。したがって、まさに、導管メタファーによるコミュニケーションの解釈に合致するものであり、従来の「教師主導型」学習を想起させる。

「権威的な声」の対極に位置するのは、「内的説得力のある言葉」である（バフチン、1996, p. 159）。それは、「意味構造は完結したものではなく、開かれたもの」であり、「自己を対話化する新コンテキストの中におかれるたびに、新しい意味の可能性を余すところなく開示することができる」という（バフチン、1996, p. 165）。協働学習において、グループのメンバーの言葉はまさに、この「内的説得力のある言葉」として、お互いにやりとりされていると考えられる。

　権威的な声から解放された場である「カーニバル」について、協働学習の項でも触れたが、バフチンの対話論を踏まえて補足する。

　桑野(2002, p. 203)は、カーニバル論について、現実には実現が難しく「理念的性格が強く感じられる」としながら、カーニバルとは「開かれた人間と人間、開かれた人間と開かれた世界の出会いを具現したひとつのモデルである」と、説明している。つまり、バフチンが生きていた当時の、階層や地位に縛られたロシア社会において、「期限つきであるにせよ、社会的・階層的不平等その他によって規定されているものの一切が廃棄」されて、「一種のユートピアのイメージが伴う」ものとして論じられている（桑野、2002, p. 203）。バフチンは「カーニバルは観るものではなく、厳密にいうと、演じるものでさえなく、そのなかで生きるもの」(バフチン、1968 [1963], p. 181)であるとして、次のように述べている。

> カーニバルの外の生活の体制や秩序を規定している法則やタブーや制約はカーニバルの時には取り除かれる。なによりもまずヒエラルキー的体制とそれに結びついている恐怖、畏敬、敬虔、礼儀といった形式がすべて取り除かれ、社会的・ヒエラルキー的、その他（例えば年齢など）の不平等によって決定されているもろもろのものが取り除かれる。
>
> 　　　　　　　　　　　　　　　　　　　　　　（バフチン、1968, p. 181）

　このような「カーニバル」論は、人類学者ターナー(1996 [1969])の言う祝祭、あるいは儀礼の過程を想起させる。協働学習もまた、学習者が一種の抑圧者的存在（権威ある声）である教師から解放され、生徒間にリーダーが出

現し、時には「どんでん返し」が起こるなど混沌とした状態に陥ることもあるが、生徒各自が普段ほど間違いを恐れることなく自由に発言し、タスクを遂行していく場であると言える。つまり、協働学習とは、学習者たちにとって、もちろん字義通りではないが、教育における「カーニバル」として位置づけられよう。その結果、学習者は教師および仲間と新しい相互関係を構築しうる可能性をもつと考えられる。

　実際には、しかし、バフチンも言うように、発話には必ずイデオロギーのヒエラルキー(階層)が内在すると見るほうが自然であろう。バフチン(2002, pp. 152-153)は、対話的ことばについて、「聞き手という〈他者〉へのこの志向は、対談者のあいだに存在する社会的・ヒエラルキー[71]的相互関係をあらかじめ必ず考慮している」と、説明する。本書でも、協働学習におけるグループの学習者間には流動的なヒエラルキーが生起していることが、参与観察の結果、明らかになった。逆に、ほぼ対等な関係のメンバーからなるグループでは、却って話し合いがうまく進展せず(混沌とした状態が続き)、結局、「辞書」や「教師」といった外部の(いわば)「権威」を借りてくることによって、意識的にヒエラルキーを創出し、話し合いの突破口を開こうとする様子が確認された。このように協働学習のグループ内には、フレキシブルな形でのヒエラルキーが存在し、それによって(ZPD理論の示唆するような)相互行為が成立していると推察される(詳細は第6章の分析を参照)。

　以上、バフチンの「対話」論と「カーニバル」論に基づき、学習者間におけるヒエラルキーと学習の関係について考察した。

2.5.3 「抑圧からの解放」という概念

　導管メタファーの伝達モデルによって説明されるような、上下関係に基づく学習形態をフレイレ(1979［1970］)は「銀行型教育」と呼び、それに対し批判的であることは第2.5.1節に述べた。このような学習環境では学習者は自由に選び取る権利を奪われ、いわば、被抑圧の状態に置かれていると言える。そのような状態についてフレイレ(1979［1970］, p. 22)は、自由を闘いとることが人間の完成を追及するうえで不可欠であると述べ、ややもすれば被抑圧者は「真の仲間同士のつながりあいよりも、烏合の衆である方を好

む」ことに加え、「不自由な状態のままでえられる従属の安全性の方を好む」というように、被抑圧者が現状に甘んじる傾向があることを指摘している。つまり、「被抑圧者にしても、かれらを呑みこんでいる支配構造に順応してあきらめきってしまい、(中略)自由を求める闘争に立ち上がることはとてもできるものではない」(フレイレ, 1979［1970］, pp. 23–25)のである。なぜなら、「かれらは、自分自身であると同時に、抑圧者でもある。それは、かれらが抑圧者の意識を自分のものにしてしまっているからである」と、被抑圧者の二重構造的な心情を説明している。この被抑圧者の心情については、以下のような「視点」による解釈が可能であると考える。バフチンは「ひとは現実を認識する際には〈一定の視点〉から認識」するのだが、その視点とは「認識主体の個人的成果」ではなく、「主体が属している階級の視点」であると言う(バフチン, 2002［1930］, p. 197)。つまり、「視点」にはイデオロギーが反映されるし、バフチンによる "polyphony" の概念に基づけば、主体が属している「社会」が、そして、その社会における歴史と文化が反映されるとも言える。そのような二重構造あるいは "polyphony" の存在に気づかないならば、それはフレイレが「抑圧者の意識を自分のものにしてしまっている」と言うように、批判的視点、換言すれば、「メタ的視点」を失くしている状態であると言えよう。権威的な声に同調し半ば呑み込まれた学習者は、メタ的視点を失い、他者を志向することを止め、したがって、対話が成立しない。それは教師主導型学習(銀行型教育)における被抑圧的(非自律的)学習者の姿と同義であると解釈される。

　上記の「銀行型教育」に相対する概念として、フレイレは「課題提起型教育」を設定している。前者において、人間は世界と共に存在するのでなく単なる「傍観者」(フレイレ, 1979［1970］, p. 73)として登場するにすぎないが、後者においては、協働学習の項で既に述べたように、「現実世界のなかで、現実世界および他者とともにある人間が、相互に、主体的に問題あるいは課題を選び取り設定して、現実世界の変革とかぎりない人間化へ向かっていくための教育を意味している」(フレイレ, 1979［1970］, p. 80 訳註)として両者を明確に区別している。したがって、「課題提起教育の実践は、何よりもまず、教師‐生徒の矛盾の解決[72]を要求する。そうでなければ認識者が協力

して同じ認識対象を認めるさいに不可欠な機能、つまり対話関係は、成り立つことはできない」（フレイレ, 1979 [1970], p. 81）からである。このように、フレイレは「課題提起教育」において、対等な関係にある二者間で交わす対話の重要性を認識していると言えよう。それはバフチンの「対話」理論、ことに「カーニバル」の概念に近似するものと思われる。

　フレイレは、「対話こそが、人間が人間としての意義を獲得するための方法となる。したがって、対話は人間として生きるために不可欠なものである」と、バフチンと同様に対話の重要性を強調している。さらに、「対話とは出合いであり、対話者同士の省察と行動がそこでひとつに結びついて、変革し人間化すべき世界へと向かうのだから、この対話は、けっしてある者の観念を他者のなかに預金する行為に還元されたり、たんに議論の参加者によって消費される観念のやりとりになることはできない」（フレイレ, 1979 [1970], pp. 97-98）と対等な立場に立った本来の対話のあり方を明言している。加えて、対話と教育との関連においては、「自らの提案や仲間の提案のなかになんらかの形で表現される思考や世界観を論議することによって、人びとが自らの思考の主人公であると感じるようになること」（フレイレ, 1979 [1970], p. 155）が重要であると指摘する。つまり、学習者たちが対等であり、かつ「自らの思考の主人公」である限りにおいて、「内的説得力のある言葉」が交わされ、双方向の矢印によって表されるような相互行為が成立すると解釈されよう。フレイレのこのような対話に対する認識は、前述のとおり、バフチンのそれに似ているようであるが、二者を比較すると、バフチンが社会歴史文化的コンテクストにおける相互行為に注目していたのに対し、フレイレはむしろ対話参加者個人に意識を向けていた点が大きく異なる。

　また、前段で述べたヴィゴツキーのZPD理論に類似した概念を、フレイレは「限界状況」という言葉を用いて、次のように述べている。

　　絶望の雰囲気は、限界状況そのものからひとりでに生み出されるのではなく、所与の歴史的時点で、それが足枷として現れようが、克服しがたい障害として現れようが、その限界状況を人間が認めるしかたから生まれるのである。批判的認識が行動のなかに体現されるとき、希望と自

信の雰囲気が広がり、それが人間を励まして、限界状況を克服するこころみに向かわせる。　　　　　　　　　（フレイレ, 1979 [1970], p. 116）

　ここでフレイレとヴィゴツキーを比較すると、ヴィゴツキーが上下関係のある相互行為を想定していたのに対し、フレイレは「批判的認識」という個人の成長が、限界状況を克服するための重要な鍵であるとした点において2人の認識は大きくは異なる。フレイレの「希望と自信の雰囲気」という表現には、被抑圧からの「解放」のために自ら立ち上がろうとする学習者の姿が描かれており、ここにおいても、フレイレの意識は学習者を取り巻く社会コンテクストや仲間による足場掛けの可能性よりも学習者個人のもつ可能性に向けられていると解釈される。
　このようにバフチンやヴィゴツキーと異なり、フレイレの意識が主に個人に向けられている点については、彼らが生きていた社会コンテクストの違いが大きく影響していると考えられる。詳細については次項で述べることとする。

2.5.4　協働学習を支える主要概念の比較
　ここまでヴィゴツキーの ZPD 理論を始めとして、バフチンの「対話」と「カーニバル」、フレイレの「抑圧からの解放」について個別に考察してきた。本節のまとめとして、「視点」を軸にこれまで議論してきた個々の概念の関連を明らかにし、本書のテーマである学習者の「自律」との接点を示す。
　協働学習は相互行為に基づく学習形態であるが、その際の相互行為は必ずしも対等な関係によって為されるとは限らないことは前項で述べた。むしろ、ZPD 理論が示すような上下関係が見られる相互行為が働くとき、協働学習はうまく機能するとも考えられる。これは、バフチンが言うように発話にはヒエラルキーが内在する(バフチン, 2002, pp. 152–153)ことと符合する。一方、教師主導型学習、あるいは習熟度別学習において ZPD 理論が示すような相互行為が働くのは明らかであり、そこでは教師の言葉には生徒に対する評価が含意され、生徒はそれを敏感に感じ取り、そうして生徒の言葉

は教師の言葉に織り込まれてしまうと考えられる(Breen, 2001)。斉藤(2004)も、クラス分けをすることによって「子どもたちのなかにクラスによる優越感や劣等感をうえつけることにもなる(p. 127)」と習熟度別学習の弊害を述べ、子どもの発達は予想しがたく習熟度別クラス編成のためにレベルを測ってクラス分けをするのは難しいと批判的に語っている。加えて、点数の評価を重視しすぎた点に問題があったと振り返る(p. 129)。佐藤(1999)は従来の教師主導型学習について、これまでの教室では教師が「すべての生徒に同じ内容の理解や同じ達成度」(p. 523)を求めてきたと批判する。続けて、差異こそが学びの本質につながるのであって同一性を追求する教室では勉強は成立しても学びは成立しないと主張した。

　協働学習は、上記の佐藤も述べたように、基本的に差異を認める教授法であり、たとえ学習者間に上下関係が存在するとしてもそれは絶対的な関係とはならず、教師主導型学習の場合とは異なり固定的な関係でも一方的に考えを押し付けるような関係でもない。協働学習に生じる上下関係を含む相互行為は「完結したものではなく、開かれたもの」、あるいは「新コンテキストの中におかれるたびに、新しい意味の可能性を余すところなく開示することができる」ような「内的説得力のある言葉」であり(バフチン, 1996, p. 159)、それは「双方向矢印」によって表象される関係である。そして、そのような相互行為が起こりうるのは「カーニバル」的状況においてである。既存のヒエラルキーは崩壊し、新しい関係が生まれる(ターナー, 1996 [1969])。その結果、フレイレ(1979 [1970], p. 72)が指摘するように、「預金者、命令者、飼育者の役割を、生徒のなかで生徒とともに学び続ける者の役割におきかえ」てパートナーとなり、続いて、「抑圧権力がくつがえされもしようし、また、このことが解放の大儀に役立ったりもする」ような渾沌が続く。そのようにして、フレイレの言う、「教師－生徒」の矛盾が解決されたとき、教師は生徒の「仲間 partner」(フレイレ, 1979 [1970], p. 72)となり、もはや、教師から生徒へ一方的に働きかける権威ある言葉ではなく、「協力して同じ認識対象を認めるさいに不可欠な機能、つまり対話関係は、成り立つ」(フレイレ, 1979 [1970], p. 81)し、学習者は「自らの思考の主人公」(フレイレ, 1979 [1970], p. 155)となりうる。このような相互行為において「人

と人のあいだの距離がすべて除かれ、カーニバル独特のカテゴリーである自由であけすけな接触」(バフチン, 1968 [1963], p. 181)が可能となる。

次に引用するのは、フレイレが肯定する「批判的」な探求についての記述である。

> 探求がもっとも教育的であるのは、それがもっとも批判的になされるばあいである。もっとも批判的であるのは、それが部分的で個別化された現実の見方という狭い枠から離れて、現実総体をつかむことに固執するときである。　　　　　　　　　　　　　　　(フレイレ, 1979 [1970], p. 129)

フレイレの言う「批判的」な探求とは、双方向的矢印によって表象される「内的説得力のある言葉」であり、主体的に関わる相互行為を意味していると言える。また、「個別化された現実の見方」というフレーズが示唆する探求の姿勢は、「狭い枠」という表現からも推察されるように、本書における「ミクロ・メタ認知」と同義であり、一方、「現実総体をつかむ」とは、「マクロ・メタ認知」と同義であると解釈できよう[73]。つまり、フレイレは、双方向矢印によって表象されるような相互行為が、現実に対する視野をミクロからマクロへ拡大すると説明している。さらに、意味ある探求に社会文化歴史的コンテクストへの配慮、あるいは、マクロ・メタ的視野が欠かせないと指摘している(フレイレ, 1979 [1970], p. 129)。

ここで示した視点とは、第 2.5.2 節「対話の概念」でも少し触れたが、バフチンによる「評価を下す視点」(バフチン, 2002, p. 195)、あるいは「主体が属している階級の視点」(p. 197)であり「視点は階級のイデオロギー」に影響されるとしている(p. 198)。もちろん、当時、バフチンが置かれていたソヴィエトという特殊な社会背景の影響を考慮しなければならないが、その影響を差し引いても、「視点」には社会歴史的イデオロギーが反映されると考えられる。そして、バフチンが見つめる現実とは、「不変のままにあるものではないし、とどまり静止している存在ではない」(p. 195)、カーニバルのように刻々と変化するものであり、絶え間なく移ろいゆく。そのように変わりゆく現実に目を向けるために、自己の周囲に執着する接写レンズを通し

た「ミクロ的視野」から解放され、望遠レンズを通して「マクロ的視野」をもつことが必要となる。カーニバルの広場において、フレイレの言う「教師-生徒という矛盾」が解消し、抑圧から解放された学習者は、ミクロからマクロへと視野を広げることになる。

以上の概念を学習者の自律という観点から整理すると、以下のようにまとめられる。ヴィゴツキー（2001［1956］）のZPD理論が示す相互行為は力関係が明白な2者間における、「教え-教えられる」といった一方向矢印によって示される関係である。秋田（2007）が示すように、学習の始めの段階において基礎的知識の教授は必要と考えられるが、知識を吸収した後、外言が自己中心的ことばを経て内言へと内化が進むとき、フレイレ（1979［1970］）が指摘するように、教授された知識を個別の知識に留めず、「現実総体」の理解への一般化、あるいは、視点の拡大が可能となる。つまり、他者の視点をもち、批判的主体となることによって、相互行為は双方向矢印で示される関係となり、そこに対話が成立する。こうして学習者の社会化が進行するのと同時に、マクロ的視野をもつようになれば、学習者は獲得した知識を批判的・主体的に判断することが可能となり、被抑圧状態からの解放へ向かう。

このように、対話に基づく相互行為による学習、外言から内言への内化、被抑圧状態からの解放、マクロ的視野あるいは他者の視点の獲得、これらはすべて、本書が目標とするところの「学習者の自律」が徐々に達成される過程を説明するものであると解釈されよう。

本節の最後に、ここまでに述べたバフチン、ヴィゴツキー、フレイレの重要な概念における相違点を比較して示す。

バフチンは、変貌していくソヴィエト連邦の社会のただ中にあって、ひとりの人間の可能性に限界を感じ、社会的相互作用を重視し、社会文化的コンテクストの中で生かされる人間を描こうとした。特に、発話が社会歴史文化的に媒介された多くの声を反映しているとするpolyphonyの概念はバフチンの思想の中心を表していると言える。また、バフチンは、対話は発話の交換であり、二者間における能動的で意味のある双方向のやりとりであるはずだが、一方で対話はイデオロギー的ヒエラルキーを内包し、権威的な声は内的変化を起こす力をもたないという。だからこそ、抑圧されたソヴィエト社会

において、権威や階層から解放され、自由な対話が可能な「カーニバル」を必要としたのであろう。

　ヴィゴツキーは、バフチンと同時代のソヴィエト連邦の社会に生き、バフチンと同様、個人の限界を感じていたが、子どものことばの発達を研究対象とし、外界の影響を受けたときの子どもの内部変化に注目した。そして、外言と内言の間に位置する「自己中心的ことば」の存在によって外言から内言へと深まっていく思考の発達の過程を明らかにした。バフチンとの大きな違いは、子どもの発達には、より成長の進んだ存在、または大人による足場掛けなど助けが必要であるとし、上下関係のある相互行為を前提とした点である。ヴィゴツキーは、教育のはじめの段階では、バフチンが否定する「権威的な声」も必要であることを認めていたと解釈できる。

　フレイレ(1979［1970］, p. 26)は、支配構造下の教育は非人間化の表れで、「かぎりない人間化」とは、「認識者」を被抑圧状態から解放する教育であるとする。これは、すなわち、主体的、批判的に課題に取り組むことのできる学習者、いわば、自律的な学習者をめざすことに他ならない。

　フレイレ(1979［1970］, pp. 99–103)は、「愛は対話の基礎であると同時に、対話そのもの」であると定義し、「愛と謙遜と信頼に根ざすとき、対話は対等の関係になり、その論理的帰結として参加者相互の信用が生まれる」と説明する。さらに対話が成立するためには希望と批判的思考を必要とする。フレイレは、人間は未完成なものであるが主体的に(批判的意思をもって)完成をめざす存在として描いている。そのような人生において対話は(バフチンが捉えるほど)客観的な出来事ではなく、愛と謙遜と信頼、そして希望という要素を対話の成立要件としており、バフチン、およびヴィゴツキーの解釈に比べると、より主観的(叙情的)に捉えている。それがフレイレの教育が「希望の教育」と呼ばれる所以であると考える。

　上述のフレイレの教育観には、フレイレの祖国であるブラジルがもともとポルトガルの植民地であり、そのため南欧の雰囲気を保持していると同時に、国民の多くがローマン・カトリック教徒であったという社会的背景が強く影響していると推察される。さらに、ラテン・アメリカはヨーロッパ諸国に対して従属関係にあり、貧困に苦しむ一方で貧富の差に疑問を感じていた

はずである。

　一方、バフチンやヴィゴツキーが活躍した当時のロシア帝国では、資本主義が行き詰まり帝政ロシアは末期に差し掛かっており、ソヴィエト(元来「評議会」の意)を旗印としたレーニンの後に続いたスターリンによる独裁体制の下、一国社会主義へと移行しさまざまな抑圧が繰り返されていた。バフチンは、資本主義は「出口なき孤独」であるという幻想、つまり、「人間はひとりで生きてゆける。あるいはひとりで生きてゆくしかないとの錯覚」を起こさせるものという認識に立ち、社会が「モノローグ化」していくことへの批判として「対話」という概念を打ち出したのである(桑野, 2002, p. 127)。バフチンの「対話」の概念そのものが当時の社会文化的背景を映し出していたと言える。つまり、バフチンやヴィゴツキーは、社会が個人に代わって輝かしいものとして注目されてきたロシア革命前後のロシアの社会文化的背景を反映し、個人を限界のある存在として捉えていたのである。一方、フレイレは南欧の雰囲気をもつカトリックの国、ブラジルに育ち、人間を神に愛され限りない可能性をもつ個人として捉えていたのであるから、ヴィゴツキーやバフチンらの社会や人間に対する認識との間に大きな違いが見られたのは当然のことと言えよう[74]。三者の教育観・人間観には彼らが生きた社会歴史文化的コンテクストが強く影響していたのである。

　前節で見たように、学習を社会的行動と考えるとき、学習者の自律もまた社会的コンテクストの中で捉えることが可能となる。第2.3節に示した、「自らの学習を管理できる学習者」であるという自律的な学習者の要件に「権威や狭い自己から解放され、批判的視点をもって学習に関わることの出来る社会化された存在であること」という項目を付け加えたい。これは、前述の、van Lier(2008)の自律的学習者への最後のステップ(committed)に当たる。

　本章の始めにも触れたが、上述の社会文化理論を英語教育に応用している第一人者としてLantolfを挙げることができる。たとえば、Lantolf and Pavlenko(2001)では、学習の結果だけでなく過程を、そして教室だけでなく社会的コンテクストを含めて研究するには、社会文化理論に基づく分析が重要であると主張した。彼らは、教育理論によって研究結果を一般化することに

対して、個々のコンテクストによって生じるさまざまな相違点を捨象してしまう恐れがあるとして反対している。しかしながら一方で、社会文化理論だけが唯一の研究方法でないことも認めている。第2.3節でも述べたように、外国語教育に関する研究において、文化による違いを無視することはできないとしながらも、文化を超えた普遍性に気づき個人差がより重要であると主張する研究も出現してきている（Gao, 2010；Little, 1999；Littlewood, 1999）。

2.6 研究の動向―まとめ

　第2章では、本書が目標とする自律的な学習を柱として、まず、研究の基礎である学習ストラテジーに関する先行研究について考察した。学習ストラテジー研究における量的研究において5件法による回答の曖昧さや調査項目における区分の不明瞭さなど、質問紙による研究方法の問題点について検討し、本書での調査方法を決定する際の参考にした。また、学習ストラテジーの研究においても社会コンテクストの重要性が見直されてきているにもかかわらず、量的研究では学習のコンテクストが捨象されてしまうため、質的研究の必要性が高まってきていることを確認した。

　次に、本書の目標である自律的学習に関する先行研究を分析し、単に学習管理能力が高いだけでなく、メタ認知の働かせ方や協働学習における役割も考察しながら、より具体的な自律的学習者像を明らかにしようと試みた。併せて、自律的な学習者と good learner の違いを確認した。

　続いて、自律的学習者の育成に対する効果が認められ、近年、注目されてきた協働学習に関する先行研究を整理した。用語やグループ作りの条件など、確定していない要素も多々あるが、バフチンやヴィゴツキー、フレイレらの理論に基づき、協働学習が学習者の自由を確保し、相互行為によってメタの視点を養う効果があること、同時に、協働学習が万能ではないことを確認した。加えて、協働学習を成立させるための条件、および教師が果たすべき役割について論議した。

　最後に、ヴィゴツキーの「発達の最近接領域理論」、バフチンの「カーニバル」、フレイレの「被抑圧からの開放」といった学習における社会文化的

アプローチに基づく理論を分析し、本書のゴールである自律的学習者と、手立てである協働学習を関連づけながら考察を深めた。これらの理論枠組みは、本書の基礎概念を支持すると共に、質的研究の分析における解釈枠組みとして重要である。

注

1 Metacognitive strategies are essential for successful language learning... such as paying attention and overviewing/linking with already familiar material. ...like organizing, setting goals, and objectives, considering the purpose, and planning for a language task, help learners to arrange and plan their language learning in an efficient, effective way. (Oxford, 1990, p. 136) メタ認知ストラテジーを、竹内 (2003, p. 70) は学習の「段取りと自己査定に関する方略」と定義し、大学英語教育学会学習ストラテジー研究会 (2005, p. 32) は「学習の司令塔」と定義した。様々な定義はあるが、学習を統括するストラテジーであり、学習ストラテジーの中で自律にもっとも深く関連すると言われてきた。第 2.2 節参照。

2 もちろん、バフチンに関しては様々な解釈があるが、本書では、教育における学習者間の相互行為の解釈に直接的に関与する限りでバフチンの思想を扱うことにする。たとえば、『マルクス主義と言語哲学』でバフチン／ヴォロシノフは、主観主義的言語観やソシュール的客観主義的言語観を批判しながら、「腹話術」などに見られるような独自の社会言語理論を提示している。また、ロシア・フォーマリズムや新カント主義などとの関係も、バフチンの言語思想の理解において非常に重要であることは明らかであるが、本研究では、特にバフチンのラブレー論、カーニバル論に焦点化し、桑野などの研究にも依拠しながら、バフチンについて論じていく。

3 アンダーソン (1982 [1980]) による認知段階とは、(1) 認知段階において手続きの記述が学習される (2) 連合段階において技能の達成法が実行される (3) 自動段階において技能は次第に敏速かつ自動的になる、という 3 つの段階を指す。

4 第 1 層は、初心者にも理解しやすいタスクベースのストラテジーを含み「タスクレベル」とラベリングした。第 2 層は、バフチンの「内言も対話的である」(Wertch and Stone, 1985, p. 174) という解釈に基づき (詳細は第 5 節を参照)、学んだ内容について学習者間および、自己自身の内面における相互作用を通じて理解を深める

過程を含み「相互行為レベル」とラベリングした。第3層は、相互行為を通じて自らの学習を振り返り、理解を深め、考えを広げるなど(マクロ)メタ認知ストラテジーを働かせる「メタ(包括)レベル」とラベリングした。第1層から第3層まで設定することにより初習者から自律的な学習者までを射程に入れている(津田, 2007)。

5　Dörnyei(2005)は、cognitive, social, affective, metacognitive の4つに分類しているが、本書ではストラテジーの分類に際してこれも参照した(津田, 2007)。

6　Tseng, et al.(2006)はタスクベースの質問と外国語学習全般に関する質問を区別した。

7　今のところ、Hsiao らのタスクベースの SILL に関する新しい研究は見当たらない。

8　タスクの有無および難易度によるストラテジー使用の違いに関する研究(Oxford, Cho, Leung, and Kim, 2004；Tseng, Dörnyei, and Schmitt, 2006)について詳細は次節を参照。

9　例えば、「自分の気持ちを学習日記につける」「英語を学ぶときにどう感じているか他の人と話し合う」「体を動かして新しい単語を覚える」などについて、日本の中学生調査協力者から、理解できない、答えづらい、など批判的意見が出された(津田, 2004)。

10　厳密には、Dörnyei(2003a)は"quality"という語を使い、「重要なのは、学習者が利用するストラテジーの量ではなく質」であり、「たとえたった1つのストラテジーしか使用しなかったとしても、それが学習者の能力や学習スタイルに合致するものであるならば、彼は堪能なストラテジー使用者であると言える(p. 39)」と説明し、種々のストラテジーの使用頻度によって学習者のスキルを測ることは正しくないと述べている。つまり、アメリカで発達してきた学習ストラテジーに関する理論は非常に practical であったが、Dörnyei(2005, p. 195)は数字による使用頻度だけでは割り切れない、学習のコンテクストと共に使用状況が dynamic に変化する変数を包含する"self-regulation"という心理学の分野における新しい概念で捉えようとした。

11　この点については、後述する Briggs(1986)も同様の見解を示している。詳細は注26を参照のこと。

12　そのほかには、いつものお決まりのパターンを回答する者、状況を思い起こし、どうするか考えて回答する者、の2通りの可能性が挙げられている。

13　バフチンは、教室には複数の声が相互活性化する「対話」がある一方、教師による上からの声、すなわち学習者に影響を与えることのできない「権威的な声」が

存在するとした(ワーチ, 2004, p. 107)。相互活性化が起こるような「対話」を教室に生起させる方法として、本書は中学校の英語授業の一部に協働学習を導入した(津田, 2005)。詳細は第 5 節を参照。

14 Schramm (2008) と同様に、本書は日本人中学生を対象に調査を行ない、学習者が意識を向ける対象のメタ・レベルは習熟度レベルによって異なり、習熟度が高いほどよりマクロなメタ的視野をもつことを示した。

15 Gao (2006, p. 617) は、認知心理学では self-regulation、成人教育では self-direction、第 2 言語習得の分野では learner autonomy、という用語がそれぞれ使われていると報告している。self-efficacy という語もほぼ同義に使用されることもある (cf. Bandura, 1977 ; Griffiths, 2008a)。

16 Ikeda and Takeuchi (2000) は大学生を対象としたが、津田 (2004) は中学生を対象とした。このような研究協力者の違いによって研究結果にも違いが生じたと推測されるが定かでない。

17 ストラテジーは意識的に使用するものであるので、意識化できないものはストラテジーに含めないとする研究 (cf. Cohen, 1998) もある。

18 第 2.2.5 節で言及する Tseng, et al. (2006) を参照。

19 細かい点にこだわらず全体を大雑把に捉える方法 (cf. Oxford, et. al., 2004, p. 28)。

20 単語や文、文法など細部に注目し、少しずつ確認しながら読み解く方法 (cf. Oxford, et. al., 2004, p. 28)。

21 Listening、Reading、Speaking、Vocabulary、Pronunciation、Writing、Grammar の 7 スキル。

22 Oxford, et al. (2004) を参照。

23 竹内 (2008, p. 81) によれば、「自己調整」とは「メタ認知 (知識と方略) を活用し、自らの学習をコントロールしながら、目標の達成に向けて自分の意思で学習を進めて行く過程」である。

24 自己調整学習には thinking (メタ認知)、feeling (動機・自己効力感など情意面)、doing (認知的行動) の 3 つの側面があると竹内 (2010, p. 9) は述べている。

25 本書も学習の振り返りシートによって気づきに関して同様の効果を確認した。

26 Briggs (1986) はインタビューをコミュニケーションのひとつのパターンであると捉え、インタビューする人とされる人の相互行為によって新たな意味が作られると考えている。よって、言われていることが単にそこにあること ("out there") を反映するものに過ぎないと解釈しては、インタビューする人とされる人の両者の間に誤解が生じる恐れがあるという (pp. 2–6)。また、オーラル・ヒストリーは過去と現在の対話であり、インタビューされる側が記憶を選択している可能性もあ

ることを意識して、過去と現在の両方の「意味」を解釈しなければならないとも述べている (p. 14)。さらに、Briggs は、インタビュー・ディスコースを出来事モデルによって解釈し、インタビューへの答えは、その前の質問と答えのペアや、社会状況、インタビューする人とされる人の人間関係などによってその意味が決定されるという点において、インタビューの答えは非常に指標的であると捉えている (p. 42)。

27 北尾 (1987) は「自己教育力」に注目し、早くから一斉授業の見直しを主張してきた。

28 このような Holec は学習者に責任を押し付けるのではなく、学習における学習者の裁量を認めるが、一方で、教師のファシリテータとしての役割も認めている。その点において、新自由主義における「自己責任」の概念とは異なると考えられる。

29 中田 (2008) は、自律的な学習者を育成するためには、教師が不要になるのではなく、「知識伝達者から学習の支援者へとその役割を変える」ことが必要であるという。加えて、まず教師自身が自律的であることが求められ、そのためには教師と相互依存の関係にある学習者をよく知る必要があると述べ、選択権は教師自身にあるというのが教師オートノミーの理念であるとしている。このような教師の役割に対する考え方は、本書におけるファシリテータとしての教師像に重なる部分が多いと思われる。しかし、教師の自律については将来、別の研究で扱うこととし、本書では社会文化的側面から教師の役割を捉え考察するに留める。

30 後にも述べるが、Holec (1981, p. 23) は、自律的学習が可能な環境における教師の役割は、学習を "produce" することではなく、"facilitate" することである、と述べている。

31 持続的な学習動機とは、長期展望に立った学習目標を意味すると思われる。本書では同様の内容を「将来に向けての長期目標」と表現したが、英語運用能力が高いグループほど長期目標をもつ傾向が見られた。まさに、清田 (2008) の自律的学習者の要素に対応する結果と言える。

32 Holec (1981) は動機づけについて明示的には述べていないが、「学習者自身による内面的評価 (internal evaluation) を行なうことによって次の学習計画を立てることができる」というように、動機づけを含意すると思われる記述が見られる (p. 17)。

33 仲間との協力について Holec (1981, p. 20) は、自律の度合いを測る目安として「仲間からの支援の程度」を挙げている。

34 van Lier (2008, p. 163) は、学習とは教師やテキストに押し付けられるものではな

く、学習者自身の行動や自発性が重要であると考えた。その中心となる agency は、ヴィゴツキーやモンテッソリ、デューイなど綿々と続く教育者によって取り上げられてきた概念であり、学習は個人的な特性でなく社会コンテクストの中で実現するものであることを示唆した。

35 「振り返り」は学習方法の見直しや学習到達度の評価といった学習活動を含む。Chamot(2008)によれば、自らの学習過程を振り返ることによりメタ認知への気づきが高まるというが(第 2.2.5 節参照)、自律度の低い学習者は振り返りを苦手とする傾向が見られるなど、自律の程度によって差異が確認され、学習者の自律を考察する際に重要な項目であると考えられる。

36 O'Malley and Chamot(1990, pp. 44–49)によるメタ認知ストラテジーに関する 4 段階— 1)学習過程を熟考し 2)学習計画を立て 3)学習課題をチェックし 4)学習成果を自己評価する—も参照。

37 本書では動機づけについて、自由記述の分析で簡単に触れるに留めるが、動機づけと学習ストラテジーに関する研究として、Dörnyei, (2001, 2005)、廣森(2006)、大和(2008)などが挙げられる。

38 前述の Holec(1981, p. 20)も自律の度合い(degree)を測る目安として、周囲からの支援の程度を挙げていた。

39 Yang(1996)は学習ストラテジー研究の視座に立ち、interactive discussion(ZPD 理論、あるいは協働学習に相当すると推察する)が学習者意識を高めるのに効果的であると述べている。

40 バフチンの主張する "heteroglossia"(Bakhtin, 1981)に通じる。

41 Vygotsky(1996)は、自律という用語を前面に押し出してはいないが、学習とは孤立したものではなく、社会的な環境の下で行われるもので、周囲の支援を受けながら深められていくと考えている。

42 本書が解釈枠組みとして依拠するところの社会文化的アプローチに関しては第 2.5 節を参照。

43 Benson(2001)もストラテジー指導の前に個人の要求(個人差)に注目すべきであるとした。

44 Norton(2000)は大人の学習者を対象とし、1 年間に亘り学習ジャーナルやインタビューによりデータを収集した。一方、Toohey(2000)は子どもを対象とし、3 年間に亘って観察とインタビューとビデオ録画を行った。双方とも、学習者の内面でなく英語学習の行われている地域や社会相互作用の様子について、それぞれ別個に質的調査を行った。両者は、ヴィゴツキーとバフチンが学習を社会コンテクストにおける活動として捉えているという点において共通していると述べてい

る。ことに、Vygotsky(1978)は、学習には自分より熟練した共に学ぶ人の存在が必要であると述べ、学習の社会的側面に焦点を当てている点でバフチンの対話理論に通じるという。そして、Bakhtin(1981)が、学習初期においては他の人の考えをまねているが、次第に自分の言葉となり、最終的には自分の考えを伝えられるようになる、と述べている点に言及している(Norton and Toohey, 2001, p. 311)。

45　日本認知科学会(2004. 於・日本科学未来館)第21回大会発表論文集では、「協同」「協働」「共同」など様々な用語が使われている。分野により使用する用語や訳語は様々であり、その区別の定義も今のところ曖昧である。

46　本書では「協働」とするが、論文に言及する場合には当該論文またはその訳文に準ずる。

47　本書でも、出口(2004)ほど厳密ではないが、指導の開始前に協働学習の説明を行った。

48　Richard-Amato(1996)は教育理論を振り返った上で、教室における interaction を成功させる授業案を提案している。

49　Individualistic efforts および competitions について、Johnson and Johnson(1989, pp. 4-5)は、前者は人間には時には他の人たちの成果を気にせずひとりで努力することも必要であると説明している。後者については、競争というのは、人間の本性に適うものであり、タスクを楽しくし、動機づけを高めるが、近年では支持する人は少ないと述べている。

50　後述の佐藤(2006)も同様の趣旨を「背伸びとジャンプ」として述べている。

51　これに対して、ピアジェは子どもの心理研究において「教授的干渉」をできる限り排除しようとしており(ピアジェ, 1972 [1970])、この点において「個人主義的」傾向を示したと言える。

52　他方、ピアジェは学習を個体発生的なものであると捉え、「所与(外界)を以前の構造(遺伝的なもの)に統合する」という「同化」の観念によって説明した(ピアジェ, 1972 [1970], p. 25)。

53　ワーチ(2004 [1991], pp. 74-75)が示すように、声は社会的な環境の中でのみ存在し、他の声から切り離されては存在できない。たとえば、発話を作っている声に加えて、発話が向けられている(他者の)視点や意識としての声を基礎としており、その意味で「多声」であると言える。

54　前述の、教育は発達より先をいくべきというヴィゴツキーの趣旨(2001 [1956])と一致する。

55　本書では、協働学習は、「(学習者の)外部世界との相互行為(interaction)」と「(学習者の)内部における対話(inner speech)」という2種類の相互行為を内包するも

のと捉える(Tsuda, 2006)。

56 このような状態を、フレイレ(1979［1970］, p. 81)は教師－生徒という「矛盾の解決」と呼んだ。フレイレにとって、教師が権威的な立場から生徒に知識を押し付けるのは、正しい教育の形ではなかった(第 2.5.3 節を参照)。

57 伏野(2007)は、このような理念を"One for all, all for one"と表現した。

58 ただし、ヴィゴツキー(2001［1956］)が指摘するような外言から内言への転化が起きた場合は、必ずしも発話(外言)が見られなくても、仲間の発言に触発されて内言が活発化していれば、それも一種の相互行為(interaction)とみなすことができよう。

59 中学校でも、まず個人で取り組む時間を取り、次に協働学習に移るというステップを踏むことが、グループでの話し合いを成功させる鍵であることに変わりはない。ただし、本書においては、グループ・レポートではなく、個人個人でワークシートを完成させ提出させた点が、杉江らの研究と異なる(詳細は第 5 章「自由記述」の分析を参照)。

60 第 2 節「学習ストラテジー」でも述べたように、難易度の高いタスクほど、ストラテジーの使用頻度は高くなっていた。この結果は沖浜(2008)が示す結果と一致している。

61 津田も沖浜も、国立大学附属中学校で協働学習を実践しており、対象となった生徒には協働学習を受け入れる素地ができていたとも考えられる。したがって、このままの形で協働学習を公立や私立の中学校に適応できるかどうか定かでない。しかしながら、本節では取り上げなかったが、協働学習を支持するその他の研究として、言語クラスにおける相互作用の重要性を質的分析によって検証した Cazden(2001)、第二外国語習得における相互学習を考察した Dörnyei(1997)、また学習者とリーディング・テクストとの相互作用を論じた Grabe(1988)などが挙げられる。

62 ヴィゴツキー(2001［1956］)の発達の最近接領域理論に基づくと思われる。

63 バフチンの「権威的な声が学習者の内部に変化を起こさない」という説明と合致する。

64 本書におけるインタビューにおいても、仲間の方がわからない部分の基礎から説明してくれるのでわかりやすい、と同様の意見が聞かれた。

65 杉江・他(2004, p. 49)も、グループの話し合いに先行して個人で考えるステップを入れることが、その後の話し合いを実り多いものにするために重要であると述べている。

66 このような状況は、本書においても自由記述による調査の結果、「問題がやさし

いときは協働学習の必要はなく、個別学習でよい」という、複数の学習者による記述と符合する。
67 導管メタファーについては、第 3.3.2 節を参照。
68 詳細は第 2.5.3 節を参照。
69 Lucy and Wertsch (1987) も同様に発達の過程が重要であるとして、自己中心的ことばはその過程を示すものであると述べている。Wertsch and Hickmann (1987) は、母と子の会話を観察し子どもの発話が外言から自己中心的ことばを経て内言へと変化していく様子を分析し、次第に問題解決が自律的に行われるようになる過程を明らかにした。
70 発話は社会歴史文化的に媒介された多くの声を反映しているとするバフチンの概念。
71 小林は「ヒエラルヒー」と訳しているが(バフチン, 2002)、本書では「ヒエラルキー」に統一した。ヒエラルキーとは、〈地位、位階、社会的立場などの〉序列のことを指す。
72 「教師−生徒の矛盾の解決」とは、教師が高い位置から降りて生徒と同列のパートナーとなることを意味する(第 2.5.4 節を参照のこと)。
73 もちろん、「ミクロ／マクロ」と「非メタ／メタ」とは相互に独立であり、たとえばメタに至っていないマクロもありうる。しかし、本書では、メタ認知に議論を集中しているため、メタ・レベルではないマクロな視点などについては論じず、ミクロからマクロへの展開を中心に扱う(メタ・レベルではないマクロな視点には、たとえば、社会の出来事を羅列するが自分との関連をみつけることができない、つまり、再帰的(reflexive)でないような視点が挙げられる)。
74 バフチンやヴィゴツキーは、個人だけを研究対象とすることに対して批判的な姿勢を取り、個人が結びついた社会、つまり、個人間の相互行為の場としての社会に焦点を当てた。一方、カトリック社会であるブラジルに生きたフレイレは、教会の一員として神に愛される個人に注目したのであるが、そこにはカトリック的集団主義の構図も見えてくる。換言すれば、フレイレが求めた解放とは、世界全体が抑圧のない世界へと変貌することであった。

第3章
研究の枠組み

　本章では、研究の枠組みについて概略を示す。まず、本書の中心的な2つの概念「自律的学習者」および「協働学習」の作業定義を示す。続いて、次章以降に示す量的研究(調査1)、および質的研究(調査2、調査3、調査4)の分析の基礎となる枠組みの概要を、研究対象・方法論に分けて述べる。

3.1　本書における鍵概念の作業定義

　「自律的学習者」と「協働学習」については先行研究との関連において前章で同定したが、本節では本書におけるそれらの作業定義を詳細に論じる。

3.1.1　自律的学習者とは何か

　学習における自律とは、メタ認知を活用することによって学習を管理する力であると考えられてきたが、先行研究でも確認したように、学習者の置かれているコンテクストが重要な意味をもつことは明らかである。よって、自律的学習態度も、孤立した状態における学習管理能力ではなく、むしろ他者との相互行為において育成される学習管理能力として捉えるべきであろう。つまり、自律的学習者の育成とは、他者との相互行為を通して、学習者の意識が狭い自己から解放され、さらに、教師や社会的規範といった権威からも解放され、その結果、「自己の思考の主体」となることであると言える。換言すれば、学習者が他者との相互行為を通して自らに対して再帰的メタの視点をもつことが可能となる、いわば学習者の社会化の過程であると言えよう。したがって、学習者の自律の度合いとは、学習者がどれだけマクロ・メ

タの視点を持って自分の学習を振り返ることができるか、つまり学習者の視野のマクロ化・社会化の度合いであると考えられる。

　ゆとり教育では学習者ひとりひとりの個性を重視することが第一義と考えられ、少子化と相まって、仲間に倣い、学ぶ機会が少なくなり、学習者の意識は狭い自己の世界へと向けられる結果となった。今、学校に求められることは、学習者が仲間との学び合いを通して狭い自己から解放され、より広い視野、マクロ・メタ的視点を築くことができるような学び合いの場を提供することであると考える。本書では、相互行為によりマクロ・メタ的視点を備え自ら考えることのできる学習者を「自律的学習者」と定義する。

3.1.2　協働学習とは何か

　先行研究によって、協働学習の成立条件について考察したが、本書ではあくまで学習者中心(learner-centered)の教授法として協働学習を捉える。したがって、中学校では教育的配慮からグループの成立の要件を厳しく規定せず、できるだけ自然なグループ分けを行うこととする。つまり、グループ内のメンバーの学力については敢えて分散させるような配慮を行わないし、また、リーダーなどグループ内の役割分担についても、教師から指示を与えるのでなく、生徒主体の自然発生的な学習環境を設定することにする。しかし、グループの構成人数については4人を標準とし、1年間固定する[1]。

　本書では、「数人でグループを形成して共通の課題に取り組み、互いに意見を述べ合いながら理解を深めていく学習形態」を、「協働学習(collaborative learning)」と呼び、個別学習(individual learning)と区別する。つまり、学習者が協働学習における相互行為を通していかに学ぶかという学習過程を重視するのである。ヴィゴツキーのZPD理論によれば、協働学習は習熟度の異なる学習者が共に学び合うという形態の中で、コミュニケーションにより外言を引き出し、内言への転化を促す効果的な学習方法であると言える。ことに習熟度の低い学習者は、習熟度の高い学習者との相互行為を通じてメタ知識およびメタ認知ストラテジーへの気づきと使用を促進することができ、一方、習熟度の高い学習者は、仲間とのコミュニケーションによって抽象概念を具体化し、理解の多様性に気づくなど、メタ認知を働かせることを学ぶ

(秋田, 2007, p. 139)。このように、グループ内には互恵的な相互依存関係が成立するが、その状況は常に一定ではない。構成メンバーや課題によって、グループリーダーが早々に現れるグループ、混沌とした状態が長く続くグループ、活発に意見交換が行われるグループ、話し合いが沈滞しがちなグループなど、多様な互恵的相互依存の形態が見られるが、できるだけ教師の介入を避け、辛抱づよく学習者たちによる進捗状況を見守るよう配慮する。

協働学習における教師の基本姿勢としては、秋田(2007)や佐藤(2006)などと同様、ファシリテータとしての役割[2]に徹する。つまり、授業の始めに課題の説明を行い、授業の終わりに学習の振り返りを指示することを主な役割とする。生徒が協働学習を進めている間は、グループ間を机間巡視しながら、生徒の話し合いへの参加の様子をチェックし、また、話し合いが滞っているグループに、場合によっては話し合いのきっかけを与える。生徒の「振り返りシート」を分析し、必要ならば次の授業時に前回の課題について補足説明を行う。したがって、協働学習の進行については学習者に責任をもたせるものとする。このような教師の役割は「ファシリテータ」であり、杉江・関田・安永・三宅(2004)が示す大学の授業における「コーディネータ」より学習に踏み込んだ立場を取っていると思われるが、中学校という英語の学習開始時期であるというコンテクストにおいては、この程度の教師の介入は必要であり、また適切であると判断する。

以上、本書の基本概念について作業定義の詳細を示した。

3.2 研究の対象

研究の対象とした研究協力者とそのグループ分けについて詳述する。続いて、調査のコンテクストであるフィールドの背景を述べる。

3.2.1 研究協力者

都市部の共学の国立大学附属中学校3年生135名(男子47名、女子88名)のうち、筆者が担当する選択英語(βコース)に在籍する49名(男子15名、女子34名)を対象として協働学習によるメタ認知の指導を行った。そのう

ち、5月と11月の2回、英語運用能力テスト(GTEC for STUDENTS：以後 GTEC)[3]を受験した32名(男子5名、女子27名)を研究協力者とした。量的研究においては、筆者が指導する32名の研究協力者を実践群とし、指導しないが GTEC を2回受験した3年生15名を対照群として加え、計47名を調査協力者とした。質的研究においては、先に挙げた研究協力者32名のみを対象として調査を行った。分析の便宜上、第1回目の GTEC リーディング部門(R)の得点に基づき[4]、調査協力者を便宜上、上位群・中位群・下位群の3群に分類した[5]。3群の内訳を表 3.1 に示す。

表 3.1　英語運用能力テスト(GTEC(R))得点による調査協力者の分類

	GTEC(R)得点(点)	対照群(名)	実践群(名)	合計(名)
上位群	165 点以上	6	8	14
中位群	136 点以上 165 点未満	6	11	17
下位群	136 点未満	3	13	16
合　計	―	15	32	47

3年生の英語の授業は週4時間(1コマ45分)であるが[6]、そのうち3時間は教科書に基づく授業、残り1時間は前述の選択英語と呼ばれるもので、次の3つのコースが準備されている。外国人講師によるスピーキングを主目的とする α(発展)コース、日本人講師によるリーディングを主目的とする β(標準)コース、日本人教員による文法の復習を主目的とする γ(基礎)コースであるが、このうち β コースを研究対象とした。35名程度のクラスを3つのコースに分けるため、α・β コースは20名以下、γ コースは10名以下に設定されている。生徒は成績を目安として自分が興味のあるコースを選択することができ、夏休み明けにコースの見直しが行われるが、ほとんどの生徒は前期のコースを継続する。生徒自身の興味に基づくコース分けであるため、同一コース内でも生徒の英語運用能力にばらつきが見られるが、調査対象である β コースに帰国子女は含まれず、突出した英語力をもつ生徒は見当たらなかった。

　調査を行った年度には、α コースではカナダ人講師の指導の下、新聞記事

などについて英語による質疑応答やディスカッションが行われ[7]、βコースでは筆者による学習ストラテジーを取り入れた、リーディングを中心とする指導がなされ、そしてγコースでは専任教員によって英文法の総復習が行われた。GTEC受験者はαコースとβコースに集中していたため、対照群(α)と実践群(β)における指導の違いは、指導言語(α：英語とβ：日本語)とメタ認知の指導の有無(α：無とβ：有)および授業形態(α：教師主導型とβ：協働学習)であった。

　研究協力者を含むβコースでは、協働学習導入のため、6月に入ってから各クラスにおいて3〜6名のグループを編成し、2月に授業が終了するまで同一グループで協働学習に取り組ませた。ジェーコブズ・パワー・イン (2005, p. 30) によると、グループ間には英語運用能力やジェンダーなどにおいて偏りがないことが望ましいとされるが、そのような意図的なグループ分けは生徒に不自然な印象を与えるため、今回は、教育的配慮に基づき、あえて特別な配慮はせず、生徒の自主性に任せた。その結果、授業開始当初の座席を中心に集まるという比較的自然発生的なグループ編成となった。

3.2.2　調査のフィールド

　調査に際して、筆者が講師として勤務する中学校で調査協力が得られた。質問紙調査やビデオ撮影、インタビューを行うことが許可され、協働学習によるメタ知識を含むメタ認知ストラテジーの指導を取り入れた英語指導を行うことができた。同様の条件を得られる調査協力の場所が他には見つけるのは困難であると考え、研究協力者として人数は十分でないと思われたが、分析方法や質的調査で補うこととした。

　前項にも述べたとおり、当該中学校は都市部の共学校(全校生徒400名程度)で、男子と女子の割合は1対2である。9割以上の生徒が附属小学校から一緒に学んでおり、女子の9割以上が附属高校へ進学するのに対し、男子は全員外部の高校を受験する。そのため、男子の方が塾に通う割合が高いようである。カリキュラムは文部科学省の規定に沿ったものであるが、総合学習の時間を使って自分の決めたテーマについて3年間研究を重ね、ポスター発表、グループ発表、講堂発表などを経験する。放課後は部活動や委員

会活動が盛んで、4時半の下校時刻まで活動する。体育祭や生徒祭などの学校行事は、予算を組む段階から、企画、当日の運営、片付けなど、ほとんどを生徒が中心になって進めており、生徒のリーダーの下、グループで活動する場面が多く見られる。

　本書では、このような背景をもつ中学校において、3年生の選択英語の授業に焦点を当て、協働学習の実態を探る。

　なお、個人情報の問題が生じることを鑑み、研究協力者の家庭環境に関する調査は行わなかった。しかし、当該校は入学試験を実施しており、比較的教育に熱心な家庭環境の子弟が集まり、経済面では一定水準以上の家庭が多く、研究協力者間にさほど大きな差はないと考えられる。また、研究協力者が未成年者であるため、調査に際しては、生徒本人だけでなく、保護者および学校長から文書による許可を得た(補遺1)。

3.3　方法論の概要

　本書では、中学校の授業に協働学習を取り入れメタ知識を含むメタ認知ストラテジーを指導することによって、学習者がどのように自律的学習態度を身につけていくことができるか、研究協力者である中学3年生の変化を調査した。

　調査方法については、三角測量が、言語学習者と社会構造との相互行為によって形成される方略的な学習を深く理解するのに適切な研究方法であるとする Gao(2007)や、質問紙調査の限界を補うためにデータ収集の多元化が必要であるとする竹内・池田(2000)に倣い、本研究も三角測量の研究方法を取ることとした。まず、ストラテジー使用に関する量的調査では Tseng, et al.(2006)に倣い、trait(一般論)と state(個別事例)を区別して調査を行う。次に、学習者による自由記述式アンケート調査により、協働学習の利点と問題点を具体化する。しかし、自己申告データに関する信頼性の問題が完全に解決されないことを鑑み、授業のより客観的なデータに基づく分析を行うため参与観察による質的研究を行い、学習者個々人の学びの過程や学習者間に潜在的に介入している「権力関係」(シルヴァスティン、2009)や「ヘッジ」・「割

り込み」(滝浦, 2005)などの問題点を描き出すことを試みる。

　質的データの収集法として think-aloud を利用することも考慮した。Think-aloud protocol 分析では、被験者による問題解決過程の思考や感じたこと、意識にのぼったことなどの verbal report を基に認知過程を分析するため、学習ストラテジー使用の過程を明らかにすることができると思われたが、被験者が日本人中学生であり、think-aloud protocols の手法をマスターすることは難しいだけでなく、verbal report の練習時間を取ることは不可能であると判断し、think-aloud を利用する研究方法を断念した。しかし、協働学習は、調査者に口頭で報告する代わりに、グループの他のメンバーに自分の思考の過程を伝え相手の思考の過程を聞くという、仲間との相互行為を通してタスクの遂行を図る学習形態であるので、think-aloud protocols が個人主義的心理観に基づく学習観を説明するのとは対照的に、協働学習によって得られるデータからは社会的心理観に基づく学習観を読み取ることができる。したがって、協働学習では、think-aloud protocol による研究方法より、学習のコンテクストをより強く反映したデータを観察することができると考える。

　以下に本研究で行った調査の流れを述べる。まず、協働学習の効果を調べるために、英語運用能力テストと質問紙調査を指導の前と後に行い、英語運用能力別グループの変化を捉える(調査1)。指導後に自由記述シートによる調査を行い(調査2)、1年間の協働学習に対する振り返りを研究協力者自身の言葉で記述させる。このような、研究協力者自身による報告は、量的調査に比べ、より詳細な状況を描き出すことが可能であると思われる。しかし、一方で、調査者である筆者は教師であり、研究協力者である生徒との間に何らかの力関係が存在し、それが記述内容に反映したり、あるいは「良い生徒」であろうとする研究協力者の無意識の気持ちが働くなど、社会的規範やコンテクストが影響してしまうであろうことは十分に想像できる(Briggs, 1986)。そこで、生徒間の相互行為の様子を忠実に描き出すために調査者が授業の参与観察を行い、観察データの書き起こしを基に、協働学習の実態を明らかにする(調査3)。

　協働学習の特徴をより明確にするため、補足調査として、主調査の終了か

ら4年後に同校の協力によって中学校3年生の英語選択授業を観察する機会を得た。4年の間に多少授業内容が変更されていたが、基本的な学習環境はほぼ同じである。大きな変更点として、選択英語のβコースがリーディング主体のコースではなく英語総合コースとなり、その結果、授業では毎時リスニング練習の時間が取られるようになった。ライティングに関しては、リーディング課題に付随する形で主に宿題として課題が出され、教師が個別に添削を行っている。担当講師は筆者とは別の日本人講師（川島先生：仮名）で、協働学習ではなく従来の教師主導型学習を行っている。この授業では、座席順に指名しながら生徒の発言を促す工夫が見られた。クラスの人数は主調査時と同様に各クラス15名から25名に抑えられているが、クラスによって1名から4名の帰国子女が含まれており、その帰国子女については担当講師が過去2年間指導を行ってきて顔見知りであった点が主調査と大きく異なっていた。この補足調査における調査協力者については英語運用能力テストや質問紙調査は行っていない。あくまで補足調査として3回の授業観察（調査4）のみ行い、不明な点については川島先生に確認するに留めた。第7章で詳細を述べる。

　以上に述べたように、本書は、量的調査により協働学習の指導の効果（結果）を分析し、質的調査により協働学習の過程（プロセス）を描き出すことを試みる。量的調査と質的調査を併せた三角測量によって、グループとしての特徴を捉えることから出発し、次第に、グループ内の学習者について詳細な分析を進めることが可能となる。一方で、従来の教師主導型学習の相互行為との比較を通して、協働学習の特徴をより明確に描出する。それらのデータを元に、中学校の英語授業に導入した協働学習の効果と問題点を明らかにし、協働学習が自律的学習態度の涵養にどの程度、どのように効果的であるかについて考察する。

　本節では、上述の三角測量における量的調査と質的調査それぞれについて、選定した方法論と分析方法について概説する。なお、混乱を避けるため、ここで述べる内容は筆者が担当した調査協力者に関する本調査に限定し、補足調査に関する詳細は第7章に譲る。

3.3.1　量的調査

本研究で採択した量的調査のデータ収集方法と分析方法を調査ごとに記述する。

(1) 量的調査方法の選定
1) 英語運用能力テスト

　研究協力者の英語運用能力を測るためテストを実施した。一般の中学生が受験できる検定試験には、TOEIC Bridge や中英研コミュニケーションテスト (中学校英語教育研究会主催) などがあるが、どちらも問題のレベルや実施時期が適当でなかった。日本英語検定協会の実施する「実用英語技能検定 (以下英検)」は広く受験されているため候補に挙げたが、当該校には帰国子女が各学年に1割ほど在籍しており、英語運用能力に大きな幅があるため、同一の級を一斉に受験させることは意味がなく、英検では生徒間の英語力を比較することが難しいと考え、採用を見合わせた。

　一方、GTEC for STUDENTS (以下、GTEC)[8] は英語コミュニケーション能力を測るために立案された試験で、英検のような一律基準による合格・不合格ではなく、測定された英語習熟度の高さが点数で表示される。テストの難易度に関しては統計分析が行われており、毎回のテストの結果を比較することができるため、指導前後の点数の変化を測ることができる。さらに、Basic と Advanced の2タイプのテスト間でスコアの設定が同一であり相互の比較も可能であるため、中学校1年生から3年生まで、帰国生も含めた希望者全員を対象として試験を実施することが可能であると考えた。また、GTEC は、英検と異なり、リーディング、リスニング、ライティングの部門別の得点が表示されるため、リーディングに特化した本研究に好都合であった。試験内容は TOEIC のようにビジネス・マンを対象とするのではなく、学習者を対象としてコミュニケーション能力を多面的に測定する試験であり、当該中学校で実施するのにふさわしいと判断し、本研究における調査協力者の英語運用能力を測定するテストとして採択した。

　なお、調査協力者に対して GTEC を実施するに当たっては、ベネッセコーポレーションの協力を得ることができた。

GTEC の妥当性については根岸(2006)も検証し、近年では韓国において GTEC を利用した調査も行われており(Benesse 教育研究開発センター, 2008；長沼・吉田, 2010)、本調査に GTEC を利用することに問題はないと判断した。GTEC の配点は、リーディング(R)250 点、リスニング(L)250 点、ライティング(W)160 点で、ベネッセ発表の資料によるとテストの標準誤差は、(R)は±15 点、(L)は±15 点、(W)は±10 点、テスト全体は±25 点ということである。さらに、TOEIC テストとの併存的妥当性は以下のように検証されている。

表 3.2　GTEC for STUDENTS スコアと TOEIC スコアの相関

	GTEC for STUDENTS			
	Total	Listening	Reading	Writing
TOEIC Total	0.81	0.71	0.77	0.55
TOEIC Listening	0.77	0.72	0.68	0.48
TOEIC Reading	0.70	0.56	0.71	0.43

2) 質問紙による調査

次に質問紙調査に関する調査方法を示す。

Oxford(1990)による質問紙 SILL に関しては、第 2 章で言及したとおり、さまざまな問題点が浮上しているため、そのまま使用することを避けた。質問項目については、前掲の Tseng, Dörnyei, and Schmitt(2006)の指摘に倣い、英語学習全般に関するストラテジー使用(trait)についての質問と、具体的なタスクに関するストラテジー使用(state)についての質問を、2 種類の質問紙に分けて実施した。本調査に先駆けて前年度までに中学 3 年生と高校 3 年生(当該中学校に隣接する附属高等学校)に対し、英語学習とリーディング・タスクの遂行に、それぞれ必要と考えられる学習ストラテジーを授業の振り返りシートに書き出してもらった。そのデータを基に、本研究の質問紙に使用する質問項目を抽出し、自律的学習との関連において重要と思われるメタ認知ストラテジーを中心に選定した。質問項目の選定に当たって Chamot, Barnhardt, El-Dinary, and Robbins(1999)を参考にした。質問項目数は、竹

内・池田(2000)に倣い、1回の調査で集中して回答できると思われる30問とした。

英語学習全般における学習ストラテジーの使用認識に関する質問紙では、30問について5件法で調査した(質問紙A：補遺2)。メタ認知ストラテジーを中心とする学習ストラテジー使用認識について、指導前後の変化を測るめ、200X[9]年5月に第1回目の質問紙調査を、翌年(200Y年)1月に第2回目の質問紙調査を実施した。

次に、リーディング・タスクに使用した学習ストラテジーに関する質問紙(質問紙B：補遺3)は、調査直前に行ったタスク(補遺4)遂行の際に、前述の質問リストに挙げられたストラテジーを使用したかどうか2択式の調査を行った。指導前後の変化を測るため、質問紙Aと同様、200X年4月と翌年1月に同じ調査を実施した。

1回目と2回目の調査の間には、リーディング・ストラテジーを主とする指導を行った。毎時、読みきりのタスクを与え、重要なポイントの読み取り、話の流れの理解、因果関係、オチの理解、要約などの内容把握、および、未知語の意味の推測などを練習させた。協働学習による指導については、第4.1節と第4.2節で詳しく述べる。

(2)分析方法

次に、それぞれの調査の分析方法を述べる。

1)英語運用能力テスト結果の分析方法

先に表3.1で示したように、研究協力者を上位・中位・下位の3群に分け、3群間の比較、および、指導前後の比較を行った。基本的には、Bonferroni修正を含む多変量分散分析MANOVAを中心に行ったが、変化の様子についての分析については、繰り返しのある分散分析を用いた。

また、研究協力者数が少ないため、危険率に基づく有意差検定では、エラーIおよびエラーIIが発生する危険があるため、有意差検定に加え、効果量による分散説明率を算出して統計結果を検討した。

2) 質問紙 A・B による調査結果の分析方法
①質問紙 A の分析方法

　因子分析(主因子法、プロマックス回転、スクリープロット)により 22 項目、4 つの因子を抽出した後、Bonferroni 修正を含む多変量分散分析 MANOVA を行った。英語運用能力テストの場合と同様、有意差検定および効果量によって統計結果を検討した。

②質問紙 B の分析方法

　30 の質問を Pre-task(タスク開始時), In-task(タスク遂行中), Post-task(タスク遂行後)の 3 ステージに分類した後、英語運用能力による 3 群についてカイ二乗分析(ノンパラメトリック分析)により統計結果を分析した。

　以上、量的調査に関する方法論について簡単に説明した(詳細については、第 4 章で述べる)。

3.3.2　質的調査

　前項では、協働学習による指導の結果について、英語運用能力による 3 群を比較するために行う量的調査の方法論について述べた。本項では、量的調査を補完し、個々の学習者の学習の過程をより詳細に、より具体的に、より多角的に分析するために行う質的調査の方法論について述べる。

(1) 質的調査方法の選定
1) 協働学習と個別学習に対する意識についての予備調査

　次に述べる「自由記述シート」の調査に先立ち、協働学習と個別学習に対する生徒の意識を把握するため、協働学習と個別学習それぞれに対する好感度について「とても好き」から「とても嫌い」までの 5 件法による質問紙調査を行った(質問紙 C：補遺 5)。同時に、「協働学習による英語読解への取り組み方の変化」に関する 15 項目について、5 件法(「とてもそう思う」から「まったくそう思わない」)で答えさせる質問紙調査も行い(質問紙 D：補遺 6)、各群の特徴を把握した。これらの予備調査は、自由記述シートによる調査の前月に実施した。

　この質問紙調査は、前項に示した調査と異なり、あくまで「自由記述シー

ト」の予備調査という位置づけであるため、量的調査としてではなく、質的調査の一部として本項で取り上げる。

2) 自由記述シートによる調査(補遺7)
　協働学習を半年あまり指導した後、2月に、協働学習と個別学習に関する自由記述シートによる調査を実施した。研究協力者に真面目に答えてもらうためと、後日、不確かな記述について回顧インタビューを行うことが可能であるよう、記名の上、記述させる。質問は5問で、内容は以下のとおりである。

　　問1　あなたが協働読みで学んだことは何ですか
　　問2　協働読みの問題点は何だと思いますか
　　問3　個人読みの方が良いときはどんなときですか
　　問4　協働読みを経験して英語学習にどのような変化がありましたか
　　問5　協働読みに対する感想を自由に書いてください

　問1と問4、問2と問3がそれぞれ似通った内容となっており、考察の際に回答の一貫性を確認できるよう工夫した。
　このような、研究協力者自身による報告は、本節の冒頭にも述べたように、量的調査に比べ詳細が描き出される一方、(設問の工夫によって、ある程度、回答の一貫性を確認できたとしても)研究協力者と調査者との力関係が反映することは避けられず、回答者の無意識の意図が働くなど、社会的規範やコンテクストが回答に影響を与えている可能性は否定できない。そこで、生徒間の相互行為をありのままに描きだすために、授業の参与観察を行う。

3) 授業の参与観察記録
　自由記述によって協働学習に対する研究協力者の意識をある程度、表出することができたが、さらに、学習の過程を描きだすために、主たる調査対象の研究協力者について、調査者が協働学習の参与観察を行った[10]。各クラス

で4〜6名のグループを編成し机を向かい合わせて席に着かせ、ビデオカメラ、ICレコーダー、テープレコーダー、各1台を別々の机に設置し、グループにおける生徒の様子を録音・録画した。観察を実施した年度は、耐震補強工事のため3年生はプレハブ校舎に移動していたため隣室との間の壁が薄く、隣の教室の話し声や板書するチョークの音が響き、録音は困難を極めた。さらに、生徒たちは録画されることに比較的慣れていると思われたが、机の上にマイクを置くことが学習への集中の妨げになっていると感じられることもあった。言葉をかけて緊張をほぐすよう努めたが、それでも改善されない場合は、教育的配慮に基づき、やむなくマイクを移動させた。また、マイクを意識して下を向いて発言していた生徒については、録音がうまくいかなかった。

　また、調査者が授業者であり、フィールド・ノートの記録には限界があったため、授業ごとに研究協力者に「振り返りシート」(補遺8)を記入させた。「振り返りシート」の記述には授業の修了前に5分程度の時間しか当てられなかったが、それでも、振り返りシートの提出は、研究協力者が自らの学習を振り返る習慣をつけることに効果があった。生徒の自己報告であるため必ずしも正確とは言い切れないが、学習内容に対する理解の程度を授業者が把握するのに役立った。

　可能ならば、授業だけでなく休み時間や放課後の生徒の様子も観察し、研究協力者の背景に関する情報収集を図りたかったが、研究協力者・調査者の双方に時間的制約があり、断念せざるをえなかった。そのような事情による情報量の不足を補うために、回顧インタビューを行うことにした。

4) 回顧インタビュー・他

　研究協力者に関する情報については、上記のように、授業中の録音・録画によって収集できるデータに限られた。データ分析時に参考にする研究協力者の背景に関するデータを少しでも多く入手するため、学年末に10名余りに対して回顧インタビューを行った(補遺9)。インタビューでは、協働学習に関する振り返りや感想を中心に、中学3年次の英語学習について話を聞いた。インタビューを行う際に問題だったのは、インタビューの時間と場所

であった。卒業を控えた3年生の登校日は限られており、また、登校した日のスケジュールは詰まっていて、落ち着いて話を聴くことはなかなか困難であった。そこで、数人については、集会から各教室へ戻る途中、階段を上りきった踊り場で話を聞くこともあった。まとまった時間を取ることのできた研究協力者については、建物の外にある椅子に腰掛けてゆっくり話を聴くことができた。このように、回顧インタビューについては、状況や要した時間など、条件はまちまちであったが、原則としてインタビューの内容はICレコーダーに録音しながら、要点についてメモを取った。しかし、研究協力者全員にインタビューすることは不可能であった。

　研究協力者の背景情報を補完するために、卒業時に学年全員に配布された文集を参考にした。英語とは別の世界、つまり、生徒会や委員会活動、体育大会、部活動など授業以外の校内活動、さらに、仲間の視点から見た姿など、研究協力者に関する周辺情報を得ることができた。協働学習の参与観察データを分析する際には、これらのデータも活用する。

(2) 分析方法
1) 協働学習と個別学習に対する意識についての予備調査の分析方法
　まず、質問紙C・Dについては、統計分析は行わず、記述統計による処理を行った。好感度に関する質問紙Cでは、5件法(「大好き」から「大嫌い」)のうち5と4を「好き」、1と2を「嫌い」、3を「どちらでもない」に分類して処理した。

　協働学習による英語学習の変化に関する質問15項目の質問紙Dについては、「大変当てはまる」から「まったく当てはまらない」までの5件法によって回答してもらった。その結果から各群1人当たりの平均値を算出し、英語運用能力別の各群が、協働学習を通して学んだ項目を分析した。その際には、Anderson(2008, pp. 99–120)によるメタ認知の2つのレベル(telescopic view of metacognition / microscopic view of metacognition)[11] と、van Lier(2008)[12] の自律的学習姿勢の程度の枠組みを参照し、各群の大まかな特徴を捉えた。分析方法の詳細については、第5章で論述する。

2) 自由記述シートの分析枠組み

　自由記述シートは、前述のとおり、5つの質問項目から成るが、問1には88件の記述があったため、分析に先立ち、KJ法（川喜田, 1967）によって[13] 7つの下位グループ、①教えてもらう、②意見を出し合う、③理解を深める、④修正してもらう、⑤リーディング・スキルを学ぶ、⑥視野を広げる、⑦確認する、を抽出し[14]、分類した。

　問1〜問5の回答を、英語運用能力（上・中・下3群）によって分類し、相互行為への関わり方や意識を向ける方向などについて各群の特徴を明らかにする。その結果に関して、前述の予備調査と同様、Anderson（2008）と van Lier（2008）の枠組みを参照しながら自律的学習態度という側面から比較・考察する。

　上記のように、自由記述シートの分析は理念型（ヴェーバー, 1998 ［1904］）の分類に基づく分析であると言える。

3) 協働学習の参与観察データの分析枠組み

　参与観察については、教室で録音し文字化した観察データを分析する。文字化にあたり、ポーズの長さや息の吐き方、笑い方などの細かい区別は記述せず、声の調子や大きさ、イントネーションなど発話の表情は書き記したが、全般的に精緻な文字化は行っていない。

　協働学習における相互行為の分析に当たっては、協働学習という相互行為のダイナミズムがよく表れていると思われる一連の談話を抽出し、コミュニケーション論的分析を行う。相互行為の今ここで何が起きているか分析する手がかりを与えるものとして、フレーム（Goffman, 1974）、フッティングやレジスター（Agha, 2005）、コード・スイッチング（ガンパーズ, 2004 ［1982］）などを用いる。さらに、バフチンなど社会言語学的アプローチによって、生徒間に見られる力関係の移り変わりや、アイデンティティの変化など、相互行為のダイナミズムの解釈を試みる。

　協働学習における相互行為に関する分析枠組みの詳細については、第6章で分析に先立って説明するため、コミュニケーション分析の基礎となる主なコミュニケーション・モデルと本章が依拠するところの「出来事モデル」に

ついて以下に概説する。

i) 情報理論的コミュニケーション・モデル[15]

　一般的なコミュニケーション・モデルとして、情報理論的・サイバネティクス（機械論）的モデルが挙げられる（小山, 2008, pp. 203–206）。このモデルでは、伝えたいメッセージを持った送り手と、受け手が存在することが前提となっており、メッセージは送り手によってある言語の文法体系に基づいて言語表現に「翻訳」[16]され、受け手へ送られる。受け手はメッセージを受理した後、送り手と同じ言語の文法体系を使って解読し、送り手のメッセージを理解することができる（榎本・永井, 2009, pp. 18–20）。このように、情報理論的・サイバネティクス（機械論）的コミュニケーション・モデルでは、メッセージは送り手から受け手に形を変えることなく送られ、受理され、理解されるという「導管メタファー」[17]で表すことができると考えられる。つまり、情報理論的・サイバネティクス（機械論）的コミュニケーション・モデルにおいて、コミュニケーションは単なる「情報伝達」に過ぎないのである。そして、送り手や受け手、メッセージに関わるコンテクストがコミュニケーションに与える影響・役割は最小化され、むしろコミュニケーションを阻害する「ノイズ」として捉えられる。このようなコミュニケーション・モデルは第2章（第2.5節）ですでに述べたようにフレイレが批判した「銀行型教育」のあり方に合致し、教授者が示した知識は学習者のフィルターにかけられることなく（鵜呑みにされて）、そのままの形で学習者の金庫に保管されるとする。

ii) ヤコブソンの6機能モデル（ヤーコブソン, 1973［1960］）

　前項で説明したような、コンテクストをすべて捨象した、つまり脱コンテクスト化した情報理論的・サイバネティクス（機械論）的コミュニケーション・モデルに代わって、プラハ構造主義者であったヤコブソンは「6機能モデル」を提唱した。ヤコブソンのモデルは、言語のさまざまな機能に注目することによりメッセージとコンテクストの相互作用に対する分析を可能にした。このモデルにおいてヤコブソンは、メッセージ・言及対象・送り手・受

け手・接触回路・解釈コードというコミュニケーションの6要素を同定し、志向する要素によってメッセージの機能が決定されるとした。言及された対象に焦点を当てるとメッセージは「言及指示機能」を帯びる。送り手に焦点を当てると「表出的機能」を、受け手に焦点を当てると「動能的機能」を、そして、送り手と受け手を結ぶ接触回路に焦点を当てると「交話的機能」を帯びる。さらに、語の意味を解釈するコードに焦点化すると「メタ言語機能」を、メッセージそのものに焦点を当てると「詩的機能」を帯びる。

　ここに示したコミュニケーションの6要素および機能は、本研究における自由記述の分析において学習者が志向する要素、および学習者の意識が焦点化する機能に照応するものと考えられる(詳細は第5章の考察を参照)。

iii) 出来事モデル

　前述のヤコブソンなどを中心としたプラハ構造主義によるコミュニケーション理論は、テクスト(メッセージ)を詩的機能(反復)の結果生じるものとして過程論的に捉えており、ヤコブソンの6機能モデルはコミュニケーション過程の理論であるということもできよう。

　このヤコブソンのモデルはハイムズによって北米言語人類学と接合し「ことばの民族誌」へと変容していく。「ことばの民族誌」では「社会的営為(social life)」を出発点とし、言語学や社会学、民俗学などの分野において個別に析出された調査結果ではなく、状況のコンテクストにおける言語使用に焦点が当てられた。つまり、ハイムズ(1964；1974)は、コミュニケーション参与者が属するコミュニティーをもコンテクストとして捉え、コミュニケーション行為の全体を研究し、ある出来事はどのようにしてそのコミュニティーの人々に認識可能となるのかについて解明することをめざした。そのために、ハイムズは、ヤコブソンの6つのコミュニケーション構成要素を踏まえ、以下の7つの要素を同定した。(1)コミュニケーション参加者、(2)接触回路、(3)コード、(4)コミュニケーションが起こる環境、(5)メッセージの形態とジャンル、(6)メッセージの内容、(7)出来事。それらはさらにSPEAKING(S：setting, P：participants, E：ends, A：act sequence, K：key, I：instrumentalities, N：norms, G：genre)として詳細にモデル化さ

れ、この枠組みに則って出来事のコンテクストが詳述された(Gumperz and Hymes, 1972)。

続いて、ハイムズ以降の言語人類学では、「コミュニケーション」は単なるメッセージの伝達ではなく「出来事」として概念化され、「出来事モデル」が精緻に理論化されることになる(シルヴァスティン, 2009 [1976；1985；1987；1993])。このモデルにおいて「出来事」、つまりコミュニケーションは言語的メッセージ(what is said)の授受だけでなく、笑い・顔つき・動作などすべての媒介による相互行為(what is done)を含む点が重要である。なぜなら、言及指示性の次元で同じと思われる発話も、社会指標性の次元においては出来事参与者のアイデンティティなど社会的力関係を示すことがあるからだ(小山, 2008, p. 309)。

加えて「出来事」は、先行して存在する「前提可能な」コンテクスト(マクロおよびミクロ社会文化的コンテクスト)を指し示すことにより「テクスト化された出来事」として浮かび上がり、同時に、行為によって新たなコンテクスト(ミクロ社会文化的コンテクスト)を作り創出する。このコンテクスト化の過程について、シルヴァスティン(小山, 2008, pp. 145–146)は次のように説明している。

> ディスコース――より一般的には、コミュニケーション、出来事――というものは、常にコンテクスト(指標野)のなかで――コンテクスト(Zeigfeld)を前提として――展開し、同時に、展開することによって新たなコンテクストを創り出してゆく。そして、そのように刻々と変化してゆくコンテクスト(指標野)の中心(基点)にはオリゴが存在している。つまり、ディスコースの展開は、コンテクストの変容と直接的に連動しており、そしてコンテクストの変容は、オリゴ(コミュニケーションの「今ここ」)の移動に伴って起こる。

「今ここ」で生起する相互行為は「いわば不定形の火花(スパーク)のような、偶発的出来事・遭遇であり、それ自体としては、社会文化的に意味を付与できるような形態(形式的秩序)をもたない」(小山, 2008, pp. 224–225)の

で、「コンテクストを指標する（コンテクスト化する）ことにより」（小山, 2008, p. 226）意味づけされるという。よって、本書においても、教室談話を文字化し、生徒間の力関係などコンテクストを視座に入れた解釈を試みる。

　以上、第3章では、本研究の量的研究・質的研究における研究枠組みについて概説した。続く第4章では、ここに示した分析枠組みに則って実施された量的調査とその結果および考察について論議する。

注

1　実際には、クラスによって2人〜6人というばらつきができたが、6人では発言の声がグループの端まで届かず、グループの話し合いが2つに分かれてしまった。一方、2人では話し合いに広がりや深まりが見られなかった。学習者の回顧インタビューでも、4人が話し合いを進めるのにもっとも都合が良いという意見が聞かれた。男女比は自然に任せたが、ほとんどのグループで女子か男子どちらか一方に偏ってしまった。メンバーによって話し合いの進め方が異なるため、途中でメンバー交替をするのが好ましいと思われるが、今回は、研究のために1年間メンバーを固定することとした。佐藤（2006, p. 54）は、協同的思考を発展させるためには男女混合の4人グループが最適であるとし、グループにリーダーを作らず、誰もが対等であることが重要であると述べている。沖浜（2007, p. 8）も同様に、無作為に選んだ男女混合の4人を基本とするのが好ましいとしているが、三浦・中嶋・池岡（2006）は、生徒の希望を尊重しながら教師が編成する、固定的なペア・グループ編成が「居心地のよい集団づくり」に貢献するという（pp. 246–247）。沖浜（2007, p. 9）は、「リーダーの問題にせよ、班編成の方法にせよ、やはりその人（教師）にあった方法を探ることが重要」という。本書では、教師が権威的な立場から学習者を評価し、それに基づいてグループ分けをすることは、Breen（2001, p. 119；pp. 127–129）が指摘するように、学習者の学習意欲を低下させる恐れがあることに留意し、生徒主体の自然発生的な学習環境を選択した。

2　Holec（1981, p. 23）は、教師の役割は"producing" learning でなく、"facilitating" learning であると述べている。本書においても教師は同じ立場を取る。教師の自律（中田, 2008）については第2.3.1節で取り上げたが、ここで深く論議しない。第8.2節で今後の課題として取り上げる。

3 GTEC: Global Test of English Communication　株式会社ベネッセコーポレーションによる学習者のための英語運用能力試験で2009年10月現在、約42万人の中高生が受験し、SELHiの95％が採用しているという。Reading、Listening、Writingの3部門からなり、Reading(250点満点、標準誤差±15点)は45分、Listening(250点満点、標準誤差±15点)とWriting(160点満点、標準誤差±10点)を合わせて45分、合計660点(標準誤差±25点)90分という構成である。中学生向けにはBasicとAdvancedの2つのコースがあるが、本書ではBasicを採用した(詳細は、第2節および第4章参照)。

4 リーディング部門の点数に基づいて分類を行った根拠は、研究対象とした当該授業がリーディング中心の授業であったことが大きな要因のひとつであるが、当該校においてGTECの3部門のうちリーディング部門の得点が総合得点ともっとも高い相関を示したことも考慮した(津田, 2004)。加えて、第1回GTEC実施日が体育祭直前であったため、試験会場に隣接する運動場の応援合戦の音が騒がしく、リスニングの結果に負の影響を与えた可能性があると考えた。また、第二外国語習得においてリーディングの重要性は高く評価されている(Krashen and Terrell, 1983)。

5 〈平均点±1/2 SD〉により区分点を設定した。3群については分散分析により1％水準で有意差が認められた(詳しくは、第4章参照)。ただし、本書における上・中・下のグループ分けはあくまで調査のために便宜上行った分類であり、したがって相対的な区分であって絶対的な区分ではないことを明記しておく。

6 当該校では、朝の短い時間を利用して英語の速読など、毎日継続した学習を行っている。

7 テーマに沿って、講師の指導の元でディスカッションが行われ、タスクは個人ベースで仕上げて講師に提出し、個別に指導を受けている。よって、協働学習ではないと判断する。

8 GTEC for STUDENTSについては、第4章に詳しく述べる。

9 研究協力者が特定される危険があるため、具体的な年度の記述を避ける。

10 第1章でも述べたが、教師である調査者が参与観察を行うことにより研究協力者との間に力関係が生じる危険性は、当該授業が成績に直接関与しないため、ほぼ回避されると考える。

11 詳細は第5.3節に述べる。

12 詳細は、第2.3節、および第6.3節を参照。

13 KJ法では、学習ストラテジーに詳しい2人の評価者によって分類項目を抽出した。まず、第1段階として「協働学習で学んだこと」という問に分類された88

件の回答のうち、研究協力者による記述 65 件を抽出した。第 2 段階では各記述のキーワードによって同類の記述をまとめた。その結果、「協働学習で学んだこと」に関する記述は 7 つの下位概念に分類され、このキーワードに基づく分類を最終的な分類とした。①から⑦のラベリングはキーワードに基づいて決定した。

14　2 人の評価者の最終一致度は 98.9％であった。

15　このモデルは、協働学習のデータ分析に利用するのではなく、比較・対照する教師主導型学習を説明する際に参照する。

16　ここで「翻訳」とは、抽象的な考えや意味がある言語形式に当てはめられることによって、具体的な概念として示されることを意味する (cf. Radden, 1992, p. 522)。

17　詳細は、Reddy (1979, p. 286) および Lakoff and Johnson (1980, p. 10) 参照。

第4章
質問紙調査の統計分析と結果

　序論でも論じたように、日本の教育分野では自律的学習者の育成が急務である。そのために、メタ知識を含むメタ認知ストラテジーを中心とする学習ストラテジーの指導が効果的であると考えられてきた。これまでは教師主導型の指導が当たり前であったが、第2章の先行研究でも述べたように、自律的学習者の育成における協働学習の効果が注目されるようになってきた。そこで、協働学習を取り入れた英語のリーディングの授業において、メタ知識およびメタ認知ストラテジーを中心とするリーディング・ストラテジーの指導[1](以下、ストラテジー指導)を6ヶ月余りにわたって行った。その上で、協働学習による指導の効果を、量的調査によって、英語運用能力の伸長具合と学習ストラテジー使用の変化、両側面から検証した。

　本章では、第1節において、量的調査(調査1)におけるリサーチ・クエスチョンを明確にする。次に研究協力者と調査フィールドを記述し、調査手順を示して量的調査の流れを概観する。次に第2節において、調査方法である英語運用能力テストと2種類の質問紙調査について、目的と手順、質問内容を整理する。続く第3節では、英語運用能力テストの結果、および各質問紙の回答を分析し、考察を深める。最後の第4節において、量的調査全体を総括し、学習者の自律と関連させて考察をまとめ、問題点を示す。

4.1　調査の概要

4.1.1　リサーチ・クエスチョン

　本章の冒頭にも述べたが、この研究の目的は、協働学習によるメタ知識と

メタ認知ストラテジーの習得が、自律的学習者の育成にどのように貢献するのかについて検証することである。そのために、量的調査に関するリサーチ・クエスチョンを以下のように設定する。

1) メタ認知指導を中心とした協働学習は学習者の英語運用能力の伸長に貢献するか
2) 協働学習を経験することによって、メタ認知に対する認識度は英語運用能力に応じてどのように変化するか

　本章では、これらのリサーチ・クエスチョンに基づいて、2種類の質問紙調査の結果と英語運用能力テストの結果を併せて統計的に分析し、協働学習がリーディング・ストラテジー使用にどのように影響し、自律的学習態度の涵養にどのように関わるかについて、英語運用能力別に検証する。その結果に基づき、協働学習を中学校の英語教育に導入することの可能性を探る。

4.1.2　調査の対象

　前章に詳述したとおり、32名の実践参加群(研究協力者)と15名の対照群を合わせた47名を調査協力者とする。量的調査として数は十分でないが、分析方法と質的調査で補うこととする。1回目のGTECリーディング得点によって、調査協力者を上位、中位、下位の3群に分けた。前述のとおり、グループ分けの基準は〈平均点±1/2標準偏差〉とした。

4.1.3　調査手順

　GTECの1回目と2回目の間に、主たる研究協力者32名に25回の授業を行い、そのうち23回にわたってメタ知識とメタ認知ストラテジーを中心とするリーディング・ストラテジーを指導した[2]。
　指導を始めるに当たり、協働学習の基本理念として、知識を受け入れるだけでなく主体的に考えることが重要であること、理解の過程を話し合うことにより理解が深まること、教わるだけでなく仲間に説明することによって教える側も知識がさらに確実になること、自分と異なる意見をもつ人と話し合

うことにより幅広い見方ができるようになることなどを中学生に説明し、共通認識をもたせた。その上で、協働学習を成功させるための心構えとして、大事なのは正解か誤りかを判断することではなく、なぜそうなるのかという考え方・理解の仕方の多様性を学び合うことであり、したがって、正解はひとつとは限らないこと、他人の意見を聞いて書き写すのでなく、同感できる部分は参考にしながら自分の頭で考えること、自分と異なる意見を馬鹿にしたり無視してはいけない、他の人が間違っても笑ったりからかったりしてはいけない、自分も間違いを恐れず発言すること、最終的に他人の意見に安易に同調せず自分自身の考えを確立することなど、協働学習の基本姿勢を理解してもらうよう指導した。

表 4.1 に調査を行った時期と内容を示す。

表 4.1 調査の流れ

日付[3]	内容
200X. 4.18	指導開始
200X. 4.25	第 1 回リーディングに関する質問紙調査実施
200X. 5.9	第 1 回 GTEC 試験実施
200X. 5.23	第 1 回メタ認知に関する質問紙調査実施
(6 ヶ月)	メタ知識を含むメタ認知ストラテジーを中心としたストラテジー指導
200X.11.21	第 2 回 GTEC 試験実施
200Y. 1.16	第 2 回リーディングに関する質問紙調査実施
200Y. 1.23	協働学習について自由記述式アンケート実施
200Y. 1.30	第 2 回メタ認知に関する質問紙調査実施
200Y. 3.12	回顧インタビュー実施

次に、授業の大まかな流れを示す。45 分の授業でタスクをすべて終了できる程度(本文が 300 語前後)の英文(More True Stories, Elementary Stories for Reproduction など)を用い、読みにおけるメタ認知に気づかせるよう配慮したワークシートを準備した。リーディング・ストラテジーの具体的指導例としては、「タイトルから内容を予測する」、「段落の最初と最後に注目する」、「知らない単語の意味を前後の文脈から予測する」、「段落ごとにポイン

トをメモしながら読む」、「アンダーラインやマークをつけながら読む」、「読み終わったら要旨をまとめる」などである(詳細は第5章を参照)。

これらのリーディング・ストラテジーを紹介し練習した後、4人を基準とするグループに分かれてタスクに取り組ませた。始め5分ほどは個別に読ませ、その後ワークシートに沿ってグループで話し合わせ、授業の終わりには自分の答えを個別のワークシートに書き込んで提出するよう指示した。グループ活動の主なものとして、「話の展開を予測してばらばらになった段落を正しく並べ替える」や「話の因果関係を話し合う」、「登場人物の心情を話し合う」、「話の続きの展開を予想して話し合う」、「未知語の意味を文脈から予測し合う」などを取り上げた。

毎時の学習の振り返りについては、ジェイコブズ・他(2005, pp. 138–139)が示す「チームでの作業・個人の作業・最終結果」の3つの欄からなる自己評価表を参考に「振り返りシート」を準備し、各授業の終了前に記入させた。その日の自己の目標到達度、授業の理解度、協働学習の到達度を数直線上に表示させ、到達度が100パーセントでない場合には、次回はどこをどのように改善するか考えて目標を書かせた。加えて、自分では気づかなかったことで協働学習を通して友達から学んだことがあれば記述させた。最後に、その日の学習についての感想や質問を自由に記述させ、提出させた。提出された振り返りシートには筆者がコメントをつけて次回の授業の始めに返却した。

4.2 調査方法

4.2.1 英語運用能力テスト：GTEC

研究協力者には、指導前(5月)と指導後(11月)にGTECを受験させた。1回目と2回目の結果を比較し、指導の効果を計る手立てとした。調査協力者47名の指導前のGTECリーディング得点(以下、GTEC(R)pre)はほぼ正規分布していた。そこで、本研究はリーディングに特化した研究であるため、1回目のGTEC(R)(250点満点)に基づき、平均点±1/2標準偏差を区切りとして、実践参加群と対照群を合わせた47名の調査協力者を、上位・

中位・下位の3群に分類した[4]。下位群(136点未満)、中位群(136点以上165点未満)、上位群(165点以上)の3群の分布を、ストラテジー指導有り(実践参加群)とストラテジー指導無し(対照群)に分けて表4.2に示す。

表 4.2 英語運用能力とストラテジー指導有無のクロス表(N = 47)

	上位	中位	下位	全体
対照群	6	6	3	15
実践参加群	8	11	13	32
全体	14	17	16	47

　GTEC(R)preによる3群について分散分析(Bonferroni修正)を行ったところ、5%水準で有意な分析結果が得られた [$R2 = .867$, $F(2, 44) = 110.08$, $p < .05$, 偏 $\eta^2 = .843$]。そこで、多重比較(Tukey)を行ったところ5%水準で有意な差が見られ、第1回GTEC(R)preにおける上位・中位・下位3群の分類は分析の指標として妥当であることが統計的に検証された。また、GTEC(R)の標準誤差が±15点であることと照らし合わせても3群の平均点の差は明白である。よって、以下の分析は、この3群を基本として行うこととする。

　上位、中位、下位それぞれの平均値と標準偏差を表4.3に示す。

表 4.3 GTEC(R)pre 各群の平均と標準偏差(N = 47)

	上位(n = 14) M	SD	中位(n = 17) M	SD	下位(n = 16) M	SD	全体(N = 47) M	SD
対照群	198.50	21.00	142.83	3.37	124.00	10.00	161.33	34.83
実践参加群	179.25	9.13	146.91	8.90	123.31	9.89	145.41	24.15
全体	187.50	17.67	145.47	7.56	123.44	9.57	150.49	28.61

4.2.2　英語学習に関する質問紙

(1)調査対象

　調査対象としたのはGTECを2回受験した実践参加群である32名のみ

で、上位・中位・下位に分類した[5](表 4.2 参照)。

(2) 質問紙 A (内的一貫性については、表 4.4 参照) (補遺 2 参照)

　質問紙 A は、英語学習全般に関するメタ認知の認識(trait[6])に関する 30 問からなり、研究協力者の英語学習に対する取り組み方や意識を調査することを目的とする。協働学習による指導の前後(5 月と 1 月)に、同じ質問紙調査を実施した。

　質問紙作成に際しては、Oxford(1990)による SILL(Strategies Inventory for Language Learning)と SILL の問題点に対する批判的論文(津田, 2007)、メタ認知ストラテジーに関する質問紙(Chamot, Barnhardt, El-Dinary, and Robbins, 1999)を参考にした。加えて、本調査の研究フィールドと同じ中学校・高等学校の 3 年生に対して前年度までに行った自由記述式アンケートで、実際に使用して有用であると思うと回答のあったストラテジーを考慮し、日本人中学生に適当と思われるメタ知識とメタ認知ストラテジーを抽出した。また、5 件法に対する批判(Dörnyei, 2003a)もあるが、質問紙 A は普段の学習姿勢に関する質問に限定されるため、5 件法[7]でも比較的答え易いであろうと判断した。アンケートを取るに当たって、成績には影響しないこと、名前を公表しないこと、理想像でなく普段していることを回答するように注意書きを添え、口頭でも注意を促した。後日、インタビュー・参与観察・自由記述による質的調査を行い、本調査を補うこととする。

　主な質問項目は以下のとおりである(詳細は補遺 2 を参照)。

【英語学習の目標】
　2　映画や洋楽を字幕なしで聴けるようになりたい
　4　将来、留学したい
　6　将来、英語を使う仕事に就きたい
【学習の工夫】
12　音読を続けている
15　単語帳を作って語彙を増やそうとしている

【学習の見直し】
20　定期テストで自分がわかっていない箇所をみつける
23　テストの結果を見て、学習計画を立て直す
【わからないことが出てきた場合の解決法】
26　先生や家族に教えてもらうことが多い
27　友達に聞いたり、一緒に考えたりする

(3) 質問紙の信頼性の検証と因子分析

　これら30項目について、分析に先立ち以下の手順により因子分析を行った。
　まず、各項目の平均と標準偏差を算出、天井効果・フロア効果が見られた2項目(No. 8：志望校に合格したい、No. 14：英語で日記や手紙・メールを書いている)を削除した。残り28項目について主因子法、プロマックス回転を利用して因子分析を行い、スクリープロットにより因子数を5とした。第V因子までで61.9%が説明された。負の負荷量を示した3項目(No. 24：一度目標を決めたら、途中で計画を見直すことはしない、No. 25：いつも自分ひとりで解決しようとする、No. 30：わからないままにしておく)は逆転項目とし、二又項目(No. 1：「ハリー・ポッター」などの物語を翻訳でなく英語で読みたい)を削除した。残り27項目について再度因子分析を行い、信頼係数αを著しく下げ、他の項目との相関も低い3項目(No. 7：卒業までに英検○級を取りたい、No. 24, No. 30)を削除した。また、第V因子は信頼係数αの値が極端に低く因子としてまとまらなかった。残り22項目について4つの因子を表4.4のように命名した。

表 4.4　英語学習についてのアンケート（質問紙 A）の因子分析

（　）：反転項目

第 I 因子：　「学習の工夫」　α=.812
9.　いろいろな英語の CD を聴いてリスニングの練習をしている
10.　テレビ・ドラマやビデオ、映画は副音声（英語）または字幕版で観るようにしている
12.　音読を続けている
13.　英字新聞や英語の本、長文などを自分で読んでいる
15.　単語帳を作って語彙を増やそうとしている
16.　授業の予習・復習をしている
19.　テストの間違いを直す
20.　定期テストで自分がわかっていない箇所をみつける
28.　ここまでできたらゲームをしよう、など自分を励ましながら頑張る
第 II 因子：　「計画と見直し」　α=.856
17.　テスト前や夏休みは計画を立てて英語を学習している
18.　前期・後期、または 1 年間の計画を立てて英語を学習している
21.　英検、模試、TOEIC などを受けて自分の英語力を客観的に評価する
22.　テストの結果を見て、勉強のやり方を考えてみる
23.　テストの結果を見て、学習計画を立て直す
第 III 因子：　「問題解決」　α=.706
(25) いつも自分ひとりで解決しようとする
26.　先生や家族に教えてもらうことが多い
27.　友達に聞いたり、一緒に考えたりする
第 IV 因子：　「学習目標」　α=.757
2.　映画や洋楽を字幕なしで聴けるようになりたい
3.　英語で会話ができるようになりたい
4.　将来、留学したい
5.　将来、海外旅行をしたい
6.　将来、英語を使う仕事に就きたい

（各因子の寄与率については補遺 10 を参照）

当初の区分と多少の違いは見られるが大きな食い違いはなく、この因子分析の結果に基づき、英語学習全般に関する量的調査の分析を進めることとする。

以上が、英語学習全般に関するメタ知識を含むメタ認知の認識についての質問紙調査 A の概要である。

4.2.3 リーディング・タスクに関する質問紙

次に、具体的なリーディング・タスクに使用したリーディング・ストラテジーに関する (states[8]) 質問紙調査 B について概略を記述する。

(1) 調査対象

メタ認知に関する質問紙と同様、調査対象としたのは GTEC を 2 回受験した 32 名で、上位群 8 名、中位群 11 名、下位群 13 名、合計 32 名である。

(2) 調査方法

前節で扱ったメタ認知に関する調査は英語学習全般に関する質問紙調査であったため、「理想でなく、いつもあなたがしていることを教えてください」と明記し、口頭でも「理想でなく、実際にあなたがしていること、あるがままのあなたについて」解答するよう再三注意したが、どうしても「やろうとしていること」が含まれると予想される。そこで、振り返りがより容易でより正直に答えられるように、直前に行ったタスクに基づく具体的なストラテジー使用に関する質問紙を準備した。そして、各ストラテジーについて「今のタスクに使用したか、使用しなかったか」という 2 択式の質問形式を取ることにより、研究協力者が答えやすいよう配慮した。

なお、自己申告による質問紙調査は、Chamot (2008) も述べているように、必ずしも答えが正確であるとは言いきれない。しかも、時間が経つほど忘れたり勘違いしたりする可能性もある。よって、このようなタスク直後の質問紙の方が研究協力者にとって負担が少なく、記憶違いや忘却による間違いは少なくなると推察する。

Anderson (2008) は、調査目的に応じて調査の視点を変えることを提案し、

メタ認知力の全体像を掴むには telescopic view、メタ認知力に含まれる①学習の準備、②ストラテジーの選択、③学習管理、④ストラテジーの統合、⑤学習の評価という5つの要素をひとつずつ調べるには microscopic view、学習者の変化の様子を追うには kaleidoscopic view を挙げている。本書はそれに倣い、telescopic view に当たるマクロ的視点として英語学習全般に関するメタ認知に関する質問紙を、microscopic view に当たるミクロ的視点としてタスクベースのリーディング・ストラテジーの質問紙を用いた。

(3) 調査手順

協働学習によるメタ知識とメタ認知ストラテジー習得を目標とするリーディング・ストラテジー指導を始める前の4月と、指導を終え実践練習を繰り返した後の1月に、リーディング・ストラテジーに関する質問紙調査Bを行った。2回とも同様に、始めにリーディング・タスクを与え、そのタスク遂行のため実際に使用したリーディング・ストラテジーを回答させた。質問紙に個別に解答させるため、質問時のリーディング・タスクは協働学習でなく個別学習とした。タスク開始時(Pre-task)に使用したストラテジーに関する質問8問、タスク遂行中(In-task)に使用したストラテジーに関する質問15問、タスク遂行後(Post-task)に使用したストラテジーに関する質問7問、計30問からなる。

まず、個別にリーディング・タスクに取り組ませ、回答用紙を回収した後で質問紙Bを配布し、Pre-task と In-task に使用したリーディング・ストラテジーに関する質問に回答させた。答え合わせをした後に再度質問紙を配布し、Post-task に使用したリーディング・ストラテジーに関する質問に回答させた。質問の形式は2択式とし、その日のリーディング・タスク遂行のために使用したストラテジーに○、使用しなかったストラテジーに×を書かせた。

(4) 質問紙Bの内容(補遺3参照)

質問紙Bによる調査の質問項目はタスクの場面に応じて3つのステージに分かれている。前述したとおり、Pre-task(タスク開始時)に使用したスト

ラテジーに関する質問8問、In-task(タスク遂行中)に使用したストラテジーに関する質問15問、Post-task(タスク遂行後)に使用したストラテジーに関する質問7問、計30問からなる。タスクのステージごとにいくつか抜粋した具体例を次に示す。ミクロ・メタ認知ストラテジーということであるが、タスクに依拠した具体的な質問であるため、認知ストラテジーに近いものも含まれている。

【Pre-task】(#1 〜 #8)　文章を読み始めたときまず何をしましたか。
　　#2　写真を見た
　　#5　問題を先に見た
　　#6　最初と最後の段落を読んだ
【In-task】(#9 〜 #23)　どんな風に文章を読みましたか。
　　#11　難しい文は頭の中で日本語に訳しながら読んだ
　　#19　内容に関連する知識を思い起こしながら読んだ
　　#22　指で文字を追いながら読んだ
【Post-task】(#24 〜 #30)　答え合わせをした後、どうしましたか。
　　#25　もう一度、問題を考えてみた
　　#27　どうして正解がそうなるのか友達と話し合った
　　#30　何もしないでほっておいた

　タスクによって、写真やイラストがない場合や、タイトルを伏せている場合、台詞がない場合、など多少の調整は必要であるが、済ませたばかりのタスク遂行に関わる質問であったため記憶に新しく、回答する研究協力者の負担が軽くなったのは確かである。
　この質問紙によって、実践参加群の生徒たちが実際にどのようにリーディング・タスクを進めているのか、詳しい情報を得ることができた。ただし、質問紙Bは自己申告であるため、必ずしも正確であるとは限らないことを念頭に置かなければならない(Chamot, 2008)。

4.2.4 統計的手法

英語運用能力テストに関する分析にはBonferroni修正を含む分散分析を行い、協働学習によるリーディング・ストラテジー指導の前後における変化については繰り返しのある分散分析を行った。なお、本調査では調査協力者数が少なく、タイプIエラーとタイプIIエラーを回避するため、危険率に基づく有意差検定のみで分析することを避け、偏イータ二乗を用いた効果量(effect size)による分散説明率を算出して検討することにした。効果量は最近、Power Analysisとして教育分野における望ましい統計分析方法として注目されている統計手法のひとつであり、すでにその信頼性・妥当性、基礎概念なども研究されている(Cohen, 1988；Howitt and Cramer, 2003；堀, 2006；水本・竹内, 2008)。

5件法による質問紙調査Aには分散分析(Bonferroni修正を含む)を利用し、有意差に併せ効果量を検討した。一方、リーディング・ストラテジーに関する質問紙Bは○／×の2件法による調査であったため、ノンパラメトリック分析のχ二乗検定を利用し、効果量としてCramer's Vを用いて解釈した。

4.3 分析結果と考察

この節では、4.2で取り上げた英語運用能力テストに関する調査と、2種類の質問紙A・Bに基づく調査について、それぞれの結果と考察を示す。始めに協働学習を取り入れた指導によるGTEC得点の変化に関する分析結果を述べ、次に、メタ認知の認識度に関する調査Aの結果を英語運用能力と関連付けて述べる。続いて、リーディング・ストラテジー使用について(調査B)、指導の前後における変化を英語運用能力との関連から考察する。

4.3.1 協働学習と英語運用能力の関連について
(1) 指導の前後のGTEC(R)得点の変化

指導前後の平均について繰り返しのある分散分析を行ったところ、全体では有意な差が見られた[$F(1, 45) = 60.29$, $p < .01$, 偏$\eta^2 = .60$]。変化の要因と

して塾や他の英語授業など様々なことが考えられるが、統計の結果からは、GTEC(R)の伸びにはストラテジー指導は単独ではさほど影響せず、英語運用能力の影響の方が大きいと見られる。

調査協力者間効果の検定からも、GTEC(R)の伸びには英語運用能力による影響が大きかった。ストラテジー指導は単独では影響力が小さく、英語運用能力と相まってある程度の影響力を示した。その後の検定結果では、中位群がもっとも伸びる可能性を示した。表4.5.1と表4.5.2にWilksのラムダの効果量(偏η^2)の数値を示す。

表4.5.1　GTEC(R)の伸びの要因に関する多変量分散分析の結果

	Wilksの ラムダ	偏η^2	F値	効果の 大きさ
GTEC(R)の伸び	.405	.595	$F(1, 41) = 60.286$	(大)
伸び*英語力	.965	.035	$F(2, 41) = .752$	(中)
伸び*学習ストラテジー指導	.995	.005	$F(1, 41) = .223$	(小)
伸び*英語力*学習ストラテジー指導	.975	.025	$F(2, 41) = .526$	(中)

表4.5.2　GTEC(R)の伸びの要因に関する調査協力者間効果の検定結果

	偏η^2	F値	効果の大きさ
英語力	.740	$F(2, 41) = 58.426$	(大)
ストラテジー指導	.016	$F(1, 41) = .650$	(小)
英語力*ストラテジー指導	.163	$F(2, 41) = 4.003$	(中)

協働学習によるストラテジーの指導は英語運用能力の向上にある程度は寄与したと言えよう。とりわけ、中位群に対して大きくプラスに作用したと見られる。

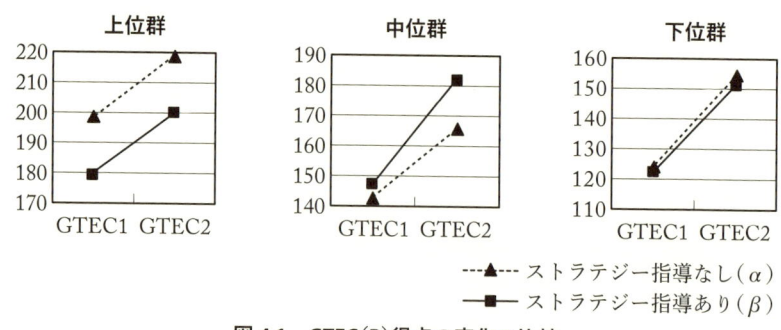

```
        上位群                    中位群                    下位群
220                         190                         160
210          ▲              180                         150         ▲
200  ▲       ■              170         ▲               140
190                         160                         130
180  ■                      150         ■               120  ■
170                         140                         110
    GTEC1 GTEC2                GTEC1 GTEC2                 GTEC1 GTEC2
```

　　　　　　　　　　　　　---▲--- ストラテジー指導なし（α）
　　　　　　　　　　　　　―■― ストラテジー指導あり（β）

図 4.1　GTEC(R)得点の変化の比較

(2) GTEC（リーディング）得点の変化に関する考察

　どのグループもリーディングについては半年の間に大きく得点を伸ばした。2回目であったため GTEC 試験の形式に慣れたことや11月になり受験準備が整ってきたこと、中学1年次から担当専任教員によって教科書以外にもリーディング練習に力を入れてきたことなどさまざまな要因が影響した可能性は否定できない。GTEC におけるリスニング部門の得点にさほど大きな伸長が見られなかったのに対し、リーディング部門の伸びが大きかった。Cotterall(2008)も指摘するように、学習ストラテジーを利用し自律的学習を行っていたとしても必ずしもテストの結果に表れるとは限らないが、実践中位群は実践・統制・上中下の6グループ中もっとも大きな伸びを見せた。協働学習によるストラテジー指導が彼らにとって好ましい学習スタイルであり、彼らの希望と合致し、その結果大きな効果を上げたのだと推察される。津田(2004)における帰国生に関する研究でも、中位群の大きな伸びという結果が出ており、今回の調査結果と一致する。中位群の学習者は英語力の向上に対して熱心であり、学習に対する動機づけが明確であるため、少しの指導でも大きな効果が得られたのだろう。英語力を伸ばしたいという目標を持ちながら思うように伸びられなかった中位群の学習者が、Esch(1997)や Johnson and Johnson(1989)が指摘するように、他の学習者との相互行為を通してメタ認知に気づき、習得し、GTEC(R)得点の急激な改善をもたらしたものと思われる。

　上位群については 250 点満点中 200 点という、中学生としてかなり高得

点であったため天井効果が現れたと推察する。あるいは既にある種のストラテジーに対し執着があり新たなストラテジーを習得する必要がなかったということも考えられる。

　下位群については、協働学習によってメタ知識およびメタ認知ストラテジーを習得すれば、学習管理への気づきを喚起し英語運用能力が向上するかと期待したが、さほど大きな変化は見られなかった。下位群には、学習ストラテジーより英語の基礎知識が必要なのかもしれないが、ここまでの量的調査では詳細は明らかでない。

　実践参加群と対照群の指導における大きな違いは、3章で述べたように、指導言語とストラテジー指導の有無、学習形態であった。しかし、αコースを選択する生徒は英語による指導を理解できる帰国子女あるいは小学校帰国子女を中心とする比較的英語力の高い生徒であったので、英語による指導が障害になったとは考えにくい。実践参加群と対照群、両群における学習条件の違いは、メタ知識を含むメタ認知ストラテジーを中心とする学習ストラテジー指導の有無、および協働学習か教師主導型学習かという授業形態の違いであったと考えて良いだろう。

　研究対象とした学習者の人数が少ないことに加え、実験の条件を統制仕切れていないため、本調査の結果について性急な一般化は控えなければならないが、教育現場で完全な対照群を設定することは教育的配慮から困難である。しかしながら、今回の実践により、少なくとも協働学習によるストラテジー指導が帰国生だけでなく一般生にも可能であり、英語運用能力にプラスの効果を示したと考えることは妥当であると考える。

　このような GTEC(R) 得点の変化の要因をさらに詳しく探るため、メタ認知の認識度に関する質問紙調査 A の結果を詳しく分析し、学習に対する意識について上位群、中位群、下位群の間にどのような違いがあるか以下に論議を深める。

4.3.2　協働学習におけるメタ認知の認識度について
(1) 質問紙 A の信頼性の検証と因子分析

　前述(第 4.2.2 節)の手順によって因子分析にかけ抽出した 22 項目につい

て相関関係を調べたところ、指導前には第I因子(学習の工夫)と第II因子(計画と見直し)・第IV因子(学習目標)が比較的高い相関を示しており、学習目標が明確な学習者はしっかり計画を立て、学習の工夫をしていると推察される。

また、指導前のGTEC(R)得点と各因子の相関関係を調べたところ、第IV因子はGTEC(R)preの得点と中程度の正の相関関係を示した($r=.421$, $p<.05$)。英語運用能力の高い学習者ほど学習の目標をしっかりもっていると考えられる。GTEC(R)preと各因子の相関関係を表4.6.1に示す。

表4.6.1 GTEC(R)preと各因子の相関関係

	M	SD	n	GTEC(R)	第I	第II	第III	第IV
GTEC(R)pre	150.49	28.61	47	1	.178	−.031	−.078	.421*
第I因子	30.61	6.94	31		1	.511**	.255	.493**
第II因子	17.63	4.72	32			1	.233	.258
第III因子	5.50	2.44	32				1	−.181
第IV因子	19.41	3.84	32					1

** 相関係数は1%水準で有意(両側)である。
* 相関係数は5%水準で有意(両側)である。

次に、各カテゴリー間の相関係数を表4.6.2(指導前)と表4.6.3(指導後)にそれぞれ示す。

表4.6.2 各因子間の相関関係(指導前)

		M	SD	n	学習の工夫	計画と見直し	問題解決	学習目標
I	学習の工夫	3.40	.77	31	1	.511**	.255	.493**
II	計画と見直し	3.53	.94	32		1	.233	.258
III	問題解決	3.83	.81	32			1	.181
IV	学習目標	3.88	.77	32				1

表 4.6.3　各因子間の相関関係（指導後）

		M	SD	n	学習の工夫	計画と見直し	問題解決	学習目標
I	学習の工夫	3.42	.70	31	1	.642**	.403*	.565**
II	計画と見直し	3.72	.89	30		1	.383*	.491**
III	問題解決	3.72	.72	31			1	.309
IV	学習目標	4.03	.79	32				1

Pearson の相関係数

** 相関係数は 1%水準で有意（両側）である。
* 相関係数は 5%水準で有意（両側）である。

次に、上記の相関係数に基づき各因子間の決定係数を示す。

表 4.6.4　各因子間の決定係数（指導前）

		学習の工夫	計画と見直し	問題解決	学習目標
I	学習の工夫	1	.261	.065	.243
II	計画と見直し		1	.054	.067
III	問題解決			1	.033
IV	学習目標				1

表 4.6.5　各因子間の決定係数（指導後）

		学習の工夫	計画と見直し	問題解決	学習目標
I	学習の工夫	1	.412	.162	.319
II	計画と見直し		1	.147	.241
III	問題解決			1	.188
IV	学習目標				1

決定係数に基づく指導前後の変化を以下に示す。

表 4.6.6　指導前後における各因子間の決定係数の変化

	学習の工夫	計画と見直し	問題解決	学習目標
I　学習の工夫	—	.151	.097	.076
II　計画と見直し		—	.093	.174
III　問題解決			—	.155
IV　学習目標				—

　指導後に第II因子の計画と見直しと第IV因子の学習目標の間の決定係数に大きなプラスの変化が見られた。加えて、第I因子の学習の工夫と第II因子の計画と見直し、および第III因子の問題解決と第IV因子の学習目標の間の決定係数にも比較的大きなプラスの変化が見られた。これらは、学習の目標を決め、計画を立てて工夫しながら問題解決を図り、再び学習の見直しをして次の目標を設定するという学習における自省的サイクル(竹内, 2008, p. 81)がうまく運ぶようになったことを示唆しており、協働学習によるメタ知識とメタ認知ストラテジー指導の効果であると推察される。

(2) 指導前後のメタ知識を含むメタ認知ストラテジー認識度の比較

　協働学習によるメタ知識を含むメタ認知ストラテジーを中心とした学習ストラテジー指導の前後における5因子それぞれの変化に対し繰り返しのある分散分析(Bonferroni修正)を行ったところ、どの因子についても指導の前後で統計的に有意な差は見られなかったが、効果量については、表4.7.2に示すように、第I因子以外の因子(計画と見直し、学習の目標、および問題解決)で若干の効果が見られた。これは、「振り返りシート」を毎時提出したことに起因すると思われる。

表 4.7.1 　各因子の指導前後の記述統計

		指導前 M	指導前 SD	指導後 M	指導後 SD
I	学習の工夫	30.53	7.05	30.80	6.45
II	計画と見直し	18.60	4.44	17.43	4.78
III	問題解決	5.50	2.44	5.16	2.16
IV	学習の目標	19.41	3.51	20.13	3.93

表 4.7.2 　各因子の指導前後の効果量

		F 値	偏 η^2	効果の大きさ
I	学習の工夫	$F(1, 29) = .033$	.001	（－）
II	計画と見直し	$F(1, 29) = 3.066$	.096	（小）
III	問題解決	$F(1, 31) = .736$	.023	（小）
IV	学習の目標	$F(1, 31) = 1.532$	.047	（小）

(3) 各因子と英語運用能力の関連

　英語運用能力による3群と指導前の各因子との関係について分散分析（Bonferroni 修正を含む）を行ったところ、両者の間の効果量は中程度を示した（偏 $\eta^2 = .217$）。とりわけ第 IV 因子に比較的大きな効果が確認され、中位群と下位群の間に5%水準で統計的有意差が見られた。将来に向けて学習の目標をもつことが、英語運用能力と関わっていることを示唆するものと思われる。各因子の平均と標準偏差、効果量を以下に示す。

表 4.8.1 　各因子の英語運用能力別記述統計

		上位群(n=8) M	SD	中位群(n=11) M	SD	下位群(n=13) M	SD	全体(N=32) M	SD
I	学習の工夫	3.47	.81	3.63	.52	3.15	.91	3.40	.77
II	計画と見直し	3.35	1.00	3.95	.93	3.22	.88	3.51	.96
III	問題解決	3.92	.92	3.85	.58	3.78	1.00	3.84	.82
IV	学習目標	4.18	.52	4.25	.30	3.45	.93	3.92	.74

表 4.8.2　各因子に関する 1 変量検定結果

(従属変数)		F 値	偏 η^2	効果の大きさ
I	学習の工夫	$F(2, 28) = 1.161$	.077	(小)
II	計画と見直し	$F(2, 28) = 1.930$	.121	(中)
III	問題解決	$F(2, 28) = .065$	.005	(−)
IV	学習目標	$F(2, 28) = 5.046$	.265	(中)

(4) 各質問項目に関する比較

前項で効果量がある程度の値を示した因子に関する質問項目について、英語運用能力による 3 群のストラテジー認識度の平均値と標準偏差を調べたところ、次の 4 項目で 3 群間の平均にやや大きな差が見られた。それぞれの平均と標準偏差を表 4.9 に示す。

表 4.9　メタ認知の認識度の平均値と標準偏差

	項目 12		項目 18		項目 4		項目 6	
	M	SD	M	SD	M	SD	M	SD
上位群	3.4	1.60	4.0	3.0	2.3	1.28	3.0	1.20
中位群	3.2	1.25	4.0	3.7	3.5	1.21	3.7	.90
下位群	2.1	.95	2.7	2.2	2.7	1.18	2.2	.93

第 I 因子　（項目 12）　音読を続けている
第 II 因子　（項目 18）　前期・後期または 1 年間の計画を立てて英語を学習している
第 IV 因子　（項目 4 ）　将来、留学したい
　　　　　　（項目 6 ）　将来、英語を使う仕事に就きたい

以上の結果から、英語が将来の夢や仕事に関連しているか、授業以外で自発的に英語学習をしているか、長期の学習計画を立てているか、が GTEC の得点に影響したと考えられる。下位群は 4 項目すべてにおいて平均値が低かったが、とりわけ、学習目標と音読において差が目立った。一方、中位群の多くが将来に向けての長期目標をもっているように見える。

(5) メタ認知認識度に関する質問紙調査結果のまとめと考察

　協働学習による指導の後にはストラテジー使用の一部に効果が見られ、英語運用能力の伸長に対してもマイナスの影響は与えなかった。

　上位・中位群においては、将来に対して英語に関わる目標をもち、それに向けて計画を立て、授業以外の場面でも英語を学習しようと努力している傾向が確認された。Rubin(1975, pp. 43–44)が「"good learner"は授業以外でも自分の学習の場を求めているが、"poor learner"は言われたことのみを実行している」と指摘するように、上位・中位群の学習者は指導前から、音読練習を積極的に行っていたが、下位群は、将来に対する明確な目標をもたず、教師から言われたことを従順に実行している。正に、「銀行型教育」下の「抑圧された」学習者[9]のようである(フレイレ, 1979 [1970])。

　一方、全体的に GTEC の得点の変化に統計的有意差が見られなかったことは、Cotterall(2008)の例[10]によって説明されよう。ストラテジーを利用し自律的に学習をしていたとしても、最後の評価に成果が表れる場合と表れない場合があるという。ただし、中位群の学習者の成績には大きなプラスの変化が見られた。これは Cotterall(2008)における成功者 Simon と同様、中位群の学習者には英語力を伸ばしたいという強い動機づけに加えて、協働学習によるストラテジー指導に対する興味があり、その結果、積極的に学習に参加するなど、中位群の"willingness to practice"(Cotterall, 2008, p. 116)が成功の原因であったと推察される。つまり、中位群の結果は、Holec(1981, p. 6)や Benson(2001, pp. 99–103)が社会的側面をもつという"learning content"と"personal interests"がうまく合致したのであろうと思われる。中学校の授業案は、一般的に中間層の学習者のレベルに併せて設計されていることを考え合わせれば、当然であると言える。

　一方、下位群において「計画と評価」「学習の目標」に比較的大きな向上が見られたのは、振り返りシート(補遺8)により、次回の授業の目標を設定し、授業後に目標達成度と理解度を自己評価することが習慣づけられた成果であろうと推察する。指導後には3群とも「学習の目標」の数値が上がったため、群間に統計的に有意な差は見られなかったが、協働学習を経験することにより学習への積極的な取り組み姿勢が高まったものと思われる。しか

し、下位群の生徒は、Cotterall(2008)の失敗例のHarryのように、practiceが好きではなく、中位群の生徒ほど熱心に英語学習に取り組まなかった結果、GTEC得点に中位群ほど大きな伸びが見られなかったのであろうと推察する。

　ここまで見てきたように、学習者の個人差要因は千差万別であり、第2章でも触れたが、教師がそれに気づくことが重要であると思われる(Benson, 2001, p. 13)。しかし、量的研究では詳細が明らかにされないため、質的研究による解明が必要であると思われる。

4.3.3　協働学習におけるリーディング・ストラテジー使用について
(1)学習の各ステージにおけるリーディング・ストラテジー使用に関する分析

　次に、リーディング・タスク終了直後に行ったリーディング・ストラテジーの使用に関する質問紙Bに対する回答をAnderson(2008)によるmicroscopic viewを参考にして分析し、その結果を以下に述べる。

　リーディング・ストラテジー使用の状況を、タスク開始時・タスク遂行中・タスク遂行後という3つのステージについてそれぞれ平均使用率を算出し、英語運用能力別に記述統計による比較を行った。その結果を表4.10に示す。

表4.10　各ステージにおける各群のリーディング・ストラテジー使用の比較(N=32)

	指導前			指導後		
	Pre-task	In-task	Post-task	Pre-task	In-task	Post-task
上位群	2.29	3.43	2.29	1.75	3.75	2.13
中位群	1.64	3.18	1.91	1.91	4.45	2.00
下位群	2.08	3.62	1.31	1.69	4.23	1.62

　まず、3群の指導前におけるリーディング・ストラテジー使用を比較すると、どの群も3つのステージの中でIn-taskにおける使用が多いのだが、その中で、上位群の値がもっとも小さい。Pre-taskにおいては中位群の使用がもっとも少なく、Post-taskにおいては下位群の使用が極端に少ないという特徴が見られる。

次に、指導後のリーディング・ストラテジー使用について3群を比較すると、指導前と同様に、どの群もIn-taskにおける使用が格段に多い。Pre-task、In-taskにおいて中位群の使用がもっとも多く、Post-taskにおいては上位群の方が中位群より若干使用が多い。

指導前と指導後のリーディング・ストラテジー使用を比較すると、In-task、Post-taskにおいて指導後にはどの群もストラテジー使用の状況は上昇した。学習ステージ別では、In-taskの変化が大きいが、これは振り返りシートの指導によって学習者が意識的にストラテジーを使用したことを反映していると考えられる。中位群には指導前と指導後の顕著な変化が見られ、下位群にもストラテジー使用に上昇傾向が見られたが、それはヴィゴツキーのZPD理論が示すように、協働学習によって他の学習者からより効果的な学習方法を学んだ結果であると推察するが、詳細は明らかでない。

(2)指導前後の比較(補遺11)

各リーディング・ストラテジーと英語運用能力との連関をみるためカイ二乗検定を行った。タスクとして与えた教材がまったく同じではなかったため、個々のリーディング・ストラテジー使用を比較することには意味がないと思われるため指導の前後でχ^2の値に大きな変化が見られた項目について、学習の各ステージに分けて抽出し以下に考察する。χ^2に有意な値が得られなかったため効果量クラメール(V)を参考に解釈した。

1)Pre-task

Pre-taskのステージではどの項目も指導後の方がχ^2の値が小さくなっている。特に以下の項目で変化が大きいが、これらの変化は指導の効果というより、むしろタスクの違いに起因するものと思われる。

#5(問題を先に見る)では、指導の前後のχ^2値に比較的顕著な変化が見られた。#5は指導前には上位群・中位群が好むストラテジーであったが、相互行為を通じて下位群が学んだと思われる。これは、Bakhtin(1981)の「権威的なことば」と「内的変化を起こすことば」の対比を思わせ、協働学習において生徒間に学び合いが起こっていることを示すものと思われる。同時

に、ヴィゴツキー(2001 [1956])の ZPD 理論が示す相互行為の表れでもあると言えよう(2.5 参照)。

表4.11　指導前後の比較(1)

項目	指導前 χ^2	Cramer's V	指導後 χ^2	Cramer's V
#1　題を見る	3.134	.221	.164	.072
#2　イラストを見る	6.162	.310	.985	.175
#5　問題を先に見る	5.066	.281	2.148	.259
#8　いきなり読み始めた	7.558	.344	1.039	.180

2) In-task

このステージでは、次の7つの項目において χ^2 の値に大きなマイナスの変化が見られ効果量も大きく変化した。

表4.12　指導前後の比較(2)

項　目	指導前 χ^2	V	指導後 χ^2	V
#10　まず全体を見てから細かく読む	3.354	.229	.136	.065
#11　難しい文は頭の中で日本語訳しながら読んだ	5.921	.288	.796	.095
#12　次はどうなるか予想しながら読む	4.949	.278	.610	.138
#14　様子を頭の中に描きながら読む	5.299	.288	.288	.095
#20　台詞の部分に注目しながら読んだ	6.400	.316	.136	.065
#21　線を引きながら読んだ	5.416	.291	.963	.173
#22　指で文字を追いながら読んだ	6.026	.307	.144	.067

上記の項目のうち #10 と #20 における変化については、指導後の課題文が会話体であったことが影響したと思われる。#21 と #22 の変化は、3つの群の学習者が指導後の課題文が理解しやすいと考えこれらのストラテジーを使用しなかった結果と推察される。

#11 では上位群の使用者が増えていた。指導後の課題文は会話体であったが、オチの部分の理解が難しかったことが原因ではないかと推察する。

読み方については、#12(次はどうなるか予想しながら読む)と#14(様子を頭の中に描きながら読む)で中位群と下位群に使用人数の増加が見られた。このような変化は、「次を予想する」「イメージを描きながら読む」という主体的な読み方を彼らがストラテジー指導によって学んだ結果と推察される。

次に、指導後に χ^2 の値が大きく変化した4つの項目について記述して分析する。このような変化はIn-taskのステージにおいてのみ見られた。

表4.13 指導前後の比較(3)

項目		指導前 χ^2	指導前 V	指導後 χ^2	指導後 V
#15	わからなくなったときには前に戻って読み直した	4.528	.266	4.859	.390
#16	わからないところはどんどん飛ばして先を読んだ	4.082	.253	5.544	.416
#19	内容に関連する知識を思い起こしながら読む	4.544	.266	2.084	.255
#23	文法に注意しながら読んだ	3.491	.234	3.058	.309

#15と#16の2つの項目のデータを比較すると、中位群は前に戻って確認しながら読み進めるという分析的な読み方へ傾いている一方、上位群と下位群は細部にこだわらず先へ読み進んでいく傾向が強まるという2方向への異なる変化が見られた。

どの群も文法に留意しながら読む傾向が強まっているが、中でも中位群でこのストラテジーを使用する人が増加していた。このような変化は、タスクに回答するために動詞の時制に注意することが必要だったことが影響していると思われる。一方、上位群においてはタスクを理解するために文法事項をわざわざ確認する必要がないと判断した学習者が多かったらしくあまり使用が見られなかった。加えて、#19(内容に関連する知識を思い起こしながら読む)では中位群と下位群の使用人数に増加が見られた。

ここまで見てきたように、In-taskのステージにおいては全般的に下位群におけるストラテジー使用人数の増加が特徴的であったが、下位群の学習者が協働学習によって仲間から効果的な読み方を学んだことを示唆する結果であったと言えよう。

3) Post-task

Post-taskのステージにおいては、次の4項目においてχ^2値が大きく下がった。

表4.14　指導前後の比較(4)

項目		指導前 χ^2	V	指導後 χ^2	V
#24	正解を書き写したところを見直した	6.031	.307	.400	.112
#26	なぜ間違ったのか考えた	7.254	.337	.288	.095
#29	英語の文章の読み方自信を持った	3.586	.311	2.161	.184
#30	何もしないでほっておいた	7.747	.348	1.509	.217

タスク終了後の振り返り項目である#24(正解を書き写したところを見直した)と#26(なぜ間違ったか考えた)および#30(何もしないでほっておいた)の変化を比較してみると、指導後には、中位群を中心として、単に写して見直すことから自分で間違いの原因を考えるという、よりマクロなメタレベルの振り返りに移行していっている様子が窺える。下位群においても間違いをほっておかず原因を考えるように変化しており、このような変化は、振り返りシートによる指導を続けた結果メタ認知ストラテジーのひとつである「学習の振り返り」が下位群の学習者にも習慣付けられたことを示唆するものと思われる。

#29(英語の文章の読み方・理解の仕方に自信をもった)について、指導前には3群ともストラテジー使用はゼロだったが、指導後には上位群8名中1名、中位群11名中3名、下位群13名中2名に使用が見られた。これは英語運用能力の伸張とは別に、自己効力感[11]が高まったことを示しており、学習に前向きに取り組もうとする学習への動機づけにつながる自己調整学習[12]が円滑に進んだものと推察される(詳細は4.4参照)。

(4) リーディング・ストラテジー使用に関する質問紙調査結果のまとめと考察

これまでの分析結果から重要な点を整理して示す。

1) 下位群は指導されたことをそのまま素直に実行している様子が見られた。たとえば、1文ずつ「日本語訳する(#11)」人が減り、逆に、「様子を頭の中に描きながら読む(#14)」人が2割から6割強に増え、「わからないところは飛ばしてどんどん先を読む(#16)」「内容に関連する知識を思い起こしながら読む(#19)」など、指導を思い出しながらタスクに取り組もうとしていた様子が窺えた。Post-taskのステージにおいては、指導前には他の2群を大きく下回っていた「もう一度問題を考えた(#25)」と「なぜ間違ったのか考えた(#26)」の2項目に大きな使用の増加が見られ、協働学習を経験する前は受身であった下位群が、協働学習の経験後には、自分の間違いについて考え、わからない問題は質問し、学習の見直しを実行するという変化が起きたことを示唆するものと思われる。ここには、「銀行型教育」における「抑圧された」状態から徐々に解放され自ら考える学習者へ向かおうとする成長の様子が感じられる。このような変化は、協働学習における相互行為によって、下位群の学習者がメタ認知を学んだ結果であろう。しかしながら、In-taskのステージでは、「指で文字を追いながら読む(#22)」など、ミクロメタの視点から完全に脱却することはまだできておらず、下位群の今後の課題であると言える。

　下位群の抱えるもうひとつの問題は、「どうして正解がそうなるのか友達と話し合った(#27)」という項目が極端に減少したことである。これは、協働学習においてグループ内に社会的上下関係が生起していたことが原因であろうと推察される。その社会的人間関係の中で下位群はグループの他の学習者と対等な立場に立てず、自分から間違いについて話し合ったり尋ねたりすることが難しかったのであろう(詳細は第6章を参照)。一方で、一部の下位群学習者は自信を付けたと言い自己効力感の高まりを示しており、今後は自信を持って積極的に相互行為に関われる学習者が徐々に増えていくことが期待される。

2) 中位群は、8割が「一行目から順に読んで(#9)」おり、一見、指導を無視しているように見受けられるが、「様子を頭の中に描きながら読む(#14)」「わからなくなったときには前に戻って読み直す(#15)」「もう一度問題を考

えてみた(#25)」「なぜ間違ったのか考えた(#26)」といった項目をおよそ半数が実行し、「どうして正解がそうなるのか友達と話し合った(#27)」という項目の使用者も増えていることから、中位群が協働学習による指導を通して学習のプロセスを重視することを学んだものと推察される。指導された手順をそのまま踏襲するのでなく、学習した内容を統合し独自の学習スタイルを構築している中位群は、教師の言葉に従順に従おうとする下位群に比べ、より主体的でマクロな視点を働かせることが可能であり、自律的学習者への成長の過程にあると解釈される。

3)「自分の英語の読み方に自信を持った(#29)」という項目に、指導後に全体で32名中5名が○をつけていたが、指導前にはどの群もゼロであったことを考慮すると、英語運用能力の伸長とは別に、自信という学習者の情意面に変化があったことを示唆していると言えよう。このような変化は自己をメタレベルから評価できるようになったことを示しており、協働学習におけるメタ認知の指導を通して自己調整学習がうまく進んだ結果、狭い自己世界から解放されて相互行為が可能な社会化された存在へ向かっていると解釈できよう。

　上述のように、統計ではあまり有意な差が確認できなかったものの、連関係数に基づく分析により、メタ知識の認識度における3群のメタレベルにおける違いやグループ内の社会的力関係に関わる問題などが少しずつ明らかになってきた。しかし、詳細については推測の域を出ない。

4.4　量的調査のまとめ

　ここで最初に設定したリサーチ・クエスチョンを確認し、その答えをこれまでの調査の結果に基づいて記述する。

4.4.1　リサーチ・クエスチョン
　本章の最初に設定したリサーチ・クエスチョンは次の2つであった。

RQ1：メタ認知指導を中心とした協働学習は学習者の英語運用能力の伸長に貢献するか
RQ2：協働学習を経験することによって、メタ認知に対する認識度は英語運用能力に応じてどのように変化するか

　これらのリサーチ・クエスチョンに基づいて、協働学習が自律的学習態度の涵養にどう関わるか、量的調査によって検証を試みた。
　調査の結果を次に記す。

A1：協働学習は学習者の英語運用能力の伸長に統計的に有意差を生じるほどではなかったが、マイナスの効果は見られず、ある程度の影響力をもつことが効果量に窺われた。特に、向上心をもち学習動機づけの高い中位群に大きな効果が見られた。
A2：英語学習全般に関するメタ認知の認識に関する調査の結果、上位群・中位群の学習者は、英語に関わる具体的な学習目標をもち、授業以外でも英語に触れる努力をするなど学習に対する自発的な工夫が見られた。一方、下位群学習者は、将来に対して具体的な学習目標がなく、授業以外での英語学習への工夫も見られなかった。加えて、先生に言われたことを忠実に行おうとする受身の学習姿勢が、上位群や中位群とは異なる特徴として明らかになった。

　リーディング・ストラテジー使用に関する調査の結果、協働学習を通して、上位群・中位群の学習者は仲間の考えを聞き、間違いを修正し合い、学習内容に対する理解を深めていた。彼らは、学習をマクロ的な視野で俯瞰していると解釈できるのではないか。このような学習姿勢は自己調整(self-regulation：Dörnyei, 2005；竹内, 2008)[13] が円滑に進められていたことを示し、自律的学習者への成長過程にあると考えられる。
　下位群も逐語訳が減ったり、Post-task において学習の見直しをするなどメタ認知への気づきは見られたが、中位群・上位群のような自己調整を進めるほどの循環は見られず、ミクロ的な視野から脱却していない。

英語運用能力の程度によって、メタ認知への気づきや使用の仕方に違いが見られ、習得が進むにつれてミクロ・レベルの視点から次第にマクロ・レベルの視点へと広がっていくと推察される。このような視点の変化は、狭い自己からの解放であり、学習者の社会化の一片を示唆するものと解釈される。

4.4.2　今後の課題

本研究の研究協力者は筆者が担当していた中学校の生徒であるため人数が限定されていることに加え、英語の授業以外の場で協働学習の経験を積んでいること、また、協働学習のグループの構成メンバーには英語運用能力やジェンダーにおいて偏りがあったことなどいくつかの限界があり、ここに示した量的調査結果の性急な一般化は難しいと思われる。しかし、前にも述べたように、教育的配慮に基づくと、教育現場においてこれ以上の条件を設定することは難しいという実情があったことを付記しておく。

Chamot(2008)が指摘するように、質問紙調査の結果が必ずしも学習者の姿を正確に反映しているとは限らないが、こうした問題は、量的調査の限界であると考えられる。竹内(2003)やBenson(2001)らが指摘するように、自律的学習やストラテジーの分野における研究にも質的調査が不可欠であると言われる所以であろう。

次章では、本章の量的調査を補足するために、同じ研究協力者を対象として行った質的調査のひとつである自由記述式アンケートについて考察する。

注

1　毎時、新しいリーディング教材を準備し、メタ認知ストラテジーとメタ知識を中心とした指導を行った。始めに個別に読む時間を与え、その後グループで話し合いながら疑問点を解決し、ワークシートへの解答は個別に行わせた。補遺23・25（ワークシートのサンプル）および、具体的な指導内容については第4.1.3節と第5.1.3節の調査手順を参照。

2　実際には、2回目のGTECを受験しなかった17名を合わせた計49名(男子15

名、女子 34 名)に対して指導を行った。17 名は統計には含まれない。
3 第 3 章でも述べたが、研究協力者の特定を避けるため、具体的な年度を表示しない。
4 Griffiths (2008a)が指摘するように指導前の分類は固定的でなく、分析の便宜上の分類である。したがって、ここでいう上位群・中位群・下位群とはあくまで相対的な区分である。
5 実際にはストラテジー指導を協働学習で指導した 49 名に対して質問紙調査を行った。
6 ストラテジーに関する一般的な知識 (Tseng, et al., 2006)。詳細は第 2.2.5 節を参照。
7 5 件法の基準は、5:自分にぴったり当てはまる、4:どちらかといえば当てはまる、3:どちらとも言えない、2:あまり自分には当てはまらない、1:まったく自分には当てはまらない、とした。
8 コンテクストを考慮した個別の状況で実際に使用されるストラテジー (Tseng, et al., 2006)。詳細は第 2.2.5 節を参照。
9 詳細は第 2.5.3 節および第 6 章を参照。
10 Cotterall (2008, pp. 112–118) は、ニュージーランドでスペイン語を学ぶ 2 人の英語母語話者、Simon と Harry に関する研究である。Simon は 21 歳の大学生で、交換留学先のデンマークから戻ったばかりだが、デンマークでもスペイン語入門コースに出席していた。一方、Harry は 29 歳の大学院 1 年生で、以前フランス語を学んだことがあり、短期間であるがスペインで暮らした経験をもつ。2 人が履修したスペイン語クラスは 12 週の入門コースで、当初 2 人とも非常に熱心な学生であったが、成績は、Simon は A、Harry は C という結果に終わった。Harry はスペインの生活や文化に魅せられてスペイン語を履修し、自宅の家具にスペイン語の貼紙をして単語を覚えるなど学習の工夫をしていたにも拘らず、実際の授業は "exercise, homework の繰り返し" で Harry が期待していた内容ではなく、やる気が失せたという。一方、Simon はドイツ語の学習時にも授業以外の場で単語を書いたり発音したり動詞の変化を覚えるなど "practice" を怠らなかった。しかも、デンマークではスペイン語が覚えられなかったのに、今は知らないうちにスペイン語が覚えられると述べていた。Cotterall (2008) の分析によれば、このような 2 人の異なる結果は "willingness to practice" の違いによるものであると言う。
11 ある作業を遂行するための能力に関する自身の感じ方のことをさす(竹内, 2008, p. 83)。
12 竹内 (2008, pp. 81–83) によると、自己調整とは「メタ認知(知識と方略)を活用し、

自らの学習をコントロールしながら、目標の達成に向けて自分の意思で学習を進めて行く過程」であり、この過程を通して「自律的に学習を進めていける能力やスキルを身につけていく」ので、「自律性(autonomy)に向けた努力」として捉えられるという。加えて、この自己調整を身に着けるには、教える側の意図的介入と学ぶ側の意識的で長期にわたる努力が必要であるという。

13　注12参照。

第 5 章
自由記述調査の質的分析と結果

　第4章では、質問紙に基づき量的調査を行った結果、協働学習が英語運用能力の伸張にプラスの影響を与えることが確認された。加えて、英語運用能力によるメタ認知ストラテジー使用の違いが検証された。すなわち、上位・中位各群においては、仲間の考えを聞くことにより理解を深めるなど相互行為による効果が見られ、広い視野をもったマクロ・レベルでのメタ認知を働かせていたのに対し、下位群においては、逐語訳が減り学習の見直しができるようになるなど、タスクに依拠したミクロ・レベルでのメタ認知に留まっていたのである。しかしながら、ここまでに得られた研究結果は、質問紙による学習ストラテジーの使用頻度の統計分析によるものであり、具体的な学習の背景やコンテクストが捨象されているため、十分に学習者の姿を捉えていない可能性が高い。よって、本章では、数字からは読み取れない、協働学習をどう捉えているかという学習者の意識、およびメタ認知力が焦点化される領域について、学習者による自己申告である自由記述の中に探り、量的調査の結果を補完する。

5.1　調査の概要

5.1.1　リサーチ・クエスチョン
　自律的な学習態度の涵養における協働学習の役割について考察するため、次の2つのリサーチ・クエスチョンを設定し、協働学習を経験した研究協力者による自由記述を中心とする一連の調査(調査2)を行う。

1) 「協働学習」によって学習者は何を学んだか。
2) 「協働学習」の問題点を学習者はどのように捉えているか。

5.1.2 調査の対象

本調査が対象とするのは、筆者が担当する32名の中学生(研究協力者)である(詳細は第3章を参照)。

5.1.3 調査の手順

研究全体の流れは第4章に示した。ここでは調査2に関連する部分について詳述する。

(1)週1回(45分授業)行なわれる選択英語リーディング・コースでは、具体的なリーディング・タスクに基づいてメタ認知ストラテジーを中心とするリーディング・ストラテジーを指導した。第4章に概要を示したが(第4.1.3節参照)、以下に指導例を挙げる。
● Pre-task のリーディング・ストラテジーとして
・タイトルを見て内容を予測する
・写真やイラストを見て内容を推測する
・段落の最初の文を読んで概要を把握する
・キーワードから話の概略を掴む、など
● In-task のリーディング・ストラテジーとして
・日本語に訳さない
・ざっと全体を眺める(スキミング)
・内容に関連する知識を総動員する
・未知の単語の意味を前後の関連から推測する
・段落ごとに要旨を余白にメモする、など
● Post-task のリーディング・ストラテジーとして
・内容を要約する
・わからないところを確認する
・仲間と感想を言い合う

・もう一度本文を読み直す、など

　以上のように、タスク遂行の各段階において必要と思われるリーディング・ストラテジーを選択し、指導を行った(ワークシートのサンプル：補遺23・25)。

(2)リーディング・ストラテジーの定着を図るため、毎授業の最後に、授業の理解度、目標の達成度、協働学習の成功度を振り返りシートの数直線上(パーセンテージ表示)に印をつけさせた。併せて、何が理解できなかったか、なぜ理解できなかったか、目標が達成できなかったのはなぜか、次回どのようにすれば協働学習がもっとうまくいくか、などについて各自の振り返りを記入させた。最後に、振り返りを基に次の授業時の目標を設定させた。Anderson(2008)はペアで振り返りシートに記入させているが、本調査は自律的学習態度を養成することが目的であり、自己評価を習慣付けるため、学習の振り返りは個別に行わせた(振り返りシートのサンプル：補遺8)。

(3)学年末に自由記述による調査を行なったが、それに先駆けて全体的な傾向を把握するために質問紙による予備調査(質問紙C・D：補遺5・6)を本調査の前月に行った。協働学習と個別学習それぞれに対する好感度、および、協働学習を経験した後の学習態度の変化に関する15項目について5件法で尋ねた。その後、自由記述調査(調査2)として、協働学習に関する5項目について、記名の上、記述させた。各授業時の振り返りシートと異なり、記入のために充分な時間を当てた[1](補遺7)。

5.2　調査の方法

5.2.1　予備調査

　およそ8ヶ月間の協働学習によるリーディング・ストラテジー指導を終えた後、研究協力者32名に対して、自由記述シートによって協働学習に関する学習者の意識を調査した(200Y年2月実施)が、その調査に先立ち、2種類の質問紙により予備調査を行った(200Y年1月実施)。予備調査の目的

は、学習者の協働学習に対する意識について大まかな傾向を把握すること、および、自由記述シートの記述内容との整合性を確認すること、の2点であった。

予備調査では、「協働学習と個別学習に対する好感度」(質問紙C:補遺5)と「協働学習による英語読解への取り組み方の変化」(質問紙D:補遺6)に関して5件法による質問紙調査を行った。前者(質問紙C)は、協働学習と個別学習それぞれについてどの程度好きであるか、5件法(5:大好き〜1:大嫌い)によって調査し、その結果について英語運用能力による3群それぞれの特徴を分析した。後者(質問紙D)は、協働学習を経験後、英語長文読解に対する取り組み方がどのように変化したか、15項目について「5:大変当てはまる」から「1:まったく当てはまらない」までの5件法で回答させた。3群の構成人数が異なるため、比較にあたっては、1人当たりの平均値を利用した(詳細は次項参照)。質問紙に取り上げた15の質問項目は以下のとおりである。

1 英語の読解に前より気楽に取り組めるようになった
2 英語を読むのが前より好きになった
3 読むことを前より楽しめるようになった
4 長い文章でも最後まで読めるようになった
5 どこが重要か考えながら読むようになった
6 知らない単語を前後の文章から推測するようになった
7 文章の展開を考えながら読むようになった
8 一文ずつ日本語に訳さなくなった
9 英語を読んで内容について前より考えるようになった
10 もっと英語を読んでみたいと思うようになった
11 受験英語ではない英語の学習があることに気づいた
12 仲間から自分とは違う英語の読み方を教わった
13 仲間と一緒に学習することの楽しさを味わった
14 前より英語が好きになった
15 前より英語読解力(内容理解の力)が上がった

5.2.2 自由記述シートによる調査

予備調査の後、協働学習に関する 5 項目について自由記述による調査（調査 2：補遺 7）を行った。5 つの調査項目は以下の通りである。

1) 協働学習で学んだこと
2) 協働学習の問題点
3) 個別学習の方が良いとき
4) 協働学習を経験して英語学習に見られた変化
5) 協働学習に対する感想

調査の結果、第 1 問に関する記述が 65 件に上ったため、学習ストラテジーに詳しい 2 人の評価者により、KJ 法（川喜田, 1967）に則って 7 つのグループに分類し[2]、①知らないこと・わからないことを教えてもらう②意見を出し合う③理解を深める④修正する／してもらう⑤リーディング・スキルを学ぶ⑥視野を広げる（いろいろな意見を知る）⑦確認する、とラベリングした。65 件の記述を上記の 7 グループに分類した後、各グループの記述内容を英語運用能力による上位・中位・下位の 3 群に分け、各群の特徴を比較した。

第 2 問から第 5 問の 4 つの質問に関する記述についても、それぞれ 3 群に分け、各群の特徴を分析した。

5.3 分析と考察

始めに、2 種類の予備調査の結果を分析し、協働学習に対する学習者の心情と協働学習を体験した後の学習者の変化について概観する。その後、なぜ、そのような結果になったのか、学習者が協働学習をどのように感じ、何を学んだのか、何が問題であったのかなどについて、自由記述シートの個々の記述を詳しく分析する。

5.3.1 予備調査の分析結果

(1)協働学習と個別学習に対する好感度に関する質問紙調査(質問紙C:補遺5)

32名の研究協力者に対して協働学習と個別学習に対する好感度を5件法の質問紙によって調査した。5件法のうち5と4を「好き」、1と2を「嫌い」、3を「どちらでもない」に分類した結果を表5.1に示す。(　)内の数字は群内の割合(%)である。

表 5.1　協働学習と個別学習に対する好感度別人数(N=32)

	協働学習(%)			個別学習(%)		
	好き	どちらでもない	嫌い	好き	どちらでもない	嫌い
上位群(n=8)	8(100.0)	0	0	3(37.5)	5(62.5)	0
中位群(n=11)	11(100.0)	0	0	7(63.6)	3(27.3)	1(9.1)
下位群(n=13)	12(92.3)	1(7.7)	0	2(15.4)	10(76.9)	1(7.7)

表5.1から明らかなように、どの英語運用能力群も協働学習に対して高い好感度を示した。研究協力者(生徒)たちが調査者(教師)の意図を汲んで協働学習に好意的な回答をした可能性を考慮しても、協働学習に対する好感度が個別学習に対する好感度を大きく上回ったことは明らかである。個別学習については「どちらでもない」を選んだ研究協力者が、特に下位群、次いで上位群に多く見られた。個別学習を「好き」あるいは「どちらでもない」と答えた背景には、後に示す自由記述シートの内容分析から明らかになるが、課題文が易しいとき、およびタスクに取り組み始めるときは、協働学習でなく個別学習の方が好ましいとする考えが学習者にあったためと思われる。杉江・他(2004)もグループによる話し合いに先行する個人の思考の時間が重要であると述べている(第2.4.3節参照)。

(2)協働学習による英語読解への取り組み方の変化に関する質問紙調査(質問紙D)

次に、質問紙D(補遺6)への回答の結果を分析し、研究協力者たちが協働学習を経験することによって、英語長文読解への取り組み方がどのように変化したか概観する。

この調査は、(後述の)自由記述による調査の予備調査であるので、厳密な統計処理による分析は行わず、記述統計により各群の特徴を把握するに留める。協働学習経験後に見られた英語学習における変化について15の質問に5件法によって回答してもらい、項目ごとに1人当たりの平均値を算出して3群を比較した。各平均値を表5.2に示す。なお、高い値のセルには濃いグレー、比較的高い値のセルには薄いグレーを施した。

表5.2　協働学習による英語読解への取り組み方の変化(N=32)

群＼問	1	2	3	4	5	6	7	8	9	10	11	12	13	14	15
上位群	4.1	4.5	4.6	4.1	3.8	4.3	3.9	3.9	3.4	4.1	4.3	3.8	4.0	4.4	4.0
中位群	4.5	4.5	4.5	4.4	4.1	4.3	3.9	3.7	4.2	4.3	4.0	4.4	4.7	4.5	4.2
下位群	3.8	3.5	3.6	3.6	3.8	4.1	3.9	3.8	3.8	3.2	3.5	3.9	4.5	3.7	3.9

　3群に共通して高い得点が見られたのは、#6(知らない単語を前後の文章から推測するようになった)と、#13(仲間と一緒に学習することの楽しさを知った)、の2項目だった。#6はタスクに依拠した気づき、そして、#13は協働学習の社会的効果と見られる。逆に、3群ともに低い値に留まっていたのは#7(文章の展開を考えながら読むようになった)と、#8(一文ずつ日本語に訳さなくなった)であった。半年余りの指導では、中学生に文章構造を理解させることはできなかったようである。

　中位群と上位群はほとんどの項目について高い得点が見られたが、特に上位群に目立ったのは、#2(英語を読むのが前より好きになった)、#3(読むことを前より楽しめるようになった)、#11(受験英語ではない英語の学習があることに気づいた)、#14(前より英語が好きになった)、の4項目であった。#2、#3、#14は英語長文読解に対する情意フィルターが低下したことを、そして、#11は英語学習に対するメタ認知への気づきをそれぞれ示唆するものである。

　中位群はほとんどすべての項目に高い数字が見られたが、特に中位群のみに目立った項目は、#5(どこが重要か考えながら読むようになった)、#9(英

語を読んで内容について前より考えるようになった)、#12(仲間から自分とは違う英語の読み方を教わった)、の3項目であった。これらについては、タスクに対するメタ認知(#5、#9)と社会性に対するメタ認知(#12)と捉えることができよう。中位群は、協働学習によって仲間から自分とは異なる学習プロセスを学び、メタ認知を働かせることにつながったと思われる。その他、#10(もっと英語を読んでみたいと思うようになった)では中位群は他の2群より高い結果を得ており、英語学習に対する動機づけの高まりを示している。

下位群はほとんどの項目で他の2群より低い値を示したが、#6(知らない単語を前後の文章から推測するようになった)と#13(仲間と一緒に学習することの楽しさを味わった)では他の2群と大きな差が見られず、下位群は協働学習において学ぶ楽しさを経験したものと思われる。ただし、#13は、#12と異なり、メタ認知は含まれていない。一方、#1、#2、#3、#4、#14など英語長文読解に対する情意フィルターの降下に関する項目、および#10の動機づけの高まりにおいて、下位群は目立って低い結果であった。

ここまでに、協働学習による英語読解への取り組み方の変化には、英語運用能力のレベルによって違いが見られることが確認された。上位群は英語を読むことを楽しみ、中位群は相互行為を通してメタ認知を高め、下位群は相互行為によってタスクへの取り組みが積極的になった。

(3) 予備調査の結果に関する考察

次に、上記のような変化を起こした要因について考察するため、英語運用能力別に3群の学習者の意識に注目する。前述の15の質問を、学習者の意識が焦点化している対象ごとにまとめると次のように分類できる。

第1のグループは質問#1～#4および#9・#10・#14・#15で、英語長文に対する取り組みが楽しくなった、気楽になった、好きになった、もっと英語を読んでみたい、自己の英語能力へのプラスの評価といった学習者自身の心情を表す。第2のグループは質問#5～#8で、課題文の中の未知語の意味を文脈から推測したり、タスクに取り上げられた文の意味について考えるなど、単語の意味に関する、いわばメタ言語的関心を示す。第3のグルー

プは質問 #12・#13 で、仲間から学び、話し合いを楽しむなど、主に仲間との相互行為を示す。

#11 を除く 14 の質問を上記のように 3 つに分類すると表 5.3 のようになる。表 5.2 と同様、高い値のセルには濃いグレー、比較的高い値のセルには薄いグレーを施した。

表 5.3 学習者の意識が向けられる対象（N = 32）

対象 問 群	学習者自身の心情							メタ言語（タスク）				相互行為	
	1	2	3	4	9	10	14	15	5	6	7	8	12	13
上位群	4.1	4.5	4.6	4.1	3.4	4.1	4.4	4.0	3.8	4.3	3.9	3.9	3.8	4.0
中位群	4.5	4.5	4.5	4.4	4.2	4.3	4.5	4.2	4.1	4.3	3.9	3.7	4.4	4.7
下位群	3.8	3.5	3.6	3.6	3.8	3.2	3.7	3.9	3.8	4.1	3.9	3.8	3.9	4.5

＊各問の内容については、5.2.1 を参照

この表から、上位群と中位群は学習者自身の心情に、中位群は相互行為にも、高い関心を向けていると言える。それに対し、下位群はどこにもさほど高く意識を集中していないが、メタ言語に関する項目においては他の 2 群と余り大きな差が見られない。重要な点は、上位群には主体的に学習に関わろうとする学習姿勢が、中位群には相互行為に対する強い関心が示され、どちらもマクロ・メタ認知[3]を働かせていると考えられる。しかし、下位群は目前のタスクそのものに関心が向けられ、ミクロ・メタ認知（注 3 を参照）に限定されていると推察される。換言すれば、上位群は下位群に比べ狭い自己からの解放が進み、マクロ・メタ認知を働かせることができ、つまり、学習者の意識の社会化が進んでいると解釈される。

以上、予備調査の結果と分析に基づいて、研究協力者の英語長文読解への取り組み方の変化と特徴について、英語運用能力群別に考察した。

次に本調査である自由記述シートの記述内容を分析し、研究協力者である中学生の協働学習に対する意識と協働学習の効果について、各群の特徴を具体的に探る。

5.3.2 自由記述シートの分析結果

予備調査において、協働学習に対して高い好感度を示し、何らかの学習態度の変化を確認した研究協力者たちは、具体的に協働学習をどのように感じ、何を学んだのだろうか。また、協働学習にはどのような問題点があるのだろうか。このような協働学習に関する評価や心情を学習者自身の言葉で表現してもらうために、次の5項目について自由に記述させた。ただし、5.1でも触れたが、曖昧な記述について後日インタビューを行うことが可能なよう、また、記述内容に責任を持たせるため、記名式とした。

1 あなたが協働読み[4]で学んだことは何ですか
2 協働読みの問題点は何だと思いますか
3 個人読みの方が良いときはどんなときですか
4 協働読みを経験して英語学習にどのような変化がありましたか
5 協働読みに対する感想を自由に書いてください

上記5つの質問に関して得られた記述内容について、以下に論議する。

(1) 第1問：協働読みで学んだこと

前述したように、第1問に対する65件の回答をKJ法によって7項目に

表5.4　第1問「協働読みで学んだこと」の7項目における記述件数の内訳

内容 ＼ 群(人数)	全体(3)	上位群(8)	中位群(11)	下位群(13)
知らないこと・わからないことを教えてもらう	18	5	4	9
意見を出し合う	18	7	4	7
理解を深める	8	2	3	3
修正する／してもらう	8	1	4	3
リーディング・スキルを学ぶ	6	0	5	1
視野を広げる（いろいろな意見を知る）	6	1	2	3
確認する	1	1	0	0
合計(件数)	65	17	22	26

分類した。各項目について3群の内訳を表5.4に示す。なお、特徴的なセルには薄いグレーを施した。

表5.4にまとめた項目別記述の件数から、以下の点が特徴として挙げられる。

1)「教えてもらう」の項では下位群と上位群の記述が多く見られ、ZPD理論の示すような〈教え‐教えられる〉関係であると考えられる。
2)「意見を出し合う」の項には上位群の記述の半数近くが集中し、仲間との間に対話を成立させようとしていると思われる。3群とも比較的多くの記述が見られ、協働学習が概ねうまく機能したと思われる。
3)「理解を深める」の項はどの群もあまり高い数字でないのは、1)と2)に分散した結果ではないかと推察される。
4)「修正してもらう」の項は、中位群・下位群に集中し、上位群には1件のみであった。上位群には〈～してもらう〉という受身の学習姿勢が当てはまらないのであろう。
5)「リーディング・スキルを学ぶ」では、中位群に記述が集中したが、中位群は学力の伸張を望んでおり、学ぶ意欲の高いグループであるので(津田, 2009)、当然の結果と考えられる。
6)「視野を広げる」の項では、下位群が比較的高い割合を示しており、予備調査Dの「#13 仲間と一緒に学習することの楽しさを味わった」への高い関心に通じる。
7)「確認」の項は上位群のみに見られた。「修正してもらう」のでなく「確認」という表現に、予備調査Dにも見られた上位群の主体的な学習姿勢が窺える。

上述のとおり、各群の学習への関わり方には明らかに違いが見られ、上位群は自分の考えを述べているのに対し、中位群には仲間から積極的に学ぼうとする意欲が感じられ、下位群には教わろうとする受身の態度が見られるという特徴が明らかになった。

各群の記述件数の違いから、以上のような分析と考察が可能である。

以下、第1問の7項目について、上位・中位・下位の各群に見られた特徴的な記述を抜粋して示し、各々の項目について詳しく吟味する。記述の全内容は補遺として巻末に添付する。なお、文章は研究協力者の記述どおり転記し、特徴的な記述には下線を施した。（　）内は記述者を示す。以後、本節のすべての表に関して同様に行う。

　ただし、上記の区分は、各群の特質を捉えるための「理念型」（ヴェーバー, 1998［1904］, p. 120）レベルの分類に基づいて、得られた個々の記述を整理・分類したものである。併せて、以下の分類表もすべて「理念型」レベルの分類によるものであることを明記しておく。したがって、ここに示される分類については、より経験的である参与観察データによる更なる検証が必要であると考える。

①知らないこと・わからないことを教えてもらう

　項目1に関する記述から抜粋したものを3群に分けて示す。

表5.5　知らないこと・わからないことを教えてもらう（補遺12）

上位群	中位群	下位群
○問いに答えるとき、どのように言ったらよいかを一緒に考えてくれた（多） ○並べ替えでどのような考え方でその答えになったのかを教えてもらった（多）	○話の流れがわからないとき、読むためのヒントを教えてもらった（と） ○1つの単語にいくつかの意味を持つこと（は）	○わからない単語を教えてもらった（な） ○よくわからないところを教えてもらう（吾） ○意味のわからない段落を教えてもらった（ぬ）

　上位群は学習のプロセスに興味をもち仲間と考えを共有しようとしており、中位群は到達したいゴールがあり、そのために仲間と学習のプロセスを相互に利用している。一方、下位群はタスク、特に単語や文の意味にこだわり、そこに到達することを目標としている。このような3群における学習に対する意識の違いは、予備調査Dで見られた意識を向ける対象の違いと合致している。併せて、ここに見られた3群の特徴は、以下に示すすべての項目に見られ、学習への取り組み方の違いを表していると言える。

相互行為を通して知識は体得されるが、一方的で権威的な言葉[5]は学習者の内部に変化を起こさないという（バフチン, 1989 [1929], p. 183）。このようなバフチンの対話の理論によって各群の学習を解釈するならば、知識習得のために仲間の助けをもっとも必要とする下位群には、仲間の言葉も「権威的」な言葉として届くと推察される。そのため、下位群には「教えてもらう」という表現が多く、受身の学習態度が目立つ。対照的に、上位群では「一緒に」考えたり話し合うという姿勢が見られ、仲間と「対等」な立場に立っていると意識していると思われる。このように、同じ「教えてもらう」の項目でも上位群と下位群では相手との位置関係が異なる。

前段で触れたバフチンの言う「学習者の内部に変化を起こす」ということは、後に述べるコミュニケーション理論のひとつである「出来事モデル」において、学習の「(コン)テクスト化」として説明される。つまり、学習というコミュニケーション出来事は、参加する人々（学習者）を巻き込んで学習プロセスを意識化させることであり、学習した内容は学習者の視点に基づいて理解され意味をもつようになる。一方、「権威」的な言葉は、(コン)テクスト化を生起させず、むしろ「脱(コン)テクスト化」を引き起こし、「今ここ」の学習プロセス（コンテクスト）から学習者を「疎外」することもありうる。その結果、学習した内容は客観的事実として羅列され、断片的に記憶されることになる。前者は上位群、後者は下位群の学習姿勢を説明しているが、このような英語運用能力による学習態度における差異は次の項目にも同様に見られた。

②意見を出し合う

第2の項目「意見を出し合う」に関する記述は、上位群7件、中位群4件、下位群7件あったが、抜粋を表5.6に示す。

表 5.6　意見を出し合う（補遺 13）

上位群	中位群	下位群
○わからない単語の意味を話し合って予測した（え） ○読む前の話の予測をみんなの意見を取り入れて考えると<u>面白かった</u>（遥）	○単語の意味がわからなかったとき、皆で話し合ったら想像できた（お） ○注目する単語がお互いに違っていたときに、時制を表す単語への<u>注目</u>を学んだ（由）	○単語の意味などみなで考えることができた（ほ） ○段落の順番を考えるとき、<u>協力したほうが考えやすい</u>（す） ○より<u>正しいストーリー</u>にたどりつける（の）

　表 5.6 から明らかなように、上位群は、自分と異なる注目点を見出し、意見の多様性が引き出す面白さに気づいている。これは、バフチンの "heteroglossia"[6] に通じるであろう。換言すれば、考え方の道筋（学習のプロセス）を重視し、仲間と対等な立場で相互行為に参加している。一方、中位群は、仲間による scaffolding（足場掛け）を得た後、自分自身で考えている。そして、下位群は、仲間と考えを積極的に交換し合うというより、むしろ、わからないところを教えてもらう方向に傾いている。つまり、足場掛けを得るというより、「教え‐教えられる」関係が想起され、ここには、フレイレ（1979［1970］, pp. 69–75）の「銀行型学習」[7] が実現している可能性が窺える。

　学習者の意識に関しては、前項と同様、上位群はプロセスを重視し、中位群は答えを出すまでのプロセスを楽しんでいるが、下位群にとって重要なのはあくまで答えである。そして、上位群・中位群では対等な関係において相互行為がなされているが、下位群では上下関係のある相互行為が見られる。このように一緒に協働学習を行っていても、意識を焦点化する対象および社会的な位置に差異が生じ、それが英語運用能力レベルによる学習への取り組み姿勢における違いを生じさせていると言えよう。

③理解を深める
　表 5.7 に示す次の項目は「理解を深める」である。

表 5.7　理解を深める(補遺 14)

上位群	中位群	下位群
○その場の状況が読めた(け) ○登場人物がどういう考えを持っているのかがわかった(け)	○オチの理解が深まる(お) ○オチの理解をみんなで話し合って理解できた(理)	○みんなでわからないところを辞書を引かずに考えるためより内容を深められる(の)

　ここには 3 群の違いが明確に表れている。上位群は、登場人物の考えや場の状況に注意を向けており、学習内容を学習者自身の世界へコンテクスト化しており、"utterance is always governed by its interaction with other voices" (Wertsch, 1985, p. 65) というバフチンの "polyphony"[8] の概念を想起させる。中位群はコンテクストの中で話の「オチ」を理解しようとしており、意識はテクストに焦点化しているがコンテクストを視座に入れた解釈をめざしている。一方、下位群は、文脈の続きを推測するなどメタ認知を働かせてもいるが、意識は主に脱コンテクスト化された単語レベルに向けられているのである。

　バフチン(1989 [1929], p. 158) によれば、「(意味は)応答ある能動的了解の過程でのみ実現される」というが、どの群の学習者たちも能動的に対話に関わっており、焦点化するメタレベルはそれぞれ異なるが、それぞれのレベルで理解を深めていると言える。

④修正
　「修正」について、各群は表 5.8 に示すように記述している。

表 5.8　修正(補遺 15)

上位群	中位群	下位群
○話の流れを間違えて解釈したときに正しいものを教えてもらった(こ)	○1 つの単語には様々な意味があるので勘違いしたときに修正してもらえた(さや) ○話の大筋を聞き、自分の間違いに気づいた(つ)	○勘違いしているところを直してもらった(ぬ) ○思い込んでいたところが本当は違っていた(へ)

ここでは、どの群も仲間との相互行為の中で自分の間違いや勘違いに気づき、方向修正を行っている。ただし、上位群の記述は1項目だけで、中位群の4項目、下位群の3項目に比べると少ない。それは、修正というくくりに受身の感覚が含まれており、上位群には当てはまらなかったということであろう。また、中位群の「大筋を聞き、自分の間違いに気づいた」という記述は、正解をそっくり教わるのでなく、ヒントをもらって主体的に修正しているという点で下位群との違いを示す重要な記述である。

　一方、下位群は「思い込んでいたところが、本当は違っていた」と記述しており、正解を聞いてから自分の間違いを修正したようである。項目1と同様に、本項目でも中位群は「プロセス」に注目しているが、下位群は「結果」に意識が向いているという、これまでと同様の傾向を示した。

　「修正」について、会話分析における「修復」の概念を参照するならば、自己修正（self-initiated repair）と他者修正（other-initiated repair）[9]があるが、中位群に見られたのは自己修正であり、下位群に見られたのは他者修正であるのは明らかである。

⑤リーディング・スキルを学ぶ

　第5項目は、具体的なタスクに依拠したリーディング・スキルについて、上位群に記述がなく、中位群と下位群にのみ、表5.9に示すような記述が見られた。おそらく、上位群には新たに学ぶべきスキルがなかったのであろう。

表5.9　リーディング・スキルを学ぶ（補遺16）

上位群	中位群	下位群
なし	○話の流れから単語の意味を理解したので覚えられた（理） ○流れには段落ごとにキーワードがある（は）	○一つ一つちゃんと読まないでバーと読んで大体の内容を理解すること（智）

　下位群にはスキミングを意味する記述があるが、これは「ミクロ・メタ認知」であり（注3を参照）、今ここのタスクに意識が焦点化されている。一

方、中位群はタスクそのものから少し離れた視点から自分の学習を振り返りっており、「マクロ・メタ認知」(注3を参照)を働かせていて、今ここを超えたところに意識を焦点化していると解釈される。

⑥視野を広げる(いろいろな意見を知る)

次の第6項目は「視野を広げる」、つまり、さまざまな意見を知るという協働学習の特徴的な項目である。学習者の記述からの抜粋を3群に分けて表5.10に示す。

表5.10　視野を広げる(補遺17)

上位群	中位群	下位群
○次の展開の予測のとき、色々な意見を聞けた	○展開をたくさんの人と回し読み、たくさんのアイディアに触れることができた(つ)	○わからない単語や予測などを言い合う中で、色々な考えができた(へ)

この項については、上位群・中位群は話の展開について仲間と意見交換をするというプロセス重視の姿勢を示しているのに対し、下位群は、話の展開に触れてはいるが、単語の意味やタイトル、オチなどタスクに直接関わる項目に拘泥しており、プロセスより「結果(答え)」を求めていると思われる。つまり、上位群・中位群は多様な意見を聞くといったマクロなレベルに意識を向けているが、下位群はタスクというミクロなメタレベルに意識を焦点化することに終始していると解釈されよう。

⑦確認する

最後の項目である「確認」という用語を使用したのは上位群のみであった(表5.11)。

表5.11　確認

上位群	中位群	下位群
○並べ替えなどを確認できた(あ)	なし	なし

中位群と下位群は、「確認」という概念ではなく、「教えてもらう」あるいは「修正」という概念で捉えていたと思われる。「修正」の項でも述べたが、「確認：self-initiated repair」(Matoesian, 1993)という記述には中位群や下位群に比べ、より主体的、より自律的と思われる上位群の学習態度が示唆されていると言える。

⑧まとめ：第1問　協働学習で学んだこと

ここまでに第1問における7つの項目すべてについて論議した。まとめとして、第1問に対する記述の代表例を群別に表5.12に整理し、表5.4も参照しながら各群の特徴について総合的に論議する。

表5.12　「協働学習で学んだこと」のまとめ

	上位群(17件)	中位群(22件)	下位群(26件)
協働学習関連	(14件) ○一緒に考えた ○知識を出し合った ○教えあった ○文の意味を話し合った	(14件) ○理解を深めた ○ヒントをもらって考えた ○自分の間違いに気づいた	(24件) ○わからない単語や文を教えてもらった (うち単語に関する記述：8件)
メタ認知関連	(3件) ○どのような考え方でその答えになったのか教えてもらった ○登場人物の考えを理解した ○場の状況が読めた	(6件) ○話の大筋を聞き自分の間違えに気づいた ○文の流れで覚えた単語は忘れない	(2件) ○単語の意味を文章の流れから読み取る ○話の方向性を考えながらできたので文脈を容易に予測できた

項目別記述件数の内訳(表5.4)を見ると、中位群は「確認する」を除く全項目にまんべんなく記述しているが、下位群は「教えてもらう」と「意見を出し合う」に半数以上の記述が集中していた。「教えてもらう」という項目に下位群の記述が多く見られたのは、前にも述べたとおり、ZPD理論に基づく相互行為の表れであり、当然の結果であると言えよう。

上位群は「意見を出し合う」におよそ半数、「教えてもらう」に3割が分類された。記述件数を示す数字からは、上位群と下位群に類似した傾向と見

えるが、個々の記述内容には以下に述べるような相違が見られた。

　上位群には、「問に答えるとき、どのように言ったらよいかを一緒に考えてくれた」「どのような考え方でその答えになったのかを教えてもらった」など、whatでなく、howに関わる記述が見られ、これまでにも述べたように、学習のプロセスを重視していると言える。学習のプロセスとは、個々の問題ではなく一般化可能な問題解決の方法に関わることであり、したがって、彼らはマクロ・メタ認知を働かせていると言えよう。加えて、仲間との相互行為を通じてリーディング教材に示された場の状況を読み取り、登場人物の考えを推し量るなど、学習の場、そして、物語の中の場という2つのコンテクストを射程に入れた学びが実現されている。

　次に、中位群は「話の流れがわからないとき、読むためのヒントを教えてもらった」「1つの単語には様々な意味があるので勘違いしたときに修正してもらえた」など、主に相互行為に関わる記述が多く見られた。つまり、正解を教わるのでなくコンテクスト（物語の中の場）に関する仲間の意見を聞き、それに基づいて主体的に考えようとしていると推察される。さらに、「文章の流れの中で覚えた単語の意味は忘れない」と述べ、コンテクスト（学習プロセス）を視野に入れマクロ・メタ認知を働かせていた。学んだことと自分との関わりを考えるコメントも見られ、単なる知識の羅列に終わらせず、再帰的（reflexive）なメタ認知を働かせていたと推察される。また、ヒントによって自分の間違いに気づき、その後、自ら理解を深めるなど自己修正（self-initiated repair）を行い、協働学習を通して主体的（自律的）に学ぶ姿勢を習得していったことが窺える。このように、中位群はコンテクストを視野に入れているが、意識を焦点化する対象の多くが目の前のタスクである点において、上位群とはメタ認知のレベルが異なる。

　下位群は、仲間に単語の意味、話の流れを教えてもらい、文脈の中で単語の意味を類推することを学び、間違いについては他者修正を受けるなど、上位群や中位群に比べると学習態度が受身であることを示す記述が多く見られ、仲間と対等に向き合えていない可能性が高い。

　このように、下位群と中位群・上位群には、自らの位置づけ、あるいはアイデンティティの違いだけでなく、意識を焦点化する対象におけるミクロと

マクロというレベルの違いが認められる。それは他の項にも述べたように、3群における協働学習の効果、および学習に対する取り組みの姿勢の違いを示していると考えられる。

(2) 第2問：協働学習の問題点は何ですか

次に、第2問に関する自由記述の内容から協働学習が内包する問題点を明らかにし、それぞれについて論議を進める。

協働学習の問題点は大きく2つに分類される。1つは協働学習に参与する学習者自身による「おしゃべり」であり、もう1つはもっとも懸念される「仲間への依存」である。加えて、下記のとおり、問1と同様に、マクロ・メタレベルとミクロ・メタレベルの違いが3群の意識に確認された。

表5.13に協働学習の問題点を分類して示す。

表5.13　協働学習の問題点（補遺18）

	上位群	中位群	下位群
おしゃべり	○無駄な話が増える(遥) ○話し合わずにだらだらと話してしまう(亜)	○うるさくなる(美) ○話が変な方向に進むと誰も止められない(に)	○しゃべりやすい(吾) ○関係ない話もしてしまいがち(き)
他人頼り	○自分で考えないで人の答えだけ頼ってしまう人が出てくる可能性がある(こ) ○自分で深く考える前に友達に聞いてしまう(多) ○真面目に参加しない人がいるとちゃんと取り組めない(い) ○他人に頼りきってしまう人が出る(え)	○読む前から話の流れを他の人が話してしまっては問題(と) ○人に頼りすぎることがある(は) ○意見を言う人と言わない人の偏りが見られる(と)	○1人で読もうとしなくなるときがあった(ほ) ○自分ひとりが考えなくても他の人のプリントを写せば見かけ上、理解したように見える(ち) ○自分の意見が他の人に左右されてしまうこともある(へ) ○自分のペースで文章を読んでいくことができない(な)

「おしゃべり」という問題について、3群すべてに記述が見られた。しかし、上位群の「無駄な話が増える」、中位群の「話し合いにおける趣旨がずれてくる・話が変な方向に進むと誰も止められない」という記述には少し離

れたメタ的視点からおしゃべりという出来事を批判的に捉えている様子が見られるのに対し、下位群の「しゃべりやすい・少し不要なおしゃべりをしてしまう・関係ない話もしてしまいがち」という記述には、視点が自分自身に焦点化していることが確認され、ここでも上位群・中位群のマクロなレベルに比べ、下位群はミクロなレベルのメタ認知が働いていると言える。

　次に、「他人頼り」という問題点について考察する。上位群は「まじめに参加しない人がいるとちゃんと取り組めない」とグループ全体を視野に入れており（マクロ・メタレベル）、グループとしての活動を意識していることがわかる。中位群は、「役割が決まってくる」とグループ内の社会役割が固定化することを危惧する（マクロ・メタレベル）一方、「（時には）自分で考えなくても答えが出てしまう」というように、自分自身の問題（ミクロ・メタレベル）にも言及している。それに対して、下位群は「1人で読もうとしなくなるときがあった」や「自分の意見が他の人に左右されてしまう」「わからないところを他人にいつも聞いてしま（う）」など意識が自分自身の問題（ミクロ・メタレベル）に集中し、学習態度は受身で、間違いについて他者修正を受けていることを示す記述が多く見られた。

　上述のように、英語運用能力によって各群が注目する対象が異なり、その結果、メタ認知の働くレベルにマクロとミクロの違いが生じていたと理解される。加えて、「1人で読もうとしなくなるときがあった」「自分の意見が他の人に左右されてしまうこともある」（以上、下位群）、「自分で考えなくても答えが出てしまう」「意見を言う人と言わない人の偏りが見られる」（以上、中位群）、「他人に頼りきってしまう人が出る」（上位群）というように、直接的でないものも含め、グループのメンバー間に力関係が存在することを示唆する記述が見られた。近視眼的に自分自身の問題に関わっていると思われる下位群と、自身から離れた視点からグループ全体を批判的に見渡していると思われる上位群、そして、その中間に立ち、2つの視点を持ち合わせていると思われる中位群、という3つの異なる立場に基づき、社会的力関係[10]が成立していると推察される。

　このように協働学習において学習者間に生起する力関係が、協働学習の3つ目の問題点であると言える。

(3)第3問:個人読みが良いのはどんなときですか

　第3問「個別学習のメリット」は第2問「協働学習の問題点」と、深く関連するため、両者を関連させて考察する。この問への回答を3群に分けて表5.14に整理する。

表5.14　個別学習が良いとき(補遺19)

上位群	中位群	下位群
○じっくり自分で考えるとき(あ) ○自分の実力を知りたいとき(い) ○試験みたいな問題のとき(多) ○作業的に解ける問題のとき(文法、知識問題)(け) ○集中したいとき(亜)	○最初に一通り読むとき(か) ○簡単な物語(と) ○問に答えるとき(は) ○難しい説明が述べられているとき(由) ○自分のペースで読める(理)	○簡単で理解しやすいものは1人の方が速く終わる(へ) ○すぐに人に聞かないで1人でじっくりと話の内容を考えることができる(智) ○速読できる(す)

　個別学習に対して、下位群に「じっくり読んで内容を考えることができる」という記述が見られるが、前項の「自分のペースで文章が読めない」という記述と考え合わせると、自律的学習姿勢の表れというより下位群の学習者がタスク遂行に他の2群より長い時間を要するためと見ることができる。また、中位群にも、予想に反して下位群と同様、「他人の考えに左右されない」「速く読まなければというプレッシャーがない」という記述が見られたが、前項の「読む前から話の流れを他の人が話してしまっては問題」という記述と合わせて解釈すると、中位群はできるだけ他人に頼らず自力でタスクに取り組みたいという意識をもっていたと推察され、ここに下位群との違いが見られる。

　協働学習か個別学習かという選択については、協働学習を導入する際に指導者がファシリテータとして熟慮すべき問題であると考えるが、題材が易しいとき、知識問題、じっくり考えさせるとき、タスクに取り組み始めるとき、そのような場合には、協働学習を取り入れる必要はなく、1人でじっくり取り組める個別学習が良いという見解は、3群に共通していた(2.4.3参照)。したがって、指導においては、始めの段階では個別に取り組む時間を

確保し、各自の考えや疑問を明確にした上でグループの話し合いに移り、相互行為により問題解決を図り理解を深めるという方法が望ましいと思われる (沖浜, 2007, p. 8)。どの時点で個別学習を切り上げ、グループの話し合いによる協働学習に移行するよう指示を与えるかというタイミングを見定めることは、協働学習を実行する際の指導者の重要な責務であると考える。

(4) 第4問：協働読みを経験して英語学習にどのような変化がありましたか

協働学習による英語学習に見られた変化は、4つのグループに大別される。第1は「英語(長文)が読めるようになった」という自己効力感[11]を示すもの、第2は「英語が楽しくなった(好きになった)」という情意フィルターの降下を示すもの、第3は「興味がわいた(もっと読みたい、映画を観る)」という動機づけを示すもの、そして第4は「話し合うようになった」という社会性を示すものである。

英語長文を自分が読めるという自己効力感の実感と、長文を読みたくないと思う情意フィルターの降下はすべての群に見られた。英語学習に対する動機づけが高まったのは、上位群と中位群のみであったが、難しくてもタスクの遂行に励む、英文を読むのが楽しくなるなどの情意面に加え、仲間と話し合う、わからないところを友達に聞くなど学習者の社会化の面においても、協働学習は概ねプラスの影響を与えたと解釈される。

これらの変化について、3群による記述からの抜粋を表5.15に整理する。

表 5.15　協働学習による英語学習の変化（補遺 20）

	上位群	中位群	下位群
自己効力感	○文章全体の流れを掴むようになった(け) ○あきらめずに読むようになった(こ) ○よくわからない文も前後からだいたいの意味を推測できるようになった(え)	○読解力がついた(う) ○スラスラ読めるようになった(理) ○問題を先に読むようになった(か)	○長い文章でも最後までとりあえず読めるようになった(み) ○よくわからない文があっても前後の文から意味を推測できるようになった(み) ○知らない単語を前後の文章から推測するようになった(ふ)
情意フィルター	○前より英文を読むのが楽しくなった(遥)	○長文を読むのが楽しくなった(美) ○英語がすきになった(う)	○長文にチャレンジするようになった(の)
動機づけ	○洋画や洋楽などに興味を持つようになり英語が好きになったので意欲的になった(多)	○積極的に洋楽を聴いたり洋画を観るようになった(つ)	なし
社会性	○みなで話し合う癖がついた(亜)	○わからないときに話し合うことができた(由)	○みんなで話し合うようになった(智)

(5) 第 5 問：協働学習に対する感想

最後に、協働学習に関するメリットとデメリットそれぞれについて上位群・中位群・下位群に分けてまとめ、各群の特徴を比較する。

上位群では、英語力の伸びが実感できない、回数を重ねるごとに楽しくなった、わからないところを補いあえた、という記述に見られるように、コミュニケーションとしての協働学習の中で学ぶということに意識を向けながら、協働学習に対してメタ認知を働かせている点が注目される。

中位群は、仲間との相互行為により英語長文に抵抗がなくなり理解を深めた、視野を広げたなど、相互行為に意識を焦点化しながら協働学習のメリットに言及する記述が多く見られた。中位群は協働学習の効果をもっとも享受して大きな効果を挙げることができたと見られるが、この点は量的調査(調査1)で得られた、中位群が英語運用能力テストにおいてもっとも大きな伸

張を示したという結果と符合するものであった。

　下位群には、「わかるようになった」「楽しかった」など、協働学習に対する肯定的な意見が見られた。しかし、他の群に比較すると、学習者自身に意識が焦点化していることは明らかである。加えて、下位群の記述には、仲間から受けた間違いの指摘や修正に対する批判はなく、「授業が延びた」「わからないのに当てられて困った」というように、調査者が求める協働学習自体へのコメントではない批判が見られた。これは、下位群が、「協働学習についての自由記述」というスキーマを認知しそこねていた結果であると思われる。つまり、自由記述を行う時点においてすでに、下位群の学習者にはメタ認知が欠如していたことが露呈したのである。

　中位群・下位群には、「抵抗がなくなった」、「英文を読めるようにな(った)」という記述が共通して見られ、明らかに英語の長文を読むことに対する情意フィルターが下がったことが窺える。

　以上の結果を表5.16に整理して自由記述の分析をまとめる。

表5.16　協働学習に関するコメント(補遺21)

	上位群	中位群	下位群
協働学習のメリット	○最初は大変だーと思っていたけど回を重ねるごとに楽しくなりました(遥) ○周りの皆と協力できてよかった(け)	○よくわかると思う(お) ○色々な意見が聞けて良かった(と) ○長い文章を読むことに対しての抵抗がなくなってきた(理)	○長文の内容が前よりわかるようになったと思う(な) ○わからないところを言い合っていたのでいろいろと参考になった(み)
デメリット	○英語力が上がったのかどうか、実感がなくわからない[12](多) ○話してしまって困った(亜)	○わからない長文も多かった(な) ○少しうるさかった(つ)	○毎回授業が延びた[13](ぬ) ○たくさん当てられて困った(ぬ) ○人が少ない[14](ね)

5.3.3　自由記述に関する考察

　これまでに見てきた英語長文読解における協働学習の効果について、学習者の変化、および、英語運用能力による群別の特徴をまとめ、自律的学習態度との関連について考察する。

(1) 協働学習の効果（学習者の変化）

　上位群・中位群には、「英語学習が楽しくなった」「積極的に洋画や洋楽に関わるようになった」など、英語長文を読むことへの抵抗がなくなり情意フィルターが下がると共に英語学習に対する動機づけが高まったことを示す記述が多く見られた。下位群も、「長い文章でも最後までとりあえず読めるようになった」「話の展開を考えられて楽しかった」というように英語長文に対する抵抗感を示す情意フィルターが大きく下がり、「前よりわかるようになった」「いろいろな英文を読めるようになった」「読む速さが上がった」など、仲間の助けを借りながらも自分もできるという自己効力感を得られたようである。しかし、上位群や中位群のように英語学習に積極的に取り組もうとする動機づけの高揚にまでは至らなかったとみえる。

　このように、仲間による模範(modeling)や足場掛け(scaffolding)を得て英語長文読解力を伸ばしたことは、ヴィゴツキーのZPD理論が示す相互行為の効果が得られたものと解釈される。相互行為において、上位・中位各群の学習者は主体的に学習に取り組む様子が確認され、仲間と対等な関係で相互行為に関わっていたと見られる。しかし、下位群の学習者は、より受動的・より依存的であり、その結果、時には仲間の言葉を「権威的」な言葉(Bakhtin, 1981)として受け止めていたのではないかと推察する。

　桑野(2002, p. 120)によると「バフチンにあっては対話は、複数の主体そのもののたんなる存在ではなく、複数の十全な価値をもった了解が不可欠となっている。このような場合に初めて、対話的関係が生まれる」のだというが、仲間の声に耳を傾けている上位群と中位群の学習者間には、（これまでにも繰り返し述べたように）対等な立場で対話が成立していたと考えられる。加えて、「双方がたがいにつねに新しくなるような内的かかわりをもつ」(桑野, 2002, p. 135)状態、つまり、協働学習によって「学び合い」を実践できる状態であったと言えよう。とりわけ中位群は相互行為による効果に意識が向けられていたと思われる記述が多く見られ、学び合いを実践する準備が整っていたことを裏付ける。

　それに反し、下位群の求める「答え」は、相互行為によってたどり着いたものではなく、絶対的な力をもつ「権威的な言葉」に保障されたものであっ

た可能性も否定できない。したがって、下位群の学習者たちはその「言葉」に自ら働きかけることは難しい。つまり、「あらかじめ応答を排除したこのような了解は、実際には言語＝ことばの了解ではもうとうない」(バフチン, 1989 [1929], p. 108)ので、下位群の求める「答え」は他の言葉と行き交うことなく一方的に受け入れるだけとなる。

このように、下位群は、「単語を教えてもらった」「わからない単語や予測などを言い合う中で色々な考えができた」など、「今ここ」の課題文における単語、すなわち、目の前のテクスト(の断片)に意識が集中している。タスク完了までのプロセスを楽しむ上位群や中位群と異なり、下位群はミクロなレベルに意識が集中していると解釈される。換言するならば、上位群は自己とは決して同一とならない「他人の観点」を持っているが、一方の下位群にそれは見当たらない(桑野, 2002, p. 34)。「振り返り」という、いわば、「他人の観点から自分を評価し、他人をとおして、みずからの意識を超えた契機を理解し、考慮(する)」(桑野, 2002)ことによって、メタ認知を働かせているのである。したがって、客観的な視点をもって自分自身および学習を振り返り評価することと、メタ認知のレベルがミクロからマクロへと高まっていくことは連動すると考える。

以上に示したように、協働学習の効果として、英語長文読解に対する情意フィルターが下がったこと、および、「わかった」「理解できた」などの表現に見られるように、自己効力感が高まったことが全般的に見られた大きな変化であった。各群に見られた変化の特徴については以下の項でさらに論議する。

(2) 各群の変化の特徴の比較

これまで見てきた協働学習における各群の学習への取り組み姿勢について、以下に3群を比較して示す。

まず、上位群と中位群は学習のプロセスを重視しており、理解を深め視野を広げたことを自覚していたが、下位群はプロセスより結果(タスクの答え)に引きずられていた。たとえば下位群には単語の意味を教わったことに関する記述が多いことが、そうした特徴を顕著に表していると言えよう。また、

下位群が学んだこととして挙げた「単語の意味を前後関係から推測する」、「キーワードをみつける」、「スキミングする」、などの項目のほとんどは、タスクの中で要求されたものであった。つまり、下位群はワークシートの解答欄を埋めることを目的として(いわば、教師の指示に従って)協働学習を行っていたものと推察され、下位群の意識は「今ここ」の目前のタスクに限定されていたと言えよう。

加えて、下位群は他の2群と異なり、語彙に対する執着が強く、語彙力の不足が英語長文読解の大きな障害になっていたと推察される。下位群が仲間から教わった内容のほとんどは単語の意味に関するものであったが、「文章の流れの中で単語の意味を読み取ることを学んだ」ことに関するコメントが多く見られたことは、彼らがコンテクストの中で単語を考えること、つまりメタ認知を働かせることを、協働学習を経験する中で少しずつ学習したことの表れであると考える。しかしながら、上位群のようなマクロ・メタ認知に関する認識は、いまだ薄いと見られる。

学習ストラテジーに関する先行研究では、これまで一般的な傾向として、下位群はメタ認知ストラテジーの使用が少ないと言われてきた。しかし、上に見たように、下位群もメタ認知ストラテジーを使用し、認識していた(よって記述できたわけである)。しかしながら、上位群や中位群に比べると、意識を向けるレベルが、より近視眼的(ミクロ・メタレベル)であることが学習者自身の言葉によって記述されていた。

さらに、下位群は「教えてもらった」「参考になった」「間違いを修正してもらった」(他者修正)など、対等な相互行為ではなく、明らかに上下関係が見られる相互行為の枠組みの中で、受身の立場に立たされていた。また、中位群は仲間からヒントをもらって自己修正を行っていたのに対し、下位群は、グループ活動の最中に仲間によって直接的に間違いを修正されており(他者修正)、中学生という多感な年齢でもあり、仲間の面前で面子を傷つけられた可能性も考えられる。

このような状況から、下位群は協働学習において「銀行型教育」(フレイレ, 1979 [1970])を享受し、「教わる」役割を主に担っていたと言える。上述のとおり、下位群は仲間によって面子を脅かす行為(FTA[15])を受けていた

可能性は高いが、振り返りシートにはそのことに対する不満が見られなかった。フレイレ(1979 [1970], pp. 23–25)の言葉を借りるなら、「自由への解放」に不安を感じ自由になることから逃げようとする被抑圧者さながら、彼らは学習の場における受身の立場に甘んじ自律的学習者への成長を断念しているのではないかと懸念される。

　一方、3群のうち、主体(自律)的学習姿勢をもっとも顕著に示した上位群は、協働学習のグループにおいて指導的立場を取っており、「教える」役割を果たしていたと思われる。このような場合、上位群は、抑圧者(＝支配的立場)であると判断されがちであるが、「〜を学んだ」「勉強になった」「協力した」など上位群の学習者自身による記述からも推察されるように、従来の教師主導型学習における教師のような「絶対的」な権威を付与された存在ではなく、時には教え、時には学ぶ立場となる、いわゆる生徒の partner であり[16] 従来の教師のように仲間に対して絶対的な評価を与えることはない(Breen, 2001)。この点が、教師主導型学習と大きく異なる協働学習の特徴のひとつと考えられる。

　両者の中間に位置する中位群は、仲間から多くのことを学びながら両方の立場を視野に入れられる位置にあり、「仲間から学んだ」といった相互行為に関する記述が多く見られた。この時の仲間との人間関係(社会関係)に注目するならば、ヒントをもらって(自己)修正する中位群は、全面的に教わる受身の下位群より若干だが主体的・批判的であり、下位群のような被抑圧的立場[17] から徐々に解放され、「自由」[18] あるいは、自律的な学習者へと意識が推移しつつあると解釈される。

　これまでの考察から、分析の便宜上設定した下位群・中位群・上位群という段階は、まさに自律的学習者への成長過程に相当すると考えられる。自律的学習者への成長過程とは、受動的な立場から能動的な立場へと転換することであるが、同時に、学習者の意識が、近視眼的に今ここにおける「断片的」な現実に焦点を当てるミクロ・メタレベルから、社会的コンテクストをも視野に入れる望遠的マクロ・メタレベルへと移動することであると言えよう。

　しかしながら、グループ内の全員が同一のメタレベルに意識を焦点化し、

対等な立場に立って自由に意見を述べ合うような、いわゆる教育の場における「カーニバル」がグループに実現することは現実的に不可能である（桑野, 2002, p. 203）。むしろメンバー間には微妙な不均衡が潜在的に存在し、協働学習のグループにおける役割（話し手、聞き手、など）の分配を生むのだが、同時にそれが相互行為を成立させると解釈される（詳細は第6章の3つのエピソードの分析を参照）。

(3)「自律的学習者への階層的フレーム」

　最後に、本章の始めに設定したリサーチ・クエスチョンを振り返りながら、本章をまとめる。

1)「協働学習」によって学習者は何を学んだか。
2)「協働学習」の問題点を学習者はどう捉えているか。

　本章では、上記の2つのリサーチ・クエスチョンについて学習者による予備調査および自由記述の回答を検証し、「協働学習」が自律的な学習態度の涵養に及ぼす効果を探った。
　まず、1)については、協働学習に対する好感度は習熟度にかかわらずおしなべて高く、英語長文読解に対する情意フィルターを下げ、自分もできるという自己効力感を経験した。習熟度により異なる効果も見られ、考え方の多様性に気づいたり、課題への理解を深めたり、間違いを修正されるなど、自分とは異なる考え方のプロセスを知り、視野を広げたものと思われる。また、一部の学習者には、英語学習に対する動機づけの高まりも確認された。対話に基づく学習環境には、学習者が被抑圧状態からの解放（フレイレ, 1979［1970］）をめざして成長する可能性が十分にあると考えられる。
　次に、2)については、無駄なおしゃべりと他の学習者に頼ってしまうことが2つの大きな問題として挙げられた。前述したように、他者依存には、グループに内在する力（上下）関係と、力関係に基づく役割分担が関係していると見られる。このような学習者間の力関係が所与のものでないだけに、いわば「自然発生」的と言える上下関係が、学習者、とくに下位群の学習者に

は心情的に捉えられてしまう可能性があることは否定できない[19]。しかし、ここに見られる上下関係は、「教師 – 生徒」の関係ほど固定的でなく、いわば流動的で、互いに学びあう関係であり、こうした役割分担の上に、ZPD理論が示すような相互行為が成立していると推察される。このような潜在的な問題点を抱えながらも、協働学習の導入については学習者に肯定的に捉えられており、学習者の情意面・社会面において概ねプラスの効果を上げたと結論されるであろう。

　これまでに示したように、自由記述の内容を検討したところ、メタ認知にはミクロ・メタ認知とマクロ・メタ認知、そしてその中間レベルのメタ認知があることが確認された。しかも、各レベルには英語運用能力による下位群、上位群、そして中位群が、それぞれ対応すると推察される。さらに、3群の学習への取り組み方の違いは、学習者個人の「自律的学習者への成長過程」と照応していると解釈される。すなわち、初習者レベルでは、タスクベースの認知ストラテジーに注意・関心が向けられ、学習グループの中では受身の立場を取る。このとき、初習者の意識は「今ここ」に向けられ、ミクロ・メタレベルに留まる。一段上の段階へ進むと、仲間同士での意見や知識の交換に興味をもち、学習に対する情意フィルターを下げ、自己効力感を得る、動機づけが高まる、など社会面・情意面に効果が見られる。さらに上の段階へ進むと、グループ内で発言しリード役を務めるようになり、次第に学習のプロセスを客観的に、「他者の目（メタ的視点）」を持って振り返ることができるようになる（詳細は5.3.2(1)を参照）。

　従来の教師主導型教育においては、教師が生徒（他者）に「知識を授ける」（フレイレ, 1979［1970］, p, 67）。そして、自由への恐怖に支配され被抑圧状態に甘んじる学習者たちは「不自由な状態のままで得られる従属の安全性」の方を好む（フレイレ, 1979［1970］, pp. 22–23）。残念ながら、ここにはフレイレの言う「創造的な親交 communion」は存在しない。しかしながら、生徒同士が対話を交わしあう中で、教え、教えられる立場を入れ替わりながらpartnerを務める協働学習においては、学習者が抑圧からの解放を求めて戦う（自律への）「過程」を見ることができるはずである（フレイレ, 1979［1970］, p. 72）。

このように、ミクロ・メタレベルからマクロ・メタレベルへの学習者の意識の変化は学習者の自律の度合いと連動している。したがって、自律的学習者への成長とは、視点が狭い自己から乖離して社会的視座に立てること、つまり、仲間との相互行為が可能になることであると言える。学習者の意識が「今ここ」から離れてより広い視野をもつことにより、意識を焦点化する対象がミクロからマクロへ「移動」するのである。そして、それはある程度、英語運用能力の伸張に影響し、また同時に影響を受けていると思われる[20]。
　したがって、初級者と自律的学習者の根本的な違いは、前述のとおり、意識のレベル、あるいは「視点」の位置であると言えよう。どれほどマクロなレベルに意識を焦点化できるかどうかが学習者を成功者とそうでないグループに分けると考えられる。その意識レベルの移動を引き起こす鍵は、今回の調査の結果から、協働学習における対話や、仲間の（いわゆる「権威的でない」）言葉による足場掛けなどの相互行為であり、また一方で、意識レベルがマクロになれば仲間との相互行為が可能になると考えられる。このように、学習者のメタ認知と学習能力とは相互に深く影響しあっていると言えよう。
　グループ内の人間関係については、協働学習において上位群・中位群・下位群の間に力関係が存在し、下位群の、いわば従属状態が垣間見られたことも事実である。しかし、フレイレによれば、人間は「自由への闘い」(1979 [1970], p. 22)を続ける存在であり、「対話は人間として生きるために不可欠なものである。対話とは出合いであり、対話者同士の省察と行動がそこでひとつに結びついて、変革し人間化すべき世界へと向かう」という（フレイレ, 1979 [1970], pp. 97-98)。換言すれば、他者の言葉に出会うことにより、学習者は変化、あるいは成長する可能性を秘めているとするバフチンの「対話の哲学」(桑野, 2002, p. 135)と共に教育に対する対話の効果を示唆するものである。ここで、Holec(1981, p. 7)が、自律的学習態度の涵養には、自己決定できるという学習者の資質に加え、ふさわしい学習環境を提供することが必要であると述べていたことを想起されたい。対話を基礎とする協働学習は、そうした変化を実現する環境(コンテクスト)を提供する教授法であると言えよう。
　ここまでに議論してきた学習者の自律的学習者への成長過程は、次の図

5.1 のような図式化が可能であろう。

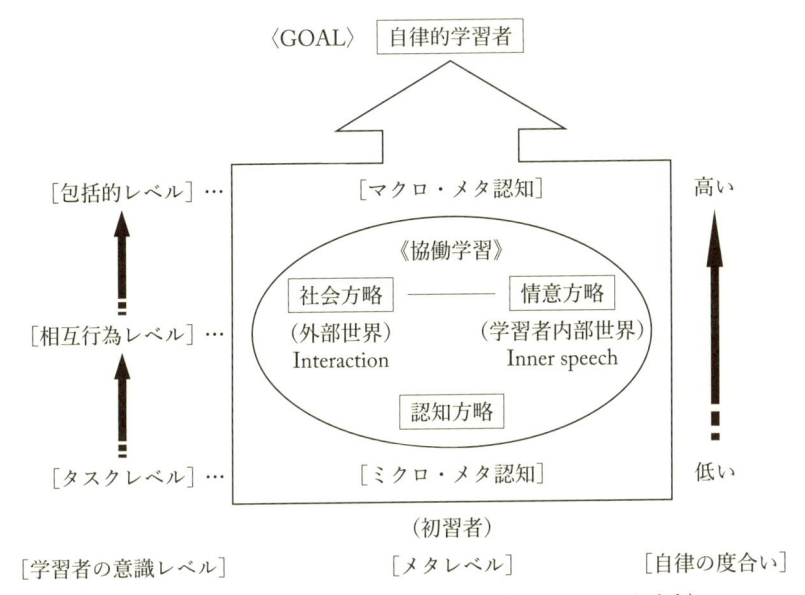

```
                    〈GOAL〉 ┌─自律的学習者─┐
                            │              │
                          ↑                ↑
        ┌───────────────────────────────────────────┐
[包括的レベル]…    [マクロ・メタ認知]              高い
   ↑                ╭─《協働学習》─╮               ↑
   ↑              ╱ 社会方略   情意方略 ╲            ↑
[相互行為レベル]… │  (外部世界)  (学習者内部世界) │    ↑
   ↑              ╲ Interaction  Inner speech ╱       ↑
   ↑                ╲     認知方略      ╱              ↑
[タスクレベル]…      [ミクロ・メタ認知]               低い
        └───────────────────────────────────────────┘
                        (初習者)
[学習者の意識レベル]    [メタレベル]        [自律の度合い]
```

図 5.1　自律的学習者への階層的フレーム（Tsuda, 2006 を改変）

　上図において、中央の楕円で囲まれた部分が協働学習を示す。外側の大きな矢印の枠組みは、学習者の意識におけるメタレベルの変化と共に自律の度合いの変化という学習者の変化を表す。協働学習ではメタ認知方略のみならず、認知方略・社会方略・情意方略を併せて総合的に学びながら[21]、学習者の意識はミクロ・メタレベルからマクロ・メタレベルへと変化していくと考えられる。それは、とりもなおさず、自律の度合いの高まりを示し、自律的学習者という最終目標へ向かう学習者の成長の過程を表す。

　しかしながら、始めにも述べたとおり、以上は、あくまで理念型レベルのモデルであり、実際には、さらにさまざまな変数が介在すると思われる。それらを明らかにするには、実際のコミュニケーション（協働学習）を記述・分析する必要があると予測される（第 6 章を参照）。

5.4 自由記述に関する調査のまとめ

　以上、学習者による自由記述の内容について分析し、協働学習の効果と問題点について詳細に論議した。その結果、協働学習は、学習者間の力関係という潜在的問題を抱えながらも、自律的学習態度の涵養において効果が期待されることを確認した。

　最後に、自由記述による調査の限界と課題を記す。

　自由記述による調査は授業の中で行った調査であり、始めに述べたとおり、調査者と研究協力者の間に教師と生徒という力関係が介在した可能性は看過できない。また、自由記述も質問紙も研究協力者たちの、いわば「自己申告」であるため、客観性・信頼性の問題が浮上すると思われる(Briggs, 1986)。

　そのような危険性は、以下の方法によってできる限り回避するよう工夫した。まず、2月の自由記述による調査に先立ち、1月に類似した質問内容の質問紙調査を行ったが、その結果と自由記述シートに記された内容はほぼ一致していた。さらに、自由記述の第1項目「協働読みで学んだことは何ですか」と第4項目「協働読みを経験して英語学習にどのような変化がありましたか」の回答内容の間に大きな矛盾は見られず、第5項目「協働読みに対する感想」の回答内容との間にも矛盾は見られなかった。また、第2項目「協働読みの問題点」と第3項目「個別読みの良い点」は、ほぼ裏表の関係にあるが、その回答にも矛盾は見られなかった。

　このように、複数の角度から矛盾しない回答を得ており、したがって、本調査における自由記述シートに記述された内容は、調査者と研究協力者の力関係に大きく左右された可能性は低く、ある程度信頼できるものであると判断して良いと思われる。しかし、冒頭にも述べたとおり、本章の分析はヴェーバー(1998 [1904], p. 120)の理念型レベルの区分による記述に基づくため、次章で、参与観察データを用いてさらに検証する。

注

1　各授業の振り返りは、ワークシートの終わりに組み込みタスクの一部として授業の終わりに行ったが、自由記述シートは、それのみ単独で授業の始めに行った。

2　分類における2人の評価の一致度は当初88.6%であったが、調整後は98.9%となった。分類の方法など詳細は第3.3.2節を参照。

3　Anderson(2008, pp. 99–120)では、telescopic view of metacognition は学習全般をカバーし、microscopic view of metacognition は授業中タスク遂行時に個別のタスクに対応して、学習を計画し、適切なストラテジーを選択して使用し、学習を振り返り、様々なストラテジーを組み合わせ、そしてできたこととできなかったことを見直すという5つの力を含むと述べている。前者は津田(2004)で述べたマクロ・メタ認知に、後者はミクロ・メタ認知に対応すると考えられる。

4　当該授業がリーディング・コースであったため、研究協力者への自由記述シートの表記は「協働学習」でなく「協働読み」とした。第3.3.2節についても同様である。

5　Bakhtin(1981, pp. 424–425)によれば、「権威的な言葉(authoritative discourse)」は大きな力をもった言葉であり、「内的説得力のある言葉(internally-persuasive discourse)」に対峙しているが、いったん力を失うと途端に過去の遺物と化す。そして、人間は、「権威的な言葉」から自由になるべく闘うのだという。

6　Bakhtin(1981［1975］)には、"heteroglossia"について次のような説明が見られる。"The base condition governing the operation of meaning in any utterance. It is that which insures the primacy of context over text....all utterances are heteroglot" (p. 428) さらに、バフチンの小説論において、"heteroglossia"は、"a multiplicity of social voices"と"a wide variety of their links and interrelationships"とほぼ同義で使われている(p. 263)。

7　従来の「教師主導型学習」の概念に近い。詳細は第2.5.3節参照。

8　詳細は第2.5.2節を参照。

9　Matoesian(1993, p. 100)は、"other-repair"は、会話参加者の中で力のあるものがより弱い者を「修正」することにより、参加者の権利や力の違いを示すものであり、教室、医者と患者、警察と市民、法廷などで観察されると述べている。学習者間の力関係(power relation)については第6章で詳しく述べる。

10　このことについては、第6章で詳しく分析する。

11　自己効力感 self-efficacy とは、ある作業を遂行するための能力に関する自身の感じ方のこと(竹内, 2008, p. 83)。フレイレ(1979［1970］, p. 155)の「自らの思考の主人公」にも通じる。

12 　この生徒(多恵)はインタビューで自分の読み方が変わったことを自覚していたと語っていた。授業で「状況をイメージすること」を指導したが、それを使って未知の単語の意味を想像して読めるようになったという。併せて、仲間の見方と自分の見方を比較して、理解の差が生じたプロセスを分析していた。このように、この生徒は常にきちんと自己評価をするタイプの学習者であるために実際は自分の読み方が成長したことに気づいているのだが、点数や○の数によって明示的に示されないため、このような記述をしたものと推察される。(GTEC リーディング得点：169 → 180) インタビューの詳細は補遺 9(4) を参照。

13 　自己評価用紙記入のため。

14 　このクラスは会話中心のスピーキング・コースの選択者が多く、筆者が担当するリーディング・コースは 5 人だった。

15 　FTA：Face Threatening Act. 面子脅迫行為とも言う。コミュニケーションの場において面子が脅かされている場合が多い (cf. Brown and Levinson, 1987)。教室では、他者修正が FTA に当たる場合があると考えられる。

16 　フレイレ (1979 [1970]) は、教師 – 生徒という枠組みは矛盾しており、両者は同時に教師で、しかも生徒となるべきだと主張する (p. 67)。さらに、教師は生徒の仲間 partner でなければならないという (p. 72)。協働学習における上位群は、他の 2 群に対して教えもするが、同時に学んでおり instructor ではなく partner である。また、フレイレ (1979 [1970], pp. 99–102) は「対話」の基礎として、愛と謙遜と信頼を挙げているが、上位群が partner であるために求められるのはこれらの資質であろう。

17 　ここでは、「学校機関」という権威によって、「国際的な標準英語」という権威的言語変種を、自らの意思に反して学ばされている者という意味に解釈される。

18 　フレイレ (1979 [1970], p. 22) によれば、「被抑圧者は、抑圧者のイメージを内面化」しており「自由への恐怖を感じている」という。そして、自由は、「このイメージを放棄」し、「自律と責任をもつことを要求する」。つまり、「自由は与えられる贈物ではなく、闘いとるもの」であり、「たえず責任をもって追及されなければならない」もので、「人間の完成を追求するうえで不可欠な条件である」とされる。このような自由に対する解釈は学習者の自律に通じると言えよう。

19 　バフチンは、発話は言語コミュニケーションの連鎖の中のひとつのリンクであり、発話や意味を創造するのは孤立した個人ではない。したがって、発話には「干渉」と「従属」が内在するという (ワーチ、2004 [1991], p. 97)。つまり、「テクストは複数の言語が出会い、干渉し合い、そして自らヒエラルキーを形成する空間である」(Lotman, 1988, p. 37) のだから、対話を基本とする協働学習に階層が

見られるのは当然とも言えよう。
20 GTECの結果と照応させると、上位群が下位群に比べてよりマクロなメタレベルに意識を向けていたことは確かであり、したがって自律の程度も高いと言える。しかし、英語運用能力の伸びがメタ認知のレベルの変化を引き起こすのか、メタ認知のレベルがマクロ化することによって英語運用能力が向上するのか、その因果関係は定かでない。
21 協働学習は、竹内(2010)の、Thinking(メタ認知)、Feeling(情意)、Doing(認知方略)を併せた学習法と考えられる。

第6章
協働学習の
教室エスノグラフィー分析と結果

　第4章では、質問紙調査のデータに基づく量的調査(調査1)の結果、研究協力者である中学3年生のメタ認知ストラテジー使用に関して、英語運用能力によってメタレベルに差異があることが明らかになった。下位群では、単語の意味や問の答えといったミクロ・レベルに意識を焦点化するが、上位群では、作者の意図や文章の枠組みといったマクロ・レベルに意識を焦点化する傾向が確認された。続く第5章では、協働学習に関する自由記述シートの分析(調査2)により、概ねすべての学習者の英語長文読解に対する情意フィルターが下がったこと、学習者の意識の社会化が(程度の差はあるが)進んだこと、加えて、一部の学習者(中位群・上位群)には英語学習に対する動機づけが高まったことが協働学習の効果として確認された。一方、問題点として、おしゃべりをしてしまうこと、他人に頼ってしまうこと、グループの学習者間に力関係が生起していること、の3点が挙げられた。
　上記のように、量的調査(調査1)では、研究協力者を英語運用能力によって3つの群に分類し、群としての方向性や特徴を捉えることができたが、個別のコミュニケーションの様子やコンテクストは捨象されていた。続く自由記述による調査(調査2)では、群別に協働学習の効果や問題点を明らかにしたが、理念型によるカテゴリーに基づくデータの分析であった。つまり、2つの調査結果は、中学生による協働学習におけるコミュニケーションという現象そのものを扱ったわけではなく、したがって、得られた結果は、協働学習という一種のコミュニケーションがもたらす帰結に関する指標を示したと言える。そこで、これまでの分析結果や考察を補完するために、本章では協働学習というコミュニケーションの一様態そのものを扱うこととし、参与

観察によって得られた直接的データをコミュニケーション論的に分析・考察する。

6.1 調査の概要

6.1.1 研究課題

本章で扱う質的調査(調査3)では、英語リーディング授業に導入した協働学習への参与観察を行い、生徒間の相互行為そのものをつぶさに観察・記録し、書き起こしたデータから相互行為の特徴が表われていると思われる3つの事例を抽出し、コミュニケーション理論に則って、フレーム、レジスター、フッティング、などの鍵概念を用いて分析する。調査2において、理念型レベルの分類に基づく分析によって描き出された協働学習の効果と問題の側面は、実際の相互行為において、どのように表れているか、さらに、自律的学習姿勢とどのように関わっているか、協働学習のプロセスをコミュニケーションという視点に立って分析する。

6.1.2 調査の対象

調査対象である研究協力者については、リサーチ・デザイン(第3章)で詳述し、さらに調査1(第4章)および調査2(第5章)で補完した。したがって、ここでは、これまでに詳しく記述しなかった学習のコンテクストを中心に述べる。

学習環境としては、データ収集を行った年は校舎立替工事のため、3年生は運動場の隅に建てられたプレハブ校舎の2階を使用していた。それまでの校舎と異なりクーラーは完備されていたが、教室が若干狭く、隣の教室との境の壁が薄く、授業中に隣のクラスの笑い声や黒板に書くチョークの音、テレビ教材の音声などが響いてくることもたびたびであった。また、窓の外には緑の木々が茂っていたが、その下の道を小学生がにぎやかに通ることもあった。通常の学習環境に比べると、生徒たちにとっては落ち着かない条件が揃っていたと思われる。また、録音に関しては、他のクラスの声が混じって聞き取れないなどの悪条件が見られた。

本調査は、調査2と同様、研究協力者32名を研究対象とした。これは、本研究が三角測量に基づくものであり、他の調査と研究協力者を揃える必要があったためである。

　筆者は当該校で14年間講師として勤務し、研究協力者が含まれる学年の一部の帰国生については小学校4年生から6年生まで、または中学校1年生・2年生で英語の特別クラスを担当していた。しかし、帰国生は全員が会話中心の発展(α)コースを選択したため、筆者が担当したリーディング中心の標準(β)コースの生徒とは初対面に近い状態であった。

　データ収集については、リサーチ・デザインですでに述べたが、教室にビデオカメラ(10回)、ICレコーダー(9回)、テープレコーダー(1回)、各1台を持ち込み、生徒の様子を録音・録画した。休み時間や放課後の生徒観察については、教室移動に伴うビデオカメラなど録画・録音機器の移動や設置に時間がかかり休み時間に観察を行うことはできなかった。一方、昼休みや放課後は、研究協力者である3年生は委員会活動やクラブ活動の中心的存在として忙しく、活動がない日は塾の予定があるなど、グループ・ディスカッションやインタビューのために集合してもらうことは困難であると考え、授業以外の生徒の観察を断念した。このように限られたデータを補完するため、学年末に研究協力者のうち10余名に対して回顧インタビューを行い、併せて、卒業文集を参考にした。授業を中心とするデータであるが、選択英語には定期試験もなく教員が評価をする必要がないので、生徒たちは一般の英語授業に比べ、のびのびと学習に取り組んでいた。そのため、比較的自然な相互行為を観察することが可能であると予測された。

6.1.3　調査の手順

　前項では、研究協力者の学習環境について説明したので、本項では授業を中心としたコンテクストについて説明する。

　当年の選択英語は週1回(原則45分)で、年25回行われた。1回目はクラス全員に対して3つの選択コースの説明と担当教師の紹介を行い、2回目から3コースに分割して授業を行った。筆者が担当するβコースでは、将来の高校入試や高校の教科書、センター試験、さらにインターネットによる情

報収集までも射程におき、会話体の文章が中心である中学校の教科書を補足するために、ある程度まとまった量の文章をできるだけ速く読み、かつ文章の趣旨を正確に掴むトップダウンの読み方と、一連の出来事の意味を理解するために行動の因果関係について推論する分析的なボトムアップの読み方(佐藤, 1996, p. 49)[1]の両方を指導した。課題文は1回で読みきれるように、オックスフォード大学出版局のL. A. Hillの短編集などから選出し、設問については、指導するリーディング・ストラテジーに応じて筆者が工夫した[2]。11月までにストラテジーの指導を一通り終了し、それ以降は、オックスフォード大学出版局のL. A. Hillの短編集の中から過去に高校入学試験に出題された長文を課題文として取り上げた。文脈を理解し、話のテーマを掴み、内容について自分の立場で考えてみる、など「各自の頭の中に作品の意味世界を作り上げて」(佐藤, 1996, p. 71)、教師や仲間の言葉に依存しない主体的な学習態度を涵養することを目的とした。したがって、書き換えや空所補充といった入学試験問題によく見られるような文法知識を問う設問ではなく、話の展開を理解するために出来事の因果関係を確認する、話の終結部であるオチの理解を確認する、あるいは、話全体を概観させるため話を要約させる、など内容理解に必要な問を中心とする課題を与えた。

　上記のような課題について、個別読みのために一定の時間を与えた後、グループで話し合いをさせた。最終的な解答および授業の振り返りを書き込む際には個人個人で行うよう指示した(5.1参照)。Pritzker and Runco (1997)も指摘するように、集団意思決定はコンテクストにより問題もあると言われる。時には個人の創造的洞察力を高めるが、時には良くない結果をもたらすと考えられるからである。たとえばグループ全体が同一の解答を導き出す場合、特に生徒間に学力の差がある場合には、中心的な生徒に引きずられてしまう恐れがある。逆に、中心的な生徒に任せて周囲がさぼってしまうケースも考えられる。そのような事態を極力避けるため、最終的な回答についてはグループで意思統一する必要はなく、話し合いを足場掛けとしながらも生徒個人の考えを重視し、ひとりずつ自分の解答を仕上げるよう繰り返し指導した。ジョンソン・ジョンソン・ホルベック(1998［1984］)の提唱する協働学習の4つの原理(互恵的な支えあい、個人の責任、互いを高めあう相互活

動、グループ活動の振り返り）や Kagan（1994）の協働学習の4つの原理（互恵的な支えあい、メンバーの多様性、平等な参加の機会、相互交流の促進）についても理解させるよう務めた。

　25回の選択授業のうち23回にわたって、リーディング・ストラテジーの指導を行った。協働学習は A 組および B 組において 20 回、C 組において 13 回行ったが、D 組では選択した生徒が 5 名だったため協働学習はうまく機能しなかった。C 組について、当初は対照群として教師主導の個別学習を行う予定であったが、数回進めたところ A 組・B 組の活発な授業参加態度と C 組の受動的な授業態度の差が大きくなったため、教育的配慮により対照群を廃し、C 組でも協働学習を開始した。C 組の協働学習の指導回数が少なかったのはそのためである。

　協働学習導入のため ABC 各クラスで 3〜6 名のグループを編成したが、グループの編成については、第 3 章で述べたとおり、学習者に余計な勘ぐりをさせたり緊張感を与えたりしないために学習者の自主性に任せた。また、4 章でも触れたが、協働学習を始めるに当たり、なぜ協働学習を導入するのか、協働学習を成功させるためにどのような学習態度が必要か、など協働学習の基本理念について指導し、学習者が共通理解をもつよう準備を行った。

　以上が、本章で述べる参与観察に基づく質的調査の調査対象者が置かれていた学習背景に関する情報である。

6.2　分析の方法

6.2.1　協働学習の定義と分析の枠組み

　前節に述べたように、協働学習とは教室というフレームにおける生徒間に見られる相互行為であり、コミュニケーションの一形態であるという理解に基づき、協働学習の分析をコミュニケーション分析の枠組みで行うこととする。まず、協働学習の定義を確認し、続いて、分析に使われる主な鍵概念について概説する。

(1) 協働学習の定義

　第6章の質的調査では、教室コミュニケーションを研究の対象とする。教室では、[I-R-E][3]が教室のプロトタイプ的なコミュニケーション形態である(Mehan, 1979)が、協働学習においては、教師主導型の[I-R-E]という授業形態は頻繁に起こらないはずである。また、[I-R-E]に見られる教師から生徒へ向けられる発話は、バフチンによれば「権威ある言葉」であり、生徒の内言には直截には影響しないという(ワーチ, 2004 [1991], p. 107)。では、協働学習においてどのようなコミュニケーション形態によって学習は進められているのであろうか。[I-R-E]というコミュニケーションの形態は協働学習において、何らかの変化を経て踏襲されているのだろうか。本研究では、協働学習を、第3章で述べたように、「数人でグループを形成して共通の課題に取り組み、互いに意見を述べ合いながら理解を深めていく学習形態」と定義し[4]、グループにおける生徒間の相互行為、つまり、双方向コミュニケーションによる学習の一形態であると考える(Johnson and Johnson, 1989；ワーチ, 2004 [1991], p. 176)。よって、コミュニケーション理論に則って協働学習を分析する。

　次項以降では、その分析枠組みについて概説する。

(2) コミュニケーションの分析枠組み

　すでに述べたように、本書では、協働学習を生徒間のコミュニケーションを基礎とする学習形態と捉えるが、当然、観察の対象となる生徒たちの相互行為の背景には、教室という学習環境を始め、生徒が所属する学校の委員会やクラブ活動、そしてクラスでの生徒個々人の立場、当該校における男子生徒と女子生徒の力関係、英語力の違い、個人の性格、家庭学習の様子、家庭環境など考慮すべき点が多々ある。したがって、協働学習を分析するための枠組みも、これらのコンテクストを十分に射程に収められるものでなければならないことは明らかである。そこで、調査3では、現代言語人類学に典型的に見られる「出来事モデル」(小山, 2008；シルヴァスティン, 2009)に依拠し、特に、協働学習のグループにおける生徒の社会的役割(コミュニケーション役割)と隣接ペア(後述)、フレーム(後述)に注目することにより、グ

ループ内に生起する「出来事」を(コン)テクスト生成の過程と捉えて分析を試みる。

そのために、協働学習におけるコミュニケーションを、言及指示的側面である「言われていること」(what is said)だけでなく、社会指標的側面である「為されていること」(what is done)も射程に入れて分析を行う。なぜなら、言及指示性の次元においてはほぼ同じとみなされる発話であっても、そこで使われる語彙表現によって、社会指標性の次元においては、出来事参与者のアイデンティティや力関係といった「(社会的人間)関係」(小山, 2008, p. 309)を示すことになるからである。たとえば、教室というフレームの下で、「(答が)わからない」ことを述べるのに、「わかんない」と言う場合と、「わかりません」という場合とでは、言及指示性の次元においては同じことを意味すると考えられるが、社会指標性の次元では、前者は友達など対等で親しい関係であることを示し、後者は2人の間に上下関係、または不均衡な力関係が成立しており疎の関係であることを暗示していることから、2つの発話は決して同じではないという解釈がなされるからである。

ここまで、協働学習がコミュニケーションの一形態であるという前提に基づき、本章の基礎となるコミュニケーションの分析枠組みを簡単に整理した。次に、コミュニケーションの分析において調査3の分析に使用する鍵となる概念について概説する。

6.2.2 鍵概念について
(1) フレーム(談話フレーム・フレーミング)

フレームは、Bateson(1972)、Goffman(1974)、そして Gumperz(1982)、によって提唱されたコミュニケーション理論に通底して見られる鍵概念である。コミュニケーション参与者たちは解釈が無限に可能な「今ここ」で生起するコミュニケーションという出来事に対し、言語や非言語のなかに何らかの手がかりを探しながら、解釈の可能性を有限化し理解可能にしようとする。すなわち、フッティングやレジスター、コード・スイッチング、コンテクスト化の合図(本章で後述する)などに基づき、自分たちが参与しているコミュニケーションがどのような「場」(コンテクスト)において為されている

のかを理解するための枠組みを同定しようとするのである。ここで喚起される枠組みが「フレーム」である。あるいは、コミュニケーション参与者が新しい「場」に遭遇したとき、その「場」を理解するために想起される、過去の経験によって作り上げられた背景的知識体系、または行為（出来事）類型を指してフレームと言う（Brown and Yule, 1983, pp. 238–241）。コミュニケーション参与者は、その「場」にもっともよく似たフレームを探し出し、修正しながら当てはめ、「場」を理解するのである。「場」が理解された上でコミュニケーション参与者には、教師・生徒というような社会指標的役割（アイデンティティ）が配分される。

(2) フッティング

　フッティングとは、Goffman（1979, 1981）によるコミュニケーション参与者の「参与ステータス」といえる概念である。換言すれば、会話参与者が自分自身と他の参与者に対して取るスタンス、立ち位置のことで、参与者はその場の状況に応じて切り替えながら、「創出的コンテクスト」（小山, 2008, p. 226）を創り上げていく。フッティングは相互行為の場に生起する「出来事」に対して参与者がどのように関わっているかを指標することにより、その場をどう解釈したらよいのかというフレームを喚起させるのである。次に協働学習におけるコミュニケーションのデータから例を引用して説明する。

　17　智恵：サルがナッツを、ナッツを投げつけて、それで、なんだっけ？
　18　亜紀：うん、はい、何ですか？
　　　［中略］
　27　智恵：あ、そうなんだ！
　28　亜紀：はぁい、そう。そういうことなんです。

　上の例では、智恵（17行目）が日本語解釈の途中で「なんだっけ？」という普段生徒同士が使う常体で亜紀に話しかけたのに対して、亜紀（18行目）はまず「うん」と智恵と同じ常体で返すが、すぐに続けて「はい、なんです

か？」と敬体に切り替えた発話を行っている。つまり、智恵は「生徒」のフッティングを取り、「生徒同士の会話」というフレームに留まって質問を行ったのだが、亜紀は「はい」とか「～ですか？」という先生が普段使う敬体に替えることによって「先生」というフッティングを指標し、ここは「教師と生徒がいる教室」だというフレームを喚起させているのである。その後もこの会話は智恵が常体を使用し、生徒のフッティングを取り続けたまま智恵の発話(27行目)まで持続していく。亜紀(28行目)の発話に見られた相手より上位に立つ態度を表出する「はあい、そう」の使用、および「そういうことなんです」という断定的な「のだ」構文の使用によって、この会話で亜紀は「先生」のフッティングに立ち、「ミニ教室」というフレームに沿った発話を続け28行目で締めくくっている。

(3) レジスター

「出来事モデル」において、レジスターとは、コミュニケーション参与者が共通して理解できる「社会言語的ステレオタイプ」(Labov, 1972, pp. 30-31)を内在化していると理解される語彙など言語構造的範疇を指す。具体例として、敬語、男ことば、女ことば、職業語、科学用語、役割語(Agha, 2005;シルヴァスティン, 2009, p. 164)、その他、方言、名前の呼びかけなどが挙げられる。つまり、レジスターの特徴は、その表現を聞けば、話者のアイデンティティや話者と聞き手の力関係・親疎関係などコンテクスト的状況がある程度わかるということである。したがって、レジスターは相互行為のテクスト生成に対して直接的に貢献するものであると言える。たとえば、前頁の亜紀(18行目・28行目)に見られる敬体表現は教室における先生レジスターを示していたと解釈される。

(4) コード・スイッチング

コード・スイッチングとは、コンテクストにおいて、それまでに指標が示していた方向とは異なる方向へ向かう新しい関係性を創り出すために、話し手(書き手)が使用言語(ないし言語変種)を別の言語(ないし言語変種)に切り替える技法である。

Gumperz(1982)によれば、コード・スイッチングとは、談話におけるコンテクストを創り出す行為のひとつであり、一般的には、二言語(変種)以上が併用される社会において用いられるものである。コード・スイッチングには二種類あり、「状況的」コード・スイッチングと呼ばれる行為は、目上の人に敬語を使うなど状況が語用を規定するものを指し、前提可能なコンテクストへの適合性を喚起するものである。一方の「隠喩的」コード・スイッチングとは、親しい友人に対して突然に敬語を使うことによって2人の距離があることを示すなど、語用が新たな状況を作り出すものを指す。このようにコード・スイッチングは、実際に話されることば以上の情報を伝え、新たな「場」の社会的状況、すなわち新たな「(創出的)コンテクスト」を喚起すると考えられる。
　以下に協働学習における隠喩的コード・スイッチングの例を挙げて説明する。
　たとえば、それまで常体で話していた亜紀が、急に由美に対し「由美さん、わかりますか？」と敬体を使った場合、亜紀は由美に対して(同等の生徒の立場ではなく)教師という一段上の立場に立つようなスタンスに移ったことを示していると解釈される。しかし逆に、亜紀が由美に一目置いていることを示すために、意識的に敬体(敬語)のレジスターに移ったとも解釈できる。あるいは、亜紀と由美の親疎の度合い(それほど親しい間柄ではない)を示していると解釈することも可能である[5]。

(5) ヘッジ

　前出のフッティングの指標、あるいは、フレーミングの指標となりうるものとしてヘッジ(hedge)が挙げられる。ヘッジとは、コミュニケーション参与者が、自らの面子、あるいは、相手の面子が立つように、相手の間違いをあからさまに指摘するのを避けて用心深く発言したり、「みたいな」「ような」「なんか」など曖昧さを付加し断定を避ける語彙を文尾に用いたりすることによって、相手あるいは自身のフェイス(Brown and Levinson, 1987；ゴッフマン, 2002［1967］)を犯す可能性を回避しようとする一種の緩和表現である。その他、発話の後に曖昧・意味不明な「笑い」を入れて、それまで

取られていた(前提可能となっていた)フッティングを少しずらして新たなフッティングを示すことにより、他のコミュニケーション参与者との衝突を避けて人間関係を円滑に保とうとしたり、コミュニケーションをスムーズに運ぼうとしたりするための操作のひとつであると言える。

　このようにヘッジとは、コミュニケーションにおいて相互行為自体が示す機能ではないが、相互行為の参与者たちがどのようなフレームで、またどのようなフッティングを保持しながら、コミュニケーションを行っているかを指標するものである。

(6) コンテクスト化の合図

　これまでに述べたフッティングやレジスター、コード・スイッチングなどは、コミュニケーションにおいてコンテクスト化の合図として機能し、フレームを立ち上げ、コミュニケーション参与者たちの共通の理解を助ける。Gumperz(1982, p. 131)はコンテクスト化の合図を次のように定義している。

> …constellations of surface features of message form are the means by which speakers signal and listeners of message form are the means by which speakers signal and listeners interpret what the activity is, how semantic content is to be understood and how each sentence relates to what precedes or follows.
> メッセージ形式の表面的特徴の配列が、その活動が何であるのか、どのように意味内容が理解されるのか、各文が先行あるいは後続する文とどのように関連付けられるのかを、話し手がシグナルし聞き手は解釈する手段となる。　　　　　　　　　　　　(ガンパーズ, 2004, p. 172)

　換言すれば、元来、混沌としているコミュニケーションが、コンテクスト化の合図によりコミュニケーション参与者にとって理解可能な、あるいは解釈可能なテクストとして浮かび上がるきっかけを与えられる。

(7) テクストとコンテクスト

　本調査がコミュニケーション分析において依拠するところの「出来事モデル」において、コンテクストとは、コミュニケーション参与者が「出来事」を解釈可能にするためのフレーム（前述）を提供する「場」である。コンテクストには、行為の起こっている「今ここ」から、歴史的・社会文化的背景までが階層的に含まれる。したがって、コミュニケーションを真に理解するには、伝達内容の意味的理解だけではなく、発話の様式やそれが生じる場としてのコンテクストを視座に入れて解釈しなければならない。

　言葉あるいは言葉以外の行為は、反復などを通して、背景としてのコンテクストから図（フィギュア）となって浮かび上がる。このようにコンテクストから浮かび上がる（脱コンテクスト化が可能な）かたち（形象）がテクストである[6]。

　コンテクストには、出来事に先行して存在する「前提可能な」コンテクストへの適合性と、行為によって創り出される「創出的」コンテクストがもつ効果、という2つの側面が含まれる。すでに起こった出来事が創り出したコンテクストは、次に起こる出来事によって前提的に指標され、その社会文化歴史的な意味を変えていく（小山, 2008, p. 223）。このような（コン）テクストの生成過程は連鎖を起こす。しかし、ある「出来事」が指標しうるコンテクストは無数に存在しており、ある「出来事」がどのコンテクストを喚起するかは、テクストのつながりやまとまりに基づいて規定される。「出来事」はコンテクストを指し示すことにより、社会文化歴史的に意味をなす「相互行為のテクスト」を創出していく。その「相互行為テクスト」とは、「何が為されているか」などコミュニケーション参与者たちのグループ・アイデンティティや権力関係などに関わる社会行為のテクストを指すのである（Hanks, 1996, p. 171；小山, 2008, p. 226）。

　協働学習の観察データから例を引いて説明する。

```
18  亜紀：うん、はい、何ですか？
19  智恵：それでなんでサンボ投げつけたの？
20  亜紀：え。だから……
```

21		で、全部帽子をとられちゃったから、ま、そんな1つ	じゃ意味がない
22	智恵：		1個。。。
23		帽子は1個しか持ってなかったの？	
24	亜紀：	いや、いっぱい持ってたの。	
25	智恵：	いっぱい持ってたの？ぼろぼろ持ってたの？お金、持ってたの？	
26	亜紀：	帽子売りだから。	
27	智恵：	あ、そうなんだ！	
28	亜紀：	はぁい、そう。そういうことなんです。	

　18行目で亜紀は隠喩的コード・スイッチングにより敬体を使い「先生と生徒」という教室における相互行為をコンテクストとして前提的に指標している。そうすることにより、亜紀は自分が先生であり、次々質問してくる智恵に教えるという「ミニ教室」のフレームを創出した。こうして、亜紀（先生＝上）と智恵（生徒＝下）というアイデンティティと共に力関係が介在する相互行為のテクストが生成されたと解釈される。

　しかしながら、コンテクストによって生成される社会文化歴史的な意味は決定的なものではない。前述のとおり、テクストとコンテクストの生成過程は連鎖を起こすが、テクスト化やコンテクスト化は時間軸に対して前方（過去から現在へ）だけでなく後方（現在から過去へ）へも、つまり双方向的に働く。したがって、後に起こるコミュニケーションにより前に起こったコミュニケーションの意味が時間を遡って変えられ、いわゆる「どんでん返し」が起こる可能性がある（小山，2008, p. 226）。後に引用するエピソード#1でもどんでん返しによって力関係がひっくり返る場面が見られる。

(8) 隣接ペア（隣接応答ペア）

　次に隣接ペアの説明に移る。これは、前項で述べたように、コンテクストから浮かび上がるテクストのうちコミュニケーション分析における最小のユニットで、「質問−応答」「依頼−受諾／拒絶」などの代表例からも明らかなように定型化された表現と言える。通常は隣接して起こる一対の発話の組

み合わせとして会話の中では繰り返し使用され、発話のターンと密接な関係にあると言われる (cf. Schegloff and Sacks, 1973)。

　教室におけるコミュニケーションでは、「質問 – 答え」という隣接ペアが多く見られるはずだが、実際のコミュニケーションでは、「質問」に対して「答え」の代わりに「笑い」や「沈黙」、「無視」が対応する場合や、まったく別のトピックの導入により新たな展開が始まる場合もある。このように隣接ペアのユニットが崩れたり変形したりすることにより、コミュニケーション参与者同士のグループ・アイデンティティや権力関係など相互行為に関わる社会コンテクストに対する言外の意味が示される (cf. Grice, 1975)。また、前の隣接ペアに逆戻って影響し、前のテクストに対する解釈が変わることもありえる[7]。Rundquist (1992) によると、女性より社会的に優位になりがちな男性の方が隣接ペアのユニットを破り始める頻度が高いと言う。この指摘に呼応する事例としては、協働学習における相互行為の場合に、グループの牽引役を務める生徒に隣接ペアを無視する場面が多く見られた。

(9) 詩的機能

　詩的機能とは、ヤーコブソンの6機能モデル (3.2 参照) のひとつで、「言語メッセージ内で言語メッセージそれ自体へ集中する」(ヤーコブソン, 1995, p. 247) 機能である。詩的機能は、「詩において、等価の原則を選択の軸から組み合わせの軸に投影することは、そのような同一性が連続全体を構成する（主要な）手段として」(1995, p. 258) 使われ、渾沌としたコミュニケーションのコンテクストから解釈可能なテクストを浮かび上がらせる。さらに、小山 (2008, p. 214) が指摘するように、詩的機能は、詩（韻文）において最も顕著に観察されるが、「詩や文学のみならず、非常に散文的な日常会話など、日常生活のなかの言語使用においても、詩的機能、すなわち反復は、きわめて重要な役割を担っている」とされる。ヤーコブソン (1973 [1960], p. 192) も「詩的機能を詩の世界だけに局限しようとしたり、もしくは詩を詩的機能だけに限定しようとしたりする試みはすべて、誤った過度の単純化に堕することになろう。詩的機能は言語芸術の唯一の機能ではなく、ただその支配的、決定的な機能であり、反面、他の言語活動においては副次的、付

随的な成分として活動する」と述べている。つまり、日常会話や日常行為も詩的機能を通して社会文化的に解釈可能、意味づけ可能なものへと構成されていくと考えられる。

　以上、調査3の分析に使用される鍵概念について簡略に説明した。次節では、協働学習における3つのエピソードを抽出し、出来事モデル(小山, 2008)に基づいて、教室コミュニケーションにおける言及指示的機能(what is said)と社会指標的機能(what is done)の双方に注目しながら、ここまでに取り上げた鍵概念を主な分析単位として、コミュニケーション論的分析を試みる。

6.3　教室で起こっていること①―分析と考察

　調査3では、調査1と2を補完するために、協働学習において観察・記録された生徒間の相互行為から3つのエピソードを抽出し、生徒への回顧インタビューも適宜参照しながら、自律的学習態度との関連について社会文化的視座から分析・考察を行う。エピソード#1と#2はりんごグループ、#3はみかんグループの相互行為から抽出した。りんごグループは、今回観察した中で唯一の男女混合の4人グループで、グループ内の英語運用能力には多少ばらつきが見られた。そのため、話し合いにおけるメンバー間の役割が比較的明白で、かつ、活動の途中で役割が一部交替するなど、どんでん返しが起こった。また、傍観者として振舞っていた1人のメンバーが仲間の言葉掛けによって、相互行為に次第に参加していく過程が観察された。このように英語運用能力のみならず、学習者の自律の度合いにも差があり、相互行為への関わり方の多様性、および自律的学習態度との関連を観察するのに適していると思われたため、りんごグループの活動をエピソード#1・#2として選択した。一方、みかんグループは女子だけのグループであり英語運用能力は上位〜中位に偏り、もともと仲の良い仲間が集まったグループであったため、りんごグループと比較対照するのに相応しいと考えみかんグループの活動をエピソード#3として選択した。

前節ですでに述べたように、本節では、協働学習がコミュニケーションを基礎とした学習方法であるという認識に基づき、コミュニケーションの分析枠組みで協働学習における相互行為を捉え、分析する。併せて、バフチン、フレイレ、ヴィゴツキーらの社会文化理論と照応させながら自律的学習態度との関連について考察を深める。

　始めに、協働学習と対比するために、教師主導型学習における相互行為の様子の一部を示す。

【エピソード #0】
1　教師：じゃ、読んでもらおうかな。
2　生徒：（英語のショート・ストーリーを音読する）
3　教師：そこからどういうことがわかりますか？　　　［I］
4　生徒：クリスマス　　　　　　　　　　　　　　　　［R］
5　教師：そうだね。　　　　　　　　　　　　　　　　［E］
6　　　　他には？　　　　　　　　　　　　　　　　　［I］
7　生徒：パーティ　　　　　　　　　　　　　　　　　［R］
8　教師：そうですね、クリスマスパーティなんですね。［E］
9　　　　じゃ、次も読んでください。　　　　　　　　［I］
10　生徒：xxx　　　　　　　　　　　　　　　　　　　［R］
11　教師：もう少し大きい声で。　　　　　　　　　　　［E］

　ここでは、教師は自分自身が答えを知っている問を質問し（I : initiation）、生徒の答え（R : response）を評価（E : evaluation）している。この I-R-E のパターンは、一般のコミュニケーションにおいては不自然な相互行為（A 質問 – B 応答 – A 評価）のパターンであるが、教室における学習というジャンルにおいては、「教師 – 生徒」間に見られる相互行為のプロトタイプとされる（Mehan, 1979）。上記の相互行為において、3 行目・8 行目・9 行目で教師が敬体を使用しているが、その他は常体、あるいは単語のみの発話である。さらに、1 行目・9 行目・11 行目で教師は指示（命令）を与え、生徒は素直に従っている。このように、教師主導型学習において相互行為は対話ではな

く、一方向のみの伝達、いわば、命令系統である。加えて、コミュニケーション参与者のアイデンティティや権力関係が「今ここ」において整然と指標される。参与観察を行った協働学習においてはどのような相互行為、および、役割配分が実現しているのだろうか。以下に 3 つのエピソードとその分析を示す。

6.3.1　エピソード #1（補遺 22）

（1）エピソード #1 のコンテクスト

次に示すエピソード #1 は、200X 年[8] 11 月 14 日 4 時限目（11:20 〜 12:00）の短縮授業時の協働学習の様子である。教室の机の配置の様子を図 6.1 に示す。

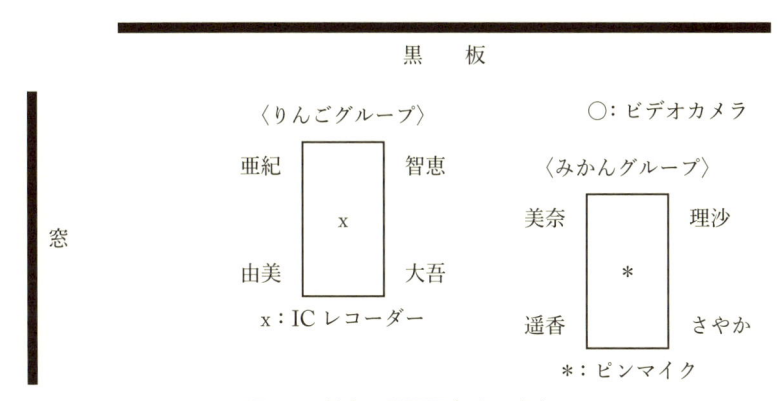

図 6.1　教室の配置図（3 年 C 組）

当日の授業の様子について以下に説明する。

始業のチャイムが鳴り、教師が教室に入ると、生徒たちはすでにグループごとに机を寄せていた。観察するりんごグループは窓際の黒板に近い位置で、上図に示したように、亜紀と由美、智恵と大吾がそれぞれ隣同士になり、亜紀の正面に智恵が、由美の正面に大吾が、それぞれ着席していた。録音用の IC レコーダーは 4 つの机の中央付近に配置した。

当日の課題は「おさるとぼうしうり」（松岡享子訳, 1970）という「1940 年の初版以来、世代を超えて読み継がれてきた米国の古典絵本」（絵本ナビ）を

310 語程度に書き直した入試問題で、話の概要は「貧しい帽子売りのサンボは、街へ商売に出かける途中、森の中で休憩する。しばらくうとうとして目を覚ますと、売り物の帽子はサルに盗まれていた。怒ったサンボが小石をサルに投げつけると、サルたちは木の実を投げ返してきた。やけになったサンボが自分のかぶっていた帽子を投げつけると、サルたちも被っていた帽子をサンボめがけて投げ返してきた。サンボは大喜びで帽子を拾い集めると大急ぎで森を後にした。」というものである。

ワークシートの問題は以下の6問からなる。(補遺23)

(問1) ばらばらに提示したAからFまで6つの段落を、Aを始めとして順序良く並べ替える。
(問2) 帽子屋サンボが "Take this one, too. One cap is no use to me." と叫んで自分がかぶっていた最後の帽子を投げ捨てたのはどういうことか日本語で説明する。
(問3) サルが帽子屋サンボに木の実を投げつけてきた理由を日本語で述べる。
(問4) 帽子屋サンボが喜んで森を出て行った経緯を本文中の英語を使って説明する。
(問5) 物語の要旨を日本語60字以内にまとめる。
(問6) 単語の言い換え問題(get to と set out をそれぞれ英語一語で表す)
(振り返り) ワークシートの最後の部分に、内容の理解度と授業に対する満足度をパーセンテージで示し、授業に対するコメントを書く欄を設けた。

以上がエピソード#1の状況説明である。このようなコンテクストにおいて授業が実際にどのように進められたのか、以下に当日の授業の流れを記述する。

11月14日は短縮時程の40分授業であったため、始めの10分ほどを個人学習に当てた。その後、20分ほど協働学習の時間を与えたところ、「strange sounds in the tree とは何か」「thieves とは何か」「サルはなぜ木の実を投げて

きたのか」など理解が難しいであろうと予想していた部分を中心にグループでの話し合いが進められた。ワークシートの最終的な解答については、グループ全員で揃えるのでなく各自自分で考えた答えを書くよう指示していたため、協働学習の時間の後で再び個別学習の時間を確保した。大方の生徒が答えを書き終えたと思われる頃にタスクを終了し、最後の5分ほどを答え合わせに当てた。そこで終業のベルが鳴ったため、回答用紙を回収して確認したところ、内容の理解度が60%とあまり高くなかった。その理由を振り返りシートの記述内容に探ってみると、thieves が thief（泥棒）の複数形であり文中の "little thieves" が monkeys を指すこと、"answer" が文中では「（質問に対して）答える」のでなく「（帽子屋の叫びに対してサルがキイキイ）応答する」という意味で使われていること、これら2つの単語がわからなかったことが大きく影響したようであった。また、文脈の理解においては、帽子屋が小石を投げたところ、サルが帽子屋の真似をして木の実を投げつけてきたということに気づかず、サルが怒って投げ返したと解釈した生徒は、サンボが手元に残った最後の帽子を投げ捨てるとサルが真似をして一斉に帽子を投げ返してきたという話の流れを理解できなかった。すべてが白昼夢だと思っていた生徒もいた。協働学習の話し合いによってこのような文脈に気づいた学習者もいたが、間違った理解している生徒もいると思われたため、次の授業（11月21日）で上述の2箇の単語と「真似をした」点について教師が補足説明を行った。その結果、理解度は100%～120%[9]となり、同時に授業に対する満足度も高まった。

　以上が、11月14日の授業と11月21日の補足説明の概要である。

(2) メンバーのプロフィール

　エピソード#1に登場するC組の受講者は合計11名（女子10名男子1名）で、観察したりんごグループのメンバー（女子3名男子1名）のプロフィールの概略は次のとおりである。なお、本章に示すエピソード中の氏名はすべて仮名である。

表6.1　りんごグループのメンバー・プロフィール

氏名	特　徴	GTEC
亜紀 (亜)*	大きな声で思いついたことを積極的に発言する 授業中ふざけた態度を取るが、協働学習には積極的に取り組む	（上位群）** 184 → 181***
由美 (由)	声のトーンは低いが、じっくり考え自分の意見をはっきり述べる 委員会では、面白いアイディアを出すことで仲間に信頼される	（中位群） 160 → 186
大吾 (吾)	声の調子は低く口数が少なく、電子辞書を調べている時間が長い 選択英語βコースの受講者11名のうち1名だけの男子	（下位群） 133 → 139
智恵 (智)	ゆったりした口調で話し、声はソフト 笑顔で控えめに発言する	（下位群） 109 → 128

*　　（　）内のひらがなは自由記述（第5章）の記述者記号に対応している。
**　　GTEC(R)の指導前の得点に基づく分類。
***　GTEC(R)の「指導前」→「指導後」の得点。

(3) エピソード #1 における相互行為の分析

　上述の4名はどのようにタスクに取り組んでいたのだろうか。以下に、協働学習の様子から重要と思われる場面をいくつか抜粋し、前節で取り上げたコミュニケーション理論に基づいて分析と考察を行う。

　エピソード #1 の課題である「おさるとぼうしうり」という昔話の内容を知っていたのは学年を通して1名だけで、その他の学習者たちは話の内容の理解にてこずっていた。

　まず、最初に引用するのは授業開始後15分ほど経った場面であるが、智恵は物語の設定がうまくつかめず、単語の意味や話の流れについて仲間に質問を繰り返している。

【事例①】
1　由美：そうなの？
2　亜紀：ちげえよ！
3　由美：ど、ど、どうなの？（笑）同じ、同じ。
4　　　　それはいい、大吾君、どうなの？［大吾は無反応］
5　　　　（笑）帽子を、寝てる間に取ってきて、はい、って。
6　亜紀：そのときナッツを投げつけたらしいんだよ。

7　由美：そう、ナッツをサンボに投げつけてきて。。。
8　智恵：マー、マーチェント？マーチェントとかに投げつけて来てるんだよ。
9　　　　そう、投げつけてるんだよ。
10　　　　え、Sambo was a merchant.
11　　　　あ、マーチェント。。。
12　亜紀：サンボは帽子売り。
13　　　　「帽子売り」、言うかな？
14　　　　Throw them at the merchant。。。
15　智恵：あ、xxx なっちゃった。漢字間違えただけだよ。
　　　［みんなが口々にしゃべる］
16　xx：なかなかいい、頭がいい。
17　智恵：サルがナッツを、ナッツを投げてつけて、｜それでなんだっけ？
18　亜紀：　　　　　　　　　　　　　　　　　　　｜うん、はい、何ですか？
19　智恵：それでなんでサンボに投げつけたの？
20　亜紀：え、だから。。。
21　　　　で、全部帽子を取られちゃったから、ま、そんな１つ｜じゃ、意味がない。
22　智恵：　　　　　　　　　　　　　　　　　　　　　　　　｜１個。。。
23　　　　帽子は１個しか持ってなかったの？
24　亜紀：いや、いっぱい持ってたの。
25　智恵：いっぱい持ってたの？ぼろぼろ持ってたの？お金持ってたの？
26　亜紀：帽子売りだから。

　ここに登場する３人の女子生徒の相互行為の特色として、亜紀は智恵に対して丁寧に隣接ペアを作って応答している点が挙げられる（11–12 行目、23–24 行目、25–26 行目）。これらの隣接ペアは「質問（智恵）–答え（亜紀）」というペアである。また、17 行目については、18–19 行目（質問–応答）が入れ子式になっているが、その後 20–21 行目が 17 行目（質問）に対して隣接ペア（–答え）を作っている。そして、これらの隣接ペアにおいて、グライスの協調の理論[10]に基づく４つの格率は守られているのである。25 行目（お

金持ってたの？)に対し、26行目(帽子売りだから)という隣接ペアにおいては、量の格率が守られていないようにも解釈できるが、24行目と合わせて「帽子売りだから、(お金を)いっぱい持っていた」という話の流れが出来上がり、量の格率は守られていると言える。このような概ね協調的と見られる相互行為を通して、智恵は知識を得、亜紀は智恵に説明しながら自分の曖昧な理解を確認している。ここにはヴィゴツキーのZPD理論が示すような「教授-学習」という関係が成立し、亜紀は智恵に足場掛けの役割を果たしていると見られる。

亜紀と智恵の相互行為には、他の特徴も見られる。

【事例②】
19　智恵：それでなんでサンボに投げつけたの？
20　亜紀：え、だから。。。
21　　　　で、全部帽子を取られちゃったから、ま、そんな1つ ｜ じゃ、意味が無い。
22　智恵：　　　　　　　　　　　　　　　　　　　　　　　　　｜ 1個。。。
23　　　　帽子は1個しか持ってなかったの？
24　亜紀：いや、いっぱい持ってたの。
25　智恵：いっぱい持ってたの？ぼろぼろ持ってたの？お金持ってたの？
26　亜紀：帽子売りだから。
27　智恵：あ、そうなんだ！
28　亜紀：はぁい、そう。そういうことなんです。
29　　　　[ICレコーダーを持って] あ、すみません。よく声が聞こえてると思って。
30　由美：(笑)
31　智恵：サンボは帽子ほぼ取られて、もう帽子なんか全部いらねえよ、みたいな？
32　亜紀：そ、そ、そ、そういうことになりますね。

亜紀は智恵の問に対し、隠喩的コード・スイッチング[11]を用いて、「何ですか」(18行目)、「そういうことなんです」(28行目)、「そういうことになり

ますね」(32行目)と、唐突に敬体を使用している。その結果、グループ内に「ミニ教室」のフレーム[12]が喚起され、「亜紀＝先生、智恵＝生徒」という役割と同時に、「亜紀(先生)＝上、智恵(生徒)＝下」という上下関係が構築されていることが示唆される。つまり、亜紀は先生のフッティングを取り入れることにより、自分の先生という社会役割を明確にし、併せて、智恵に生徒役を当てはめようとしたと理解される。

しかし、智恵は亜紀に訊ねるときにも友達のフッティングを取っており、必ずしも亜紀が設定しようとした「先生と生徒」というミニ教室フレームを認識していたわけではないと思われる。亜紀もすべての発話において先生レジスターを用いているわけではない。このように、協働学習における社会役割や参与の枠組み[13]が決定的でない相互行為のあり方は、教師主導型の学習における相互行為と大きく異なる点である。

一方、由美と亜紀の間に見られる隣接ペアは、「質問−答え」という教室フレームではなく「質問−質問」という「問題解決フレーム」が喚起されていることを示唆するものである。

【事例③】
31　智恵：サンボは帽子ほぼ取られて、もう帽子なんか全部いらねえよ、みたいな？
32　亜紀：そ、そ、そ、そういうことになりますね。
33　由美：え、そうなの？
34　亜紀：じゃないの？
35　由美：帽子、なに？
36　亜紀：帽子、売りたいのに、もうサルたちが使っちゃったから、って意味じゃないの？
37　由美：使っちゃたから、なに？
38　亜紀：え、もう、１つなんかいらねえよ、みたいな？
39　由美：なに、xxxx［意味不明］
40　亜紀：１つなんかいらねえ。。。
41　由美：なにが？

42　智恵：Take this one, too. は？
43　亜紀：それも持って｜け、みたいな。
44　智恵：　　　　　　｜持ってけよ、みたいな？
45　　　　全部いらねえよ、みたいな？
46　亜紀：うん。
47　智恵：はあ。
48　亜紀：なんかありますか、なんかありますか？
49　由美：1個あっても、｜別に売れねえよ、｜みたいな？
50　亜紀：　　　　　　｜うんうん、　　　｜ああ、ああ。
51　由美：意味ない、ってことか。なんか。

　2人の相互行為において、亜紀は由美の問いかけに必死に答えているように見えるが、由美は、35行目、37行目、41行目では亜紀の質問には答えず、むしろ亜紀の発言に見られる曖昧な点を指摘し次の問を投げかけている。発話順からすると、由美の発話は亜紀の質問に対する応答となるべきである。一見対等に見える2人の相互行為において、亜紀はグライスの関係性の格率を守っているが、由美は明らかに様態の格率を破っている。このことを考慮すると、由美の方が亜紀より上の立場に立っていると考えられる。
　智恵と由美は、相互行為の形式だけでなく、質問の仕方にも違いが見られる。
　事例②に見られた智恵の質問と、事例③に見られた由美の質問を比較すると、智恵は直前の亜紀の文言を単純に繰り返して質問しているのに対し、由美は「だから、何？」と、亜紀の発話の一部を前提化して次の質問を強い口調で切り返している。つまり、智恵は亜紀に対して依存的にテクストを生成しているが、由美は亜紀の発話を前提的コンテクストとして、自立的に新たなテクストを生成している。このこともまた、由美が強い立場に立っていたであろうことを示唆している。
　さらに、3人の発話の文尾に注目すると、智恵は31行目と44行目で「みたいな」を文尾につけることによって、発言をぼかしてしている。亜紀の乱暴な口調を真似て「変形した繰り返し(repetition with variation)」(Heath,

1983, pp. 91-92)を行った後に、「みたいな」というヘッジ[14]表現を 2 度繰り返している。一方、由美は 49 行目で「1 個あっても、別に売れねえよ、みたいな？意味ない、ってことか、なんか」というように、「みたいな」「なんか」というヘッジ表現を文尾に付け加えることにより、やはり自身の発話を曖昧にして断定を避けると同時に、モダリティ表現によって自身の心的態度を表出している。

　亜紀（38 行目・43 行目）はその前の質問に答えているのだが、「みたいに」という文尾が、由美（33 行目）に疑問を投げかけられてから自信をなくしていることを端的に示している。亜紀（34 行目・36 行目）の「じゃないの」と同様の意味合いをもつと思われる。この部分に集中的に「みたいな」が繰り返されていることからも、由美（33 行目）が亜紀の態度を変える契機となったことが窺える。智恵（44 行目・45 行目）は、直前の亜紀の言葉を繰り返して亜紀への従属を表している。智恵（31 行目）も遡って亜紀（21 行目）を繰り返しており、同様である。由美（49 行目・51 行目）については同じモダリティ表現であっても、示す心的態度は若干異なる。由美は 33 行目（え、そうなの？）から 41 行目（なにが？）まで厳しい口調で亜紀に食い下がっていたが、49 行目で突然「売れねえよ、みたいな？」と口調を和らげていることから、由美はようやく亜紀の答えに納得したか、あるいは、自分の強い表現に気づいてヘッジ表現を使ったのであろうと推測される。

　もちろん、次に示すような、他の解釈の仕方も可能である。

　由美と智恵は、亜紀の乱暴に聞こえる口調を繰り返すことで亜紀とフッティングを合わせ同調する姿勢を見せながら、発言の末尾に「みたいな」「なんか」をつけることによってフッティングを若干ずらし亜紀に対して距離を取っている。ここに見られる乱暴な言葉遣いのシナリオに関して参与枠組み[15]の分配を見るならば、author（作者）は亜紀であって、由美と智恵は animator（演者）に過ぎないと解釈できる。そのような参与の役割を示すために、ヘッジ表現を用いたとも思われる。つまり由美と智恵は亜紀に対して境界線を引き、自分の立場、アイデンティティを明らかにしようとしたと見ることもできよう。

　あるいは、単に、若者ことばのひとつとして、大した意味はなく前の人の

発話に同調して「みたいな」「なんか」を発話の最後に付けたという解釈も可能であろう。

　次に事例③の一部を引用して、由美の発話の強いアクセントが目立つ部分を示す。33行目、35行目、37行目、41行目、96行目において、由美は「なに」「なにが」「なんで」という強い調子によって亜紀に詰問している。ここで由美は、亜紀の発言を前提的コンテクストとして受け入れながらそれを再コンテクスト化し、新しいテクストを生成している。後に示す部分と異なり、笑いをヘッジ表現として使用せず矢継ぎ早に質問を投げかけているので、おそらく亜紀には威圧的な言葉として受け取られたと推察する。

33　由美：え、そうなの？（↓）
34　亜紀：じゃないの？　（↑）
35　由美：帽子、なに？　（↓）
36　亜紀：帽子、売りたいのに、もうサル達が使っちゃったから、って意味じゃないの？　（↑）
37　由美：使っちゃったから、なに？（↓）
　　（中略）
40　亜紀：ひとつなんかいらねえ。。。（↑）
41　由美：なにが？　　　　　　　（↓）
　　（中略）
84　由美：可能な限り早く降りたって、じゃあ、なんで？（↓）
85　亜紀：え、なにが、なんで？　　　　　　　　（↑）
（網掛けは強調、↓は下り調子、↑は上がり調子のイントネーションを示す。）

　33行目で由美が「え、そうなの？」と亜紀の間違いを指摘すると、その後、亜紀は常に上がり調子の質問口調で発言を終わり、逆に由美は「なに」の「な」にアクセントを置いて、形式は質問であっても、下がり調子で断定的に発言を終わらせている。この部分では、由美の発話の文尾には「なに」が繰り返されている。アクセントもイントネーションも、同じパターンを繰

り返すことによって、ひとつのテクストとして浮かび上がってきており、後に始まる先生役割の交代劇への伏線となっていると解釈される。

　さらに、下記の事例④に示すように70行目では由美は智恵に「そうそう、自分の言葉で書いてみてxxx」と、智恵に対し亜紀を飛び越して先生役を演じた。その後、由美は亜紀に迫るように「なんで」を繰り返す。このような伏線を経ながら、亜紀と由美の立場は少しずつ逆転して行き、ついに94行目で亜紀は、隠喩的コード・スイッチングを用い由美に丁寧な言い回しを使うことによって先生に対する生徒のフッティングを自ら示し、ここに2人の関係において「どんでん返し」(転覆)が起こった。由美自身は、意識的に先生レジスターを使用したのではないようであるが、上述のように、亜紀と由美の相互行為における役割は少しずつ変化してきており、ついに、一連の相互行為の最終行(94行目)で、亜紀から由美へ先生役が交代したことが明示的に示される。

　ただし、由美は亜紀が智恵にしていたほど閉じられたことば、権威的な言葉を使用していたわけではない。亜紀が勝手に「知らないでーす」といって、出来ない生徒のフッティングを取り、わからないという自分の立場を茶化したと考えられる。つまり、由美は先生役を担いながら、先生として権威ある言葉に執着していない。むしろ、由美とのやりとりを通して亜紀は次第に自分の曖昧さを認識していったのであり、由美の言葉は内的説得力をもつ言葉としてオープンに亜紀に働きかけたと解釈される。このように社会役割だけに限定されることのない相互行為のあり方というものは、協働学習における特徴のひとつであると言えよう。

　次に示す少し長い場面は、問1で段落の並べ替えのタスクの中で、由美と智恵はpleasedという単語を知らないらしく、"Sambo was pleased and surprised."という文が理解できずに3人で話し合っているところである。

【事例④】

67　由美：違うでしょ！(笑)
68　亜紀：[歌っている](笑)
69　智恵：見えないところには、帽子もサルたちが取った、みたいな感じで

しょう？
70 由美：そうそう、自分の言葉で書いてみて xxx
71 智恵：はっとしたら、なんとかかんとか？
72 亜紀：だよね。xxxx とは限らない。
73 由美：そうだよね。
　　　　［どのような順に並べるか、みんなが口々にしゃべっている］
74 智恵：並び順は xxxx
75 亜紀：A。じゃ、みんなで一緒に行こう！
76 　　　　いっせえのぉせ、A-B-C、ん？
77 智恵：　　　　　　　　わからない。
78 亜紀：ぜんぜん違う、っていうか、みんな違う。
79 智恵：ていうか、私は基本的に違う。
　　　xxxxxx
80 智恵：最後 C か F かどっちかって迷ったけどぉ。
81 亜紀：F、違わない？
82 智恵：C-F？じゃ、F-C？
83 亜紀：だってこいつは、自分の道を、めっちゃ早く、可能な限り、めっちゃ早く降りた［went on his way as quickly as he could］、っていうんだから、これ［段落 C］は最後じゃない？たぶん。
84 由美：可能な限り早く降りたって、じゃあ、なんで？
85 亜紀：え、なにが、なんで？
86 由美：なんで、サンボウは頼んで
87 　　　　"Sambo was pleased and surprised."
88 亜紀：わぁい、って喜んだんだよ。
89 由美：頼んで、喜んだ？
90 亜紀：え？頼んだの？"pleased" って、頼んだ、か？
91 由美：なんで驚いたの？
92 亜紀：え、わかんない。
93 　　　　え、なんで？
94 　　　　知らないでーす！

ここでは、67行目(由美)–68行目(亜紀)と90行目(亜紀)–91行目(由美)の隣接ペアを比較する。

　まず、67行目–68行目では、由美は亜紀の間違いを明示的に指摘したのに対し、亜紀は歌を歌うことで応答している。このような対応は亜紀が由美を無視していることを示すのではなく、亜紀が由美に返答できずにごまかしたものと解釈できる。このような解釈は90行目–91行目の隣接ペアおよび94行目を参照すると明らかになる。

　90行目–91行目の隣接ペアのひとつ手前、89行目で由美が"pleased"を「頼んだ」と間違って解釈した(恐らく、「please = どうぞ」から類推したと思われる)とき、亜紀は「え？　頼んだの？　pleasedって、頼んだ、か？」(90行目)と由美の"pleased"の解釈の間違いを暗示的に(やんわり)指摘しているのだが、由美は亜紀の問いかけ(90行目)を無視して、「なんで驚いた(surprised)の？」(91行目)と質問し、話の焦点をいきなり"pleased"から"surprised"に移した。つまり、由美は自分の間違いに気づき、周囲の注意をそらすために敢えて話題を替えたのであろう。しかし、見方を変えれば、これは一種の自己修正とも解釈できる。そのような由美の反応にもかかわらず、亜紀は92行目–94行目で由美の問いかけに応答し、さらに、一連の相互行為の最後に当たる94行目(「知らないでーす！」)で、隠喩的コード・スイッチングを用い、先生の質問に答えられない生徒のように由美に敬体を使用して応答した。したがって、ここに見られた由美の唐突な話題転換は、由美の亜紀に対する社会的役割における優位さを示すものであったと解釈できる。一方、先に挙げた67行目–68行目における亜紀の歌による返答を先の由美の話題転換と比較すると、亜紀が由美を無視したのではないことは明白である。むしろ、由美の指摘を認め亜紀は返す言葉がなかった、つまり、亜紀は由美に対して「感服した」と解釈されよう。由美の場合は自己修正であったのに対し、亜紀の場合は他者修正という一種の面子を脅かす行為(FTA[16])を受けたと解釈される。このような解釈に基づくと、亜紀の「歌」は威圧的な態度から逃れるための手段であったとも考えられる。

　次に、エピソード#1におけるもうひとつの要素である「笑い」について複数の場面を引用して考察する。

【事例⑤】
52　亜紀：ああ。
53　亜紀：なんかさっきから無言ですよ。彼は。
54　　　　［大吾の反応を見ながら、しばらく待っているが］
55　　　　だめだっ。(笑)
56　　　　よしっ！
57　智恵：返されてた。xxxx
58　教師：ここ、もう一回考えて。
59　亜紀：はい。喜んだ。
60　xx：なんとか、かんとか。
61　智恵：喜んだにしては、xxx。xxx。
62　亜紀：・・・てか、両方あるじゃん、たしか。。。
63　智恵：ふうん(笑)
64　由美：xxx が怒った。
65　亜紀：これ、違うらしい。
66　　　　帽子屋が邪魔だった？
67　由美：違うでしょ！(笑)
68　亜紀：［歌っている］(笑)

　亜紀は由美に間違いを指摘されたとき(68行目)や、前述の大吾が亜紀の呼びかけに対して無反応だったとき(55行目)に見られたように、自分の間違いを指摘されたり(他者修正を受けたり)無視されるという一種のFTAを受けたときに、その気まずさをごまかし、その場における自分の社会的役割を守るため、つまり、自分の面子を守るために「笑い」を入れている。
　また、智恵は課題文を理解していないとき(63行目)、英語の話の流れがわからないとき、間違いを指摘されたとき(167行目)、などに笑いが見られた。それらは亜紀の場合と同様、自分の弱点をごまかすため、面子を潰さないための笑いであった。亜紀との違いは、智恵の場合は自嘲的な意味合いが薄く、明るく笑っている点であろう。それだけ智恵には、亜紀のように気にかける社会的役割も面子もなかったのではないかと推察する。あるいは、智

恵がクラスの仲間から「テンネン」と呼ばれる所以であるかもしれない。

　一方、由美は時々亜紀の脱線を修正したり間違いを指摘する際に「笑い」が見られた。67 行目で修正の上に「笑い」を被せることにより、いきなり修正や指摘など指導的立場のフッティングを持ち込むことを避け、相手の面子(ネガティブ・フェイス[17])を侵さないよう注意していると解釈できる。すなわち、亜紀の間違った解釈(66 行目)に対し、由美は「違うでしょ！」(67 行目)と訂正しているが、笑いを入れることにより、その前の 66 行目の亜紀の発言は「間違い」から「ボケ」に、67 行目の由美の発言は「修正」から「ツッコミ」に、それぞれ意味合いが変化したと考えられる。つまり、67 行目の笑いによって 66 行目と 67 行目の発話は「ボケとツッコミ」というコンテクストとして再解釈されることになる(cf.第 6.2.1 節(7))。そして、その前提的コンテクストに対して、68 行目で亜紀は「歌」という新しいテクストを創り出している。ここに見られた由美の笑いには、亜紀や智恵の笑いとは異なり、(コン)テクスト化によって前のコミュニケーションの意味を顕著に変化させる働きが見られた。

　次に示す引用部分には、また異なる「笑い」が見られた。彼らはまだ段落の並べ換えの問題に取り組んでいる。サンボが昼寝から覚めた時、頭上の木の上でサルがキイキイ叫んでいた、という 2 文から成る段落 D について、亜紀は擬態語を織り交ぜて描写してみせる。それに対して、智恵と由美は全く異なる反応を示したが、そこでは「笑い」が重要な働きをしている。

【事例⑥】
101 由美：He was answered by a lot of strange sounds. って何？
102 亜紀：ええと。。。
103 由美：たくさんのおかしな音が彼の上の木から。。。
104 亜紀：違う、彼の上の木から。。。
105 　　　あ、すんません。
106 　　　わかった、わかった！
107 　　　彼が answered こたえられるじゃん！答えられるってわかんないけど、

108 　　　や、彼の上に木があんじゃん。
109 　　　そこから変な音が聞こえて、でぇってなって、うぇ、っと見てみたらぁ、中に 2、30 匹くらいのモンキーがぁ、こう、うえっとか、うわっとか。
110 智恵：気持ち悪い！
111 由美：じゃあ、(笑)B と D［段落］が反対だよ。
112 亜紀：でしょ？

　智恵は亜紀の擬態語を含む描写そのものに対して 110 行目で、「気持ち悪い！」と叫んでいる。一方、由美は 111 行目で、104 行目から 109 行目の亜紀の発言を前提的コンテクスト化し、新しいテクストを創り出している。つまり、亜紀の発言を基に英文に対して自分なりに解釈し直し、その結果「じゃあ、B と D が反対だよ」(111 行目)と結論した。ここでの「笑い」は「じゃあ」と共にコンテクスト化の合図[18]であり、メタ・メッセージとしての機能をもっている。自分なりの結論を示すと同時に、亜紀の擬態語による描写を終了しタスクに戻そうとする由美の企みが意図されていると解釈される。

　111 行目の由美の発言は、タスクの答えを修正しながら、一人芝居に熱中する亜紀をタスクへ引き戻す役割を果たしていると思われるが、ここに由美が「笑い」を入れたことによりフッティングがずらされたため亜紀に対して威圧的な言葉とはならず、ここでも亜紀の面子は守られている。

　さらに「笑い」を考察するために段落 C を示す。"Sambo was pleased and surprised. He picked up all his caps, put them back into bag, and went on his way as quickly as he could." について、智恵がバック(back)とバッグ(bag)を混同した(161 行目)ことに関する話のやりとりである。智恵は、帽子とかばん(bag)という組み合わせペアと、日本語の発音に引きずられて、「バック」が「かばん」だと思い込んでしまったと思われる。

【事例⑦】
161 智恵：バックも戻ってきて

162 亜紀：いや、バックって、そういう意味のバックじゃないよ、たぶん。
163 智恵：あ、そうなの？
164 亜紀：うん、後ろって意味だよ、バックって。バッグー。たぶんＧだよ。

　　　　xxxxxxxxxxx

165 亜紀：帽子とバック（笑）っていうから、なんかおかしいなあ、と思った（笑）
166 　　　そういうことかぁ。勘違いの理由がさぁ。
167 智恵：（笑）
168 亜紀：ま、いっかぁ！
169 智恵：あれ、ええと、帽子が戻ってきてぇ、で、彼はぁ。
170 由美：うんうん、back into bag っていうふうに。
171 亜紀：あれ、ほんとだ、back into bag だ、おもしろい。
172 　　　で？
173 智恵：xxx
174 亜紀：だから、その、なに、行く道を、名詞なのかどうかわかんないけど、それを、ま、自分のできるだけ早く、降りてった。
175 　　　この方(かた)はたぶんねぇ、ヒッピーか何か。。。
176 由美：picked up all his caps って、何？
177 亜紀：え、だから全部、自分の帽子を、拾って、持ち上げて、xxxx
178 智恵：あ、そういうことか！

　上記の引用部分において、相互やりとりの途中で智恵の勘違いに気づいた亜紀は162行目・164行目で智恵に対し修正しているが、「たぶん」を入れることによって「他者修正」を和らげている。さらに、168行目では「ま、いっかぁ！」と区切りをつけ、171行目では智恵のbackとbagの混同を笑いの対象にしてしまった。18行目（事例①）・32行目（事例②）では隠喩的コード・スイッチングによって先生レジスターを用いて智恵に応答していたが、165行目では間違いを指摘する際、笑いというヘッジ表現を用いることによってフッティングをずらしており、その結果、智恵は面子を守ることが

できた。

　この引用部分において、亜紀と由美の相互行為に注目すると、亜紀が「この方(かた)はたぶんねぇ、ヒッピーか何か」(175行目)とふざけた発話を発するが、由美はそれを無視して新たなトピック「picked up all his caps. って何？」(176行目)を持ち出している。ちょうど亜紀と由美の立場が逆転した58行目と同様に、由美はグライスの関係性の格率[19]を破っており、由美が亜紀に対してさらに力をもってきたことを示唆していると見られる。一方、亜紀と智恵の相互行為に注目すると、174行目以降の亜紀の解説は、「道を降りて行く」(174行目)、「ヒッピーか」(175行目)、「帽子を持ち上げて」(177行目)、などいずれも間違った解釈であるが、智恵は「ああ、そういうことか」(178行目)と、自分で判断することなく亜紀の発言を素直にいわば、無批判に受け入れている。つまり、智恵は、由美と違って主体的に判断していない。167行目の智恵の笑いが、自分の間違いを遠まわしに訂正された(他者修正)後の照れ笑いであることから推察されるように、智恵が英語の文章そのものを理解していなかったことは明らかである。それに加えて、亜紀と由美の少し課題からはずれた相互行為の流れ(170行目・171行目)を理解していないことを示していると思われる。事例⑦は、亜紀・由美と智恵の間には、英語理解力に基づく上下関係と、学習に対する取り組み方における自律の度合いに違いが見られることを示唆するものと言える。つまり、英語運用能力における上位群に属する亜紀と中位群に属する由美は学習に対して自律的な取り組み方を示しているが、下位群に属する智恵にはまだ自律的な学習態度は見られず、亜紀や由美に対して従属的である様子が相互行為から読み取れる。

　ここまで「笑い」を中心とする相互行為について検討して来たが、由美は「笑い」とは別に「ううう」という「呻き声」を発している。次の引用部分は、非常に短い段落F：“You have taken all the other caps,” he cried. “Take this one, too. One cap is no use to me.” について話し合っている場面である。

【事例⑧】
229　由美：one cap is no use to me.
230　　　　　うん。。。

231 智恵：ははん、ははん。
232 由美：でもさぁ、
233 亜紀：　　　　うん？　Then?
234 由美：if he xxxx だったさぁ、なんか、ううう、｜なんか、ううう、｜m・・・
235 智恵：　　　　　　　　　　　　　　　　　　｜　（笑）　　　｜ううう
236 亜紀：なんか？
237 智恵：（笑）
238 由美：ううううう
239 亜紀：なんかやってた？
240 智恵：なんか、なんか。
241 由美：うううううう
242 亜紀：なんかやってたね。それ、xxx［人の名前］の方もやって・・
243 智恵：（笑い）
244 由美：4本、
245 智恵：（笑い）
246 由美：いやとくに意味はない。
247 智恵：xxxxx
248 由美：xxx
249 智恵：xxx
250 亜紀：置くとかいろんな意味あるけどさあ、
251 由美：ちょっとさあ、（段落の並び替えの：筆者注）順番にさあ、疑問を抱き始めてきたよ、私は。
252 亜紀：なんだよぅ？
253 由美：ムー、ムー、ムー。
254 亜紀：♪〜もういくつねるとお正月　　　［歌い出す］
255 由美：マンキー
256 亜紀：だから、ぬぐ、脱ぐって、なんだ？
257 　　　え、うそ、降りるとかだと思う、これ、たぶん。
258 由美：う〜ん、う〜ん、
259 亜紀：マンキー、帽子じゃない、キャップ、オー、マンキーて言えばい

　　　　い。
260　亜紀：いやあ、・・・かな？これでいいや。
261　由美：あ、なあに、そうか、起こったことを想像して書くのか。
262　亜紀：そうだよ、そうだよ。
263　　　　参考にするのＦじゃん？
264　由美：そうか、そうか、わたしさ、てっきり、てっきりてっきりってか。

　上に引用した場面では相互行為がうまく噛み合っていないことは明白である。ひとつは、理解できない部分があるのか、あるいは考えがまとまらないのか、言葉にできず、232 行目から 250 行目までの 18 行の間、由美は「うううう」という呻き声しか発していない。つまり、由美は自分の発話順にまともな発話をしていない。それにもかかわらず、亜紀も智恵も、もちろん大吾も、由美が次の言葉を発するのをじっと待っているだけで、フロア[20]を取ろうとしない。このような相互行為の流れは、由美がりんごグループのメンバーに対して優位な立場に立っていることを示唆するものと考えられる。
　事例⑧に引用した部分では、由美は相互行為の中で自らのもやもやに気づき（232 行目）、相互行為を通してそのもやもやを明確な疑問とし（251 行目）、再び相互行為を通してその疑問を解決（261 行目・264 行目）していくという自己修正の様子が示されている。ここには、相互行為が生徒の理解を深めるのにどのように働きかけるかを如実に示していると言える。教師主導型の教室であれば、疑問をうやむやにするか、教師の解説を聞いて納得したつもりになるか、そのどちらかとなり、このようにゆっくり時間をかけて自分の疑問と向き合うことは恐らく不可能であろう。佐藤(2006, p. 63)は、他者（仲間や教師）との出会いによって学びの内化が進むと指摘したが、ここに見られた相互行為に基づく学びこそが協働学習の真価であり、ヴィゴツキーの ZPD 理論が示唆する相互行為のあり方を実証するひとつのデータであると言える。
　この部分では、亜紀と由美の相互行為にすれ違いが見られた。255 行目で由美は唐突に「マンキー」と意味不明の言葉を発している。しかし、次（256

行目・257 行目)で、亜紀は今話題にしている段落の意味内容について(これも唐突に)、自問自答し始める。亜紀と由美は発話のフロアを交替に支配しているが、内容は噛み合っていない。亜紀は何とかして由美の発話に答えようとするが、由美は自分の世界に入っているかのように見える。このようなすれ違いは亜紀と由美のメタ認知レベルにおける差によって説明される。つまり、亜紀は今ここのタスクに意識を集中させて答えを見つけようとしているが、由美はタスクから発展して課題の文章全体に意識を向けているようである。だからこそ、由美は段落の並び替えの順番に疑問をもつことができたのであろう。ようやく 261 行目において「あ、なあに、そうか、」という発話によって由美の意識が今ここのタスクに戻ってきたと解釈すれば、2 人のすれ違いの原因が説明されよう。

　ここまで主にりんごグループの亜紀・由美・智恵の相互行為を観察してきたので、次にグループ活動に深く関与しなかった大吾のグループでの役割について考察する。

　まず、亜紀が、沈黙している大吾に気づき直接話しかける代わりにグループ・メンバーに大吾への関心を向ける。このような亜紀の行為は、亜紀が広くグループ全体に気を配っておりマクロ・レベルのメタ認知を働かせていることを示すものと考えられる。「なんかさっきから無言ですよ、彼は」(53 行目)と、大吾に視線を向けて彼の反応をしばらく待つが、何も反応が見られなかった。ここでも亜紀は大吾に直接話しかけず「彼」という人称代名詞を用いている。つまり、亜紀が隠喩的コード・スイッチングを用いて、大吾との親疎関係が遠いこと、あるいは大吾に気を使っていることを暗示していると解釈できよう。あるいはまた別の解釈として、大吾の存在が、由美や智恵に比べると遠い関係であるため、亜紀は状況的コード・スイッチングを用いて「彼」という人称代名詞を使ったとも考えられる。いずれにしろ、亜紀は大吾に対してぞんざいな口をきいているようであるが、実は、大吾が相互行為に入って来ないことを気にしていると思われる。

　亜紀は「だめだっ。(笑)よしっ!」(55 行目・56 行目)と言って女子 3 名の話し合いに戻っていった。56 行目の亜紀の「笑い」は、前述のように、大吾に無視された自分の立場をヘッジする皮肉な笑いである

と思われるが、55行目・56行目はコンテクスト化の合図とも解釈され、これを境に亜紀の意識は大吾とグループ活動を離れ、今ここのタスクへと焦点化される。

　さらに別の場面で、亜紀は大吾に次のように働きかけている。

【事例⑨】
301 亜紀：正直なところぉ、大吾君、こういうマイクの持ち方できるの？
302 　　　大吾君もぉ、こういうマイクの持ち方したことないと思いますけどぉ。
303 　　　小学校のときから、毎回これで笑わせて来たからぁ。
304 大吾：xxx
305 亜紀：大吾君、ちょっとしゃべってみてくれる？
306 大吾：・・・
307 亜紀：ドーは！　　　　　　　　　　　［歌うように］
308 　　　ふふふじゃねえよ、ふふふじゃ。［強い口調で］
309 　　　ドーは！　　　　　　　　　　　［歌うように］
310 智恵：looking up って上を見る？
311 亜紀：そうそうそう。
312 　　　ミーは！　　　　　　　　　　　［歌うように］
313 由美：hard ってなに？モンキーが hard, hard みたいな？
314 亜紀：ええとね、うん、went through でいいんじゃん？

　大吾にドレミを歌わせようとしつこく繰り返し、308行目ではすごむような口調で大吾に詰め寄っていた。しかし、陽気な声色によって「ふざけ」のフレームが喚起されたと思われる。そのような亜紀に対して、智恵は310行目で前後の関係を無視して（グライスの関係性の格率を破り）唐突に、ワークシートの問題について質問している。亜紀はいったん智恵に答えるが、すぐに「ミーは！」（312行目）と大吾へ話題を戻してしまう。そして、由美が313行目で再びグライスの関係性の格率を破って唐突にワークシートの問題に話題を戻したところ、亜紀はしっかりワークシートに取り組み始める（314

行目)。ここから、亜紀は、智恵より由美に優位性を認めていることがわかる。結局、亜紀の大吾への呼びかけは効を奏さず大吾は声を発しなかった。

　この部分の相互行為の解釈には2通りの可能性が考えられる。ひとつは、智恵(310行目)と由美(313行目)がどちらも亜紀の強引さに愛想をつかし、タスクに関する質問を亜紀に向けることによって、大吾のネガティブ・フェイスを守ろうとしたという解釈で、2つ目は、亜紀はマクロ・レベルのメタ認知を働かせ、グループ全員を参加させようとしていたのに対し、由美と智恵はミクロ・レベルのメタ認知のみを働かせ、今ここのタスクに意識を焦点化させていたという解釈である。しかも、由美と智恵は互いに異なる段落の単語に言及しているが、そのことをお互いに意識していない。このように2人が自分の疑問にだけ集中し、互いに相手に対して無関心であったことを考慮すると、2つ目の解釈、つまり、由美と智恵がミクロ・レベルのメタ認知のみを働かせていたと考えるほうが(大吾のネガティブ・フェイスを守ろうとしたという解釈より)妥当であるように思われる。

　さらに少し先では、由美が大吾を話の輪の中に引っぱろうと試みる場面が見られる。

【事例⑩】
345 由美：亜紀、大吾が怒ってるよ。すごい怒ってるよ。
346 大吾：ぼくはぁ、そういう｜亜紀さんが、そんなに嫌いじゃないです！
347 由美：　　　　　　　　　｜真面目にやりたいって。
348 智恵：(笑)
349 由美：毛糸帽って言うよねぇ。毛糸帽。
350 亜紀：あ、ウール？うんうんうん。
351 由美：え、ウールって違うの？
352 　　　ウールっていったら毛糸だよね？
353 亜紀：はははははは。。
354 　　　ウールって言ったら毛糸帽だよ。
355 　　　羊だけじゃなくない？
356 　　　キツネだって、ウールだよ。

357　　　　牛の毛は？
358　　　　え、なんか、馬の毛？
359　由美：え？
360　亜紀：(笑)何の毛？羊か？あれは。考える。
361　　　　「ひとつだけ〜」〔歌う〕

　この前の部分で亜紀がマイクを持って大吾にドレミを歌わせようとしたあたりから、由美は亜紀の発話を大吾に対するFTAとして受け止め、何とかして亜紀のからかいを止めさせタスクに引き戻そうとしているように見えた。しかし、由美は亜紀のネガティブ・フェイスを冒さないよう、先生レジスターを使わず、「(大吾は)真面目にやりたいって」と、大吾の気持ちを代弁し擁護するような口調で遠まわしに亜紀に伝える。ところが、まったく予想に反して、由美と同時に、大吾は「そういう亜紀さんが、そんなに嫌いじゃないです」と言ったのである。ここで大吾はマイクに関する亜紀の話しかけに呼応する形で状況的コード・スイッチングを使用し、先生役の亜紀に対して敬体を使用したと見られる。そうすることによって、亜紀の先生役を承認するだけでなく、自分が亜紀の側に立っていること示した。そのようにして大吾は亜紀と「ふざけ」のフレームを共有したのである。その結果、真面目な由美は、亜紀と大吾の「ふざけ」のフレームから外れてしまい、由美の発話(347行目)は宙に浮いてしまったのである。
　ここで、由美が「ふざけ」のフレームからひとりはずれたことについて、少し前の場面に戻って考察したい。
　先に述べたように、由美は、301行目・312行目の亜紀の発話を、大吾に対するFTAであると解釈していたと推察される。しかし、346行目の大吾の発話により、それまでの亜紀の発話は「ふざけ」のフレームの下で、大吾のポジティブ・フェイスに働きかけ相互行為の場に引き込むことを意図していた、と再解釈することが可能となった。そうすると、308行目で亜紀が発した乱暴な口調の発話はコンテクスト化の合図であり、大吾はそれに気づいて受け止めたが、由美は気づかずに見逃してしまったと解釈できる。しがたって、347行目で亜紀と大吾だけが「ふざけ」のフレームを共有し、由美

が外れてしまったのは当然の流れとして理解される。亜紀を諫めるつもりで発した由美の発話(345行目)が逆に「どんでん返し」を生じさせ、自分をフレームの外へ追い出すという思わぬ結果を招いてしまった。協働学習における相互行為のダイナミズムの面白さであるが、このようなダイナミクスが見られるのは、生徒間の発話が開かれた「内的変化を起こす」ものであり、いわば、教育場面における「カーニバル」として自由な発話が許される結果であると思われる。

　9月頃には大吾は鉛筆の先をじっと眺め、下を向いて片肘をつき、辞書を引いたり消しゴムをいじったりしながら、鼻を掻いたり顎を撫でたりするばかりで黙りこんでいた。今回の協働学習でも、304行目で何か言おうとして口籠った以外は沈黙していた。そして、マイクの話題がきっかけとなってようやく発言し(346行目)、グループの相互行為の場に関わることができた。さらに、2週後の11月28日の協働学習では、辞書で文中の熟語の意味を調べグループの仲間に発表している。つまり、大吾は「辞書」という権威を借りながら「辞書引き役」というグループにおける社会的役割を担うことができたのである。その日の学習ジャーナルには、恐らくふざけのフレームを引きずっていたと思われるが、「辞書の引き方を学んだ」という記述が見られた。このような大吾の変化を考えると、亜紀の強引な大吾への呼びかけは、大吾にとっては決して「権威的な言葉」ではなく、むしろ「内的変化」を起こす契機となったものと推察される。

　これまでの相互行為の分析に見られたように、協働学習では、教師のほんの少しの言葉掛けを機に学習者同士で話し合いの軌道修正を行い、タスクをこなしていくが、その際にリーダー、先生、生徒、ボケ、ツッコミ、辞書引き、などさまざまな社会的役割がグループ内に見られた。それらの役割は固定的なものではなく流動的で、相互行為と共に漸次、変化するものであった。この「役割の交替」は、前述のとおり、従来の教師主導型の学習方法と大きく異なる協働学習の大きな特徴であり、加えて、協働学習は社会文化的モデルの一端を学習者の前に描き出すことが可能な教授法であると考えられる。

(4) 回顧インタビューの分析

　以上は参与観察者の視点から捉えた協働学習であったが、当事者である生徒自身は協働学習をどのように受け止めていたのであろうか。まず、グループ内の社会的役割について、学年末に行った回顧インタビューで、由美は次のように語っている。

【事例①】
13　調査者：あのグループ、どうだった？
14　由美　：(笑)あのグループ楽しかった。はい。
15　　　　　いろいろ言ってましたね。
16　調査者：衝突しなかった？意見の違いとか。
17　由美　：あ、違いはありましたけど。
18　　　　　ああこう理由を言い合う中で、じゃあ、そっちの方があれかな、っていうので、まとまって行ってましたけれども。
19　調査者：まとまった。。。
20　由美　：まとまった(笑)あれでまとまってましたからね！
21　　　　　どう、どう、どう思う？みたいな感じで。まあ、はい。
22　調査者：誰がリーダーをやってたの、そういうのの？
23　由美　：誰。誰、ってことはないですけど。
24　　　　　まあ、話し合いの中で気づいた人が、ここ、どう、どう、みたいな感じ。
25　調査者：3人？
26　由美　：はい、3人がわっ、って言う感じ。
27　　　　　で、ふとわれに返って、ああ、じゃあ、どう、みたいな感じです(笑)。
28　調査者：じゃ、特にリーダーとかなくてみんながこうして。。。
29　由美　：はい、そうでした。

　このインタビューから明らかなように、このグループでは誰もが自分の思ったことを自由に発言し、メンバーの間に上下関係や力関係がなかったと

由美は認識していた。

　しかし、りんごグループには本当に話し合いのリーダーがいなかったのだろうか。りんごグループにおける話し合いでは亜紀がもっとも多く発言し、智恵の質問にも答えていた。しかし、答えに間違いが多く、しかも話題から外れることが多く、学習に集中していなかった。また、亜紀は大吾を話し合いに引き入れようと何度も声かけを行い、大吾自身は否定していたが、大吾のネガティブ・フェイスを侵害したと思われる発話も多く見られた。一方、由美は、時には亜紀の間違いをあからさまに指摘することで面子を傷つけることになるかと思われたが、亜紀を話し合いに引き戻し、智恵の質問に答え、大吾を仲間に引き入れようと努め、話し合いの軌道修正を行いながら、一方でタスクを遂行していた。こうして、由美は実質的にグループ・リーダーとしての役割を果たしていたと考えられる。このように、明示的ではなくともグループにおける相互行為のまとめ役が存在することは、協働学習を成功させる大きな要因のひとつであると考えられる。ちなみに、由美はGTECのリーディング部門が160点から186点に、1分間に読む語数が75語から85語に、それぞれ向上し、個人的にも顕著な学習効果を挙げた。そのことについて、由美は次のように語っている。

【事例②】
10　由美　：（リスニングについて）まあ、確実にわかるのがいくつか増えたってのが。。。
11　調査者：リーディングはどうでした？
12　由美　：リーディングも、こう、話し合いの中で、こう、目星をつけるっていうのが、こう、慣れたかな。慣れがあったかな。

　このように協働学習を通して要点を掴むことができるようになったというが、その力は個別学習にも活かされたであろうか。それについて、由美は次のように語った。

【事例③】
32　調査者：で、それ自分ひとりになっても還元できましたか？
33　　　　　みんなと一緒だとオッケーだけど。。。
34　由美　：そ、ん、こまで、できないってことはないです。
35　調査者：じゃ、そこまで力がついた？
36　由美　：はい、たぶん。そう思う。
37　調査者：じゃ、それでこれ(GTECのリーディング得点)も上がったのかな？
38　由美　：うん、ま、そうですかね。
39　　　　　そう、話の流れで単語を理解していくっていうのが、できるようになったかなっていう。はい。

　上記のように、遠慮気味ではあるが、由美は協働学習によって学んだことは個別学習に応用できたことを確認している(Johnson and Johnson, 1989, pp. 170–171)。始めのうちは辞書を使わずに未知の単語の意味を文脈から推測することを学び、個別学習でリーディングに取り組むときに協働学習で学んだ推測する力が役立ったということである。
　また、協働学習という学習方法そのものについてどのように考えるか由美の感想を求めると、次のような答えが返ってきた。

【事例④】
47　調査者：ああいうふうな(話し合いによる)やり方はどうだった？
48　由美　：はあ、楽し、かった(笑)。はい。
49　調査者：内容についていけた？
50　由美　：はい。
51　調査者：自分が、どう思った？
52　由美　：内容を楽しむことはできました。
53　調査者：ああ。できた？
54　由美　：はい、できました。

このインタビューの内容からは、協働学習による話し合いを通してタスクの理解が深まったかどうかについて確認することはできなかったが、少なくとも、学習内容を楽しむことはできたようである。これは、単なる書き換え問題や記号問題を機械的に解くのでなく、読解文の内容を主体的に捉えようとした学習方法の影響であると考える。バフチンの言葉を借りれば、「積極的な読み手とテクストの声」の間の対話が成立したのであろう(ワーチ, 2004［1991］, p. 180)。

　これまでのインタビューの内容を概観すると、このグループにおける協働学習の特徴として、次の3点を挙げることができる：①特にリーダーはいなかったというものの、「話し合いの中で気づいた人が、ここ、どう、どう、みたいな感じ」(24行目)で話し合いが進み、話し合いの牽引役がいたこと、②結果としての答えだけでなく「ああこう理由を言い合う中で、じゃあ、そっちの方があれかな、って」(18行目)というように過程を重視していたこと、そして、③「内容を楽しむ」(52行目)主体的な読みができたこと。その結果、由美は、①リーディングにおいて目星をつけることに慣れ、②話の流れで単語を理解していくことができるようになり、③読んだ話の内容を楽しむことができるようになった。これらを総合すると、由美は、協働学習において牽引役を果たしながら主体的に学び、学習効果を上げたと結論される。したがって、協働学習が、学習の遅れている学習者だけでなく、学習の進んでいる学習者にも効率的で意味があるということを確認することができた。

(5) エピソード #1 の分析に対する考察

　以上、エピソード #1 に見られた相互行為とインタビューに関する分析を示した。最後に、以上の分析を元に相互行為に関して考察をまとめる。

　グループで学習を進めた場合、エピソード #1 で見たように、未解決の部分が残る可能性がある。しかし、教師主導型学習形態を取って、始めから教師が難しい部分や間違いの多い部分について説明した場合、学習者はわからない部分がどこであるか把握しないうちに説明を聞くため、教師の説明は「権威的な言葉」となって学習者に届き、学習者はわかったつもりになる場

合もある。しかし、同じ教師の説明であっても、上述の補足説明のように、聞き手である学習者が自分の疑問を明確にした後で説明を聞く場合は、自分の疑問を解決しようとして、積極的に「聞こう」とする能動的な聞き手となり、教師の説明は生徒に「内的変化を起こすことば」となって届く。こうして見ると、バフチンの言う「内的変化を起こすことば」とは、話し手と聞き手の社会的役割やパワー関係だけで決定されるのでなく、どのような状況で相互行為が行われるかという、聞き手を中心とするコンテクストが大きく影響すると考えられる。換言するならば、聞き手が能動的であるとき、その相互行為には対話が生まれ、その対話には意味が生じる。

　りんごグループの亜紀と大吾の相互行為について、上記の変化と同様の変化が確認された。沈黙している大吾に対して亜紀はたびたび話しかけていた。このとき、(前述のように)亜紀の言葉は大吾にとって面子を傷つける言葉として届いていたと推察される。しかし、事例⑩において、大吾が「そんなに嫌いじゃない」と発言することによって、大吾は能動的な聞き手に変化したと見られる。同時に、それまで権威的な言葉として解釈されてきた亜紀のことばは、大吾にとって意味をもつ「内的変化を起こすことば」となり、ここに「どんでん返し」が起こっている。亜紀と大吾の間には対話が成立し、意味が生起する。このような変化は、協働学習だからこそ可能となったのであろう。

　おそらくどのクラスにも、大吾のように協働学習に馴染めない学習者がいるであろう。協働学習を進める上で、このような学習者の指導は大きな問題である。しかしながら、先に見たように、大吾の学習姿勢は教師の手助けを待たずにグループの相互行為の中で少しずつ変化していった。大吾は協働学習を経験することによって、Eckert(1989)の示す「熟練への学び」(詳細は後述する)における段階[21]を、(1)watching から(2)simple peripheral tasks with the informal help へ一段昇ったと思われる。同時に、van Lier(2008)における自律的学習者への5段階ステップ[22]においても、(1)passive(受身)から(2)obedient(指示に従う)、そして(3)participatory(質問に答える)へと少しずつステップを上がっていった。これは、「学習とは教師や教科書から与えられるというより、学習者自身の自発的な行動に大きく依拠する」(van Lier,

2008, p. 163)というvan Lierの学習観を裏付ける事例であり、協働学習の成果のひとつであると言えよう。

次に、協働学習において教師が果たすべき役割について考察する。

教師による「権威的な言葉」を極力排除した結果、りんごグループにおいて協働学習はおおよそ効果的に進められたと言える。しかし、エピソード#1に見られたように、鍵となる単語や理解を助けるポイントとなる点については、教師がサポートする必要があると思われる。協働学習において教師は、話し合いを潤滑に行うためにファシリテータとしての役割を果たすことが必要であることは前にも述べたが、それだけでなく、秋田(2007)が指摘するように、未知の知識についてサポートをすることが必要であり、この点が中学校の授業に協働学習を取り入れた場合の注意すべき点であると考える。

教師がファシリテータとなったとき、グループにはどのようなフッティングが見られたであろうか。亜紀の例に明らかなように、自分が一方的に演じるだけでは社会文化的役割は成立せず、仲間が認めフッティングを合わせてくれなければならない。仲間のフッティングと噛み合ったとき初めて役割が確立する。たとえば、亜紀が先生役から失墜したように、フッティングが噛み合っていないと役割の関係は崩れやすい。亜紀と智恵の相互行為を振り返ってみると、智恵はたびたび単語の意味や文の意味を尋ね、亜紀がそれに答えていた。そのとき亜紀は隠喩的コード・スイッチングにより先生レジスターを使用し、グループ内には「ミニ教室」というフレームが生起し、亜紀が先生という社会的役割を担っていたことは明らかである。このとき、亜紀と智恵の間にはヴィゴツキーのZPD理論が示すようなダイナミズムが働き、相互行為を通して学習が進んでいたと解釈される。しかし、智恵はついに亜紀のフッティングに合わせなかった。

その後、由美(33行目)の「え、そうなの？」という発話をきっかけに、亜紀の先生としての役割は失墜し先生レジスターを辞める。亜紀に替わって由美がグループの牽引役として登場するが、亜紀はコード・スイッチングを行わなかった。

しかし、前にも述べたように、グループ内の役割は固定的でなく、相手と

の相互行為によって確立するものであるから相手によって異なる役割を担う。亜紀の場合、由美に対しては先生の役割を途中で放棄したが、智恵と大吾に対しては、隠喩的コード・スイッチングを使い先生のフッティングを取り続けた。一方、由美は、グループの話し合いにおいて牽引力を発揮しリーダー的存在であったが、同時に亜紀と共に「ボケとツッコミ」という隣接ペアを生成し、グループの話し合いを活性化していた。つまり、由美は、リーダーとしての役割以外に、亜紀の相方という役割も果たしていた。協働学習における相互行為によって与えられる社会的役割は、交替することも、同時に複数の役割を兼ねることも起こりうるという特徴をもつと考えられる。

一般に、協働学習は学習者同士の相互行為による学び合いであると考えられるが、協働学習というコミュニケーションに基づく学習形態では、上に見てきたように、個々のグループ内にミニ学級ともいえるフレームが生起し、そこで学習者間に、先生・生徒・リーダー・辞書引き係りなどの社会的役割が発生する。しかも、その役割は固定せず、相互行為の中で刻々と変化するフッティングによって示される。換言すれば、それぞれの学習者は相互行為の中で複数の役割を経験するということである。このような多様な役割の経験は、教師主導型の学習形態では見られない学習の取り組み方であり、学習の遅れている学習者も学習の進んでいる学習者も、様々な役割分担を通してコミュニケーションに参加し、学習する機会が与えられる。

そのようにコミュニケーションを基礎とする協働学習において、学習はどのように達成されているであろうか。エピソード#1では、グループの内部では生徒間の「質問－応答」、そして「ボケ－ツッコミ」という隣接ペアを通して知識が"share"されており、先生と生徒の堅苦しい隣接ペアによる知識の"passed down"とは異なる学びの過程(Eckert, 1989, p. 179)が観察された。

学習者のメタ的視点を比較するならば、大吾は、亜紀や由美が話しかけてもほとんど無言で、「そんなに嫌いじゃないです」という発話以外は受身または独り言(モノローグ)に近いつぶやきであり、意識は自分自身、自己の内部に向けられていたと言える。智恵はワークシートの解答に関わる質問や確認がほとんどで、目の前のタスク、今ここに意識が焦点化していた。よっ

て、智恵にとって、亜紀も由美も教師に代わる権威的な存在として認識されていた可能性も考えられる。それに対して、亜紀と由美は、設問でなく、問題文そのものをまず理解しようとして議論を進めていた。加えて、大吾の様子に目を配りグループ活動に引き入れようとしたり[23]、時折、グループ活動全体に意識を向けるなど、マクロな視野をもっていたと思われる。このことは、調査1と2で説明した「メタ認知レベルにミクロからマクロまで違いがある」という分析結果をサポートする事実であると言える。このように、メタ的視野の広がりは、学習者の意識の社会化と並行しており、さらに自律的学習者への成長過程と一致していると考えられる。

　では、このりんごグループにおいて、4人の間には完全なコミュニケーションが成立していたのだろうか。亜紀は積極的に大きな声で発言し、様々な質問に答え、グループを活気付けていた。由美は、口数は少ないが、常に冷静にグループ活動を捉え、正しい方向へ軌道修正していた。智恵の発話の大部分は、質問あるいは相手の発話の繰り返しで、創造的なテクストの生成は見られなかった。大吾に関しては、グループのメンバーとの積極的な相互行為はほとんど見られなかった。つまり、4人の相互行為への関わり方は決して理想的とは言えず、また一律ではなかったが、そのことが結果的には「異種混交性」[24]（ワーチ, 2004［1991］）を生み出し、りんごグループにおける協働学習の効果を上げたのではないかと推察する[25]。Eckert(1989, p. 180)はそのような相互行為を「熟練への学び」(apprenticeship learning)と呼んで、次に示す3つの段階を経て周辺的参加から中心部へと移動していくことを示している。

1. watching（観察する）
2. simple peripheral tasks with the informal help（手伝ってもらって周辺タスクを行う）
3. moving toward more central tasks（重要なタスクへと移っていく）

　エピソード #1 では、亜紀と由美はステップ3に、亜紀を真似ていた智恵はステップ2に、そして大吾は（前述したとおり）ステップ1からステップ2

へ「進化」したと考えられる。加えて、このような変化は上位の学習者が下位の学習者に情報を与えることにより達成されるという。また、Eckert が示す上述の 3 段階の学びのステップは、視点を変えれば、とりもなおさず、van Lier(2008, pp. 169–170)の自律的学習者への 6 段階のステップ[26]と一致するのである。そして、大吾は前述のとおり、(1)passive から(3)participatory へ成長したと考えられる。智恵は時によって(2)obedient あるいは(4)inquisitive に、亜紀と由美は(5)autonomous および(6)committed に位置していたと考えられる。このように、Eckert の学びの 3 段階は、van Lier の自律的学習者への 6 段階のステップをまとめたものと考えても矛盾しない。

断るまでもなく、このような段階は絶対的なものではなく、教師が決め付けることはスティグマ[27](Goffman, 1963)に陥る可能性があるため戒めなければならないが、協働学習のグループ内では、熟練への学びと同時に、初心者が上位者を真似るという相互行為により学習が成立し、次第に自律的学習者への過程を学んでいくということを、観察データは語っていると考える。

6.3.2 エピソード #2(補遺 24)

エピソード #1 と同じく、りんごグループの相互行為の様子を分析する。同じメンバーであっても、タスクが異なり、日にちが異なると、別の側面が浮かび上がる。協働学習は相互行為に基づく学習形態であるため、コンテクストの影響により、様々に変化することをデータによって示す。

(1)エピソード #2 のコンテクスト

200X 年 11 月 28 日 4 時限目(11:45 ～ 12:30)の 45 分授業である。

りんごグループの机の配置はエピソード #1 と同様、黒板のすぐ前、窓側である。

当該時には、始めに 5 分ほど個別読みの時間を与え、その後 30 分ほどグループで話し合い、最後の 5 分ほどを解答記入に当て、その後、答え合わせを行なった。タスクに時間がかかり、解説が充分にできなかったが次回に補足することにした。

この日の課題は、過去に高校受験問題にも出題された文章をアレンジした

「アイロン恐怖症」というタイトルの 185 語程度の会話体の物語である。登場人物はジョンソン夫妻と息子デイヴィッドと娘ケイトの 4 人で、彼らが車で家族旅行に出かける直前から出かけてまもなくの家族間の会話を取り上げている。話のあらすじは以下のとおりである。ジョンソン氏は運転しながら、"I can't believe it. We're on our way now." と、一家が午前中に出発できたことに歓びの声を上げる。その直後、ジョンソン夫人が、"Oh, no! Can you drive slowly?" と言い出し、ジョンソン氏が "Why? What's the matter? I'm not driving too fast." と訊ねると、夫人が、"Did I turn off the iron?" と言う。出かける度にジョンソン夫人のその言葉で一家は家に戻るが、今までにアイロンがついていたためしがない。そこで、息子が "I knew you would begin to think about the iron again." と文句を言うと、ジョンソン氏がこう叫ぶ。"I brought the iron!"

未習の単語(garbage, iron)には脚注で意味が示され、挿絵もあり、理解しやすい課題であると予想されたので、ワークシートの質問 5 問は英問英答とした(補遺 25)。

(問 1) 会話が為されたときの状況説明
(問 2) 出発前の登場人物の様子
(問 3) 鍵となるジョンソン夫人の発話 "Did I turn off the iron?" についての質問
(問 4) オチとなるジョンソン氏の名案についての質問
(問 5) 英語で物語を要約する
(振り返り) 物語の初めと終わりの理解度、および協働学習のでき具合を 5 段階評価させ、数行のコメントと次回の目標を書かせた。

授業後に「振り返り」の記述内容を調べたところ、本課題は理解しやすいであろうという予想に反し、個別に読んだときの理解度を「3」とした生徒が多く、全体的に初めの理解度は余り高くなかった。しかしながら、協働学習を通して話し合った結果、ほとんどの生徒の理解度は最高レベルの「5」に到達していた。

(2) メンバーのプロフィール

エピソード #1 と同じである。

(3) エピソード #2 における相互行為の分析

グループのメンバー間にはどのような相互行為が行なわれていたのだろうか。以下、特徴的な部分を引用し「出来事モデル」(3.3.2 参照)に則って分析と考察を進める。

個別読みの後、グループ活動に移って最初に発言したのは由美であった。

【事例①】

1　由美：you would begin to だから、
2　智恵：うんうん。
3　由美：考え｜始める、でしょう？
4　亜紀：　　｜考え始めるだろうということを知ってる？
5　由美：考え始めようとしていた？
6　大吾：うー、うー、xxx じゃないの？
7　亜紀：考え始めようとしていたこと｜を
8　由美：　　　　　　　　　　　　　｜考え始めるであろうということを知ってた。
9　亜紀：｜ん？だから、考え始めるだろうな｜ってことを知ってた。
10　由美：｜う？　　　　　　　　　　　　｜考え始めようとしていたってことだよ。
11　亜紀：うん、ふ(笑)くどいんだけど。
12　　　　くどいじゃん、それ。もっとスマートに、しようよ。

I knew you would begin to think about the iron again. という息子の発話について話し合いを進めている。この文は中学校 3 年生の文法の履修範囲を超えているため "would" がわからなかったのであろう。智恵は「うんうん」(2 行目)しか発言せず、完全に受動的であった。

由美の発言(3 行目)以降、亜紀も由美も大吾も、自分の日本語の解釈を口々に述べている。お互いに相手の発言に直接に反応していないように見えるが、聞いているようである。10 行目で由美が日本語訳を示したが、亜紀

は「くどいんだけど」「くどいじゃん」(11 行目・12 行目) と繰り返し、さらに、「もっとスマートに、しようよ」(12 行目) と畳み掛けて非難している。何度も反復することにより強調し、強度なテクスト化を行っていると考えられる。この後で教師の役割から失墜することになる亜紀が、エピソード #2 で由美に示した最後の抵抗である。

発話のターンにも特徴が見られた。由美(5 行目)の後、大吾が低い声でなにか発言した(6 行目)が、亜紀(7 行目)に無視されてしまった。グライスの協調の原理を破っている亜紀の威圧的な態度をみると、亜紀は大吾に対してまだなお上位に立っていると思われる。亜紀のその発言(7 行目)を遮って由美は自分の考えを述べている(8 行目)。同様の発話のパターンが 9 行目(亜紀)と 10 行目(由美)にも繰り返される。このように、由美は繰り返し亜紀の発言を遮り、強引に亜紀から発話順を横取りしているところから、由美は亜紀に対して上位に立っていたと推察される。

1 行目から 12 行目までを振り返ると、3 行目(由美)が「I：initiation」で、2 行目から 10 行目が「R：response」、11・12 行目(亜紀)が「E：evaluation」と捉えることができる。ただし、ここに見られる ［I-R-E］ のパターンはかなり緩い形である。

次に、we're on our way の部分について発話が続くが、16 行目(亜紀)と 17 行目(由美)、18 行目(亜紀)と 19 行目(由美)の隣接ペアに、上記の 7 行目と 8 行目に見られたのと同様に発話のターンの横取りのパターンが見られる。このような強引なパターンはエピソード #1 には見られなかった現象であり、エピソード #2 では由美が強気であると推察される。逆に、亜紀は 14 行目、16 行目、18 行目では声の調子は強いのだが発話が途中で途切れてしまい、実は理解していないのではないかという印象を受ける。そのような弱気の言いよどみが由美にターンを譲る結果を招いたとも考えられる。

【事例②】
13　由美：ここから、ここから、on our way とか。
14　亜紀：うん、だから、｜あの。。。
15　智恵：　　　　　　　｜xxxx ねえ。

16　亜紀：自分の
17　由美：　　　自分自身の道にある、人生の道みたいな？
18　亜紀：う、ちゃう！なんか現実っつうか、あれだよ。。。
19　由美：帰ってきてんの？
20　智恵：xxx っての？
21　由美：うん？
22　智恵：なんか。

　次の 29 行目から 32 行目で亜紀が解決したように見えるが、実は、間違った解釈をしている。由美は納得していないらしく、その後も 33 行目、35 行目でまだこだわる様子を見せている。

【事例③】
29　亜紀：our way to the station だったら、人生の生き方でしょ？
30　　　　生き方でしょ？生き方じゃねえ？
31　　　　our way. 生き方じゃねえ？人生じゃねえ？
32　　　　生きざま？
33　由美：We're on our way.　［課題文を音読する］
34　亜紀：あ、だから、
35　由美：だから、人生の中に、
36　亜紀：あはは。(笑)
37　智恵：うふふふ、あははは。
38　亜紀：たぶん、あれだろ？
39　　　　だから、だから、
40　由美：人生の、
41　亜紀：だから、その、旅行に行くところだよ。
42　　　　行く道だよ。
43　由美：そうか。

　36 行目で亜紀がみせた笑いは、on our way についての自分の解釈(29 行目

〜32行目)に自信がないことを隠すための笑いであろうと推察される。しかし、37行目の智恵の笑いは「ヘッジ」ではなく、36行目の亜紀の「笑い」に同調を示した「反復」であろう。つまり、智恵の笑いはその前の亜紀の笑いに依存して生起したテクストであり、自立的なものではない。

　しばらく話し合いが続いた後、亜紀は違う解釈、すなわち正しい解釈にたどり着いた(41行目・42行目)。由美は33行目では懐疑的なニュアンスを見せたが、その後、35行目、40行目と進むにつれ、次第に亜紀に同調する様子を見せ、43行目では非常に素直に「そうか」と亜紀の解釈を受諾している。この部分では、グループのメンバーが互いに足場掛けを行いながら、正しい理解へと向かう過程が観察されたが、ここには一方的な「教え－学ぶ」関係は確立しておらず、各自が自分の考えを代わる代わる述べており、いわば、「カーニバル」(バフチン、1996 [1975]；2.5.2参照)が実現していることを示唆しているといえよう。

　ここで、13行目から43行目までのひとまとまりの部分を振り返ると、13行目で由美が on our way と問題定義し(I : initiation)、その後14行目からグループで話し合いを続けた末、42行目で解決を示し(R : response)、43行目で由美が「そうか」と受容する(E : evaluation)という教室におけるコミュニケーション・パターンのプロトタイプである [I-R-E] (第6.2.1節参照)が喚起される。ただし、従来の教師主導型学習に比べ、Rの部分が大きく膨らんで対話が展開しており、その部分でヴィゴツキーのZPD理論の説くような相互行為がなされていると解釈される。

　事例④では、少し先に進んだ部分の父親の台詞("Why? What's the matter?")に注意が向けられている。

【事例④】
45　由美：じゃ、Can you drive slowly?　［課題文を音読する］
46　　　　できましたか。なんで、なんで。。。
　　　　　　［父の台詞 why? に対応していると思われる］
47　亜紀：なんか起こった？
　　　　　　［why? に続く What's the matter? に対応していると思われる］

48　　　　起こった？［同上］
49　由美：What's the matter?　［課題文を音読する］
50　亜紀：(歌)
51　大吾：the matter…　［つぶやくように］
52　亜紀：matter ん、起こった、起こった？
53　　　　What happened? と同じじゃん？

　この部分では、亜紀が「(What's)the matter(?) = (何か)起こった(?)」と定型的に解釈しているが、由美も大吾もその解釈に納得していないように見える。由美はエピソード#1と同様、課題文に戻って音読しながら確認している。大吾は問題の単語を独り言のように呟いている。47行目、48行目で亜紀は文尾を上がり調子で「起こった？」と仲間の確認を求めているが、誰からも反論や質問がなかったため、53行目ではっきりと解釈を示したが、その後にも誰からも承認や評価がなく、その代わりに〈間〉が続く。その〈間〉に耐えられなくなったように智恵が「ふふふふふ」と笑い出すのである。ここでは、亜紀はエピソード#1に見られたような隠喩的コード・スイッチングにより先生レジスターを使うこともなく、仲間が生徒のフッティングによって亜紀の先生役をサポートすることもない。つまり、［I-R-E］のパターンは成立しておらず、むしろ各自が自分の考えを言い合っており、ここにも「カーニバル」(第2.5.2節参照)が実現していると考えられる。
　事例④で、大吾は the matter という問題の単語を呟いているが、次の事例⑤では、もう少し積極的に相互行為に関わる発話が見られた。

【事例⑤】
61　大吾：［電子辞書を見ながら］ああ、あったぁ。
62　　　　うう。on the one's way.　［もごもごと］
63　亜紀：on one's way だよ。
64　大吾：ううう、途中で。
65　智恵：途中で。
66　　　　あ、だから、私たちは行ってる途中じゃないの、みたいな、言い

方？

　大吾は電子辞書という「権威」を借りてはいるが、ようやくグループの相互行為に加わることができたと見られ、当日の「振り返り」には「協働作業ができた」と記している。64 行目は、13 行目の由美の「on our way とは何か」という問に対して「途中で」という応答［R］を示した。しかし、62 行目で大吾が読み間違えてしまい、直後(63 行目)、亜紀による他者修正を受けている。このときの修正にヘッジ表現はまったく見られず、相互行為に仲間入りしようとする大吾に対してポジティブ・フェイスを脅かそうとする威圧的な言葉であり、一種の FTA (注 6 を参照) であると解釈される。この時点で亜紀は大吾に対して力を持っていることを誇示しようとしているのではないかと思われる。大吾は 62 行目・64 行目で話し始めに「うう」と言いよどんで、まだ自信がないことを窺わせる。智恵も 65 行目で大吾の言葉を反復し、大吾の応答(64 行目)［R］を確認した［E］と思われたが、次の 66 行目で「みたいな、言い方？」というように上り調子のイントネーションを示している。智恵はモダリティ表現を用いて「確認」に曖昧さを加味することによって、自信のなさをヘッジすると同時に、亜紀という一種の権威者の承認を得ようとする心的状態を示しているのではないかと解釈される。亜紀は、先生レジスターを使っていないが、智恵や大吾に対して教える立場に立っている。次の引用部分(事例⑥)にはそれを示すフッティングが見られる。

【事例⑥】
79　智恵：じゃ、これは、私はアイロンのスイッチを消しまぁ。。。
80　亜紀：消しましたか？
81　智恵：消しました。
82　　　　消しましたか？
83　亜紀：うん。
84　　　　あ、わたし、わたし、消したっけ？みたいな。。。
85　智恵：あ、これ、車の中？え〜、電話とかじゃなくて。
86　亜紀：電話じゃない！

87　　　　　これ、車、車、車、4人、車。
88　智恵：あ、これ車だったんだ！
89　亜紀：これ、全員、車。
90　智恵：じゃ、これでもっとドライブゆっくり行ける、って思ったんだ。
91　亜紀：うん、だからもっとゆっくり運転したまえ、って言って。
92　智恵：だけど、消したかどうだかわかんないから、xxx
93　亜紀：だからぁ、ここで、あ、なに？
94　智恵：うん。
95　亜紀：ここで、なんでぇ？なんで？
96　　　　なんか起こったの？って。
97　　　　あ、おれ、今、全然速くないけど、みたいなこと言うじゃん。
98　智恵：うん、うん。
99　亜紀：いや、違うよぉ。
100　　　　じゃぁ、これたぶん、旅に必要なもの、っていう意味じゃん？
101　　　　旅に必要な｜ものがもやっとしてんのよ。｜
102　智恵：　　　　　うん。　　　　　　　　　　うん。
103　亜紀：たぶんアイロン消し忘れたら、家に戻って来た｜いじゃん。
104　智恵：　　　　　　　　　　　　　　　　　　　　　うん。
105　亜紀：ということは、たぶん思い出してぇ。
106　　　　で、やだぁ、じゃぁ、アイロン｜のことまた考えた｜りしてんだろ、みたいな。
107　智恵：　　　　　　　　　　　　　　　うん、うん。　　　うん、うん。

　亜紀は91行目(だからもっとゆっくり運転したまえ)で、90行目の智恵の間違った解釈に対してあからさまな修正を行わず、若干、表現を変えて反復することによって修正している。同様の「反復」のパターンが97行目、99行目、103行目の亜紀の発話の文尾「じゃん」にも見られ、それに加えて、智恵の「うん、うん」という承諾のしるしも「反復」されている(98行目、102行目、104行目、107行目)。先生レジスターが使われているわけではないが、「ミニ教室」のフレームが喚起されたことが暗示的に示されていると言えよう。そのフレームの中で、亜紀は「じゃん」という相手に言い聞かせ

教えるような、一種の教える側のフッティングと思える表現を使用したものと推察される。

次の事例⑦に、再度、亜紀と智恵によるフレーズの「反復」が見られた。

【事例⑦】
113 智恵：あ、だから、この奥さんはぁ、いっつも、<u>アイロン消したかな</u>、どうかなって。。。
114 亜紀：<u>電気消したかな、ガス消したかな</u>。
115 智恵：<u>火事になったらどうしよう</u>、みたいな？

113行目の智恵のフレーズは、ほぼ英語本文の日本語訳である。そして、114行目で亜紀はその直前の「アイロン消したかな」と同じリズム、同じパターンで、電気・ガスへと解釈を広げた。しかし、115行目の智恵の解釈の拡大の仕方は少し方向がずれ、飛躍しているように思われる。これは智恵が亜紀にフッティングを合わせること、つまり「今ここ」の活動に意識を集中した結果、ミクロ・レベルのメタ認知しか働かせず、元の英文に対する配慮を忘れたと推察される。ここに亜紀と智恵がメタ認知を働かせる対象に僅かだが違いが確認できる。

一方、由美は沈黙を続けていたが、それは、亜紀の解釈を由美がそのまま受け入れず、自分の視点に立って考えている主体的な学習態度を示すものと思われる。言葉を換えれば、由美は2人よりマクロなレベルのメタ認知を働かせていたと言えよう。

(4) エピソード#2の分析に対する考察

ここまで、エピソード#2における相互行為の中心となる部分に焦点を当てて分析してきたが、エピソード#1と同一のグループであるにもかかわらず、エピソード#2ではグループ・メンバーの間に新たな力関係、異なるアイデンティティが浮かび上がった。特に、エピソード#1の前半で自信を持って先生役を演じていた亜紀がエピソード#2では自信をなくしたように見受けられた。エピソード#2では、亜紀は発話のターンを取った場合も発

言が途中で途切れたり、「あれだよ、あれだよ」といった言及指示対象が見当たらない指示語が多用されたりしており、全体的に曖昧な印象を受ける。また、エピソード #2 において発言の終わりに「～みたい」「～っつうか」というモダリティ表現を使用したのは、ほとんど亜紀であった。このような亜紀の発話の様子は、自信のなさや理解の不十分さを示すものであったと推察される。当日の亜紀の「振り返り」の始めの理解度が 5 段階中「2」であったことに加え、コメント欄に「わかると一気に解けたので、そこまで皆で協力して、16 行目 [I knew that you would begin to think about the iron. の文：筆者注] の意味などが分かった」と記されていたことから、亜紀は始めわからなかったのだが話し合いによって次第に理解していったと思われる。

こうした亜紀の様子を察して、由美は亜紀への反応の仕方を変えたと見られる。エピソード #1 では由美には亜紀の面子に対する気遣いが多く見られたが、亜紀の解釈が必ずしも正しくないことに気づき、エピソード #2 の後半では、亜紀の発言の途中で発話のターンを横取りし、自身の意見や疑問を積極的に表明しており、亜紀に対して対等あるいは上位の立ち位置にいるように見受けられる。しかしながら、亜紀に対して反発している様子はなく、話し合いにおいて協調的であった。由美の「振り返り」のコメントには「はじめは全然わからなくて、何を言っているんだろうと思ったら、話し合っていくうちに解決することができた」と書かれており、エピソード #2 で由美の発言が少なかったのは、始めの理解度が 5 段階のうち「2」というほど、由美が課題文を理解していなかったことが原因であったと思われる。

それに比べ、智恵は自信の無さを笑いでごまかし、相変わらず亜紀（権威者）の発話を反復し亜紀への追従を示していた。そして、亜紀の解釈が曖昧であっても、「ああ、ああ」「うん、うん」と同調を示していた。そのような智恵の対応が、亜紀の権威者としてのフッティングを許していたと思われる。

このように智恵が亜紀の発言を反復するのはエピソード #1 と同様であるが、智恵には小さな変化が見られた。エピソード #1 では単語の意味やワークシートの答え方について亜紀にたびたび質問していたのだが、エピソード #2 では質問がほとんど見られず、振り返りシートには、「なんで父がアイロ

ンを持ってきたのかがよくわからなかった」と記されていた。このことから、智恵は、始め、脱コンテクスト化された単語に注目していたが、次第にコンテクストを含む話の流れへと注意が向けられるようになり、意識を焦点化するレベルが若干マクロ化していることがわかる。

　エピソード#1ではずっと寡黙であった大吾は、エピソード#2では辞書を引いてわかった熟語の意味をグループの中で発表したり、相互行為において短い言葉を挟んだりする様子が見られた。6.3.1にも述べたように、大吾の相互行為への関わり方は、Eckert(1989)の示す「熟練への学び」における段階を(1)watchingから(2)simple peripheral tasks with the informal helpへ一段昇り、van Lier(2008)の示す自律的学習態度において(1)passive(受身)から(2)obedient(指示に従う)、そして(3)participatory(質問に答える)へと少しずつ変化してきたことが窺える。大吾の意識に注目すれば、当初自分の内部にだけ向けられていた意識が、次第にタスクへ、さらにグループの相互行為へと広がっており、ミクロ・レベルからマクロ・レベルへ変化し始めている。このような変化が可能になったのは、エピソード#1において亜紀によって強引に相互行為の輪に引きずりこまれたことが発端となったのであろう。しかし、亜紀から無視されたりFTAを受けたりした大吾は、その後も依然として積極的とは言えない関わり方を続けている。

　以上のことから、エピソード#1でも見られたが、協働学習における社会的役割は決して固定的でないことが改めて確認された。エピソード#2では、亜紀が示した先生レジスターは明確でなくなり、由美も先生レジスターを使用しておらず、メンバーは並列に近い関係であったと思われる。その結果として、一時的にしろ「カーニバル」が実現していたと考えられる。その中で、由美がタスク遂行に必要な話し合いの推進役を務めたことは、エピソード#1の場合と同じである。ただし、エピソード#1のときほど[I-R-E]というコミュニケーションの形態は明白でなく、[E](評価)を欠いた[Q-R](question-response)というパターンが進んでいった。これは日常会話に近く、教室ディスコースから離れたことを示している。このようなコミュニケーション・パターンが見られるのは、協働学習では仲間を露骨に評価することは避けようとする傾向があり、バフチンの言うところの「権威的な言

葉」は潜在化されやすいからであろう。換言すれば、生徒は自らが「権威的な言葉」を放つこと、つまり友達に対してFTAを犯すことを恐れ、自分たちのアイデンティティ（友好関係など）を守ろうとしていると解釈される。たとえば、智恵のように亜紀に依存的な発言が多く見られるのは、英語運用能力の問題だけでなく、亜紀との力関係を保持し友人関係を維持しようという無意識の力が智恵に働いたためであろうと推察される。こうして、グループ内には時折、「カーニバル」が実現するのであろう。他方、上で見たように、亜紀は大吾に対して居丈高に振舞っておりFTAを働いていると言える。このように、一見、生徒が平等に関わって平和そうに見える協働学習にも、時には不均衡な力関係が生起したり消滅したりして混沌とした現実があることをエピソード#2では確認することができた。

「権威的な言葉」が潜在化されるという点について、他の角度から考察を試みたい。

教師主導型の学習では［I-R-E］というコミュニケーション・パターンが規範であり、［E(evaluation)］が重要であると思われる。しかし、協働学習では、前段でも述べたようにEは省略される傾向にあり、［I(initiation)］も簡単に済まされる。なぜなら、生徒たち自身から浮かび上がったトピックであるため、くどくど説明することなしに共通理解されるのである。したがって、協働学習において［R(response)］が大きく展開されることが可能になる。ここで注目すべき点は、教師主導型の学習においては、［R］は通常ひとりの生徒によって完結をみるが、協働学習においては、上の引用部分にも見られたように、何人もの生徒が［R］の枠に入り込んできて多層的な挿入連鎖が見られる点である。たとえば、エピソード#2では "on our way" と "I knew you would begin to think about the iron again." の2文問題になっていたが、その2文の解釈のために、前後の文も含め、単語の意味から話の流れまで、グループで何度も話し合っていた。上に見たコミュニケーションの過程では、解釈が横道にずれたり笑いでごまかしたりしながら、ジグザグに進んでいたが、最終的に亜紀、由美、智恵、大吾全員の理解度が「5」に到達していたことを考慮すれば、グループの話し合いには、確実に、意味のある対話が成立しており、カーニバル（バフチン，1996［1975］）に近い状態が実

現していたと言えよう。併せて、前にも言及したように、ここに見られた大きく膨らんだRこそが、ヴィゴツキーのZPD理論が展開可能な学習の場であると考えられる。

　一般にヴィゴツキーのZPD理論では、上位の学習者が下位の学習者に足場掛けし、引き上げてやる、というイメージで捉えられがちであるが、教室における実際のコミュニケーションでは、ここまでに示したように、それほど明確な一方通行の相互行為ではなく、双方向ないしグループ・メンバー全員に対して矢印が行き交うような、"multiple direction"（多方向）の相互行為が為されると推察される。そして、協働学習が多方向の相互行為を可能にする学習形態であるのだから、上位群の学習者にも下位群の学習者にも、学習能力の伸張の機会が開かれていると考えられるであろう。

6.3.3　エピソード #3（補遺 26）

　エピソード #3 は、エピソード #2 と同日、同時限、同じクラスのみかんグループの様子をビデオ撮影したデータである。りんごグループの相互行為の様子と対比して協働学習の実態をより明らかにするため、みかんグループの相互行為のひとつをエピソード #3 として採択した。

(1) メンバーのプロフィール

　エピソード #3 で観察したみかんグループの 4 名は、遙香、さやか、美奈、理沙で、全員が生徒会と部活動の両面で活躍する、いわば "Jocks"[28] に属する仲良しメンバーである。みかんグループのメンバーのプロフィールの概略を表 6.2 に示す。

表6.2 みかんグループのメンバー・プロフィール

氏名	特　　徴	GTEC
遥香 (遥)*	生徒会・運動部A はきはきしている	(上位群)** 177 → 197***
さやか (さや)	生徒会・運動部A 一見物静かだが、リーダー・シップを取る	(中位群) 159 → 185
理沙 (理)	生徒会・運動部B ゆったりした性格	(中位群) 147 → 181
美奈 (美)	生徒会・運動部B 普段は無口だが批判的な視点をもつ	(中位群) 137 → 170

　*　　( )内のひらがなは自由記述(第5章)の記述者記号に対応している。
　**　　GTEC(R)の指導前の得点に基づく分類。
　***　GTEC(R)の「指導前」→「指導後」の得点。

(2) エピソード #3 のコンテクスト

　エピソード#2の冒頭にも記したが、11月28日4時限目(11:45～12:30)の始めの5分ほどを個別読みに当てた。その後30分ほど協働読みの時間を取って話し合い、各自が答えを書き終えた頃を見計らって協働読みを終了した(詳細は第6.3.2節参照)。

　みかんグループは教室中央に位置し、廊下に向かって奥から遥香と美奈が、窓に向かって奥からさやかと理沙が、それぞれ隣同士に座っていた。ビデオカメラは黒板側、つまり理沙と美奈の側に設置し、録音用の小さいピンマイクは4つの机の中央付近に配置した(図6.1参照)。マイクの性能が良すぎたのか、横のりんごグループの声や隣のクラスの声を拾ってしまい、みかんグループのメンバーの声、特に遥香とさやかの声が聞き取れない部分があった。

　エピソード#3では、「アイロン恐怖症」を扱った授業の中でビデオ録画したみかんグループの、12時10分から12時25分頃までの様子を取り上げる。個人読みが終わり、協働学習に移って話し合いが軌道に乗り始めた頃である。

　次項以降、みかんグループではどのような相互行為が実際に行われていたのか、いくつかの場面を引用しながらコミュニケーション理論に則って分析

(3)エピソード #3 における相互行為の分析

みかんグループは比較的英語運用能力が高い方に偏っていたためか、明確な形での質問が少なく、りんごグループに比べ「教え‒教えられる」という関係に基づく「ミニ教室」のフレームは喚起されず、対等な関係に基づく日常会話に近いフレームの中での相互行為が中心であった。そのような相互行為をコミュニケーションという観点から分析すると、りんごグループに見られなかった特徴、つまり「外付けの権威」への依存という傾向が浮かび上がり、それに伴うコミュニケーションの特徴も明らかになった。

まず、メンバーが依拠した「外付けの権威」について考察する。みかんグループのメンバー全員がもっとも頼った「外付けの権威」は「辞書」であり、次に、「教師」であった。以下に引用する部分にはその特徴が見られる。

【事例①】
1　理沙　：ああ、わかった、わかった、わかった。
2　　　　　ひらめくって、
3　遥香　：　　　　　　　そう、それそれそれ！
　　　［みんな、それぞれ単語を考えている］
4　理沙　：あ、u- u- u-。。。あったような気がすんだぁ。
5　　　　　ごめん。
　　　［遥香が電子辞書を持って戻ってくる］
6　美奈　：心配になるって、なんだ？
　　　［遥香が電子辞書を持って戻ってくる］
7　理沙　：<u>先生、どうでしたっけね？</u>　ウォー。。。
　　　［さやか遥香美奈それぞれプリントに書き込んでいる］
　　　［理沙は美奈を覗き込んでから自分の答えを消しゴムで消す］
8　理沙　：<u>なんて［出てる］？</u>
　　　［遥香の辞書を手に取る］

9		かわいいこれ。
10	遥香	：じゃ、occ とか入れてみたら？
11	理沙	：でも違うかも。なんかねえ、うろ覚え。
12		ああ、c を 3 回も入れちゃった。

　　　　　　［遥香はニコニコしながら理沙を見ている］

13	理沙	：「気づく」なんかあった？

　　　　　　［ドンと大きな物音がする］

14	理沙	：ああ、びっくりしたぁ！［さやかと顔を見合わせる］
15	さやか	：なんかあったよねえ。［遥香は辞書を調べている］
16	遥香	：［辞書を見ながら単語を読む］flush
17	理沙	：かっこいい！

　　　　　　［みんな、一斉に単語をプリントに書き込む］

　まず遥香が辞書を取り出すが、他の生徒も遥香の辞書（の権威）を頼りにしていたことが窺われる（8 行目、13 行目）。また、遥香（16 行目）の発話の後、全員いっせいに同じ単語をプリントに書き込んでいたことからも、メンバーの辞書への依存が読み取れる。理沙は、通りかかった教師にも答えを求めている（7 行目）。ここから明らかなことは、みかんグループには、りんごグループにおける亜紀や由美のような「権威」となる存在が存在しないため、代わりにグループの外に「権威」を求めていたのであろうということである。事例②では、その外付けの「権威」に対するメンバーの応答の仕方が明らかになる。

【事例②】

25	教師	：できたら周りの人と見せ合って足りないところを足したり消したりしてください。
26	理沙	：one, two, three, ...［中略］eighteen,［だんだんゆっくりと］nineteen, twenty.
27	美奈	：遅い！
28	理沙	：31、32、［中略］40、41、42、43、44。

29		44文字だったよ、先生。
30	教師	：いいよ、それくらいで、それくらいしか入らないでしょ、そこに。
31	遥香	：43。ああ、負けた！
32	理沙	：やったぁ！
33		あっ、付け足していい？
34	遥香	：ふふ、ダメって言ったら付け足さないの？
35	美奈	：閃くってなに？

　理沙は、教師の言葉懸け(25行目)に対して応答していないが、29行目では、グループのメンバーではなく教師に(権威者としての)確認を求めている。しかし、この時もまた、教師の返答(30行目)に対する応答は見られない。前段で、みかんグループは教師に「権威」を求めているという解釈を示したが、この引用部分では、教師の発話はどちらも(25行目と30行目)無視されており、理沙も遥香もグライスの「協調の原理」を破っている。つまり、「権威」を求めているが、「権威」に対して注意も敬意も払っていない。このように、みかんグループは「権威」から自律しようとして権威的な言葉を拒否しているようでもあるが、一方で「権威」に頼ろうとしている。自由への解放に対して不安を感じ、現状に甘んじようとする被抑圧者と同様に(フレイレ, 1979［1970］, pp. 23–25)、自律的な学習者をめざしながら、同時に、不安を感じ揺れ動いているように見える。

　次に引用する箇所には、エピソード#3の中で珍しく［I-R-E］に近いパターンが見られる場面であるが、遥香はやはり辞書の「権威」に頼っている(57行目)。

【事例③】

51	美奈	：「なになにの代わりに」って？
52	さやか	：代わりに？
53	理沙	：［しばらく考えてから、左手で口元に触りながら］for。
54	美奈	：心配。forだけでいいの［笑］？

55	理沙	：for なんとかしかわかんないよ［と、言いながら、目の前にある自分の辞書ではなく、遥香の辞書に手を伸ばす］
56	遥香・理沙	：あはは［笑い］
57	遥香	：［辞書で単語をみつけ美奈に教える］xxx
58	理沙	：え、for だけ？来たぁ！
59	美奈	：［遥香の顔を見ながら］「彼女の代わりに」、どっちを先にするの？
60	遥香	：［美奈の顔を見ながら］for her。

　ここで遥香は、美奈の質問（51行目）にも、理沙の自信のなさそうな発話（55行目）にも、誠実に応対している。しかし、再び辞書という権威に頼っており（57行目）、自分の考えや予想を口にすることはなく、ここにもまた「教える」立場に立った明確な先生レジスターは見られない。

　事例③に見られるもうひとつの特徴は、発話が単語に集中し、メンバーの意識が脱コンテクスト化された単語に向けられている点である。つまり、事例③に見られる一連の発話は、ヤーコブソン（1973［1960］）のコミュニケーションモデルに示された6つの機能のうち主にメタ言語機能[29]を帯びていると考えられる。そして、意識の対象はミクロ・レベルのメタ認知に留まっていると見られる。

　みかんグループの相互行為は、対等な関係に立った日常会話に近い隣接ペアである。それのみならず、遥香の「答え」は、上に見たように辞書の力を借りて（バフチンによれば）「権威ある言葉」（第6.2.1節参照）として呈示されるため、それに続く部分にメンバー間で理解を深め合うような相互行為がほとんど見られない。「辞書」という権威の前に、みかんグループには自分の理解をモニタリングするような「自己内対話」（秋田、2007, p. 81）が行われにくい状況にあったものと解釈される。

　次の事例④に引用する部分では、常に「権威」に依存していた遥香が、珍しく辞書の「権威」に頼らず理沙に答えている。

【事例④】
61　理沙　：え、え、え、え、カバーステイション、コンバー。。。
62　遥香　：カバーステイション？
63　理沙　：コンバーサッション？
64　遥香　：会話。
65　理沙　：カンバ、[首を振り振り考える] あ、会話！
66　　　　　ああ、カンヴァーセーション。
67　遥香　：カンヴァーセーション。[笑] ふふふ。
68　理沙　：シチュエーション、ああ。
69　遥香・理沙：あははは。[大声で笑う]

　ここでも、相互行為の流れの中で遥香は理沙に教える立場に立っているのだが、教えたのは単語だけであり、「教え・教えられる」関係を示すフッティングは見当たらない。理沙（63行目）が質問し、遥香（64行目）が答え、そして理沙（65行目）が答えを確認しているが、本来の [I-R-E] というパターンとは異なり、理沙は答えを知らない。したがって、[Q-A] のパターンであると見られる。しかも事例③と同様、発話は単語に焦点化されており、意識はミクロ・レベルのメタ認知に留まっている。加えて、遥香と理沙の発話に教える側・教わる側を示すレジスターは見られない。ここには「ミニ教室」のフレームではなく、むしろ友達同士の会話に近い互角の関係の相互行為、あるいはエピソード #1 で見られた「問題解決フレーム」が喚起されていると思われる[30]。
　上記の事例④には、いくつかの「笑い」が見られるが、エピソード #2 に見られた笑いとは異なると考える。たとえば、67行目（遥香）の笑いは、りんごグループで見られたような自分の発話に対するヘッジを意味する笑いでも、自分の失敗に対する自嘲的な笑いでもない。おそらく、単語を正しく読めた理沙に、「それで正しい」と承認を示す笑いであろうかと推察する。ここには若干の「上から目線」が感じられるが、明示的に「教える側」のレジスターを示すものではない。遥香と理沙の大笑い（69行目）は、理沙のたどたどしい読み（68行目）と、読み終わって意味を納得した理沙の表情に対し、

遥香の笑いは「承認」の意味で、理沙の笑いは「テレ」と「安堵」の意味であると思われる。ここに見られた遥香の2つの笑いのどちらにも理沙に対する軽蔑の気配はなく、遥香と理沙の関係は、上下の関係ではなく「友達」という水平の関係であると推察される。

次の事例⑤は、課題文「アイロン恐怖症」において、相互行為を通してみかんグループのメンバーが次々に理解を深めていく部分である。

【事例⑤】

70　美奈　：アイロン持ってきてた。［ボソッと］
71　理沙　：［美奈のプリントを見ながら強気で］持って来ればいいんだ。
72　美奈　：持ってきた。［はっきり念を押すように］
73　理沙　：あ！お！ほんとだ！
74　美奈　：アイロンを
75　さやか：　　　　　持ってきてたの？［のけぞって、あっ、という顔］
76　理沙　：やだあ、変わっちゃったぁ！
77　遥香　：はっきりしたね。

冒頭の美奈の発言(70行目)は何かを提案したり質問したりするのではなく、自分の解釈を独り言のように述べただけである。それに対し、理沙は間違いを正すように訂正発言をしたため(71行目)、美奈は自分の解釈を反復して示した(72行目)。そこで、理沙は自分の間違いに気づき(73行目)、美奈の解釈を認める。ここで理沙と美奈の立場は逆転し、小さな「どんでん返し」が起こったはずであるが、もともと上下関係が成立していないので、実際には、美奈と理沙の関係には何の変化も見られない。このように、りんごグループに見られたような［I-R-E］のパターンは見られず、「ミニ教室」のフレームが喚起されることはなく、ついにRをめぐっての「混沌」とした状態はみかんグループには生起せず常に仲良し状態を保っているのが特徴的である。

70行目から75行目までの相互行為の結果、曖昧だった解釈が明白になり、遥香は「はっきりしたね」(77行目)と納得したことを示すが、続く場面

で理沙はジョンソン夫人に対して「ありえねえ」(79行目)とコメントしている。この「ありえねえ」の意味は、美奈と遥香の発言、「家に帰るよ」(美奈、80行目)、そして「二重に忘れてるよ」(遥香、81行目)によって説明されているが、実際には、アイロンを持って旅行に出かけたのはジョンソン氏である。したがって、夫人が忘れたのはアイロンのスイッチを切ったかどうかだけであり、二重に忘れたわけではない。また、アイロンを持って出かけたのだから、スイッチを確認しに家に戻る必要はない。つまり、遥香も美奈も間違った解釈をしていることは明らかであるが、この時点でみかんグループは全員が間違った解釈をしており、間違いに気づいて指摘する人がいなかった。これは、課題文全体を振り返りコンテクストの中で自分たちの解釈を見直すといったマクロ・レベルのメタ認知を働かせるメンバーがいなかったことを意味するものであり、みかんグループの抱える問題の1つであると言える。

　事例⑥は少し先の部分であるが、そこで教師の助言(93行目)によって、美奈が間違いに気づき(95行目)、メンバーが次々に正しい理解を示していく。

【事例⑥】
78　理沙　：いいんだぁ、みたいなね。
79　　　　　どんだけテンネンなんだよ、こいつ［ジョンソン夫人］。ありえねえよ。
80　美奈　：家に帰るよ。
81　遥香　：二重に忘れてるよ。
　　　　　　（中略）
93　教師　：［美奈に］この文、主語がないよ。
　　　　　　［教師は隣の遥香の答えもチェックする］
94　理沙　：remember…
95　美奈　：あ、お父さん！
96　　　　　え？
97　遥香　：ほんとだ！

98 美奈　：わかった！
99 理沙　：え、おい、おい！え？

　美奈が、まず、教師という「権威」の力を借りて(93行目)、お父さん(＝ジョンソン氏)がアイロンを持って行ったという事実を理解する(95行目)。美奈の発話に促されて、まず遥香が自分の間違いを確認し(97行目)、それを受けて美奈(98行目)と理沙(99行目)が自分の間違いに気づき自己修正していく。しかし、きっかけはあくまで教師の一言であったこと、および明示的な他者修正が行われなかったことが、りんごグループの場合と大きく異なる特徴である。
　続く場面では、上述の勘違いの原因についてメンバーが自己分析している。

【事例⑦】
100 理沙　：あ、父ちゃん、父ちゃんが持ってきたんだ。
101 さやか：xxxxの性格読んで。
102 理沙　：あ、っていうか、ケイト、デイヴィッド、ってジョンソンじゃないじゃん！
　　　　　　［美奈の顔を見る］
103 美奈　：だからさっき言ったじゃん！
104 理沙　：あ。［手で口を押さえる］
105 遥香　：あはははは。
106 美奈　：一人芝居してるみたいだよね、って。
　　　　　　［理沙は頭をかかえて横を向く］
107 さやか：違うよね、って。［美奈を見る］
108 　　　　だって、1人でしゃべってんだったら、全部おんなじでいいじゃん。
109 理沙　：ああもうやだ。

　この部分のはじめ、理沙(100行目)は、勘違いの元となった部分である

「父ちゃん」を反復・強調し、その直後に自分の間違いに気づいて自己修正している(102行目)。美奈の発言(103行目)によってグループのメンバーのうち少なくとも美奈とさやかは理沙の勘違いに気づいてヒントを出したが、理沙には伝わっていなかったと推察される。

結局、みかんグループでは、美奈は単語の意味を理解するのに時間がかかり、理沙は課題文中の台詞を誰が発話していたか理解できず、加えて、アイロンを持っていったのは夫人だと全員が勘違いしてしまった。そのような間違った解釈はなかなか修正されず、誰かが指摘しても全員が認識するまでに時間がかかった。このように、みんながほぼ横一列に並んでおり、役割分担が為されていないみかんグループの学習プロセスが明らかにされた。

(4) エピソード #3 の分析に対する考察

みかんグループのメンバーは、誰もが自分の気づいたことや解釈したこと、仲間の間違いの訂正などを平等の立場で発言している。ここで「平等」というのは、人間関係に「教え−教えられる」といった社会役割に代表される階層性が見られないことである。つまり、みかんグループにおける相互行為は水平[31]に動いており、「互恵的な支え合い」(Kagan, 1994)[32]が実現していると推察される。しかし、その結果、タスクの遂行に長い時間を要し、ワークシートの空欄が埋められなかった。りんごグループでは、混沌とした相互行為が次第に収束へと向かっていく様子が観察されたが、みかんグループでは、混沌とした相互行為がなかなか起こらない。りんごグループと比べると、始めからきちんと整っており、仲良しであるだけに役割分担ができにくかったと推察される。

たとえば、理沙は「やったぁ」(32行目)、「来たぁ」(58行目)というように、自分自身に対する評価は行うが、他のメンバーの発話に対して応答していない。他のメンバーの発話も断片的で、活発な双方向発話(対話)があまり見られない。仲良しであるために自分の意見を述べやすいという利点はあったが、一方で自分の発話が FTA となることを恐れたためか、一定以上相手の領域に踏み込めなかったのかもしれない。

上述のように、英語運用能力に大きな違いがないみかんグループのメン

バー間に、社会的役割の序列は生起せず、友達同士の互角の関係の相互行為が進行していたと考えられる。リーダーが存在せず、その結果、一旦わからなくなったり迷ったりしたときには、全員が泥沼状態に陥り、そこから抜け出すのに時間がかかった。結局、教師の言葉掛けが契機となってメンバー自ら間違いに気づき、全員が納得したため本人たちは達成感を感じたと思われるが、タスクは完成できなかった。

みかんグループの「振り返りシート」には、次回気をつける点として、それぞれ表現の仕方は異なるが、「誰が話しているのか確認する」「セリフの発言者がだれなのか」という内容のコメントが4名に共通して見られた。4名は本文の間違った解釈を正しく修正したと見られる。また、その日の協働学習についてのコメントには、「勘違いしていた所もわかって確認することができた」(遥香)、「気づかなかった点に気づけた」(さやか)、「brought が過去形だったことに気づいた」(理沙)、「勝手な考えで話を作っていたのを正してもらえた」(美奈)、とあり、美奈は多少受身であるように見えるが、他のメンバーは水平の関係であったことが窺える。

以上の分析から、みかんグループのメンバーは、タスク開始後しばらくの間は意識をタスクに焦点化していたと見られる。その間の相互行為のほとんどが今ここのタスクそのものに関わり、意識はミクロ・レベルのメタ認知に留まっていた。しかし、話し合いが進むにつれて、相互行為の内容は脱コンテクスト化された単語の辞書的意味から前後関係のようなコンテクストを射程に入れた単語の意味へ、さらに文の意味や文章の流れへと変化していった。この変化と共起して、発話の形態も変化している。当初は単語などメッセージの内容に注目した質問が目立っていたが、次第にグループ内の人間関係の構築にかかわるような形態へと変わっていった。そのことは、仲間に対して話しかけたり(「～じゃん」)、注意を引こうとしたり(「おいおい」)、確認しようとしている(「～よ」)文尾のモダリティに確認できる。このような発話の形態の変化に伴い、意識レベルにもミクロ・レベルからマクロ・レベルへと広がりが見られるようになってきた。こうしたみかんグループの相互行為の変化は、学習者意識の社会化を示すものであり、学習者の自律的な学習プロセスを示唆するものであると解釈できよう。

みかんグループは、ワークシートの3分の1程度しか埋められなかったが、4クラスを通して、このタスクのワークシートが終わらなかったのはみかんグループだけであった。振り返りシートに記された「理解度」は高かったにもかかわらず、ワークシートに回答できなかった理由として、次の3点が考えられる。

1) 全員が納得するまでに時間がかかった。
2) 全員一致の答えに辿り着くのに時間がかかった。
3) 話し合いに集中し、ワークシートに書き込むことが後回しにされた。

　これら3つの原因のうちいずれであったにせよ、グループ内の役割分担ができず、リーダー(権威者)が不在であったこと、それに伴い、話し合いの統制や時間の管理[33]という一種のマクロ・レベルのメタ認知を働かせる人がいなかったことが原因であったと推察される。しかし一方で、学習者が納得するまでとことん時間をかけることができたのは、教師主導型学習と異なる協働学習の特徴のひとつであり利点であると言える。
　2番目の理由として挙げた話し合いによって「統一見解」を得ようとする姿勢は、協働学習において起こりやすい問題であるが、このような背景にはメンバーが友達関係にあったことが大きく影響したと思われる。また、りんごグループの由美の発言に見られた「協働学習では意見の食い違いや違った解釈を聞いて考えを広げることができる」といった主体的な発想がみかんグループには見られず、メンバー間に相互依存が見られた。拡大して解釈するならば、みかんグループでは「互恵的に支え合う関係[34]」において「個人の責任[35]」が充分に果たされていなかったと言えよう。
　ここで、みかんグループのメンバーの相互行為のあり方を van Lier(2008) の自律的学習者への5段階ステップ[36]に照らし合わせるならば、理沙は外部の「権威」に頼っているということから、第1段階の passive ないし第2段階の obedient に属すると思われる。しかし、同時に質問もしており、美奈の質問に答えており、第4段階の inquisitive でもあり、第3段階の participatory とも、第5段階の autonomous、とも考えられる。遥香は辞書という

「権威」に頼っているので第2段階 obedient であるが、仲間の質問に答えているので、第3段階 participatory ないし第5段階 autonomy でもある。美奈は質問したり、理沙の間違いを指摘したりしているので、第3段階と第4段階ないし第5段階、つまり participatory、inquisitive と autonomy にまたがっていると考えられる。さやかは発言が少ないので判断が難しいが、質問し仲間の間違いを修正しているので、第4段階と第5段階 inquisitive と autonomous のレベルに達していると見られる。このように見ると、辞書や教師という外付けの権威の力を借りながら、メンバー全員がさまざまな役割をこなし相互行為による学習過程を踏んでおり、メンバー間には社会的役割における階層が成立していない。一方、van Lier(2008)の自律への5つのレベルのうちいずれかひとつに当てはめることも困難である。つまり、学習者は自律への5つの段階を一段ずつ終了して次のステップへ昇っていくのではなく、自律の度合いが進むにつれカバーする範囲(たとえば、ステップ1からステップ4というように対応するステップが)が徐々に広がっていくと解釈すべきであろう。したがって、自律へのステップ(van Lier, 2008)は、別々の「段階」というより一続きの領域であり、自律の程度は、学習者がカバーする「範囲」によって示されると解釈するのが妥当であると思われる。

(5) 回顧インタビューの分析と考察

遥香は常に冷静であり、英語に関する知識もあるように見える。実際、GTEC1回目の成績はりんごグループの亜紀に並ぶ高順位であった。しかしながら、遥香には辞書という権威の後ろ盾が無くては「教える側」のレジスターを使う自信がなかった。それは、彼女の性格、または完璧でなければならないという彼女の信条によるのではないかと思われる。そのことについて、学年末の回顧インタビュー(補遺9)で遥香は次のように語っていた。

遥香　：家とか授業では、ひとりで読んでるときは何回も読み返すとだんだんわかるようになるけど、友達とやると「ああ、そうだよね」って言って意見交換できたから、「ああそういう展開なのかな」とか「あたし違ったかな」とか。

質問者：じゃあ、わりと効果あった？
遥香　：はい。あと、自分にとって効果があったのは、長い長文とかになるとひとりでは読む気にならなかったんですけど、なんか、友達とだと、楽しいっていうのもあるけど、文章を前向きに、っていうか、そういうふうに読めるようになった。

　遥香の発言を整理すると、遥香は友達に助けられ（つまり、友達と互恵的に支え合い）ながら、長文に前向きに取り組むようになったという。さやかはGTEC 1 回目においてりんごグループの由美と同じレベルで上位群に位置していたが、回顧インタビューでは、「みんなでわいわいしながらやるほうが抵抗がなく楽しくできた。みんなでやるほうが長文に対して取り組みやすかった」と述べている。遥香もさやかも、協働学習によって英語長文読解に対する情意フィルターが下がったことを述べているが、これは調査②において、下位群の特徴として挙げられた項目である。2 人は、1 回目のGTECの結果で上位群〜中位群の上位に位置し、2 回目のGTECで大きな伸びを示したが、塾に頼り完璧を期すタイプであった。そのためと思われるが、上述のとおり、学習における自律への志向性があまり高くなかった。そのことが、みかんグループが泥沼状態から抜け出すのに長い時間を要することになった原因のひとつであったとも考えられる。
　前述のように、相互依存が比較的強く見られたみかんグループにおいてもっとも独立的な視点を持っていたと目される美奈は、回顧インタビューで、「そうとう悪いですよ、そうとう悪いです」（補遺 9）と、自分の英語の成績の悪さを強調していたが、GTEC1 回目の成績はりんごグループの大吾と同じレベルであった。質問者の「あなたたちのグループはすごくさぁ、意見がわぁわぁ、ビデオ見ててもいろいろ分かれてるじゃない？ 意見が違ったとき、わりとあなたは、引きながらも言っていたかな、と思うんだけど、どんなふうに関わってました？」という質問に対して、「違うと思ったら言うけど、う〜ん、っていう時はとりあえず黙ってみんなの話を聞いてました」と答え、「納得いかなかったらくいさがります」と付け加えた。たしかに、美奈は黙って頭を抱え込んで考えている場面が多く観察された。併せて、美奈

の発言は前言に対して曖昧な部分を確認するような質問が多く（たとえば54行目、59行目、72行目）、ひたすら自己内対話を行っていたと推察される（94行目など）。授業中の相互行為への関わり方から、美奈は能動的な聞き手であったと思われる[37]。しかし、意識はどちらかというと、今ここのタスクに焦点化しており、マクロ・レベルのメタ認知を働かせてはいない。回顧インタビューの続きの部分で、美奈に協働学習に対する感想を尋ねると、「はい、楽しかったし、ちょっと微妙に違う考えが聞けた」という答えが返ってきたが、りんごグループの由美が回顧インタビューで語っていたような、多様な意見を知ることによって自分の考えが広がったり理解が深まったりしたという認識は、美奈を含め、みかんグループのメンバーには見られなかった。実際には前述のみかんグループの発話の分析に見たとおり、意識を向ける対象が始めのうちは単語の意味などミクロ・レベルであったが、次第に発話者やコンテクスト、相互行為などマクロ・レベルに注目していることを示す発話が見られるようになっていった。しかしながら、みかんグループは水平な人間関係に基づく友達関係に支配されており、自身を含むグループ活動をメタ的に眺め相互行為の在りようを正しく認識することができるメンバーがいなかったのではないかと推察する。加えて、みかんグループの相互行為の変化はりんごグループに比べて時間をかけてじっくり進んだため、相互行為参加者である本人たちも変化を認識しにくかったと考えられる。みかんグループの学習の進み具合は非常にゆっくりでタスクの時間配分はなされなかったが、少なくとも、メンバー間には役割の階層も「権威的な言葉」も存在せず互恵的な相互行為を通して理解が深まり、グループ・メンバーは達成感を味わうことができた。

　ここまで3つのエピソードに見てきたように、メンバーやタスクによって協働学習にはまったく異なる様子の相互行為が実現され、自律的学習者へ向かうプロセスにはさまざまな歩みが可能であると結論される。

6.4　協働学習における相互行為のまとめ

　これまでに明らかになったりんごグループとみかんグループの相違点は主

に以下の5点であると思われる。

1) グループ内の社会的役割に基づく階層性の有無
2) グループ内に喚起されるフレーム、およびメンバーの関わり方
3) グループ内の相互行為の様子（意味のある対話の有無）
4) メンバーの意識が焦点化する対象
5) Good learners vs. Autonomous learners

　以下、上記の項目に沿って2つのグループを比較しながら論議する。
　りんごグループでは智恵がわからない点を質問し、亜紀が答えたり、由美が意見を述べたりしながら、相互行為を通して、智恵だけでなく、大吾も含む全員が考察を深めていた。換言すれば、りんごグループには「教える立場」のレジスターが表れ、「ミニ教室」のフレームが喚起され、［I-R-E］のパターンが見られた。由美はインタビューでグループ内に階層はなかったと述べているが、実際にはグループ内には役割が分配され、メンバー間に階層性が見られ、亜紀と由美の間には頂点を巡って時折交替劇が起こった。
　一方、みかんグループでは、理沙や美奈が質問し遥香が答えているが、理沙は自信がなく遥香や教師を権威として依存する様子が見られた。遥香も「辞書」という、いわば外付けの権威に依存していた。みかんグループでは、りんごグループのように社会役割の階層性において頂点となる存在が不在であり、そのために外付けの権威を求めたが、結局、階層性は成立せず役割分担も明確にならなかった。教室における相互行為のプロトタイプである［I-R-E］ではなく、日常生活における相互行為である［Q-A］、つまり「問題解決」のパターンが見られた。
　りんごグループでは、相互行為の中で他者修正がなされ仲間のフェイスを脅かすのではないかと思われる発話も見られたが、笑いによって権威的な言葉とならないようヘッジする様子も見られた。そうしながら互いに足場掛けやモデリングを行い、ヴィゴツキー（2001「1956」）のZPD理論が示唆するような相互行為が実行された。それは上記のようなさまざまな要素を含み、時折どんでん返しが起こるなど混沌とした状態であったが、バフチン（1996

［1975］）のいうところのカーニバルが実現しているなかで、次第に収束へと向かっていった。

　みかんグループは仲良しグループであったためかあまり鋭い議論は行われず、終始、仲良く笑いながら水平の相互行為が進められた。グループ内に社会役割の階層性が見られないため役割交替も起こらず、威圧的な態度も見られず、ヒントを出しながらも明示的な他者修正を行わなかった。メンバー全員が横一列に並んで相互行為を進めようとした結果、最終的には全員が納得することができたが、タスク遂行に長い時間を要することとなり、授業時間内にワークシートの記入を終えることができなかった。みかんグループのこのような失敗は、学習の流れやグループの活動全体を視野に入れることができるマクロ・レベルのメタ認知を働かせるメンバーがいなかったためと推察される。

　りんごグループのメンバーには英語運用能力のレベルに大きな差が見られた。上位群に属するメンバーは、グループ活動全体を視野に入れ、仲間に入れないメンバーに声をかけるなど、マクロ・レベルのメタ認知を働かせていた。タスクに対しては、自分なりの考えや立場を示そうとしていたと思われる。中位群の上位に位置するメンバーは、相互行為によって課題へのプロセスに関する多様性に気づくなど視野を広げ理解を深めることができた。1回目のGTECの結果によって下位群や中位群の下位に分類されたメンバーは、課題文の中の単語の意味やタスクの答えに意識が向けられ、ミクロ・レベルのメタ認知に留まっていたと思われる。

　一方、みかんグループでは明確な階層が生起していないため、「どんでん返し」は起こらず、相互行為におけるリーダー役は存在せず全員が横一列に並んだ相互行為がなされた。始めは辞書を頼りにタスクの答えや単語の意味の確認に集中していたため、間違いに気づくのに時間がかかったが、最終的には全員が疑問を解決することができた。非常にゆったりと時間をかけて全員で互恵的な相互行為を実現し、ミクロ・レベルからマクロ・レベルへと意識の対象を広げて行き、微弱ではあるが、自律的な学習者への成長のプロセスが見られた。このようなみかんグループの時間の使い方は、「たゆたい、よどみ、せきこみ、うねりながら進行する時間」すなわち「身体の時間」と

佐藤(1999, p. 468)が称する質的な学びの時間を体現していたものと解釈すれば、みかんグループの相互行為が成果を挙げたことは当然の結果として納得されよう。

　両グループの英語運用能力を比較すると、みかんグループのメンバーは全員が中位群以上に位置していた上に、GTECに見られた伸び率もりんごグループよりずっと大きかった。みかんグループのメンバーは、タスク開始時には依存できる「権威」を外部に求めていたが、全員で徐々に自律的な学習態度を高めていった。りんごグループは、成績はばらばらでGTECの伸びの大きさもばらばらであったし、相互行為への関わり方もそれぞれ異なっていた。しかし、上位群と中位群の2人は自分たちで何とかしようという自律への志向性が非常に高く、残る2人をしっかりリードしていた。

　以上に示したりんごグループとみかんグループの分析により、学習態度における自律の程度は、成績だけでなく学習者の意識の対象のメタ・レベルも大きく影響すると思われる。この点は、Cohen(1998)が意思決定能力の有無によって"good learners"と"autonomous learners"を区別した(第2.3.1節)ことと、ヴィゴツキー(2005［1926］)が服従的な学習態度は望ましくないと批判したことに符合する結果であったと言える。

　以上の2つのグループの特徴を比較して表に示す。

表6.3　みかんグループとりんごグループの比較

みかんグループ	りんごグループ
階層性なし(外付けの権威に頼る)	階層性あり
Q-Aパターン	I-R-Eパターン
友達・問題解決のフレーム	ミニ教室のフレーム
役割分担なし	役割分担→役割の交替「どんでん返し」
仲良し・長く続く泥沼状態	渾沌→収束
水平な相互行為	垂直な相互行為
ヒント・自己修正	威圧・ヘッジ・他者修正／自己修正
ミクロ→マクロ・レベルのメタ認知	ミクロ／マクロ・レベルのメタ認知
Good learners／自律的な学習者へ	従属的／自律的学習者へ

りんごグループのように、一見、相互行為がうまく機能し自律的学習が実行されていると思われるグループにおいて、実際は、英語運用能力に基づく階層性が生起しているというのは、協働学習の問題点のひとつと言えよう。ジェイコブズ・他（2005［2002］）はグループ内の役割およびメンバーの能力について、偏りがないよう教師が分配することを提案している。しかし、英語運用能力に偏りがあったみかんグループにおいて、教師がヒントを与えたことにより相互行為が急にうまく機能し始めたことを考慮すると、必ずしも役割やメンバーを教師が分配する必要はないのではないかと推察する。むしろ、教師が役割やメンバーの分配に介入することにより、りんごグループのように内在的な階層性が生起する結果となり、相互行為が必ずしもうまく機能するかどうか疑問である。

　こうした問題に対して、グループのメンバーを定期的に交代することが効果的であると考える。そのことによりメンバーが余りにも親しくなりすぎることを防ぎ、役割が固定化することを予防することが可能となるであろう。

　ここで、みかんグループに見られた「権威」への依存についての考察を補足する。遥香やさやかに見られた教師や塾[38]・辞書など外付けの権威への依存は、裏を返せば、正解を追及する姿勢の表れであり、権威的な言葉によって確認されたひとつの正解を求めるという、いわば多様性を排除することにつながる考え方であると解釈される。このような考え方は、さらには完全主義、そして成績至上主義へと発展していく可能性が大きい。同じような傾向は、りんごグループの亜紀にも垣間見られた。亜紀の由美に対する態度は、明らかに智恵や大吾に対する態度とは違っていたが、それは、権威（由美）に対する服従であり、成績による序列を重視する態度であるといえる。また、智恵と大吾には、そのような成績に基づく序列や権威だけでなく、グループないしクラスにおける権威に対して追従しようとする姿勢が見られた。これらは、中学校のクラスには、成績に基づく一種の社会的階層性が存在することを示唆するものであると思われる。

　最後に、りんごグループとみかんグループを比較して、協働学習という概念を整理する。Kagan（1994）の提唱する協働学習の4つの原理（PIES：本章の注32参照）と照らし合わせてみると、みかんグループは外部の「権威」

を当てにしたという点において「個人の責任」を十分に果たしていなかったと思われるが、相互行為全体を概観すると、りんごグループよりメンバー全員がほぼ対等に相互行為に関わっており、「互恵的な支えあい」あるいは「平等な参加の機会」という協働学習の原理として挙げられる要件を満たしている。加えて、みかんグループは問題解決にとことん時間をかけた。その意味では、みかんグループの方が理想的な相互行為を実現していたと思われる。りんごグループのように役割の階層性が明確になれば、系統立った相互行為が可能になるが、同時に、対等な相互行為を展開することは難しくなる。逆に、みかんグループのように対等な相互行為を重視すると、役割における階層は不明瞭になり、問題解決に時間を要し、タスクがうまく遂行できない危険がある。結局、学習者の主体性を重視する協働学習は、このように内在する問題はある程度避けられないのであろう。

　協働学習は「多様性」を受け入れることを学ぶ場であると前段に述べたが、りんごグループとみかんグループの様子から協働学習そのものの形もひとつではないことは容易に推察されよう。りんごグループはメンバー間に英語能力の差があるケースであり、明らかに人間関係に階層性が見られ、学習者間に ZPD 理論の説くような足場掛けや相互行為が行なわれ、りんごグループの相互行為には「ミニ教室」のフレームが喚起された。一方、みかんグループはメンバー間の英語能力が拮抗しているケースであったが、その結果、人間関係はほぼ対等であり、互恵的な支え合いが可能となった。しかし、同時に、みかんグループは問題解決に時間を要する結果となった。しかしながら、エピソード #1 の分析で論議したように、コンテクストは刻々と変化していくものであり、ここに取り上げたりんごグループとみかんグループによるエピソードについても例外ではなく、グループ内の人間関係における階層性や社会役割(アイデンティティ)は当然、固定化したものではなく刻々と変化する。一方で、教師主導型学習、あるいは習熟度別学習においては、教師はこれまでの学習暦と照合した評価に基づく階層に当てはめて学習者を捉えようとする傾向があると思われる(Breen, 2001)。その結果、人間関係における階層性も社会役割も固定化されており、社会から切り取られ、つまり脱コンテクスト化された学習環境を作り出すと考えられる(cf. 佐藤,

2004)。

それに対して、協働学習はその学習過程に人間関係における力関係や階層性を内包しており、社会文化的コンテクストの中で学習が進行していくと言う点において、力関係や時間的コストなどの問題も含んだ「現実社会」を写し出す学習形態であると言える。本書では、そのような学習形態における相互行為を分析することにより、学習の結果だけでなく学習のプロセスを扱い、学習者個人だけでなく学習者が置かれた社会文化的コンテクストも共に考察した。そうすることにより、個別のアイデンティティを有した中学生の学習の実態を描出し、協働学習を多面的に捉えることができた。

6.5　教師主導型学習における相互行為のエスノグラフィー分析

6.5.1　調査の概要
(1) 調査の目的

ここまで協働学習における相互行為について教室エスノグラフィーに基づく分析と考察を行った。本節では、主調査の補足として行った教室コミュニケーションのプロトタイプと言える教師主導型学習における教師と学習者の相互行為に関する質的調査(調査4)について記す。筆者とは別の教師(川島先生：仮名)による教師主導型授業(選択英語の授業)の観察を通して得られたデータから、協働学習の場合と異なる相互行為の特徴が表われていると思われる3つの事例を抽出し、コミュニケーション理論に則って分析する。さらに、自律的な学習態度の涵養という観点から協働学習における学習プロセスとの違いを検討する。

(2) 調査の対象

補足調査のフィールドはこれまでに示した主調査と同じ中学校の、同じ英語選択授業の標準(β)コースであるが、第3章(研究の枠組み)で触れたように、調査年度が異なるため、調査対象としたのは調査1～3の研究協力者とは別の学習者である。補足調査の調査対象である中学3年生は、本研究の主たる研究協力者と4学年離れており、英語授業における協働学習を経

験していない。また、同じ英語選択授業 β コースであるが、以前はリーディング中心のコースであったのに対し、現在は総合コースとなりリスニングやライティングの指導も含まれる。本年度 β コースを選択している生徒の中には川島先生が前年度まで 1・2 年生で担当していた帰国生も数名含まれており、新学期開始後 2 ヶ月であったが川島先生と生徒たちはすでに打ち解けているように見受けられた。一方、コース分けの基準が徹底されておらず、各クラス 20 名ほどの履修者間の英語運用能力には比較的大きな違いが観察された。

学習環境としては、5 月末の暑い日であったが教室にはクーラーと壁掛け扇風機が完備され学習にふさわしい環境であった。ただし、数日後に体育祭を控え、体育祭の予行演習も行われ生徒たちは興奮気味であった。机は通常通り黒板に向かって並べられ、横 6 列（2 つずつつけて並んでいる）、縦 3 列ないし 4 列を使用している。席順は初めに座ったとおり固定しており、男女はほぼ別れて座っていた。

(3) 調査の手順

前項では、学習環境について概説したので、本項では授業を中心としたコンテクストを説明する。

当年の選択英語の授業は週 1 回（原則 50 分）で、毎時間ウォーミングアップとして「チャロの大冒険(Little Charo)」(NHK)の 1 話分（5 分弱）のビデオを見ながらディクテーションを行う。聞き取るのは 10 語から 20 語で、一度全体を聞いて書き取りを行った後、答え合わせをする。ビデオを見せている間に川島先生はプリントと同じ文をすべて板書しておき、聞き終わるとひとりずつ順番に生徒を指名し、抜けている語を答えさせそれを板書していく。答えが間違っている場合は教師が次の生徒を指名して答えさせる。生徒はプリントの答えを自己採点し、その場で提出する。

次にリーディングの練習に移行する。ワークシートの初めのページには挿絵が集められており、それを元に文章の内容を予測させ質問に答えさせる Pre-reading から始める。その後、300 ワード程度の文章を読ませ、設問の答えを書いて授業の終わりに提出させる。課題文の多くは以前の中学校 2 年

生の教科書 *TOTAL ENGLISH* 2(1981)から選出しているが、設問の多くは教師が独自に作成したものだという。たとえば、話のキーワードを答えさせる Scanning、単語の意味を問う Vocabulary、真偽を問う問題(T/F)や内容に関する1問1答(Q&A)、穴埋めをしながら要旨を完成させるなどの Comprehension、話の続きや感想、段落ごとの要旨をまとめさせる Writing の4つの部分からなる。本文を1文ずつ訳しながら問題を進めていくため50分では終わらず、最後の Writing の部分は宿題になる場合が多く次回提出させるが、ほぼ全員が提出するという。

筆者は合計3回授業観察に入った。ビデオカメラを教室の前に設置し生徒の表情を記録したかったが、生徒がカメラを意識して授業の妨げになると感じたため断念した。IC レコーダを教卓に置いたところ、前の席の生徒の気が散るようであったのでこれも断念し、生徒たちの後ろの机に設置した。全般的に生徒の声が小さく録音状態はあまり良くなかったため、筆者が後方の席でできるだけフィールド・ノートを取るよう努め、書き起こしの際の参考資料とした。

授業後に自由記述アンケートとインタビューを予定していたが、体育祭の直前ということで3年生は忙しく、ホームルームの時間を割くことも難しいと思われたため断念した。観察した際の疑問点については、後日、川島先生にお尋ねしお答えいただいた。

6.5.2 教室で起こっていること②—分析と考察

(1) エピソード #4(3年そら組)(補遺27)

次に示すのは、授業の始めに行われるディクテーション(補遺28)の答え合わせの場面である。教師は黒板の空所を指しながら座席順に生徒を指名して答えさせていく。まず、そら組の教室の配置図を図6.2に示す。

第 6 章 協働学習の教室エスノグラフィー分析と結果

			教卓			
(男子)	(女子)	(男子)	大前	(女子)	前田
(男子)	(女子)	小高(帰)	児玉	橋本	高田
(男子)	横井	原	西野	IC レコーダ	

(ビデオカメラ) 　　　　　　　　　　　　　　　　　　　　　(帰)：帰国生

図 6.2　教室の配置図（3 年そら組）

　意味がわかりにくい文については生徒に意味を尋ねるが、教師がほぼ一文ずつ日本語訳を口頭で示していく。注意を要する単語や熟語の意味についても口頭で説明した後、ひとつずつ板書していく。次の抜粋部分に登場するのは全員女子生徒である。

6　橋本　　：bed
7　川島先生：そう。
8　橋本　　：(友達に小声で)ありがとう。
9　川島先生：(文を読む)How comes? あ、4 は何ですか？
10　西野　　：How come
11　川島先生：はい、どういう意味ですか？ How comes ですね。児玉さん。
12　児玉　　：xxxxx
13　川島先生：大きい声で。
14　児玉　　：どうやって。
15　川島先生：はい、そうですね。小高さん。
16　小高　　：dream
17　川島先生：そうです。どういう意味かわかる？
　　　　　　(小高・横井が低い声でしゃべっている)
18　小高　　：(ぼそっと)なんで How comes?
19　原　　　：forget
20　川島先生：(視線はプリントに向けて)あ、How come ですね。s いらない。何だかおかしいと思ってたんだ。

21　　　　　　　6は？
22　原　　　：forget
23　(女子)　：言ったよ、先生大丈夫？
24　川島先生：言った？(黒板を見る)
25　　　　　　　あたし、書いてない。

　ここには、教室における相互行為のプロトタイプともいえる［I-R-E］のパターンが明確に浮かび上がっており、発話のターンの交代も教師の指示に従って整然と行われている。18行目に至るまでは先生の質問－生徒の答え－先生の確認というパターンで情報のやりとりがなされており、この部分には情報理論的・サイバネディクス(機会論)的コミュニケーションモデルがほぼ当てはまりそうである。教師と生徒は相互行為を通して答え合わせをしているが、生徒は教師が予め決めた筋道に沿って教師の設定した速度で学習を進めていく。川島先生の授業では生徒の質問によって時々一時停止することもあり、教師が一方的に授業を進めているわけではないが、それでもスピードに乗れなかった一部の生徒は学習活動からはずれてしまっていた。たとえば、横井と帰国生の小高は How comes がおかしいと気づいて質問しているが、原はおかしいと思わなかったらしく(あるいは故意に)、小高の質問にはまったく構わずに次の空所に入る語を答えている。つまり、原は小高と教師の相互行為に参加していなかった。原の意識に注目すれば、自分が答える項目「今ここ」に意識が集中しミクロ・レベルのメタ認知に留まっており、自分のいる教室で何が起こっているかを把握できるだけのマクロ・レベルのメタ認知を働かせていない。一方、小高は教師の説明に対して批判的な視点をもち、言葉遣いに見られたように再帰的メタ認知を働かせ、学習のコンテクスト全体をマクロな視点で捉えていると言える。これまで繰り返し論議してきたとおり、自律度の高い学習者ほどマクロなレベルのメタ認知を働かせることができる。したがって、小高の方が原より学習における自律の程度が高いと判断される。

　小高の発言(18行目)に注目し、ここで為されていることについて検討する。小高は帰国生だが、ここで川島先生の発言(11行目：How comes?)に対

して、いわば他者修正を行っている。その発言の前に横山としゃべっているが、一般生の横山が帰国生の小高に意見しているとは考えにくく、おそらく小高が川島先生の間違いに気づき、しばらくの間、発言するかどうか逡巡していたと推察される。小高はまず隣の生徒に先生の間違いを伝え、その後、先生に聞こえる程度の声で発言した。先生に対して非難するのでなく、どうしても納得できない疑問を18行目で口に出したという感じであった。これは、生徒である小高が川島先生の教師としての権威的な立場を尊重し、一方で自分は生徒であるという上下関係をわきまえていたことを示している。しかし、川島先生は20行目の発言で、はじめは教師のフッティングを使っているが次第に教師の立場から離れ生徒と対等な目線で話し始め先生レジスターを放棄している。おそらく、生徒に向けての発話というより自分自身に向けた発話へと移行して行ったものと思われる。ただし、川島先生は小高としっかりアイコンタクトを取ることはなく、川島先生が無意識のうちに教師としての権威を守ろうとする姿勢が感じられる。当然、小高と川島先生の間の役割分担は、小高の他者修正の後も変化することはなかった。他者修正によってグループ・メンバー間の社会役割に「どんでん返し」が起こった協働学習における相互行為の様子(エピソード#1事例③と事例⑩を参照)と大きく異なる点である。

　ここで為されていることは、先生と生徒の(堅苦しい)隣接ペアによる知識の"passed down"(Eckert, 1989, p. 179)であり、(相手を変化させるような)意味のある相互行為ではないことが特徴であると言える。教師という権威ある存在が学習過程を仕切っており、生徒は教師の指示に素直に従っていて自らの意思をもってタスクに向き合うことはなく、その結果として一部の生徒の学習意欲が低下したと思われる。このような状況は、絶対的な優位に立つ教師と受身の立場に甘んじる学習者の間に生起する「垂直の人間関係」という社会的役割分担のプロトタイプを有する教師主導型学習が潜在的に抱える問題と言えよう。また、自律的な学習態度の育成という観点に立つとき、板書された文字を写す生徒たちは脱コンテクスト化された文字に意識が集中してミクロ・レベルのメタ認知に留まっており、自らの学習を振り返るほどのマクロ・レベルのメタ認知を働かせていないことが英語学習に対する動機づ

けの低下につながったと推察される

　教材として使用したビデオ(リトル・チャロ：NHK)はアニメであるが中学生の興味を惹きつけていた。ビデオを見せている間に川島先生はすべての問題文を板書し、答え合わせの時には生徒が答える度に空所に正しい答えを書き込み、加えて、注意すべき単語とその意味も板書した。一方、生徒は板書された文字を写す作業に追われ、すでに答えてしまった生徒や順番がまだ回ってこない生徒の中には、周囲の友達とおしゃべりしたりプリントに絵を描いたりして答え合わせに参加していない生徒が見受けられた。そうした生徒たちのプリントはほとんど白紙であったが、プリントを提出する直前に友達のプリントの正解を写して体裁を繕っていた。教室では発話のターンは整然と交替していくが、前述のように発話のフロアに上ることすらできない生徒もいて、教室は皆が自由に発言できる、いわゆる「カーニバルの広場」ではなく、教師に管理されたフロアであり、一部には生徒の差別化が見られた。

　川島先生によると、当該校の選択英語のコースは生徒本人の興味・関心に基づいて自由に選べるため、当該年度の受講生の中には選択したコースが適切でない生徒も多く、専任教諭を通じてコースを変更するよう指導してもらったが一向に改善されず、本来基礎コース(1年生からの復習コース)を取るべき生徒が川島先生の標準コース(3年生レベルの総合コース)に残っているということであった。そのようなクラス編成であるため、ディクテーションの場面では、問題が易しすぎてやる気を起こさない生徒、あるいは難しすぎて聞き取れない生徒、その双方が同席していたと言える。

　しかしながら、英語運用能力の面で基準に達しない生徒は基礎コースに移すというシステムに問題はないだろうか。英語運用能力の異なる生徒たち全員に同じ課題を与え興味をもたせ理解させるのは難しいため、その解決策として習熟度別学習法が取り入れられてきた。習熟度別クラスでは教材の準備や授業の展開がスムーズに運び理想的な指導法であるように思われるが、同程度の習熟度の学習者間に競争意識が芽生えることはあっても学び合いは起こりにくい。それに留まらず、斉藤(2004, p. 127)が指摘するように、習熟度別学習は「子どもたちのなかにクラスによる優越感や劣等感を植えつけることにもなる」恐れがある。換言すれば、習熟度別学習とは絶対的な存在で

ある教師の元に学習者が序列化された状況であり、垂直な人間関係に基づく、いわば協働学習の対極に位置する教授法であると言える。そのような教授法が学習者の動機付けを低下させ、やる気を削ぐことに繋がるのではないかと懸念される。

(2) エピソード #5（3年いちょう組）（補遺 29）

　次に示すのは、"Lassie Come-Home"（*TOTAL ENGLISH* 2, 1981, pp. 38–42）の話を読んだ次の週の授業の始まりの場面である。生徒たちは前の時間に、ワークシート（補遺 30）の設問には解答したが、登場人物のひとりである公爵の心情を正しく読み取れていたかどうか、川島先生が次の週に生徒に確認した。

　課題文の後半は次のようになっている。「公爵がラッシーを買い取ったものの何度も逃げ出し、元の飼い主 Joe の元に戻ってしまった。ついにラッシーをみつけた公爵はみつかった犬がラッシーではないとあえて主張し、Joe 親子をその犬の飼育係として雇いラッシーと共に自分の屋敷に置くことを提案した。」川島先生は最後の部分の英文を読み直し、公爵はやっと見つけ出した犬がラッシーではないと嘘をついたのはなぜか生徒に質問した。いちょう組の机の配置図を図 6.3 に示す。

（ビデオカメラ）　　　　　　　　教卓

（男子）	（女子）	寛(帰)	（女子）	愛子	史織
（男子）	孝子	俊夫	明子	紀子	（女子）
	IC レコーダ	郁子	悠子	恭子	

図 6.3　教室の配置図（3年いちょう組）

　次の抜粋は生徒を順に指名して意見を述べさせている場面である。

1　川島先生：あ、じゃ、明子さん。
2　明子　　：それはわかんない。
3　川島先生：え、だって、ずっと欲しくて取り戻したりしてたんだよね？

4	明子	：え、また？
5	川島先生	：また欲しくなった。
6		はい、そこがポイント！
7	？	：で〜、知らないふりをしたの。
8	川島先生	：え、どうして知らないふりしたの？
9	？	：気分。
10	川島先生	：気分？（笑い）
11	川島先生	：あ、愛子さん。
12	愛子	：xxxxx
13	女子	：ああ、そういうことか！
14	恭子	：ラッシーだと飼っちゃダメって言われるから、知らないふりして。
15	川島先生	：うん、うん、
16	恭子	：xxx
17	川島先生	：じゃ、恭子さんに賛成の人？
18		え、何て言ったかわかった？
19	恭子	：この犬がこの前飼ってたラッシーじゃないって言って、も一度飼おうとした。
20	川島先生	：え、どうして知らないふりしたの？
21	愛子	：え、ラッシーだとダメって言われるから。
22	川島先生	：え？
23	愛子	：飼っちゃダメって。
24	川島先生	：誰が飼っちゃダメって？
25	愛子	：え、お母さん。
26	川島先生	：え。お母さんが飼っちゃダメって言うの？
27		飼おうとしてたのは誰？ラッシーをもう1度飼おうとしてたのは？
28		この he っていうのは・・・・・Duke が言ったんです。
29		Duke はやっぱりもう一度ラッシーを飼いたかったんですよね。で、飼うためには。。。

川島先生は質問しながら生徒の発言を促し、生徒の曖昧な部分を修正しながら正解へと導いている。ここでは先生と生徒の間に活発な相互行為が見られ、ヴィゴツキーの「発達の最近接理論(ZPD理論)」が実現されていると言える。しかし、13行目では、仲間の前言を受けて女子生徒が気づきを示しているものの、15行目では先生がひとりで納得しており、17行目で「賛成の人」に挙手させようとしたが、あまり反応がなかった。他の生徒たちは恭子の声が小さく聞こえなかったため意見を理解していなかったのではないか。「賛成の人」というフレーズは川島先生の授業で繰り返し使われていたが、生徒の意見を聞きだすのに余り効果的でないと思われる。26行目以降では先生が正しい解釈を述べてしまった。この一連の相互行為の間、一部の女子生徒と教師だけが話し合いに参加し、他の生徒、特に男子生徒の多くは話し合いに参加せず退屈そうにしていた。つまり、先生と女子生徒たちの間の相互行為は男子生徒たちにとって意味のないものとして受け止められていたと思われる。つまり、エピソード#4に挙げたディクテーションの答え合わせの場面での相互行為の様子に近く、他の人の意見を聞いて生徒が思考を深めたり、考え方の多様性に気づいたりするような気配は感じられない。佐藤(1999, pp. 467-468)は、時計の時間(クロノスの時間[39]：量的時間)と身体の時間(カイロスの時間[40]：質的時間)を区別して論じ、学びの時間は「均質で一方向的で不可逆的な時間ではないはずである。学びの身体が経験している時間は、たゆたい、よどみ、せきこみ、うねりながら進行する時間であり、過去にさかのぼったり未来へと飛翔しながら再び現在へと回帰する、往還する時間である」と説明しているが、ここで協働学習でみかんグループが課題を解決するのに長い時間を要した末、全員が納得し振り返りシートに達成感が記されていたことを想起されたい。あるいは、りんごグループの由美が呻き声を挙げながら自分の疑問ととことん向き合っていた事例⑧も同様であるが、あの2つのグループには正に、佐藤のいう「身体の時間」がうねりながらたゆとうていたと言えよう。そのような協働学習におけるグループの時間と比較すると、エピソード#5で取り上げたいちょう組では教師は時計の時間の流れに従い、「唯一」の正解へと生徒を導こうとしており、「時計の時間」がたゆみなく流れていたと推察される。そこでは、学びのプロセス

より結果に意識が焦点化されており、生徒は「多様性」やマクロ・レベルのメタ認知に気づくことは難しい。このような状況で生徒たちが学びを体感できたかどうか疑問が残る。前出の佐藤(1999)は、明治30年代以降、教室の広さや廊下の位置などが全国一律に定められた教室空間が無機性であるとして、「効率一辺倒の機能主義と生徒管理における権力性と結びついていた。黒板と教卓を中心にして一方的に整然と並べられた机と椅子は、この効率一辺倒の機能主義と官僚主義的な権力性を象徴している(p. 470)」と批判的な目を向けているが、現在の教師主導型学習の教室環境はこの無機性を兼ね備えたものに陥りがちである。先生と生徒たちが向かい合い、先生のペースで学習が組み立てられ、計画に沿って学習が進められていく3年いちょう組も、この無機性に支配されていたのではないかと推察される。

次に引用する部分で寛はこの授業が「ラッシー」の2回目の授業であるにもかかわらず、ラッシーの名前を正しく発音できていないし、発言の内容は質問と噛み合っていない。

37　愛子　　：かわいそうだと思った。
38　川島先生：うん、いいよ、いいよ。かわいそうだと思ったから？寛君。
39　寛　　　：4行目のラッシーが細くて毛が汚かったからわからなかった。
40　川島先生：ほんとにそう思ってたの？
41　寛　　　：思ってた。だからマジ、他の犬だと思ってたんだよ。体型が変わってるから。
42　川島先生：他の犬だと思ったけど、I need a dog keeper. って何で言ったかわかる？

寛は帰国生だが他の場面でもたびたびふざけている様子が観察されており、ほんとうに理解していないのかどうか定かではないが、少なくともそれまでの話し合いには参加しておらず学習活動からドロップアウトしてしまっている。40行目で川島先生が「ほんとにそう思ってたの？」と疑問を投げかけ考え直すよう促しているにもかかわらず、41行目で寛は「思ってた」

と即答しており、先生のことばは寛に届かなかったようである。バフチンの言葉を借りれば、教師のことばは権威的なことばとして受け止められ、相手(生徒)の内部に変化を起こすことができなかったのかもしれない。協働学習で生徒同士の相互行為を通してそれぞれが理解を深め疑問を解決していった学習プロセスと比較すると、教師主導型における教師と生徒の間の相互行為の様子が大きく相違していることは明らかである。

　次に、この3年いちょう組の教室における生徒の意識の社会化について考察する。13行目で女子生徒の「あ、そういうことか」という発言が見られたが、そこ以外には生徒同士の意見の絡み合いや応答がほとんど見られない。つまり、相互行為は教師と生徒個人の間で行われているのである。このような生徒の状態を学習者の自律という観点から分析すれば、教師と生徒の間の相互行為において活発に発言する数人の女子は van Lier(2008, pp. 169–170) の示す自律への6段階のうち第2段階(obedient：learners carry out instructions given by the teacher)から第3段階(participatory：learners volunteer answers to teachers' questions)に、その他の女子生徒と男子生徒は第1段階(passive：learners are unresponsive or minimally responsive)に停滞していたと考えられる。こうした学習への取り組み方は、授業時間内に解消されることはなく、自律への段階を上がるような様子が見られなかった。学習者の自律が学習者の社会化と関連することに鑑みれば、先に述べたように学習者の社会化が見られない学習の場で学習者の自律への変化が確認されないことは当然の結果と言える。

　以下に引用する部分は、ラッシーの2回目の授業の最後の部分で、先生が自分の質問に対する答えを整理している部分である。

57　孝子　　：公爵もラッシーはほしいけど、それでジョーと引き離しちゃうとかわいそうだし、だからと言ってジョーの元に戻すとお父さんに売られちゃうから、だから、自分も満足できるし、っていうんで、お父さんも飼い主として雇って家族ごと自分の家に越してきてもらって、世話をしながら暮らしてもらう。

58　川島先生：はい、えー、孝子さんの意見に賛成の人、Raise your hands!
59　　　　　　Duke はラッシーのこと、わかってたけど、1 回連れて帰ったら逃げ出してしまって、また同じこと繰り返したら、結局自分のものになんないから、みんなが満足するように。ジョーとお父さんとラッシーとそこに残しとくとお父さんがまた売っちゃうかもしれないし、みんなが幸せに暮らせたらいいなと思って、飼い主として雇ったっていうことですね。

　おそらく孝子は文脈を正しく理解していたと思われる。しかし、孝子の説明が完結しないうちに教師がターンを引き取って「賛成の人、Raise your hand!」とクラス全体に問いかけた。おそらく、孝子によって提示された正しい理解の枠組みを、機を逃さずに他の生徒にも納得させようとしたのではないだろうか。この状況では孝子の答えが正しいと察しがつくであろうから、納得していなくても雰囲気で挙手する生徒が多くいるだろうと思われたが、実際には、生徒はあまり活発な反応を示さなかった。ここで再び、協働学習におけるみかんグループの相互行為と比較するならば、みかんグループでは生徒ひとりひとりが納得するまでたっぷり時間をかけて話し合いがなされ、佐藤 (1999) が言うところの「身体の時間」が流れていたと思われるのに対し、いちょう組では「時計の時間」に流され、十分な時間をかけて生徒に説明させる代わりに教師が権威的な立場に立って、効率よくクラスを正解へと収束させようとしているように見受けられた。
　もちろん、このような効率重視の教師主導型学習が効果的である場面があることは秋田 (2007) も指摘している (詳細は第 2 章を参照)。しかし、川島先生の選択英語の授業のように新出文法や新出語彙がない場面では、協働学習のような学習者中心の授業形態を工夫する余地があるのではないかと考える。

6.6 協働学習における相互行為と教師主導型学習における相互行為の比較

上記2つのエピソードから浮かび上がった教師主導型学習における相互行為の特徴について協働学習の場合と比較・考察し、主な比較項目について表6.4に整理して示す。

表6.4 協働学習と教師主導型学習における相互行為の比較

	協働学習	教師主導型学習
発話のターン	自由(重なる場合もある)	教師が管理(理路整然と交替)
コミュニケーション	意味のある対話	情報の伝達
得意分野	理解・考えを深める	知識を増やす
相互行為	いわば「カーニバルの広場」Multiple direction の相互行為	知識の "passed down" 教師⇔生徒の1対1対応
パターン	多層的な挿入連鎖を含むR	I-R-E(IとEが膨らむ)
言葉	内的に変化を起こす言葉	権威的な言葉
社会的役割	流動的	固定的
学習形態	社会文化的コンテクストを内包	脱コンテクスト
意識レベル	ミクロ〜マクロ・メタレベル(学習のコンテクスト化が可能)	ミクロ・メタレベルに留まりがち(学習の脱コンテクスト化)
時間的コスト	時間がかかる(身体の時間)	効率的に進められる(時計の時間)
理解度	全員が納得	理解にばらつき
学習態度	自律的 (④ inquisitive, ⑤ autonomous, ⑥ committed*)	受身の姿勢 (① passive, ② obedient, ③ participatory*)

* van Lier(2008)における自律への6つの段階。⑥がもっとも自律的な学習態度を示す。

協働学習の場合は、相互行為参加者の誰も正解(IREのRの部分)を知らずグループ・メンバーが意見を出し合いながら正解を探るため、きれいな[I-R-E]のパターンは出来上がらない。その結果、教師主導型学習ほど効

率的に問題解決を図ることはできず時間的コストが高くなる。大きく膨らんだ［R］は学習者が試行錯誤を重ねながら自分の頭で考えていることを意味し、佐藤(1999)の言うところのいわば「身体の時間」のゆったりした流れの中で「教室に多元的で複数的な学びあうかかわりが生み出される(p. 524)」ような状態が実現していると言える。

　教師主導型学習の場においては［I-R-E］という典型的な教室コミュニケーション・パターンが見られ、教師は生徒に対して scaffolding の役割を果たし ZPD 理論が実現されている。［I-R-E］のパターンを詳しく見てみると、教師は質問するが、実はすでに答え（［R］）を知っているため無意識に生徒の答えに評価を与えたり、ヒントとなる質問を投げかけることによって正解へと生徒を誘導してしまう。協働学習の場合とは対象的に、質問と評価（［I］と［E］）の部分が大きく膨らむこととなり、生徒は教師の指導によって効率的に正しい結論へと導かれ、生徒の分担である［R］は可能な限り押し縮められる。このとき教室の学習者たちは、佐藤(1999, p. 523)が主張する〈差異〉を尊重しあう「シンフォニーのような共同体」であることは叶わず、むしろ「同じ内容の理解や同じ達成度をもとめる」〈同一性〉を志向する共同体が実現しているのである。生徒は試行錯誤を繰り返すことによって新しい発見をするかもしれないし、疑問を解決しながら次のステップに進むかもしれないが、〈同一性〉の中ではそのような自由は奪われる。換言すれば、教師主導型学習ではゴールとなる正解がひとつに限定され、解決への道筋も進む速度もある程度規定されるなど、教師が学習のプロセスをコントロールしてしまうため学習者の批判的視点(つまりメタ的視点)が損なわれる。この状態はフレイレ(1979［1970］)のいう「被抑圧状態」に近い。自律的な学習者であるためには、メタ的視点こそが重要であるので、メタ的視点をもつことが難しい教師主導型学習において自律的な学習態度を育成することは難しいと考えられる。

　結局、教師の言葉が権威的な言葉として受け止められる限りカーニバル（バフチン、1968［1963］, pp. 180–181)のような「自由であけすけな接触」は実現せず、したがって学習者に内的変化を起こすことは難しく、一部の生徒以外では「学びの内化」(佐藤、2006, p. 63)が進んでいないのではないかと推

察される。しかも、このように教師が管理する学習プロセスにおいて、教師が意図するところをすぐに理解できる生徒は教師の指し示す方向へ向かうことができるが、すぐに理解できない生徒は乗り遅れることもありうる。ここには江利川(2008, p. 16)が危惧するように、「英語の苦手な生徒への言及が皆無」とも言える英語教育における差別化が垣間見られる。

　教師主導型学習の実態を踏まえて第6.4節で協働学習の弱点として挙げた時間的コストについて再考すると、学習者に自分で考える時間を与えること、たゆたい、過去や未来・現在を往還する「身体の時間」(佐藤, 1999, p. 468)を生徒に経験させることこそ協働学習の効果を確かなものにする鍵であろう。換言すれば、いまや教育は生徒に与える知識の「量」を重視する時代から、身に着けた知識を活用し主体的に考えるという「質」を重視する時代へと教育の転換の時期を迎えているのではないだろうか。そのような時期にあって協働学習を導入することの意義は大きいと結論されよう。

注

1　佐藤(1996)はポスト構造主義の時代を反映して内容について主体的理解を重視するテクスト分析を支持する。「読者は作品の単なる消費者ではなく、作品についての意味世界を再構築していく能動的な生産者である」(p. 51)という視座に立ち、「権威的な言葉に支配されたモノローグ」、かつ「同質性の世界」に陥ることを危惧し、「対話的な交流のあるダイアローグの世界において新しい意味世界」(p. 61)を作り上げる主体的な読みをめざす。
2　詳細は第5.1節を参照。
3　I=Initiation、R=Response、E=Evaluation(2.4参照)。
4　第3.1節に詳しく述べた。
5　このような解釈の可能性をシルヴァスティン(2009)は「行為の多義性」と呼ぶ。
6　ハリデイ・ハサン(1997)はテーマ(旧情報)とレーマ(新情報)というテクスト性を示した。
7　いわゆる「どんでん返し」(転覆)と呼ばれる。
8　前にも述べたように、研究協力者が特定されないよう具体的な年は明らかにしな

い。
9 振り返りシートには 0 〜 100%の数直線上に理解度を○で示すよう指示したが、生徒が 120%の目盛りを書き加えて○をつけた。よく理解し納得したことを示したかったと思われる。
10 グライスの「関係性の格率」とはコミュニケーションに必要な用件で、量の格率（必要なだけの情報を与えること）・質の格率（真実を語ること）・関係の格率（話題に関係のあることを言うこと）・様態の格率（適切な形式を選択すること）の 4 つが含まれる。詳しくは第 6.2.1 節 (10) 参照。
11 詳しくは第 6.2.2 節 (4) 参照。
12 詳しくは第 6.2.2 節 (1) 参照。
13 Participation framework (Goffman, 1974: 1981)：コミュニケーションにおける参加者の様々なステータスを説明した概念で、話し手は（少なくとも）3 種類の参与者でありうる：①アニメーター（伝えられるメッセージに音声を与える「発生装置」）、②演者オーサー（表現・語彙の選択、感情移入を司る役割を果たす）、③プリンシパル（表される信念・信条の主体となる人物）。また、聞き手には 2 種類あり、①承認された参与者と②未承認の参与者 (by-standers, over-hearers, eavesdroppers が含まれる) に分かれる。詳細は、Irvine (1996, pp. 132–136) を参照。
14 ヘッジ：第 6.2.2 節 (5) 参照。
15 参与の枠組みについては、注 13 を参照。
16 FTA：第 5 章注 15 参照。
17 フェイスについては、第 6.2.1 節の注 5 を参照。
18 コンテクスト化の合図については、第 6.2.2 節 (6) を参照。
19 グライスによる関係性の格率：第 6.3.2 節注 10 を参照。
20 フロア：発話の順番（ターン）によって得られる発言の場。
21 (1) watching, (2) simple peripheral tasks with the informal help, (3) moving toward more central tasks
22 (1) passive, (2) obedient, (3) participatory, (4) inquisitive, (5) autonomous, (6) committed（第 2.3 節参照）
23 301 行目、345 行目あたりにも同様の様子が確認された。
24 異種混交性とは、思考活動には質的に多様な形態が共存するとワーチ (2004 [1991], pp. 128–135) は考える。発生順と有効性の間にヒエラルキーが存在するか否かにより、発生的ヒエラルキーとしての異種混交性・発生的ヒエラルキーなき異種混交性・非発生的異種混交性の 3 群に分けられる。
25 エピソード #3 におけるみかんグループと比較するとりんごグループにおける異

種混交性の効果が明らかである。

26 van Lier (2008, pp. 163–164) は、学習とは教師や教科書から与えられるというよりり、学習者自身の自発的な行動に大きく依拠しており、相互行為が重要であると考える。また、学習の主体である agency とは個人の特性ではなく、社会文化的コンテクストに媒介された行動力を意味する。そして、以下に示す6段階のステップを経て自律的学習者へ向かう：(1) passive (受動的で無責任) (2) obedient (指示に従う) (3) participatory (質問に答える) (4) inquisitive (質問する) (5) autonomous (仲間の手助けをし、協同的な役割を果たす) (6) committed (話し合いに積極的に参加する) (van Lier, 2008, pp. 169–170)。詳細は第 2.3.1 節を参照。

27 スティグマとはその人の特性とステレオタイプとの間の特別な関連性を指し、特にわれわれが持つステレオタイプに比べ好ましくない社会的アイデンティティを言う (Goffman, 1963, p. 3)。

28 Eckert (1989, pp. 2–7) によると、Jocks とは学校で様々なことに積極的に関与し指導的な集団を指す。一方、Burnouts とは学校の指導権を拒否し学校から排斥されていると感じている反抗的集団を指す。2つの集団は別個に存在するわけではなく、両極に位置する一対をなしている。

29 ヤコブソンは、「メタ言語機能」を code の特徴として述べており、それはコミュニケーションにおけるメタ意味論的な内容を指していると思われる。一方、ヤコブソンの弟子のひとりであるシルヴァスティンは、code は相互行為の解釈にも当てはまると考え、メタ意味論的機能とメタ語用論的機能を区別した。ここでのメタ言語機能は、そのうちのメタ意味論的機能であり、メタ語用論的機能ほどマクロな視点に立っていないと解釈される。

30 エピソード #2 では、「カーニバル」が実現していると考えられたが、ここでは、それほど多くの意見が交わされているわけではない。よって、「カーニバル」とは言い切れない。

31 horizontal interaction (Hatano and Inagaki, 1991, p. 333) は、自らの考えを積極的に発言しようとする動機づけを高める、仲間との相互行為として説明されている。cf. vertical interaction.

32 Kagan (1994, 4章 p. 5) は協働学習の "Basic principles" として "PIES" (Positive interdependence, Individual accountability, Equal participation, Simultaneous interaction) を挙げている (第 2.4 節参照)。

33 ジェイコブズ・他 (2005) では、時間の管理も生徒にやらせるべきだと述べているが、観察を行った現場では教師の役割であったと思われる。教師はファシリテータとして早めに残り時間をアナウンスするなど、生徒に時間を意識させる工夫を

することも必要であろう。

34 "One for all, all for one."（伏野, 2007, p. 19）
35 「各参加者は自分のグループの学習と成功に寄与する責任がある」（ジェイコブズ・他, 2005, p. 66）
36 5段階ステップについては注22参照。
37 「授業で発言しない者のなかにも自己内対話では討論に主体的に参加し、自身の理解を深めているものがいる」という（秋田, 2007, p. 81）。
38 エピソード#3には取り上げられていないが、他の場面で塾の講師の発言に何度も言及していた。
39 クロノス（ギリシャ語）とは、「均質で一方向的で不可逆的な時間（佐藤, 1999, p. 467）」
40 カイロスとは「たゆたい、よどみ、せきこみ、うねりながら進行する時間であり、過去にさかのぼったり未来へと飛翔しながら再び現在へと回帰する、往還する時間である」と佐藤（1999, p. 468）は記しているが、佐藤が意味するのは、学習者自身が感じる時間という意味で、物理的な時間（クロノス）と対照的な時間軸をもつものと推察される。

第 7 章
自律的な学習者の育成をめざす協働学習と英語教育

　最終章である本章では本書を総括する。第 1 節では、まず各調査の主な論点と結果をまとめ、次いで本書の結論および考察を述べる。第 2 節において本書の限界と今後の課題を示す。

7.1 研究の概要

　学力の低下が問題とされながら、授業時数の限界を抱える中学校英語教育において、自ら学ぶことのできる学習者の育成、つまり、自律的学習態度を涵養することが急務であり、重要課題である(文部科学省, 2008)。
　これまで筆者は学習ストラテジーの研究を続けてきた。しかしながら、教師が通常の 4 技能に加えて学習ストラテジーのようなスキルを教えるだけでは、文部科学省がめざすような自律的な学習態度を育成するには充分でないだろうと思われた。そこで、新学習指導要領がコミュニケーションや相互行為に重点を置いていることに注目し、自律的学習態度の育成に効果的であるとされる協働学習を、担当していた中学校の英語授業の一部に、これまでの教師主導型学習に代えて導入した。協働学習はコミュニケーションに基づく学習形態であり、英語学習が不得手な学習者も親しみやすい社会ストラテジーと情意ストラテジーを内包する学習形態であるため(津田, 2004)、どのレベルの学習者も参加しやすいことが予測された。
　以上のような作業仮説に基づき、本書は協働学習と自律的学習態度との関連を明らかにすることを目的として、中学校の英語リーディングクラスに導入した協働学習について、3 段階の調査を行った。始めに質問紙に基づく量

的調査(調査1)を行い、自律的学習に深く関わるとされるメタ認知に対する認識度とストラテジー使用について分析を行った。次に、協働学習を経験した後に生徒に書かせた自由記述の内容を分析し(調査2)、協働学習に対する学習者の意識について英語運用能力別の特徴を明らかにした。最後に、教室で記録した協働学習における相互行為のプロセスを、コミュニケーション理論の枠組みに則って分析した(調査3)。すべての分析に先立ち、指導開始時に実施した英語運用能力テスト(GTEC)におけるリーディング部門の点数に基づき、学習者を上位群・中位群・下位群に分類し、この3群を分析の基本単位とした。第3章ですでに述べたが、3つの群はあくまで研究のため便宜上行った相対的な区分であり絶対的な区分でないことを確認しておきたい。なお、補足調査(調査4)として筆者以外の教師による英語授業を観察し、教師主導型学習における相互行為について検討した。

7.1.1 研究の結果と考察
(1) 量的調査の結果と考察(調査1)

　調査1では、将来の学習目標の設定などマクロ・レベルのメタ認知に対する認知に関する質問紙(A)調査(200X年5月と200Y年1月に実施)の結果について、効果量に基づく統計分析を行ったところ、英語運用能力の高い学習者(上位群)ほど将来に対する明確な学習目標をもち、授業以外でも英語に触れる努力をするなど学習に対する自発的な工夫が見られた。一方、英語運用能力の低い学習者(下位群)は、長期にわたる学習目標がなく、学習の振り返りを苦手としていた。加えて、授業以外の場所で学習の工夫が見られず、先生に言われたことだけを行う受身の学習姿勢を示した。このように、メタ認知に対する認知においては、特に長期目標、振り返り、学習の工夫において、英語運用能力による差異が見られた。

　次に、リーディング・タスクの直後に行ったリーディング・ストラテジー使用に関する質問紙(B)調査(200X年4月と200Y年1月に実施)の分析で、上位群・中位群の学習者は、協働学習を通じて仲間の考えを聞くことにより、間違いを自己修正し、学習に対する理解を深め、考え方の多様性を学ぶなど、マクロ・レベルのメタ認知を働かせていることが確認された。一方、

下位群は逐語訳が減り、その時間の学習の見直しをするなど、ミクロ・レベルのメタ認知ストラテジー使用に向上の兆しが見られた。

これまで一括りにされてきたため下位群の学習者には使用があまり見られないと判断されてきたメタ認知ストラテジーを、マクロ・レベルとミクロ・レベルに区別することによって(第2.2.5節参照)下位群にも使用が見られることを明らかにした。しかも、メタ認知に関しては英語運用能力のレベルによって、使用の頻度ではなく意識を向ける対象が異なるという特徴が確認された。下位群は、目の前のタスクや自分自身に関するミクロ・レベルでのメタ認知に執着しているが、英語運用能力が高まるにしたがって、よりマクロなレベルのメタ認知に意識を向けるようになり、上位群では、自分自身の将来について長期目標を持ち、長いスパンの振り返りを行なっていた。

量的調査(調査1)の結果により、学習におけるメタ認知は英語運用能力に呼応してミクロ・レベルからマクロ・レベルへ移動することが示唆された。

(2) 自由記述分析の結果と考察(調査2)

続く質的調査では、自由記述・参与観察・インタビューによって質的データを収集し分析を行った。本項では、自由記述の分析について結果と考察を示す。

学年末に行った自由記述調査では、①協働学習で学んだこと、②協働学習の問題点、③個人読みの方が良いとき、④協働学習を経験して英語学習に見られた変化、⑤協働学習に関する感想、という5項目について記述させた。研究協力者の回答を英語運用能力別に理念型モデルに基づいて分類したところ、学習者の情意面と学習者意識、さらに自律的学習態度について、それぞれ以下のような差異が明らかになった。

学習者の情意面については、下位群は「わかった」「長文を最後まで読めるようになった」など自己効力感を得られたことを示し、英語学習に対する前向きの姿勢を見せた。加えて、下位群と中位群は英語長文に対する抵抗感がなくなり情意フィルターを下げた結果、「楽しくなった」「長文にチャレンジするようになった」などの記述が見られた。さらに、中位群と上位群においては、英語に対して「積極的になった」「意欲的になった」というように

英語学習への動機づけの高まりが見られた。

次に、学習者の意識に関しては、上位群は、「登場人物の心情を理解した」などマクロ・レベルの視点をもち、加えて「なぜ、そう考えるのか」「考え方の多様性に気づいた」など問題解決へのアプローチの多様性に興味を示しており、学習のプロセスに意識が焦点化している様子が見られた。また、グループ内の質問に答えながらタスクの遂行に努めるなど、グループ全体の活動を視野に入れた相互行為を行っていたことも確認された。それに対し、中位群は「仲間との話し合いによって自分の考え方や答えを修正した」「文中で単語の意味を理解すると忘れない」など、マクロ・レベルとミクロ・レベル両方の視点をもって考え方のプロセスに注目していたが、同時に、「仲間に教えてもらって良かった」「話し合うのが楽しかった」など、相互行為そのものに意識が向けられていることを示す記述が見られた。一方、下位群は、「文章の流れの中で単語の意味を読み取ることを学んだ」など単語の意味に関する記述が多く見られ、しかも、目の前のタスクの遂行を目標としており、学習の「プロセス」よりむしろ「結果」に意識が集中していたと思われる。つまり、下位群の意識は「今ここ」に留まっていたと言える。加えて、その日の「学習の振り返り」においては、「～がわかった」など自分自身に関する記述が多く見られ、ミクロ・レベルの視点に留まっていたことが特徴的であった。

学習者の自律の程度に関する記述については、上位群は「確認」という主体的な見直しを行っていたのに対し、下位群では、「教えてもらった」「修正してもらった」など仲間に間違いを指摘され他者修正を強いられる傾向が見られた。このような見直し・修正における学習態度の違いは両群の自律の程度の違いを示唆するものと思われる。

以上のような「自由記述」の分析結果は、先に述べた量的分析結果を支持するものであったが、英語運用能力によって自律の程度が異なること、その結果、協働学習がグループ内の役割配分の不均衡といった問題を内包することが、より明確に示された。つまり、学習者の自律の程度は、学習者が注意を向ける対象が単語の意味のようなミクロ・レベルか、あるいはグループの活動状況のようなマクロ・レベルかといった意識レベルの違い、あるいは学

習者の視野の社会化の程度の違いとして表されると考えられる。

　そのような自律的学習者への成長の過程を、本書では「自律的学習者への階層的フレーム」としてモデル化して示した（図5.1参照）。初習者は目前のタスク（ミクロ・レベル）に意識を集中するが、学習者の自律の程度が高まるにつれ、学習者の視点も単語や自己の問題といったミクロなレベルから離れ、グループ活動やタスク全体へとよりマクロなレベルへ向けられるようになり、こうして学習者意識の社会化が進む。同時に、注目する学習ストラテジーにも変化が見られ、初習者においてはタスクベースの認知ストラテジーが中心となるが、次第に、相互行為に関わる社会ストラテジー、動機づけや自信などに関わる情意ストラテジーへ向けられ、さらに上級者においては自己と学習活動を俯瞰するメタ認知ストラテジーへと移行していく。一方、学習者意識の変化と共に学習者の自律の度合いも高まると考えられる。モデル化において、このような学習者の成長の過程は、「タスクレベル」「相互行為レベル」「包括的レベル」という3つの段階に大別され、「自律的学習者」という最終目標に向かう。こうした自律的学習者への成長過程を、本書は学習者意識の社会化のプロセスとして捉え、そこに見られる変化や移動を、学習者が注目する学習ストラテジーの変化、メタ認知に基づく学習者の視点のミクロからマクロへの移動、学習者の自律の程度の変化という3つの観点から分析しモデル化を行った（図5.1）。このように学習者の自律への過程を視覚化することは新しい試みであると思われる。

　しかしながら、これらの分析は、第5章でも指摘したように、理念型レベル（ヴェーバー，1998［1904］）の分類に基づくものであり、協働学習における相互行為のありのままの姿を反映しているとは言い切れず、直接的データによってさらに考察を深めることが必要と思われた。

(3) 教室エスノグラフィーの分析結果と考察

　協働学習における相互行為の実態を把握するために、もうひとつの質的調査として、教室での参与観察を行った（調査3）。協働学習を導入した英語リーディングのクラスでは、授業開始後5分ないし10分の個別学習の後で協働学習に移行し4人グループに分かれてタスクに取り組ませた。そこで2

つのグループの相互行為の様子を録音・録画し、得られたデータをコミュニケーション理論に則って分析した。調査3では、協働学習を行った2つのグループの観察データから相互行為の異なる特徴が見られる3つのエピソードを抽出し分析を行った。以下に結果の概要を述べる。

まず、ひとつ目のグループ(りんごグループ)は、女子3名と男子1名からなる4名のグループで、英語運用能力は上位・中位・下位の3群に分散していた。メンバーの1人が「先生」レジスターを使い始めたことにより、「ミニ教室」のフレームが生起し、その結果、教室に特有な相互行為のパターンである［I-R-E］(Initiation-Response-Evaluation)が喚起された。つまり、グループ内の学習者間には社会的役割が発生し、ZPD理論が示すような上下関係のある相互行為が成立していたことがグループメンバーのフッティングによって示唆された。しかしながら、教師主導型の学習と異なり、グループ内の社会役割は非固定的で、いわゆる「どんでん返し」によって役割交替が容易に起こることが確認された。流動的な社会役割の階層性は、協働学習の大きな特徴のひとつと言えるが、このような流動性は、学習者間では仲間に対する評価が行われないことに起因すると推察される。

英語運用能力の違いがあるため、他者修正や発言の無視などFTA(Face Threatening Act：面子脅迫行為)や発話ターンの割り込みなどが観察され、グライスの協調の原理が時として破られていたが、一方で、「笑い」を含むヘッジ表現や話題転換によって自らが権威的な立場に立つことを回避しようとする努力も見られた。渾沌とした相互行為は、リーダー役によって次第に解決へ向けて収束していった。そのことから、社会役割の上位に立った学習者の声は、学習者自身の努力もあり決定的に「権威的」な声となることを回避しながら、「内的説得力のある言葉」として仲間に届き、タスクの完成へ誘導したと推察される。

2つ目のグループ(みかんグループ)は、女子4名からなるグループで、英語運用能力テストではメンバー間に大きな差がなく、全員が中位群から上位群に偏って属していた。そのためグループ内の学習者間に役割分担が成立せず、ほぼ対等な関係の相互行為が行われていた。リーダー役の代わりに辞書や教師など、グループの外部に権威を求める様子がたびたび確認されてお

り、自律的な学習をめざしながらも不安を感じていたものと推察された。しばらく渾沌とした状態が続いたが、教師のヒントをきっかけにメンバー全員で話し合い、時間をかけて問題解決に至った。全員一緒にタスクを遂行しようとしたため答えを出すまでに時間がかかり授業時間内にワークシートを終わらせることはできなかったが、課題文を理解できたことにメンバー全員が満足していた様子が、その日の振り返りシートで確認された。

　ここまでに見たように、量的調査(調査1)によって示された英語運用能力別の傾向や、自由記述の分析から得られた理念型モデルに基づく考察(調査2)は、観察データ(調査3)によって大筋において裏付けられたと言える。量的調査では英語運用能力による学習者の特質が静的状態として切り取られて示されたが、質的調査では、相互行為の様子をコミュニケーションの中で詳細、かつ、動的に捉えることができた。その結果、相互行為に基づく協働学習は、教師主導型学習に比べコンテクストに影響を受けやすいという特徴が明らかになった。中でも、グループを構成するメンバーの学習へ取り組む姿勢の違いが相互行為に大きな影響を与えると見られる。

　一方、中学生が相互行為の中で周囲の仲間に示した気遣いは、個別学習や競争学習に慣れ親しんできた彼らが、仲間はずれになることに対して抱く不安感の表れであり、現代の若者たちに特徴的な人間関係のひとつの側面を示すものであると推察する。

　次に、補足調査として行った教師主導型学習の観察結果と協働学習の観察結果を比較分析することによって、協働学習の効果がさらに明らかにされた。まず、教師主導型学習では教室コミュニケーションのプロトタイプである［I-R-E］が観察され、発話のターンは教師によって管理されたまま整然と移っていく。教師と発言者である生徒の間の1対1の対話になる傾向が強く、その他の生徒の学習活動への取り組みがおろそかになるケースが見られた。教師と生徒の役割分担は当然のことながら固定しており、生徒が教師の説明に疑問をもってもすぐに教師に投げかけず、まず仲間に確認してから教師に質問しており、教師 – 生徒の社会役割の序列が明確に意識されていることが窺えた。教師と生徒の間の相互行為は、課題文の理解を深めるというよりワークシートの答えを確認するための質問に終始し、コミュニケー

ションより単なる情報交換に重点が置かれているようであった。課題文の登場人物の心情に焦点を当てた学習活動でも、結局、教師が準備した「唯一の」正解をゴールとして生徒を効率よく指導する様子が観察され、生徒はクイズ感覚で取り組んでいるように見受けられた。しかし、教師の設定したスピードとメタ・レベルについていける生徒とついていけない生徒の間に理解の程度の差が生じており、その差が学習活動に対する動機づけの強さに影響していた。つまり、理解できる生徒は学習活動に積極的に参加する一方、理解できない生徒は周辺に置いていかれるという学習者の差別化が確認された。このような状況は、協働学習は多様な学習プロセスの発見に重点をおいて、ゆったりとした「身体の時間」の中を進むのに対して、教師主導型学習は全員が同一の結果に到達することを重視し、いわゆる「時計の時間」に則って進められるという根本的な違いによって生じるものと推察する。

7.1.2 結論

以上の4つの調査結果に基づき、協働学習と自律的な学習者の育成との関連について、本書の結論をまとめる。

量的調査(調査1)では、学習の目標や計画、学習の工夫、学習の振り返りなど、いわば、「学習方法」におけるメタ知識とストラテジーに対する認知と使用について分析し、英語運用能力の高い学習者は学習方法に関するメタ認知をうまく活用しているという結果が得られた。特に、将来の目標と学習の振り返りに大きな違いが見られ、英語運用能力の高い学習者ほど意識がマクロ・レベルに向けられていることを明らかにした。

自由記述式アンケートによる調査2では、「学習者意識」におけるメタ認知について分析した。その結果、下位群は単語の意味や自分の解答など今ここの課題に注目し意識はミクロ・レベルのメタ認知に留まっているが、中位群は相互行為に意識が焦点化し話し合いの中で多様なプロセスを学んでおり、上位群はグループとしての活動や他のメンバーの参加状態などに目を向けマクロ・レベルのメタ認知を働かせていることが確認された。このように、英語運用能力が高まるにつれて、よりマクロなレベルのメタ認知を働かせるようになると見られ、結果的に学習者の意識レベルと自律の度合いは関

連していると考えられる。つまり、自律の度合いが高まるにつれて、学習者が意識を焦点化する対象がミクロからマクロなレベルへと広がっていくのである。このような学習者意識の違いが、実際の学習プロセスにどのように反映されているか、調査3で明らかにした。

　調査3では、教室エスノグラフィーの分析により「学習のプロセス」におけるメタ認知について分析・考察した。その結果、調査2で確認された学習者の意識の違いは、協働学習では相互行為における役割に反映されることが明らかになった。ミクロ・レベルのメタ認知を働かせる学習者は、タスクの答えや単語の意味などについて質問を投げかける生徒役を担い、一方、マクロ・レベルのメタ認知を働かせることのできる学習者は、質問に答える先生役となり、グループの話し合いの牽引役やまとめ役を担っていた。

　調査3では、そのほかにも相互行為における学びの多様なプロセスが描き出された。教えられたことを鵜呑みにせず自分の観点から捉えなおそうとする学習者や、逆に、言われたことを鵜呑みにしおうむ返しする学習者、なかなか相互行為に加われない学習者、納得するまで食い下がる学習者、わからなくなると何度も本文に戻って音読する学習者、自信がもてずたびたび辞書で確認する学習者、間違いを笑ってごまかそうとする学習者など、学習者およびタスクによって多様な学習のプロセスが浮かび上がったが、それらが相互行為の中でどれも全面的に否定されることなく、互いに影響しあい少しずつ変化しながら学習の理解へ向けて展開していった。

　一方、協働学習はプラスの側面のみならず、問題点も内包することが明らかになった。たとえば、教師がいなくても「教授－学習」という相互行為が為されていることが確認された反面、このような相互行為には生徒間に潜在的な力関係が存在するという事実が示唆された。しかし、その役割関係は、教師主導型学習の場合と異なり流動的であり、それ故、役割間にどんでん返し(転覆)が起こる可能性を孕んでいる。また、上下関係が存在する結果、他者修正など仲間から威圧的な態度を受けたり面子を潰されたりするFTAを受けている可能性は充分予想された。しかしながら、教師主導型学習における教師のような絶対的な権威はなく、学習プロセスやターンの移動などすべてを管理する立場に立つことはないため、全員に学習における選択

の余地が残されている。他方、互いに相手を気遣った結果、役割分担が成立しなかった仲良しグループでは、いつまでも試行錯誤が繰り返され全員が納得してタスクを遂行するまでに長い時間を要した。これら2つのグループの相互行為の進め方の違いは、構成メンバーがどこに意識を焦点化しているかによって引き起こされたものと思われる。前者では、タスク全体、そしてグループ活動の流れといったマクロ・レベルのメタ認知を働かせるメンバーがいたが、後者では英語運用能力は比較的高いグループであったのだが時間を忘れて目の前のタスクに執着していたことから、ミクロ・レベルのメタ認知しか働かせていなかったのではないかと解釈される。ここでは、英語運用能力が必ずしも自律の程度に反映されないというデータが示されたと言える。あるいは、2つのグループに属していた学習者の性格の違いが学習の進め方に表れたのかもしれない。学習者要因を調べる研究の難しさがここにあると言えよう。

　教師主導型学習のデータ分析(調査4)では、調査2で明らかにされたようなメタ・レベルの広がりが学習者に見られなかった。その原因は、マクロ・レベルのメタ認知を教師が専有してしまい、学習者は目先の問題にだけ集中しミクロ・レベルのメタ認知で充分に事足りるような教授のしくみが出来上がっているからである。その結果、調査3で見られたような学習プロセスにおける多様性も、教師によって狭められていた。

　教師主導型学習においてこのような相互行為が生じる直截的原因は、これまでに論議してきたように、教える立場と教わる立場という社会役割の固定化である。協働学習においても社会役割の階層性は見られたが、繰り返し見てきたとおり、それは流動的であり誰もが両方の立場に立てる可能性が残されていた。その点が教師主導型学習と決定的に異なる。もうひとつ間接的な原因として時間的コストが挙げられよう。権威的な立場にある教師がマクロ・レベルのメタ認知を働かせず、「身体の時間」を享受できないまま「時計の時間」に縛られ、できるだけ効率的に「正しい答え」に生徒を到達させるような指導を行っている。その結果、教師から生徒への情報や知識の"passed-down"は実現しているが、協働学習における相手に変化を起こすことができるような意味のある相互行為は実現していない。

以上4つの研究結果から、自律的学習態度とはプロセスであり、その到達度は学習者の意識がカバーする範囲で表されると結論されよう。したがって、第3章で示した「効果的に学ぶために自ら学習を管理できる能力」という自律的な学習者の定義は最終ゴールであって、そこに到達するまでの途中の段階も自律的学習へのプロセスの一部を示していると考えられる。そのプロセスを推し進める主たる要因は、学習者意識の社会化、換言すれば、マクロ・メタ的視野をもつことであると言えよう。そして、協働学習では学習者間に固定的でなく互いに影響しあうような社会的力関係が内在し、グループ内にミニ社会が創出され、学習者の社会化が促進されると思われる。「自律的学習者への階層的フレーム」(図5.1)が示すように、協働学習は学習者の意識を社会化し自律的な学習者へと導く過程において重要な位置を占めるものであると言える。

7.1.3 協働学習における教師の役割

　本節では、協働学習における教師のファシリテータとしての役割について考察し、前項の結論を補完する。

　補足調査によって得られた教師主導型授業のデータと協働学習のデータの比較により、両者の違いは相互行為の質であることが明らかになった。これまで少しでも多くの知識や情報を効率よく生徒に伝達する「量」を重視する授業が中心であったが、これからは時間をかけて、いわば「たゆとう身体の時間の中で(佐藤, 1999)」、意味のある相互行為を通して生徒に主体的に考えさせることを重視する「質」の授業へと、教育に対する意識の転換を図ることが教師に求められるのではないか。換言すれば、授業の重点を「量から質」へ移行することが自律的な学習者の育成に重要であると言える。

　加えて、教師はマクロ・レベルのメタ認知を働かせることが必要である。たとえば、個別学習と協働学習の切り替え時を判断し、必要に応じてグループにヒントを与えるなど、生徒個人のチューターとしてではなく、相互行為のファシリテータとしての責任をもつことを先に述べた。そのために教師は、協働学習には生徒間における力関係や威圧的な態度(いわゆるFTA)、外部の力による権威付けなど問題点も含む多様な側面があることを認識して

いる必要がある。教師と生徒の関係についても、ともすれば抑圧者と被抑圧者の関係に陥りやすいことを認識し、協働学習における教師の立場を考えなければならない。教師は学習者の前面に立って管理・指示するのでなく、ファシリテータとして学習者の自律を促すような環境を整備することが求められる。加えて、意味ある相互行為を成立させるために、協働学習は学習のプロセスを重視する学習形態であり、学習者が多様な学びのプロセスを学ぶことが重要であることを念頭に置くべきである。

　自律的な学習態度は、「権威的な立場」に立つ教師が知識として与えて学ばせるものではない。前述のとおり学習における自律はプロセスであるからさまざまな段階があるわけであるが、図5.1を参照するならば、協働学習が仲間同士の学び合いの場であるのみならず、学習者の意識を焦点化する対象をミクロからマクロなレベルへと移動し自律的学習者への成長を可能にする場でもあることが明らかであろう。つまり、協働学習は自律的学習者への成長のプロセスを実現させるという重要な役割を果たすと考える。中学校の英語授業に協働学習を導入するに当たっては、教師がファシリテータとして、個別学習や全体学習を行いながら効果がもっとも活かされると思われる場面で協働学習を導入することが求められる。

　留意すべきもうひとつの点は、自律的学習者の育成と新自由主義が主張する自己責任との違いである。前者で教師は、学習者の能力の伸張に加え、自律的な学習態度の伸張が可能となるような環境を整える努力をしなければならない。さらに、授業中は傍観者となるのではなく、ファシリテータとしてグループのタスク遂行の様子に目を配る必要がある。それのみでなく、学習者の理解度を常にフィードバックし、足りない部分は補う必要もある。もちろん、前段で論議したように、知識の習得においては教師中心となる場合もあろうが、本研究がめざす自律的学習者の育成において、教師は学習者の後ろから支援することが望ましい。しかし、第2章ですでに論議したとおり、自律的な学習者を育成するということは、決して責任を学習者に押し付けるものではない。教師はファシリテータとしてすべてに責任をもつのである。一方、新自由主義が主張する自己責任においては、すべてが学習者の自由に委ねられ、各人にふさわしい方法を選択する自由が与えられるが、学習の達

成度が低い場合にその責任は学習者自身が負うこととなり、後始末も学習者に任される。その結果、学習者の差別化が生じる。協働学習においては、佐藤(1999)が指摘するように学びの「共同体」が出来上がり、落ちこぼれや差別化は起こらない。このように、学習活動の目標および教師の果たす役割において、新自由主義の主張と自律的学習者の育成をめざす本研究の主張とは異なることを確認しておく。

7.2 研究の限界と今後の課題

7.2.1 研究の限界

　本研究のデータの質と収集方法に関する限界を明らかにし、今後の課題をまとめる。まず、データの質について以下の3つの問題点が挙げられる。

　第1に、研究協力者の家庭環境、学習環境、英語運用能力などの面において恵まれており、社会的アイデンティティに偏重が見られる点である。

　第2に、統計による量的調査において対照群を廃止した点が挙げられる。当初、4クラスのうち、2クラスは協働学習、残る2クラスは対照群として教師主導型の指導を行う予定であったが、第4章に述べたとおり、教師主導型の指導を行ったクラスでは、協働学習のクラスと比較して授業の進度は速かったが授業への取り組み方に積極性が見られなかった。そこで教育的配慮に基づき、その時点で対照群を廃止し4クラスとも協働学習による指導に切り替えた。同時に、他の教授者が教えるクラスの学習者のうちGTECを2回受験した学習者を量的調査における対照群として設定した。したがって、統計調査において、協働学習と学習ストラテジー指導はひとつの変数として扱うことになり、分析上は好ましくないと思われたが、教育的配慮を優先しこのように設定した。

　第3に、指導開始当初、対照群の生徒の声が予想以上に小さく、ICレコーダーでうまく録音できなかった。対照群の早期廃止に加え、初期のデータ収集問題も重なり、研究のベースとなる教師主導型学習に関して充分なデータが取れなかったため、主研究終了後に改めて同中学校で、他の教師による英語授業の観察データを収拾する機会を得た。ただし、生徒たちの声が

小さく充分なデータとは言い切れない。加えて、体育祭直前であったため生徒も教員も忙しく、インタビューや質問紙調査を行うことは叶わなかった。そのような限界を考慮し、教師主導型学習に関するデータの分析を協働学習の特徴を引き出すための補足調査として、第6章の終わりに付け加えるに留めた。

次に、データ収集について2つの問題点が挙げられる。まず、ビデオ録画データが少ない。調査協力者たちがレンズやマイクを意識して発話数が減り、声が小さくなるなどマイナスの影響が一部のグループに見られたが、その傾向はビデオ録画において顕著であったため、教育的配慮に基づきビデオ録画を極力控え IC レコーダーによる録音を主なデータ収集法とした。最後にデータの量が限定されている点である。これは、本研究が協働学習による学習ストラテジー指導を必要とするため、他の教授者に研究協力を依頼することが非常に困難であり、当時、筆者が担当していたクラスの学習者のみを研究協力者とした結果である。加えて、GTEC を2回受験した学習者に限定したため、研究対象となるデータの数はさらに減少した。しかしながら、統計分析において危険率だけでなく効果量に基づく分析を行うことにより問題はある程度回避されたと考える。

7.2.2　今後の課題

最後に、今後の課題について述べる。

協働学習を実際に中等英語教育へ導入するにあたっては、グループ編成や評価の仕方、有効なタスクの選定など様々な未解決問題が挙げられる。中でも、自律的な学習態度の育成に大きく関わると思われる学習者の「動機づけ」(杉田・竹内, 2007；竹内, 2009；上淵, 2004) に関する協働学習の効果については、教師主導型学習と異なる効果が期待され、さらに深く探求すべき課題であると考える。今回の研究では、タスク遂行時に協働学習を取り入れ自己効力感を中心とした学習者の変化を捉えたが、今後は、タスク開始前に協働学習を取り入れ、学習者要因のひとつである「動機づけ」に与える影響に関する研究へと発展させたい。今回のデータから上位群と中位群には英語学習に対する積極的な学習意欲が見られ動機づけの高まりを確認することが

できたが、下位群については、英語学習への抵抗感を示す情意フィルターが下がったことと自分にもできるという自己効力感を味わったことは確認されたが、確かな動機づけの高まりまで確認できなかった。タスクに取り掛かる前に協働学習を取り入れ、相互行為によって関連知識を得、ブレイン・ストーミングを通してテーマに関心をもつことによって、下位群も動機づけを高めることが可能なのではないかと推察する。特に、本書の調査1(量的研究)により、下位群は目の前の学習などミクロ・レベルでは目標をもち関心を示すことが明らかにされているので、タスク直前の相互行為によってその後の英語学習に対する動機づけが高まることが期待される。ただし、相互行為で取り上げる内容はタスクによって異なるため、英語学習全般についてではなく、個々のタスクレベルにおける調査が必要であると思われる(Dörnyei, 2003b；竹内, 2010)。

　加えて、自律的学習者の育成に先駆けて「教師の自律」(中田, 2008)が必要と思われるので、協働学習における教師の役割や、評価の仕方を含めた授業のあり方について、今後も検討し考察を深めていきたい。そうすることにより、自律的な教師をめざす現場の指導者にとって少しでも意義のある提案ができるのではないかと考える。

　上記のとおり今後の課題は多々あるが、中学校における教育の実践データに基づく本研究は、学習を社会的な行為として位置づけ、学習のプロセスを複数の角度から分析することによって、協働学習の多様な面を明らかにすることを試みた。そこで得られたデータに基づき自律的学習態度の涵養をめざす協働学習の実践と理論の統合を図り、自律的学習者への成長プロセスとしてモデル化を行った。協働学習に関していまだ研究の余地を残しているものの、このような研究が、英語科に限らず国語科や社会科、保健体育や道徳など他教科も含めた教育現場における指導者の協働学習への関心を喚起し、教科を越えた教師間の協働へと発展することを期待する。

参考文献

Agha, A. (2005). Voice, footing, enregisterment. *Journal of linguistic Anthropology*, 15 (1), 38–59.

秋田喜代美(編著)(2007).『授業研究と談話分析』〔改訂版〕放送大学教育振興会.

Allan, D. (1995). *Oxford placement test*. Oxford: Oxford University Press.

アンダーソン, J. R. (1982).『認知心理学概論』(富田達彦・増井透・川崎恵里子・岸学・訳). 誠信書房. 〔原著：Anderson, J. R. (1980). *Cognitive psychology and its implications*. San Francisco: W. H. Freeman and Company〕.

Anderson, N. (2008). Metacognition and good language learners. In C. Griffiths (Ed.), *Lessons from good language learners* (pp. 99–109). Cambridge: Cambridge University Press.

Bandura, A. (1977). Self-efficacy: Toward a unifying theory of behavioral change. *Psychological Review*, 84 (2), 191–215.

バフチン, M. M. (1968).『ドストエフスキイ論：創作方法の諸問題』(新谷敬三郎・訳). 冬樹社. 〔原著：Бахтин, М. М. (1963). *Проблемы поэтики Достоевского. Издание второе, переработанное и дополненное*. Москва: Советский писатель〕.

Bakhtin, M. M. (1981). *The dialogic imagination: Four essays* (M. Holquist, Ed.; C. Emerson & M. Holquist, Trans.). Austin, TX: University of Texas Press. (Original work published 1975).

バフチン, M. M. (1989).『マルクス主義と言語哲学：言語学における社会学的方法の基本的問題』〔改訳版〕(桑野隆・訳). 未来社. 〔原著：Волошинов, В. Н. (1929). *Марксизм и философия языка: Основные проблемы социологического метода в науке о языке*. Ленинград: Прибой〕.

バフチン, M. M. (1996).『小説の言葉 付：小説の言葉の前史より』(伊東一郎・訳). 平凡社. 〔原著：Бахтин, М. М. (1975). *Слово в романе, Из предыстории романного слова*. Москва: Художественная литература〕.

バフチン, M. M. (2002).『バフチン言語論入門』(桑野隆・小林潔・編訳). せりか書房.

Bateson, G. (1972). *Steps to an ecology of mind*. Scranton, PA: Chandler.

ベイトソン, G. (2000).『精神の生態学』〔改訂第 2 版〕(佐藤良明・訳). 新思索社. 〔原著：Bateson, G. (1972). *Steps to an ecology of mind*. Scranton, PA: Chandler〕.

Bedell, D. A., & Oxford, R. L. (1996). Cross-cultural comparisons of language learning strategies. In R. L. Oxford (Ed.), *Language learning strategies around the world: Cross-cultural perspectives* (pp. 47–60). Honolulu: Second Language Teaching & Curriculum Center, University of Hawai'i.

Benesse 教育研究開発センター (2008).『韓国の高校生はどのように英語を学んでいるのか？:「東アジア高校英語教育 GTEC 調査 2006」二次調査報告書』. ベネッセコーポレーション.

Benson, P. (2001). *Teaching and researching autonomy in language learning*. Harlow: Longman.

Benson, P., & Voller, P. (1997). Introduction: Autonomy and independence in language learning. In P. Benson & P. Voller (Eds.), *Autonomy and independence in language learning* (pp. 1–12). London: Longman.

Block, E. (1986). The comprehension strategies of second language readers. *TESOL Quarterly, 20* (3), 463–494.

Breen, M. P. (2001). Overt participation and covert acquisition in the language classroom. In M. P. Breen (Ed.), *Learner contributions to language learning: New directions in research* (pp. 112–140). Harlow: Longman.

Briggs, C. L. (1986). *Learning how to ask: A sociolinguistic appraisal of the role of the interview in social science research*. Cambridge: Cambridge University Press.

Brown, P., & Levinson, S. C. (1987). *Politeness: Some universals in language usage*. Cambridge: Cambridge University Press.

Brown, G., & Yule, G. (1983). *Discourse analysis*. Cambridge: Cambridge University Press.

Carrell, P. L. (1989). Metacognitive awareness and second language reading. *The Modern Language Journal, 73* (2), 121–134.

Cazden, C. B. (2001). *Classroom discourse: The language of teaching and learning* (2nd ed.). Portsmouth: Heinemann.

Chamot, A. U. (1987). The learning strategies of ESL students. In A. Wenden & J. Rubin (Eds.), *Learner strategies in language learning* (pp. 71–83). Englewood Cliffs, NJ: Prentice-Hall.

Chamot, A. U. (2001). The role of learning strategies in second language acquisition. In M. P. Breen (Ed.), *Learner contributions to language learning: New directions in research* (pp. 25–43). Harlow: Longman.

Chamot, A. U. (2008). Strategy instruction and good language learners. In C. Griffiths (Ed.), *Lessons from good language learners* (pp. 266–281). Cambridge: Cambridge University Press.

Chamot, A. U., & Kupper, L. (1989). Learning strategies in foreign language instruction. *Foreign Language Annals*, 22 (1), 13–24.

Chamot, A. U., Barnhardt, S., El-Dinary, P., & Robbins, J. (1996). Methods for teaching learning strategies in the foreign language classroom. In R. Oxford (Ed.), *Language learning strategies around the world: Cross-cultural perspectives* (pp. 175–187). Honolulu: Second Language Teaching & Curriculum Center, University of Hawai'i.

Chamot, A. U., Barnhardt, S., El-Dinary, P. B. & Robbins, J. (1999). *The learning strategies handbook*. White Plains, NY: Addison Wesley Longman.

Cohen, A. D. (1998). *Strategies in learning and using a second language*. London: Longman.

Cohen, A. D. (2007). Coming to terms with language learner strategies: Surveying the experts. In A. D. Cohen & E. Macaro (Eds.), *Language learner strategies: Thirty years of research and practice* (pp. 29–45). Oxford: Oxford University Press.

Cohen, A. D., & Scott, K. (1996). A synthesis of approaches to assessing language learning strategies. In R. Oxford (Ed.), *Language learning strategies around the world: Cross-cultural perspectives* (pp. 89–106). Honolulu: Second Language Teaching & Curriculum Center, University of Hawai'i.

Cohen, J. (1988). *Statistical power analysis for the behavioral sciences* (2nd ed.). Hillsdale, NJ: Lawrence Erlbaum.

Cotterall, S. (2008). Autonomy and good language learners. In C. Griffiths (Ed.), *Lessons from good language learners* (pp. 110–120). Cambridge: Cambridge University Press.

大学英語教育学会学習ストラテジー研究会(編著) (2005). 『言語学習と学習ストラテジー:自律学習に向けた応用言語学からのアプローチ』. リーベル出版.

出口拓彦(2004). 「コミュニケーション力を育てるグループ学習」『教育研修』10月号増刊, 56–61頁. 教育開発研究所.

Dörnyei, Z. (1997). Psychological processes in cooperative language learning: Group dynamics and motivation. *The Modern Language Journal*, 81 (4), 482–493.

Dörnyei, Z. (2001). *Motivational strategies in the language classroom*. Cambridge: Cambridge University Press.

Dörnyei, Z. (2003a). *Questionnaires in second language research: Construction, administration, and processing*. Mahwah, NJ: Lawrence Erlbaum.

Dörnyei, Z. (2003b). Attitudes, orientations, and motivations in language learning: Advances in theory, research and applications. *Language Learning*, 53 (sup. 1), 3–32.

Dörnyei, Z. (2005). *The psychology of the language learner: Individual differences in second language acquisition*. Mahwah, NJ: Lawrence Erlbaum.

Eckert, P. (1989). *Jocks and burnouts: Social categories and identity in the high school*. New York: Teachers College Press.

Ehrman, M. E., & Oxford, R. L. (1990). Adult language learning styles and strategies in an intensive training setting. *The Modern Language Journal*, 74 (3), 311–327.

絵本ナビ 2009 年 8 月 6 日 http://www.ehonnavi.net/ehon00.asp?no=1316 より情報取得.

Ellis, R. (1994). *The study of second language acquisition*. Oxford: Oxford University Press.

榎本剛士・永井那和(2009)「『言われていること』と『為されていること』：マンガと映画からみるコミュニケーションの多層性」『第 35 回春期セミナーハンドブック』18–20 頁.「言語と人間」研究会.

江利川春雄(2008).『日本人は英語をどう学んできたか：英語教育の社会文化史』研究社.

Esch, E. M. (1997). Learner training for autonomous language learning. In P. Benson & P. Voller (Eds.), *Autonomy and independence in language learning* (pp. 164–180). London: Longman.

Faerch, C., & Kasper, G. (Eds.), (1987). *Introspection in second language research*. Clevedon, UK: Multilingual Matters.

フレイレ, P.(1979).『被抑圧者の教育学』(小沢有作・楠原彰・柿沼秀雄・伊藤周・訳). 亜紀書房. [原著：Freire, P. (1970). *Pedagogia do oprimido*. Rio de Janeiro: Paz e Terra].

伏野久美子(2007).「協同学習の基本原理と主要な実践方法」『新英語教育』第 453 号 (2007 年 5 月号), 19–21 頁. 三友社出版.

Gao, X. A. (2006). Understanding changes in Chinese students' uses of learning strategies in China and Britain: A socio-cultural re-interpretation. *System*, 34 (1), 55–67.

Gao, X. A. (2007). Has language learning strategy research come to an end? A response to Tseng et al. (2006). *Applied Linguistics*, 28 (4), 615–620.

Gao, X. A. (2010). *Strategic language learning: The roles of agency and context*. Bristol: Multilingual Matters.

ガートン, A. F.(2008).『認知発達を探る：問題解決者としての子ども』(丸野俊一・加藤和生・監訳). 北大路書房. [原著：Garton, A. F. (2004). *Exploring cognitive development: The child as problem solver*. Oxford: Blackwell Publishing].

Gass, S. M., & Mackey, A. (2000). *Stimulated recall methodology in second language research*. Mahwah, NJ: Lawrence Erlbaum.

Goffman, E. (1963). *Stigma: Notes on the management of spoiled identity*. New York: Simon & Schuster.

Goffman, E. (1974). *Frame analysis: An essay on the organization of experience.* New York: Harper & Row.

Goffman, E. (1979). Footing. *Semiotica*, 25, 1–29.

Goffman, E. (1981). *Forms of talk*. Philadelphia: University of Pennsylvania Press.

ゴッフマン, E. (2002). 『儀礼としての相互行為：対面行動の社会学』〔新訳版〕(浅野敏夫・訳). 法政大学出版局. ［原著：Goffman, E. (1967). *Interaction ritual: Essays on face-to-face behavior*. New York: Doubleday］.

Goh, C. (1997). Metacognitive awareness and second language listeners. *ELT Journal*, 51 (4), 361–369.

Goh, C., & Taib, Y. (2006). Metacognitive instruction in listening for young learners. *ELT Journal*, 60 (3), 222–232.

Grabe, W. (1988). Reassessing the term "interactive." In P. L. Carrell, J. Devine, & D. Eskey (Eds.), *Interactive approaches to second language reading* (pp. 56–70). Cambridge: Cambridge University Press.

Green, J. M., & Oxford, R. (1995). A closer look at learning strategies, L2 proficiency and gender. *TESOL Quarterly*, 29 (2), 261–297.

Grenfell, M., & Harris, V. (1999). *Modern languages and learning strategies: In theory and practice*. London: Routledge.

Grenfell, M., & Macaro, E. (2007). Claims and critiques. In A. D. Cohen & E. Macaro (Eds.), *Language learner strategies: Thirty years of research and practice* (pp. 9–28). Oxford: Oxford University Press.

Griffiths, C. (2003). Patterns of language learning strategy use. *System*, 31 (3), 367–383.

Griffiths, C. (2008a). Strategies and good language learners. In C. Griffiths (Ed.), *Lessons from good language learners* (pp. 83–98). Cambridge: Cambridge University Press.

Griffiths, C. (2008b). Teaching/learning method and good language learners. In C. Griffiths (Ed.), *Lessons from good language learners* (pp. 255–265). Cambridge: Cambridge University Press.

Grice, H. P. (1975). Logic and conversation. In P. Cole & J. L. Morgan (Eds.), *Syntax and semantics, vol.3: Speech acts* (pp. 41–58). New York: Academic Press.

Gu, P. Y. (2003). Vocabulary learning in a second language: Person, task, context and strategies. *TESL-EJ*, 7 (2), 1–25.

Gu, P. Y., Wen, Q., & Wu, D. (1995). How often is often?: Reference ambiguities of the likert-scale in language learning strategy research. *Occasional Papers in English Language Teaching*, 5, 19–35.

Gumperz, J. J. (1982). *Discourse strategies.* Cambridge: Cambridge University Press.

ガンパーズ, J. J. (2004). 『認知と相互行為の社会言語学：ディスコース・ストラテジー』(井上逸平・出原健一・花崎美紀・荒木瑞夫・多々良直弘・訳). 松柏社. ［原著：Gumperz, J. J. (1982). *Discourse strategies.* Cambridge: Cambridge University Press］.

Gumperz, J. J., & Hymes, D. (Eds.), (1972). *Directions in sociolinguistics: The ethnography of communication.* New York: Holt, Rinehart & Winston.

ハリデイ, M. A. K.・ハサン, R. (1997). 『テクストはどのように構成されるか』(安藤貞雄・多田保行・永田龍男・中川憲・高口圭轉・訳). ひつじ書房. ［原著：Halliday, M. A. K., & Hasan, R. (1976). *Cohesion in English.* London: Longman］.

Hanks, W. F. (1996). Exorcism and the description of participant roles. In M. Silverstein & G. Urban (Eds.), *Natural histories of discourse* (pp. 160–200). Chicago: University of Chicago Press.

Hatano, G., & Inagaki, K. (1991). Sharing cognition through collective comprehension activity. In L. B. Resnick, J. M. Levin, & S. D. Teasley (Eds.), *Perspectives on socially shared cognition* (pp. 331–348). Washington, DC: American Psychological Association.

Heath, S. B. (1983). *Ways with words: Language, life, and work in communities and classrooms.* Cambridge: Cambridge University Press.

廣森友人 (2006). 『外国語学習者の動機づけを高める理論と実践』多賀出版.

Holec, H. (1981). *Autonomy and foreign language learning.* Oxford: Pergamon. (First published 1979, Strasbourg: Council of Europe).

堀啓造 (2006). 「分散分析　偏イータ 2 乗」『SPSS ときど記 (242)』. 2008 年 11 月 28 日 http://www.ec.kagawa-u.ac.jp/~hori/spss/tokidoki24.html#242 より情報取得.

Howitt, D., & Cramer, D. (2003). *An introduction to statistics in psychology* (2nd ed.). Harlow: Prentice Hall.

Hsiao, T-Y., & Oxford, R. L. (2002). Comparing theories of language learning strategies: A confirmatory factor analysis. *The Modern Language Journal,* 86 (3), 368–383.

Hymes, D. (Ed.), (1964). *Language in culture and society: A reader in linguistics and anthropology.* New York: Harper & Row.

Hymes, D. (1974). *Foundations in sociolinguistics: An ethnographic approach.* Philadelphia: University of Pennsylvania Press.

Ikeda, M., & Takeuchi, O. (2000). Tasks and strategy use: Empirical implications for questionnaire studies. *JACET Bulletin,* 31, 21–32.

Ikeda, M., & Takeuchi, O. (2003). Can strategy instruction help EFL learners to improve their reading ability?: An empirical study. *JACET Bulletin*, 37, 49–60.

Irvine, J. T. (1996). Shadow conversations: The indeterminacy of participant roles. In M. Silverstein & G. Urban (Eds.), *Natural histories of discourse* (pp. 131–159). Chicago: University of Chicago Press.

ジェイコブズ, G. M.・パワー, M. A.・イン, L. W.(2005).『先生のためのアイディアブック：協同学習の基本原則とテクニック』(関田一彦・監訳・伏野久美子・木村春美・訳). 日本協同教育学会. [原著：Jacobs, G. M., Power, M. A., & Inn, L. W. (2002). *The teacher's sourcebook for cooperative learning: Practical techniques, basic principles, and frequently asked questions*. London: Corwin].

ヤーコブソン, R. (1973).「言語学と詩学」(川本茂雄・監修・田村すゞ子・村崎恭子・長嶋善郎・中野直子・訳).『一般言語学』(183–221 頁). みすず書房. [原著：Jakobson, R. (1960). Closing statements: Linguistics and poetics. In T. A. Sebeok (Ed.), *Style in language* (pp. 350–377). Cambridge, MA: The MIT Press].

ヤーコブソン, R. (1995).『言語芸術・言語記号・言語の時間』(浅川順子・訳). 法政大学出版局. [原著：Jacobson, R. (1985). *Verbal art, verbal sign, verbal time*. Minneapolis: University of Minnesota Press].

Johnson, D. W., & Johnson, R. T. (1989). *Cooperation and competition: Theory and research*. Edina, MN: Interaction Book Company.

ジョンソン, D. W.・ジョンソン, R. T.・ホルベック, E. J. (1998).『学習の輪：アメリカの協同学習入門』(杉江修治・石田裕久・伊藤康児・伊藤篤・訳). 二瓶社. [原著：Johnson, D. W., Johnson, R. T., & Holubec, E. J. (1984). *Circles of learning: Cooperation in the classroom*. Edina, MN: Interaction Book Company].

ジョンソン, D. W.・ジョンソン, R. T.・スミス, K. A. (2001).『学生参加型の大学授業：協同学習への実践ガイド』(関田一彦・監訳). 玉川大学出版部. [原著：Johnson, D. W., Johnson, R. T., & Smith, K. A. (1991). *Active learning: Cooperation in the college classroom, 1/E*. Edina, MN: Interaction Book Company].

Kagan, S. (1994). *Cooperative learning*. San Clemente, CA: Kagan Publishing.

川喜田二郎(1967).『発想法：創造性開発のために』中央公論社.

木村隆(1998).「Oxford の言語学習ストラテジー調査用紙(SILL)に見る評定尺度法の問題点」『中部地区英語教育学会紀要』第 28 号, 205–212 頁.

木村松雄・斎藤勉・遠藤健治(1996).「大学教養課程に於ける英語学力と外国語学習ストラテジーの継年的研究(II)」『青山学院大学文学部紀要』第 38 号, 73–96 頁. 青山学院大学文学部.

木村松雄・斎藤勉・遠藤健治(1997)．「SILL を用いた外国語学習方略の研究」『青山学院大学文学部紀要』第 39 号，103-128 頁．青山学院大学文学部．

木村松雄・斎藤勉・遠藤健治(1998)．「大学教養課程に於ける英語学力と外国語学習ストラテジーの横断的研究」『青山学院大学文学部紀要』第 40 号，123-143 頁．青山学院大学文学部．

木村松雄・斎藤勉・遠藤健治(1999)．「英語学力と外国語学習ストラテジーの研究」『青山学院大学文学部紀要』第 41 号，99-124 頁．青山学院大学文学部．

木村松雄・斎藤勉・遠藤健治(2000)．「英語学力、学習意識と外国語学習ストラテジーの研究」『青山学院大学文学部紀要』第 42 号，63-84 頁．青山学院大学文学部．

木村松雄・斎藤勉・遠藤健治(2001)．「英語学力と学習ストラテジーから見た一般学生と帰国学生の相違に関する総括的報告(1995-2001)」『青山学院大学文学部紀要』第 43 号，71-105 頁．青山学院大学文学部．

Kimura, M (idori) (2001). Research on learning strategy use in interactive tasks by multiple data collection method. *JACET Bulletin*, 34, 37-55.

北尾倫彦(1987)．「伝統的一斉授業の改善」北尾倫彦(編)『自己教育力を考える』(116-123 頁)．日本図書文化協会．

清田洋一(2008)．「授業の内外でポスト・リーディング活動を：英語Ⅰでの実践例」『英語教育』第 56 巻，第 12 号，14-16 頁．大修館書店．

Kohonen, V. (1992). Experiential language learning: Second language learning as cooperative learner education. In D. Nunan (Ed.), *Collaborative language learning and teaching* (pp. 14-39). Cambridge: Cambridge University Press.

小池生夫(編集主幹)(2003)．『応用言語学事典』研究社．

国立教育政策研究所(監訳)(2007)．『PISA2006 年調査評価の枠組み：OECD 生徒の学習到達度調査(PISA)』ぎょうせい．

「効果量 effect size：η^2(イータ二乗)の計算方法」(2008 年 5 月 30 日)．『Hatena::Diary』2008 年 11 月 28 日 http://d.hatena.ne.jp:80/lotusland/20080530/1212129953 より情報取得．

小山亘(2008)．『記号の系譜：社会記号論系言語人類学の射程』三元社．

Krashen, S. D., & Terrell, T. D. (1983). *The natural approach: Language acquisition in the classroom*. Oxford: Pergamon Press.

久野暲(1978)．『談話の文法』大修館書店．

桑野隆(2002)．『バフチン：〈対話〉そして〈解放の笑い〉(新版)』岩波書店．

Labov, W. (1972). *Sociolinguistic patterns*. Philadelphia: University of Pennsylvania Press.

Lakoff, G., & Johnson, M. (1980). *Metaphors we live by*. Chicago: University of Chicago Press.

Lantolf, J. P. (2000). *Sociocultural theory and second language learning*. New York: Oxford University Press.

Lantolf, J. P., & Pavlenko, A. (2001). (S)econd (L)anguage (A)ctivity theory: Understanding second language learners as people. In M. P. Breen (Ed.), *Learner contributions to language learning: New directions in research* (pp. 141–158). London: Longman.

Lantolf, J. P., & Poehner, M. E. (Eds.), (2008). *Sociocultural theory and the teaching of second languages*. London: Equinox

Lantolf, J. P., & Thorne, S. L. (2006). *Sociocultural theory and the genesis of second language development*. New York: Oxford University Press.

Lee, B. (1987). Recontextualizing Vygotsky. In M. Hickmann (Ed.), *Social and functional approaches to language and thought* (pp. 87–105). Orlando, FL: Academic Press.

Little, D. (1996). Freedom to learn and compulsion to interact: Promoting learner autonomy through the use of information systems and information technologies. In R. Pemberton, E. S. L. Li, W. W. F. Or, & H. D. Pierson (Eds.), *Taking control: Autonomy in language learning* (pp. 203–218). Hong Kong: Hong Kong University Press.

Little, D. (1999). Learner autonomy is more than a Western cultural construct. In S. Cotterall & D. Crabbe (Eds.), *Learner autonomy in language learning: Defining the field and effecting change* (pp. 11–18). Frankfurt: Peter Lang.

Littlewood, W. (1999). Defining and developing autonomy in East Asian contexts. *Applied Linguistics*, 20 (1), 71–94.

LoCastro, V. (1994). Learning strategies and learning environments. *TESOL Quarterly*, 28 (2), 409–414.

Lotman, Y. M. (1988). Text within a text. *Soviet Psychology*, 26 (3), 32–51.

Lucy, J. A., & Wertsch, J. V. (1987). Vygotsky and Whorf: A comparative analysis. In M. Hickmann (Ed.), *Social and functional approaches to language and thought* (pp. 67–86). Orlando, FL: Academic Press.

Macaro, E. (1997). *Target language, collaborative learning and autonomy*. Clevedon, UK: Multilingual Matters.

Macaro, E. (2006). Strategies for language learning and for language use: Revisiting the theoretical framework. *The Modern Language Journal*, 90 (3), 320–337.

Madasamy, S. (2009). *Collaborative peer teaching in the college ESL classroom*. Asian Conference on Education 2009 (at the Ramada Hotel in Osaka).

Matoesian, G. M. (1993). *Reproducing rape: Domination through talk in the courtroom.* Chicago: University of Chicago Press.

Mehan, H. (1979). *Learning lessons: Social organization in the classroom.* Cambridge, MA: Harvard University Press.

見田宗介・栗原彬・田中義久(編)(1994).『社会学事典』〔縮刷版〕弘文堂.

三浦孝・中嶋洋一・池岡慎(2006).『ヒューマンな英語授業がしたい！：かかわる、つながるコミュニケーション活動をデザインする』研究社.

水本篤・竹内理(2008).「研究論文における効果量の報告のために：基礎的概念と注意点」『英語教育研究』第 31 号, 57–66 頁. 関西英語教育学会.

文部科学省 (2008).「中学校学習指導要領」2008 年 8 月 20 日 http://www.mext.go.jp/a_menu/shotou/new-cs/youryou/chukaisetsu/index.htm より情報取得.

文部省(1996).「中央教育審議会答申」2008 年 8 月 20 日 http://www.mext.go.jp/b_menu/shingi/12/chuuou/toushin/960701x.htm より情報取得.

文部省(1998).『中学校学習指導要領』大蔵省印刷局.

文部省(1999).『中学校学習指導要領解説：外国語編』東京書籍.

長沼君主・吉田研作(2010).「東アジア高校英語教育調査から見た日韓中高校生における英語 Can-Do 自己評価スコア比較」『ARCLE REVIEW No. 4』研究紀要第 4 号, 6–24 頁. Action Research Cener for Language Education.

中田賀之(2008).「今、なぜ英語教師にオートノミーが必要か」『英語教育』第 56 巻, 第 12 号, 25–27 頁. 大修館書店.

根岸雅史(2006).「GTEC for STUDENTS Can-do Statements の妥当性検証研究概観」『ARCLE REVIEW No. 1』研究紀要第 1 号, 96–103 頁. Action Research Center for Language Education.

日本認知科学会第 21 回大会発表論文集(2004).

Norton, B. (2000). *Identity and language learning: Gender, ethnicity and educational change.* London: Longman.

Norton, B., & Toohey, K. (2001). Changing perspectives on good language learners. *TESOL Quarterly,* 35 (2), 307–322.

Nunan, D. (1988). *The learner-centered curriculum.* Cambridge: Cambridge University Press.

Nunan, D. (Ed.), (1992). *Collaborative language learning and teaching.* Cambridge: Cambridge University Press.

Nunan, D. (1997). Designing and adapting materials to encourage learner autonomy. In P. Benson & P. Voller (Eds.), *Autonomy and independence in language learning* (pp. 192–

203). London: Longman.
「OECD 生徒の学習到達度調査 Programme for International Student Assessment (PISA)：2006 年調査国際結果の要約」(2007 年 12 月 4 日).『文部科学省』2009 年 10 月 1 日 http://www.mext.go.jp/a_menu/shotou/gakuryoku-chousa/sonota/071205/001.pdf より情報取得.

Ohta, A. S. (2000). Rethinking interaction in SLA: Developmentally appropriate assistance in the zone of proximal development and the acquisition of L2 grammar. In J. P. Lantolf (Ed.), *Sociocultural theory and second language learning* (pp. 51–78). Oxford: Oxford University Press.

沖浜真治(2007).「協同学習と学びの共同体」『新英語教育』第 453 号(2007 年 5 月号), 7-14 頁. 三友社出版.

沖浜真治(2008).「Fly Away Home を『ジグソー』で読ませてみたら…」『新英語教育』第 470 号(2008 年 10 月号), 12-14 頁. 三友社出版.

沖浜真治・三浦邦彦・千葉美奈子(2008).「英語の授業における『学びの共同体』の実践：授業の変化と生徒の変化」英語授業研究第 14 回秋季研究大会, 於・昭和女子大学.

O'Malley, J. M., & Chamot, A. U. (1990). *Learning strategies in second language acquisition*. Cambridge: Cambridge University Press.

Oxford, R. L. (1990). *Language learning strategies: What every teacher should know*. Boston: Heinle & Heinle Publishers.

Oxford, R. L. (Ed.), (1996). *Language learning strategies around the world: Cross-cultural perspectives*. Honolulu: Second Language Teaching & Curriculum Center, University of Hawai'i.

Oxford, R. L. (1997). Cooperative learning, collaborative learning, and interaction: Three communicative strands in the language classroom. *The Modern Language Journal, 81* (4), 443–456.

Oxford, R. L. (2003). *Current Issues in Language Learning Research and Practice: What Influences Students' Achievement?* 文化庁招聘, 日本語教育学会主催講演会, 於・昭和女子大.

Oxford, R. L., & Burry-Stock, J. A. (1995). Assessing the use of language learning strategies worldwide with the ESL/EFL version of the strategy inventory for language learning (SILL). *System, 23* (1), 1–23.

Oxford, R. L., & Ehrman, M. E. (1995). Adults' language learning strategies in an intensive foreign language program in the United States. *System, 23* (3), 359–386.

Oxford, R. L., & Nyikos, M. (1997). Interaction, collaboration, and cooperation: Learning languages and preparing language teachers. *The Modern Language Journal*, 81 (4), 457–469.

Oxford, R. L., Cho, Y., Leung, S., & Kim, H.-J. (2004). Effect of the presence and difficulty of task on strategy use: An exploratory study. *International Review of Applied Linguistics*, 42, 1–47.

Oxford, R. L., & Schramm, K. (2007). Bridging the gap between psychological and sociocultural perspectives on L2 leaner strategies. In A. D. Cohen & E. Macaro (Eds.), *Language learner strategies: Thirty years of research and practice* (pp. 47–68). Oxford: Oxford University Press.

Pavlenko, A., & Lantolf J. P. (2000). Second language learning as participation and the (re) construction of selves. In J. P. Lantolf (Ed.), *Sociocultural theory and second language learning* (pp. 155–178). Oxford: Oxford University Press.

ピアジェ, J. (1972). 『発生的認識論』(滝沢武久・訳). 白水社. ［原著：Piaget, J. (1970). *L'épistémologie génétique*. Paris: Presses Universitaires de France］.

Pritzker, S. R., & Runco, M. A. (1997). The creative decision-making process in group situation comedy writing. In R. K Sawyer (Ed.), *Creativity in performance* (pp. 115–141). London: Ablex Publishing.

Radden, G. (1992). The cognitive approach to natural language. In M. Pütz (Ed.), *Thirty years of linguistic evolution: Studies in honour of René Dirven on the occasion of his sixtieth birthday* (pp. 513–541). Philadelphia: John Benjamins.

Reddy, M. J. (1979). The conduit metaphor: A case of frame conflict in our language about language. In A. Orony (Ed.), *Metaphor and thought* (2nd ed.). (pp. 164–201). Cambridge: Cambridge University Press.

Richard-Amato, P. A. (1996). *Making it happen: Interaction in the second language classroom* (2nd ed.). NY: Longman.

Rubin, J. (1975). What the "good language learner" can teach us? *TESOL Quarterly*, 9 (1), 41–51.

Rubin, J. (2001). Language learner self-management. *Journal of Asian Pacific Communication*, 11 (1), 25–37.

Rudestam, K. E., & Newton, R. R. (2001). *Surviving your dissertation: A comprehensive guide to content and process* (2nd ed.). Thousand Oaks, CA: Sage.

Rundquist, S. (1992). Indirectness: A gender study of flouting Grice's maxims. *Journal of Pragmatics*, 18 (5), 431–449.

斉藤貴男(2004).『教育改革と新自由主義』子どもの未来社.
佐藤公治(1996).『認知心理学からみた読みの世界：対話と協同的学習をめざして』北大路書房.
佐藤学(1999).『学びの快楽：ダイアローグへ』神奈川：世織書房.
佐藤学(2001).『学力を問い直す：学びのカリキュラムへ』岩波書店.
佐藤学(2004).『習熟度別指導の何が問題か』岩波書店.
佐藤学(2006).『学校の挑戦：学びの共同体を創る』小学館.
Schegloff, E. A., & Sacks, H. (1973). Opening up closings. *Semiotica*, 8 (4), 289–327.
Schramm, K. (2008). Reading and good language learners. In C. Griffiths (Ed.), Lessons from good language learners (pp. 231–254). Cambridge: Cambridge University Press.
柴田義松(2006).『ヴィゴツキー入門』子どもの未来社.
シルヴァスティン, M. (2009).『記号の思想 現代言語人類学の一軌跡：シルヴァスティン論文集』(小山亘・編・榎本剛士・古山宣洋・小山亘・永井那和・共訳).三元社．［原著：Silverstein, M. (1976). Shifters, linguistic categories, and cultural description. In K. H. Basso & H. A. Selby (Eds.), *Meaning in anthropology* (pp. 11–55). Albuquerque, NM: University of New Mexico Press.; Silverstein, M. (1985). Language and the culture of gender: At the intersection of structure, usage, and ideology. In E. Mertz & R. J. Parmentier (Eds.), *Semiotic mediation: Sociocultural and psychological perspectives* (pp. 219–259). Orlando, FL: Academic Press.; Silverstein M. (1987). Cognitive implications of a referential hierarchy. In M. Hickmann (Ed.), *Social and functional approaches to language and thought* (pp. 125–164). Orlando, FL: Academic Press.; Silverstein, M. (1993). Metapragmatic discourse and metapragmatic function. In J. A. Lucy (Ed.), *Reflexive language: Reported speech and metapragmatics* (pp. 33–58). Cambridge: Cambridge University Press].
Sinclair, J. (Ed), (1987). *Collins COBUILD English language dictionary*. London: Collins.
杉江修治・関田一彦・安永悟・三宅ほなみ(編著)(2004).『大学授業を活性化する方法』玉川大学出版部.
杉田麻哉・竹内理(2007).「中学生の授業外英語自主学習における動機づけ要因：学習の動機を高めるのは何、そして誰？」『英語教育』第56巻，第7号(2007年10月号)，65-67頁．大修館書店.
竹内理(1991).「日本人英語学習者の学習方略(Language Learning Strategy)使用に関する一研究」『語法研究と英語教育』第13巻，59-65頁．山口書店.
竹内理(1997).「外国語学習方略研究の動向」『ことばとコミュニケーション：外国語教育研究のニューアプローチ』第1号，82-83頁，英潮社.

竹内理(1998).「海外研修プログラムが Strategy 使用に及ぼす影響について：Strategy Training の観点から」ことばの科学研究会(編)『ことばの心理と学習：河野守夫教授退職記念論文集』(327-339 頁). 金星堂.

竹内理(2001).「外国語学習方略の使用に対して［有効性］、［コスト］、［好み］の認識が与える影響について」『ことばの科学研究』第 2 号，23-33 頁.

Takeuchi, O. (2003). What can we learn from good foreign language learners?: A qualitative study in the Japanese foreign language context. *System*, 31 (3), 385-392.

竹内理(2003).『より良い外国語学習法を求めて：外国語学習成功者の研究』松柏社.

竹内理(2008).「第 6 章 メタ認知と英語学習」小寺茂明・吉田晴世(編著)『スペシャリストによる英語教育の理論と応用』79-92 頁. 松柏社.

竹内理(2009).『英語の学習意欲を高めるために：理論と実証データからの 10 の提言』関西大学 e-LINC フォーラム 3, 於・関西大学.

竹内理(2010).「学習者の研究からわかること：個別から統合へ」大学英語教育学会(監修)小嶋英夫・尾関直子・廣森友人(編)『成長する英語学習者：学習者要因と自律学習』3-20 頁. 大修館書店.

竹内理・池田真生子(2000).「質問紙法と外国語学習方略：研究手法の観点から」『ことばの科学研究』第 1 号, 67-81 頁.

Takeuchi, O., Griffiths, C., & Coyle, D. (2007). Applying strategies to contexts: The role of individual, situational, and group differences. In A. D. Cohen & E. Macaro (Eds.), *Language learner strategies: Thirty years of research and practice* (pp. 69-92). Oxford: Oxford University Press.

滝浦真人(2005).『日本の敬語論：ポライトネス理論からの再検討』大修館書店.

舘岡洋子(2005).『ひとりで読むことからピア・リーディングへ：日本語学習者の読解過程と対話的協働学習』東海大学出版会.

Thompson, I., & Rubin, J. (1996). Can strategy improve listening comprehension? *Foreign Language Annals*, 29 (3), 331-342.

Toohey, K. (2000). *Learning English at school: Identity, social relations and classroom practice*. Clevedon, England: Multilingual Matters.

TOTAL ENGLISH Revised edition 2 (1981). 秀文出版 59 年度版.

Tseng, W-T., Dörnyei, Z., & Schmitt, N. (2006). A new approach to assessing strategic learning: The case of self-regulation in vocabulary acquisition. *Applied Linguistics*, 27 (1), 78-102.

津田ひろみ(2004).『中学帰国生のリーディングにおける言語学習ストラテジー使用に関する研究』立教大学大学院修士論文［未刊行］.

津田ひろみ(2005).「教室談話における〈声の多重性〉に関する考察」『ことばと人間』第5号, 63-72頁.
Tsuda, H. (2006). Effectiveness of collaborative learning in reading tasks at a junior high school in Japan: A pilot study. *JACET Summer Seminar Proceedings*, 5, 49-52.
津田ひろみ(2007).「言語学習ストラテジーに関する階層性について:Oxford(1990)の批判的考察」『異文化コミュニケーション論集』第5号, 95-106頁.
津田ひろみ(2009).「英語のリーディングクラスにおける協同学習の効果:日本人中学生を対象にしたケース・スタディ」『ことばと人間』第7号, 41-56頁.
ターナー, V. W. (1996).『儀礼の過程』(冨倉光雄・訳). 新思索社. [原著:Turner, V. W. (1969). *The ritual process: Structure and anti-structure*. Chicago: Aldine].
上淵寿(編著)(2004).『動機づけ研究の最前線』北大路書房.
Vandergrift, L. (2003). Orchestrating strategy use: Toward a model of the skilled second language listener. *Language Learning*, 53 (3), 463-496.
Vandergrift, L. (2005). Relationships among motivation orientations, metacognitive awareness and proficiency in L2 listening. *Applied Linguistics*, 26 (1), 70-89.
van Lier, L. (2000). From input to affordance: Social-interactive learning from an ecoloical perspective. In J. P. Lantolf (Ed.), *Sociocultural theory and second language learning* (pp. 245-259). Oxford: Oxford University Press.
van Lier, L. (2008). Agency in the classroom. In J. P. Lantolf & M. E. Poehner (Eds.), *Sociocultural theory and the teaching of second languages* (pp. 163-186). London: Equinox.
Vann, R. J., & Abraham, R. G. (1990). Strategies of unsuccessful language learners. *TESOL Quarterly*, 24 (2), 177-198.
Vygotsky, L. S. (1978). *Mind in society: The development of higher psychological processes*. Cambridge, Mass.: Harvard University Press.
Vygotsky, L. S. (1981). The genesis of higher mental functions. In J. V. Wertsch (Ed.), *The concept of activity in Soviet psychology* (pp. 144-188). New York: M. E. Sharpe. (Original work published 1960).
Vygotsky, L. S. (1996). Interaction between learning and development. In P. A. Richard-Amato (Ed.), *Making it happen: Interaction in the second language classroom from theory to practice* (2nd ed.) (pp. 418-428). New York: Longman.
ヴィゴツキー, L. S. (2001).『思考と言語』〔新訳版〕(柴田義松・訳). 新読書社. [原著:Выготский, Л. С. (1956). *Мышление и речь*. Москва: Педагогика-пресс].
ヴィゴツキー, L. S. (2005).『教育心理学講義』(柴田義松・宮坂琇子・訳). 新読書社.

［原著：Выготский, Л. С.（1926）. *Педагогическая психология*. Краткий курс. Москва: Работник просвещения］.

ヴェーバー, M.（1998）. 『社会科学と社会政策にかかわる認識の「客観性」』(富永祐治・立野保男・訳・折原浩・補訳). 岩波文庫. ［原著：Weber, M.（1904）. Die "Objektivität" sozialwissenschaftlicher und sozialpolitischer Erkenntnis. In *Archiv für Sozialwissenschaft und Soaizlpolitik*, Bd. 19, 1904, 22–87. Tübingen: J. C. B. Mohr, S］.

Wenden, A.（1986）. What do second-language learners know about their language learning? A second look at retrospective acounts. *Applied Linguistics*, 7（2）, 186–205.

Wenden, A.（1991）. *Learner strategies for learner autonomy*. London: Prentice Hall.

Wenden, A. L.（1998）. Metacognitive knowledge and language learning. *Applied Linguistics*, 19（4）, 515–537.

Wertsch, J. V.（1985）. The semiotic mediation of mental life: L. S. Vygotsky and M. M. Bakhtin. In E. Mertz & R. J. Parmentier（Eds.）, *Semiotic mediation: Sociocultural and psychological perspectives*（pp. 49–71）. Orlando, FL: Academic Press.

ワーチ, J. V.（2002）. 『行為としての心』(佐藤公治・田島信元・黒須俊夫・石橋由美・上村佳世子・訳). 北大路書房. ［原著：Wertsch, J. V.（1998）. *Mind as action*. Oxford: Oxford University Press］.

ワーチ, J. V.（2004）. 『心の声：媒介された行為への社会文化的アプローチ』(田島信元・佐藤公治・茂呂雄二・上村佳世子・訳). 福村出版. ［原著：Wertsch, J. V.（1991）. *Voices of the mind: A sociocultural approach to mediated action*. Cambridge, MA: Harvard University Press］.

Wertsch, J. V., & Stone, C. A.（1985）. The concept of internalization in Vygotsky's account of the genesis of higher mental functions. In J. V. Wertsch（Ed.）, *Culture, communication, and cognition: Vygotskian perspectives*（pp. 162–179）. Cambridge: Cambridge University Press.

Wertsch, J. V., & Hickmann, M.（1987）. Problem solving in social interaction: A microgenetic analysis. In M. Hickmann（Ed.）, *Social and functional approaches to language and thought*（pp. 251–266）. Orlando, FL: Academic Press.

Wortham, S.（2006）. *Learning identity: The joint emergence of social identification and academic learning*. Cambridge: Cambridge University Press.

大和隆介（2008）. 「学習スタイルと伸びる指導法の関係」『英語教育』第56巻, 第12号, 33–35頁. 大修館書店.

Yamato, R., Kimura, T., Tsuda, H., Carreira-Matsuzaki, J., & Hiromori, T.（2009）. Results and challenge of pilot lessons integrating learning strategy instruction into English activities at primary schools. *ARELE*, 20, 231–240.

Yang, N-D. (1996). Effective awareness-raising in language learning strategy instruction. In R. L. Oxford (Ed.), *Language learning strategies around the world: Cross-cultural perspectives* (pp. 205–210). Honolulu: Second Language Teaching & Curriculum Center, University of Hawai'i.

ジマーマン, B. J. & シャンク, D. H.(編著)(2006).『自己調整学習の理論』(塚野州一・編訳・伊藤崇達・中西良文・中谷素之・伊田勝憲・犬塚美輪・訳).北大路書房.［原著：Zimmerman, B. J. & Schunk, D. H. (Eds.) (2001). *Self-regulated learning and academic achievement: Theoretical perspectives*. Mahwah, NJ: Lawrence Erlbaum］.

補遺

補遺 1-1　研究協力同意書(1)
補遺 1-2　研究協力同意書(2)
補遺 1-3　研究協力同意書(3)
補遺 2　質問紙 A —学習ストラテジーの使用認識に関するアンケート
補遺 3　質問紙 B —リーディング・ストラテジーに関するアンケート
補遺 4-1　リーディング・タスク #1(1)課題文
補遺 4-2　リーディング・タスク #1(2)問題
補遺 4-3　リーディング・タスク #2(1)課題文
補遺 4-4　リーディング・タスク #2(2)問題
補遺 5　質問紙 C：協働学習と個別学習に対する好感度調査
補遺 6　質問紙 D：協働学習による英語読解への取り組み方の変化
補遺 7　協働学習に関する自由記述シート
補遺 8　振り返りシート(サンプル)
補遺 9-1　回顧インタビューデータ(1)由美(りんごグループ)
補遺 9-2　回顧インタビューデータ(2)遥香(みかんグループ)
補遺 9-3　回顧インタビューデータ(3)美奈(みかんグループ)
補遺 9-4　回顧インタビューデータ(4)多恵
補遺 10　因子負荷量
補遺 11-1　タスク・ベースのストラテジー使用状況の英語運用能力別比較
　　　　　(1)指導前
補遺 11-2　タスク・ベースのストラテジー使用状況の英語運用能力別比較
　　　　　(2)指導後
補遺 12　表 5.5　知らないこと・わからないことを教えてもらう
補遺 13　表 5.6　意見を出し合う
補遺 14　表 5.7　理解を深める
補遺 15　表 5.8　修正
補遺 16　表 5.9　リーディング・スキルを学ぶ

補遺 17　表 5.10　視野を広げる
補遺 18　表 5.13　協働学習の問題点
補遺 19　表 5.14　個別学習が良いとき
補遺 20　表 5.15　協働学習による英語学習の変化
補遺 21-1　表 5.16　協働学習に関するコメント(1)メリット
補遺 21-2　表 5.16　協働学習に関するコメント(2)デメリット
補遺 22　書き起こしデータ(エピソード #1)
補遺 23-1　ワークシート #1(1)課題文
補遺 23-2　ワークシート #1(2)問題
補遺 24　書き起こしデータ(エピソード #2)
補遺 25-1　ワークシート #2(1)課題文
補遺 25-2　ワークシート #2(2)問題
補遺 26　書き起こしデータ(エピソード #3)
補遺 27　書き起こしデータ(エピソード #4)
補遺 28　ワークシート #4
補遺 29　書き起こしデータ(エピソード #5)
補遺 30-1　ワークシート #5(1)課題文
補遺 30-2　ワークシート #5(2)問題

補遺 1-1　研究協力同意書(1)

　　　　　　　　　　　　　　　　　　　　　　■年 10 月 17 日
　　　　　　　　　　　　研究協力同意書

立教大学大学院異文化コミュニケーション研究科博士課程後期課程において博士論文　論文題名:「言語学習ストラテジー習得の階層性と指導の適時性に関する研究」(仮題)を執筆するにあたり、研究の趣旨をご理解いただき、研究にご協力いただけますことを深く感謝いたします。

本研究の主目的は、今般ますます重要性が高まっている自律学習能力の育成という観点から、中学校英語教育に「学習ストラテジー」指導を取り入れた授業を実施しその効果を検証することです。この主旨に則り、貴校 3 年生英語三分割授業のリーディングクラスにおいて授業に基づく質問紙調査等を実施する予定です。実施に際しては、参加生徒の学習効果が上がるよう最善の努力をいたします。

調査で得たデータは、研究以外の目的では使用せず、個人情報は一切公開致しません。また、研究遂行の途中であっても協力校から協力中止の申し出があった場合は、研究を中止いたします。

以上のことを了解した上で研究にご協力くださる場合は、下記の同意書に署名をお願いいたします。

　　　　　　　　　　　　　　立教大学大学院異文化コミュニケーション研究科
　　　　　　　　　　　　　　　博士課程後期課程 4 年　　　津田　ひろみ

　　　　　　　　　　　　　同　意　書

上記の内容を了解した上で、研究に協力します。

　　　　　　　　　　　　　　　　　■年 ＿10＿ 月 ■ 日

■■■■■■■中学校校長　　　　署名　■■■■■■■■

(注: 本書面は 1 部コピーし、コピーは調査協力校責任者にお渡しし、現物は研究者が保管します。)

補遺 1-2　研究協力同意書（2）

研究協力のお願いと同意書

■■■年 6 月 11 日

私は昨年度、中学 3 年生英語分割授業の β クラスを担当いたしました津田ひろみと申します。昨年度担当いたしました β クラスの皆様にお願いがございます。

私は現在、■■■■■■■■中学校および明治大学で英語の授業を担当する一方、立教大学大学院異文化コミュニケーション研究科の博士課程において研究活動を続けております。研究の主な関心は、より効果的に英語学習に取り組めるような学習環境をデザインすることです。昨年度の授業では、そのような学習環境を実験的に作り出しながら、その効果を検証いたしました。

検証結果を論文に記載するに当たり、皆様お一人お一人にご同意をいただきたく存じます。生徒の皆さんの個人的な情報は一切公表いたしません。また、研究以外の目的で使用することもございません。

以上のことをご了解いただき研究にご協力いただけますならば、お手数ですが下記の同意書にご署名・ご捺印の上、<u>6 月 18 日</u>までに同封の封筒にてご返送くださいますようお願いいたします。

■■■■■■■■中学校非常勤講師
津田　ひろみ

同　意　書

以上のことを了解した上で、研究に協力します。

■■■年 6 月 ___ 日

　　　　　　（元 3 年 ___ 組）生徒氏名 _____

　　　　　　　　　　　　　　　保護者氏名 _____ 印

補遺 1-3 研究協力同意書（3）

　　　　　　　　　　　　　　　　　　　　　　　　■年 5 月 26 日

研究協力同意書

2010 年度に立教大学大学院異文化コミュニケーション研究科に提出いたしました博士論文「自律的学習者の育成をめざす協働学習の役割に関する研究：中学校における英語リーディングクラスの事例を通して」の補完に向け、研究の基本となる教師主導型授業の質的データが必要となりました。前回とデータを揃えるため、貴中学校 3 年生の英語の授業を参観および記録させていただきたいと思います。調査で得たデータは、研究以外の目的では使用せず、個人情報は一切公開致しません。

以上のことをご了解いただき研究にご協力いただけますことを深く感謝いたします。お手数ですが、下記の同意書に署名をお願いいたします。

なお、本書面は 1 部コピーし、コピーは調査協力校責任者にお渡しし、現物は研究者が保管させていただきますことをどうぞご了承くださいませ。

　　　　　　　　　　　　　　　　　明治大学兼任講師　　　津田　ひろみ

同　意　書

上記の内容を了解した上で、研究に協力します。

　　　　　　　　　　　　　　　　20■年　5　月　■　日

■■■■■■■■中学校校長

　　　　　　　　　　　署名　＿＿＿■■■■■■■■■＿＿

補遺 2　質問紙 A ―学習ストラテジーの使用認識に関するアンケート

(200X 年 5 月 23 日実施)

_____年_____組（男／女）　　氏名：_____

英語学習についてアンケート

これからあなたがどのように英語を学習しているか質問します。名前は公表しませんし、成績にも影響しませんので、理想像でなく、あなたがいつもしていることを教えてください。各問について、1～5のうちもっともあてはまるものを選んでその位置に〇をつけてください。項目意外にも何かあれば、（その他）の欄に書き加えてください。

1	自分にぴったり当てはまる
2	どちらかといえば当てはまる
3	どちらとも言えない
4	あまり自分には当てはまらない
5	まったく自分には当てはまらない

【英語学習の目標がありますか？】
1　「ハリー・ポッター」などの原書を読めるようになりたい　　5　4　3　2　1
2　映画や洋楽を字幕なしで聴けるようになりたい　　5　4　3　2　1
3　英語で会話ができるようになりたい　　5　4　3　2　1
4　将来、留学したい　　5　4　3　2　1
5　将来、海外旅行をしたい　　5　4　3　2　1
6　将来、英語を使う仕事に就きたい　　5　4　3　2　1
7　卒業までに英検〇級を取りたい　　5　4　3　2　1
8　志望校に合格したい　　5　4　3　2　1
（その他）_____

【学習の仕方について何か工夫していますか？】
9　英会話や教科書のCDを聴いてリスニングの練習をしている　　5　4　3　2　1
10　テレビ・ドラマやビデオ、映画は副音声（英語）または字幕版で観るようにしている　　5　4　3　2　1
11　ラジオ講座を聞いている　　5　4　3　2　1
12　音読を続けている　　5　4　3　2　1
13　英字新聞や英語の本、長文などを自分で読んでいる　　5　4　3　2　1
14　英語で日記や手紙・メールを書いている　　5　4　3　2　1
15　単語帳を作って語彙を増やそうとしている　　5　4　3　2　1
16　授業の予習・復習をしている　　5　4　3　2　1
17　テスト前や夏休みは計画を立てて英語を学習している　　5　4　3　2　1
18　前期・後期、または一年間の計画を立てて英語を学習している　　5　4　3　2　1
（その他）_____

【学習の仕方について何か工夫していますか？】
19　テストの間違いを直す　　5　4　3　2　1
20　定期テストで自分がわかっていない箇所をみつける　　5　4　3　2　1
21　英検、模試、TOEICなどを受けて自分の英語力を客観的に評価する　　5　4　3　2　1
22　テストの結果を見て、勉強のやり方を考えてみる　　5　4　3　2　1
23　テストの結果を見て、学習計画を立て直す　　5　4　3　2　1
24　一度目標を決めたら、途中で計画を見直すことはしない　　5　4　3　2　1
（その他）_____

【宿題や自習の内容でわからないことが出てきたらどうしますか？】
25　いつも自分一人で解決しようとする　　5　4　3　2　1
26　先生や家族に教えてもらうことが多い　　5　4　3　2　1
27　友達に聞いたり、一緒に考えたりする　　5　4　3　2　1
28　ここまでできたらゲームをしよう、など自分を励ましながら頑張る　　5　4　3　2　1
29　気分転換（休む・寝る・入浴する・他のことをするなど）してからまた挑戦する　　5　4　3　2　1
30　わからないままにしておく　　5　4　3　2　1
（その他）_____

補遺3　質問紙B―リーディング・ストラテジーに関するアンケート

（200X年6月13日実施）

中学校3年＿＿＿組＿＿＿番（男／女）氏名：＿＿＿＿＿＿＿＿＿＿＿＿

英語リーディングについてアンケート

先ほどの問題にどのように取り組みましたか？あてはまる項目すべてに〇をつけ、特に重視した項目には◎をつけてください。選択肢以外はどんな小さなことでも「その他」の欄に書いてください。

A. 文章を読み始めたときまず何をしましたか？

(　) 1. 題を見た
(　) 2. 写真・イラストを見た
(　) 3. 全体をざっと見た
(　) 4. 各段落の始めの文を読んだ
(　) 5. 問題を先に見た
(　) 6. 最初と最後の段落を読んだ
(　) 7. 最初と最後の文を読んだ
(　) 8. 特に何も考えず、いきなり読み始めた
その他＿＿＿＿＿＿＿＿＿＿＿＿＿＿＿＿＿＿＿＿＿＿＿＿＿＿＿＿＿＿＿＿＿＿＿＿

B. どんな風に文章を読みましたか？

(　) 9. 一行目から順に読んでいった
(　) 10. まず全体を見てから細かく読んでいった
(　) 11. 難しい文は頭の中で日本語訳しながら読んだ
(　) 12. 次はどうなるか予想しながら読んだ
(　) 13. 段落ごとに要点を簡単にメモしながら読んだ
(　) 14. 様子を頭の中に描きながら読んだ
(　) 15. わからなくなった時には前に戻って読み直した
(　) 16. わからないところは飛ばしてどんどん先を読んだ
(　) 17. 作者が何を伝えたいのか考えながら読んだ
(　) 18. 自分だったらどうするか、自分はどう思うか、考えながら読んだ
(　) 19. 内容に関連する知識を思い起こしながら読んだ
(　) 20. 台詞の部分に注目しながら読んだ
(　) 21. 線を引きながら読んだ
(　) 22. 指で文字を追いながら読んだ
(　) 23. 文法に注意しながら読んだ　★
その他＿＿＿＿＿＿＿＿＿＿＿＿＿＿＿＿＿＿＿＿＿＿＿＿＿＿＿＿＿＿＿＿＿＿＿＿

★ 23.で特に注意した文法事項すべてに〇をつけ、それ以外にあれば「その他」に書いてください。
A.動詞の時制　b.主語　c.接続詞（afterなど）d.代名詞（it, thisなど）e.その他 ＿＿＿＿＿＿

C. 答え合わせをした後どうしましたか？

(　) 24. 正解を書き写したところを見直した
(　) 25. もう一度、問題を考えてみた
(　) 26. なぜ間違ったのか考えた
(　) 27. どうして正解がそうなるのか友達と話し合った
(　) 28. 分からない問題を先生に質問した
(　) 29. 自分の英語の文章の読み方（理解のし方）に少し自信を持った
(　) 30. 何もしないでほっておいた
その他＿＿＿＿＿＿＿＿＿＿＿＿＿＿＿＿＿＿＿＿＿＿＿＿＿＿＿＿＿＿＿＿＿＿＿＿

補遺 4-1　リーディング・タスク #1(1)課題文

(200X 年　　月　　日実施)

英語 Reading 練習問題(1)

次の長文を読んで後の問に答えなさい。

Everybody's Baby

(1)　At a day care center in Texas, children were playing outside. One of the children was Jessica McClure. She was 18 months old. Jessica's mother, who worked at the day care center, was watching the children. Suddenly Jessica fell and disappeared. Jessica's mother screamed and ran to her.

(2)　A **well** 2(1) was in the yard of the day care center. The well was only eight inches across, and a rock always covered it. But children had moved the rock. When Jessica fell, she fell right into the well.

(3)　Jessica's mother **reached** 2(2) inside the well, but she couldn't feel Jessica. She ran to a phone and dialed 911 for help.

(4)　"We can't go down into the well," they said. "It's too narrow. So, we're going to drill a hole next to the well. We'll drill down about 20 feet. Then we'll drill a tunnel across to Jessica. When we reach her, we'll bring her through the tunnel. Then we'll bring her up through our hole."

(5)　The men began to drill the hole on a Wednesday morning. "We'll reach Jessica in a few hours," they thought. The men were wrong. They had to drill through solid rock. Two days later, on Friday morning, they were still drilling. And Jessica McClure was still in the well.

(6)　During her days in the well, Jessica sometimes called for her mother. Sometimes she slept, sometimes she cried, and sometimes she sang.

(7)　All over the world people waited for news of Jessica. They read about her in newspapers and watched her rescue on TV. Everyone worried about the little girl in the well.

(8)　At 8 p.m. on Friday, the men finally reached Jessica and brought her up from the well. Then paramedics rushed her to the hospital. Jessica was dirty, hungry, thirsty, and tired. Her foot and forehead were badly injured. But Jessica was alive. A doctor at the hospital said, "**Jessica is lucky** 5 she's very young. He's not going to remember **this** 3(1) very well."

(9)　Maybe Jessica will not remember her days in the well. But her parents, her rescuers, and many other people around the world will not forget **them** 3(2).

(10)　After Jessica's rescue, one of the rescuers made a metal cover for the well. On the cover he wrote, "**To Jessica, with love from all of us.**" 6

　　* 20 feet ≒ 6 meters

補遺4-2　リーディング・タスク #1(2)問題

(200X 年　　月　　日実施)

問　題

1. この記事について次の質問に日本語で答えなさい。
1) 誰がどうしたのですか？
2) 事件解決までにどれくらいの時間（日数）がかかりましたか？
3) どのように解決しましたか？簡単な絵を描いて説明しなさい。
4) この事故の後、何が変わりましたか？
2. 次の単語は文集でどんな意味で使われていますか？日本語で答えなさい。
1) well
2) reached
3. 次の代名詞は何を指していますか？指示に従って答えなさい。
1) **this** が差す内容を日本語で答えなさい。
2) **them** は何を指すか、文中の英語単語 5 words を抜き出しなさい。
4. 次の1段落が抜けています。何番と何番の間に入れれば良いでしょう。また、そう考える理由を簡単に説明しなさい。

　Men from the fire department arrived. They discovered that Jessica was about 20 feet down in the well. For the next hour the men talked and planned Jessica's rescue. Then they told Jessica's parents their plan.

5. なぜ **Jessica is lucky**. なのですか？日本語で簡単に説明しなさい。
6. "**To Jessica, with love from all of us**"にはどのような気持ちが込められているでしょう？あなたの考えを述べなさい。

補遺 4-3　リーディング・タスク #2(1)課題文

(200X 年　　月　　日実施)

英語 Reading 練習問題(2)

次の長文を読んで後の問に答えなさい。

健忘症の大学教授

(1)　I once knew a man whose memory was very bad.　①Richard Rudd was so forgetful that he sometimes forgot what he was talking about in the middle of a sentence. Usually, ②his wife had to tell him about his promises to meet persons, his classes ---- even his meals.　Because Rudd was a professor at a famous university, his bad memory was a trouble, and ③he couldn't be good friends with some of the other professors. Some people who didn't like him thought he was stupid.　But he wasn't so.　He was just very, very forgetful.

(2)　One hot summer's day, professor Rudd decided to take his children to the beach. The seaside town he was going to visit was about a three-hour train ride away.　To make the trip more interesting for his young children, ④he kept the name of the town a secret.　Unfortunately on their way to the station the poor forgetful man forgot the name of the town they were going to visit.　Fortunately, a friend of his happened to be in the station. He said ⑤he could take care of the children while ⑥Rudd went back home to find out where he was going.

(3)　The professor's wife was surprised to see him again so soon, but she laughed when she heard why he came back.　She didn't believe his memory, so she wrote the name of the town on a piece of paper.　She gave it to him.　She was happy because she could help her husband, and she sent him off again.　⑦Ten minutes later she was surprised to see him outside the house again.　Why did he come back again?

* memory　記憶、記憶力
　 sentence　文
　 unfortunately　不幸にも
　 fortunately　幸いにも

補遺 325

補遺 4-4　リーディング・タスク #2(2)問題

(200X 年　　月　　日実施)

問　題

1．この話について次の質問に日本語で答えなさい。
1) 下線部①で、大学教授のラッドが抱えていた問題は何でしたか？

2) 下線部②で、妻がラッドに伝えなければならなかったことは何ですか？
　・
　・
　・

3) なぜ、妻が伝えなければならなかったのですか？

4) 下線部③は、なぜそうなるのですか？理由を説明しなさい。

5) 下線部④は、ラッドが何をしたのですか？

6) なぜそのようにしたのだと思いますか？

7) 下線部⑤の he は誰ですか？文中の英語で答えなさい。

8) 下線部⑥で、ラッドはなぜ一人で駅から戻って来たのですか？

9) 下線部⑦で、妻がラッドを 2 回目に見送ってから 10 分後に、ラッドはまた戻ってきました。なぜ戻ってきたのだと思いますか？日本語で説明しなさい。

10) この後、ラッドと妻はどうしたと思いますか？英語で続きを書きなさい。

補遺5　質問紙C：協働学習と個別学習に対する好感度調査

　　　　　　　　　　　協働読みと個別読みについて　　　　　200X/12/19
　　　　　　　　　　　　　3－　　氏名：＿＿＿＿＿＿＿＿＿

1. あなたは協働読みと一人読みはどれくらい好きですか？

	とても好き	好き	どちらでもない	嫌い	とても嫌い
1）協働読み	5	4	3	2	1
2）一人読み	5	4	3	2	1

それはなぜですか？＿＿＿＿＿＿＿＿＿＿＿＿＿＿＿＿＿＿＿＿＿＿＿

2. どんな内容のとき協働読みは役立つと思いますか？それぞれの項目についてあてはまる「程度」の数字に〇をつけてください。

	とても役立つ	役立つ	どちらとも言えない	あまり役立たない	まったく役立たない
1）段落の並べ替え	5	4	3	2	1
2）オチの理解	5	4	3	2	1
3）単語の意味	5	4	3	2	1
4）段落の要旨	5	4	3	2	1
5）話全体の要旨	5	4	3	2	1
6）次の展開の予測	5	4	3	2	1
7）読む前の話の予測	5	4	3	2	1
8）話の流れを掴む	5	4	3	2	1
9）タイトルを考える	5	4	3	2	1
10）問に答える	5	4	3	2	1

3. 2で「とても役立つ」「役立つ」に〇をつけた項目について、あなたはグループの仲間からどんなことを学びましたか？具体的に書いてください。
　　（例）話の流れを考えるとき、間違った方向に行ったのを修正してもらった。
・
・
・

4. 協働読みのとき、あなたはグループの中でどんな役割を主に担っていましたか？多かったと思う順に1～6の番号をつけてください。まったくやらなかったものには×をつけてください。
　　（　　）内容理解につながる質問する　　（　　）話し合いの流れを修正する
　　（　　）質問に答える　　　　　　　　　（　　）ひらめきを伝える
　　（　　）話し合いのトピックを出す　　　（　　）わからないことを教えてもらう

5. 協働読みの問題点は何だと思いますか

補遺6　質問紙D：協働学習による英語読解への取り組み方の変化

英語選択授業の1年間を振り返って

200Y 年 1 月 16 日

中学校 3 年__組　名前：_____

```
5：とてもそう思う
4：そう思う
3：どちらともいえない
2：あまりそう思わない
1：まったくそう思わない
```

1. 英語選択授業（読解クラス）を受けて**英語読解への取り組み方**がどう変わったか、または変わらなかったか、あなたにもっともあてはまる番号を一つ選んで〇をつけてください。

1) 英語の読解に前より気楽に取り組めるようになった	5　4　3　2　1
2) 英語を読むのが前より好きになった	5　4　3　2　1
3) 英語を読むことを前より楽しめるようになった	5　4　3　2　1
4) 長い文章でも最後まで読めるようになった	5　4　3　2　1
5) どこが重要か考えながら読むようになった	5　4　3　2　1
6) 知らない単語を前後の文章から推測するようになった	5　4　3　2　1
7) 文章の展開を考えながら読むようになった	5　4　3　2　1
8) 一文ずつ日本語に訳さなくなった	5　4　3　2　1
9) 英語を読んで内容について前より考えるようになった	5　4　3　2　1
10) もっと英語を読んでみたいと思うようになった	5　4　3　2　1
11) 受験英語でない英語の学習があることに気づいた	5　4　3　2　1
12) 仲間から自分とは違う英語の読み方を教わった	5　4　3　2　1
13) 仲間と一緒に学習することの楽しさを味わった	5　4　3　2　1
14) 前より英語が好きになった	5　4　3　2　1
15) 前より英語読解力（内容理解の力）が上がった	5　4　3　2　1

2. その他にも**英語学習への取り組み方**に変化があれば具体的に教えてください。

・_____

・_____

3. この読解クラスの感想を自由に述べてください。いやだった点、困った点も書いて下さい。

・_____

・_____

・_____

補遺7　協働学習に関する自由記述シート

協働読みに関する自由記述

3年__組　氏名_____

選択英語のクラスでは、英語リーディングの課題に取り組む際、グループで話し合いながら理解を深めてきました。そのような協働学習について、あなたはどのように感じていますか？次の5つの点について率直な意見を聞かせてください。

1. あなたが協働読みで学んだことは何ですか
   _____
   _____
   _____

2. 協働読みの問題点は何だと思いますか
   _____
   _____
   _____

3. 個人読みの方が良いときはどんなときですか
   _____
   _____
   _____

4. 協働読みを経験して英語学習にどのような変化がありましたか
   _____
   _____
   _____

5. 協働読みに対する感想を自由に書いてください。
   _____
   _____
   _____
   _____

補遺8　振り返りシート（サンプル）

200X年　　月　　日実施

中学校3年＿＿＿組＿＿＿番　氏名：＿＿＿＿＿＿＿＿＿＿＿

ペアまたはグループを組んだ友達：＿＿＿＿＿＿＿＿＿＿＿＿＿＿

（その中で特に頑張った人に○をつけてください）

リーディング振り返りシート

1. 今日のリーディングの時間のあなたの目標は何ですか？
　＿＿＿＿＿＿＿＿＿＿＿＿＿＿＿＿＿＿＿＿＿＿＿＿＿＿＿＿＿＿

2. 目標をどのくらい達成できましたか？
　　　　　　　　　　　　　　　　(%) 0　20　40　60　80　100
　　　　　　　　　　　　　　　　　 |＿＿|＿＿|＿＿|＿＿|＿＿|

3. どんなことに注意して読みましたか？
　・＿＿＿＿＿＿＿＿＿＿＿＿＿＿＿＿＿＿＿＿＿＿＿＿＿＿＿＿
　・＿＿＿＿＿＿＿＿＿＿＿＿＿＿＿＿＿＿＿＿＿＿＿＿＿＿＿＿

4. 自分では気づかなかったけれど、友達と話していて気づいた点・参考になった点はどんなことでしたか？
　・＿＿＿＿＿＿＿＿＿＿＿＿＿＿＿＿＿＿＿＿＿＿＿＿＿＿＿＿
　・＿＿＿＿＿＿＿＿＿＿＿＿＿＿＿＿＿＿＿＿＿＿＿＿＿＿＿＿

5. 友達といっしょにやってうまくいかなかった点はどんなことでしたか？
　・＿＿＿＿＿＿＿＿＿＿＿＿＿＿＿＿＿＿＿＿＿＿＿＿＿＿＿＿
　・＿＿＿＿＿＿＿＿＿＿＿＿＿＿＿＿＿＿＿＿＿＿＿＿＿＿＿＿

6. 最終的に内容をどのくらい理解しましたか？
　　　　　　　　　　　　　　　　(%) 0　20　40　60　80　100
　　　　　　　　　　　　　　　　　 |＿＿|＿＿|＿＿|＿＿|＿＿|

7. 今日のリーディングの授業は楽しかったですか？
　　　　　　　　　　　　　　　　(%) 0　20　40　60　80　100
　　　　　　　　　　　　　　　　　 |＿＿|＿＿|＿＿|＿＿|＿＿|

コメント・感想：

補遺 9-1　回顧インタビューデータ(1)由美(りんごグループ)

　［前略］
10　由美　：［リスニングについて］まあ、確実にわかるのがいくつかふえたって
　　　　　　のが。
11　調査者：リーディングはどうでした？
12　由美　：リーディングも、こう、話し合いの中で、こう、目星をつけるってい
　　　　　　うのが、こう、慣れたかな？慣れがあったかな？
13　調査者：あのグループどうだった？
14　由美　：(笑)あのグループ楽しかった。はい。
15　　　　　いろいろ言ってましたね。
16　調査者：衝突しなかった？意見の違いとか。
17　由美　：あ、違いはありましたけど。
18　　　　　ああこう、理由を言い合う中で、じゃあ、そっちの方があれかなって
　　　　　　いうのでまとまって行ってましたけれども。
19　調査者：まとまった。。。？
20　由美　：まとまった。。。(笑)あれでまとまってましたからね。
21　　　　　どう、どう、どう思う、みたいな感じで、まあ、はい。
22　調査者：誰がリーダーをやってたの？そういうのの。
23　由美　：誰、誰、ってことはないですけど。
24　　　　　まあ、話し合いの中で気づいた人が、ここ、どうどう、みたいな感
　　　　　　じ。
25　調査者：3人？
26　由美　：はい、3人がわって言う感じ。
27　　　　　で、ふと我に返って、ああ、じゃあ、どう、みたいな感じです。(笑)
28　調査者：じゃ、特にリーダーとかなくて皆がこうして。。
29　由美　：はい、そうでした。
30　調査者：じゃ、話し合いも良かったし、理由もわかってきた？
31　由美　：はい、はい。
32　調査者：で、それ自分ひとりになって還元できました？
33　　　　　みんなと一緒だとオッケーだけど。。。
34　由美　：そ、ん、こまでできないってことはないです。
35　調査者：じゃ、そこまで力がついたのね？

36	由美	：はい、たぶん、そう思う。
37	調査者	：じゃ、それで、これも上がったのかな？
38	由美	：うん、ま、そうですかね。
39		そう、話の流れで単語を理解していくっていうのが、できるようになったかなっていう。はい。
40	調査者	：塾は？
41	由美	：今は辞めましたね。
42		受験前までは、はい。
43	調査者	：そこでもやってた、長文は？
44	由美	：長文、あ、時々先生が、あ、他の学校の入試問題とかで長文を抜粋したみたいな。
45	調査者	：でも、私みたいなやりかたじゃないよね？その塾は。
46	由美	：はい、そうです。はい。
47	調査者	：ああいうふうなやり方はどうだった？
48	由美	：はあ、楽し、かった(笑)。はい。
49	調査者	：内容についていけた？
50	由美	：はい。
51	調査者	：自分がどう思った？
52	由美	：内容を楽しむことはできました。
53	調査者	：ああ、できた？
54	由美	：はい、できました。

［中略］

| 59 | 調査者 | ：今は、自信ついた？ |
| 60 | 由美 | ：はあ、そんな上がったとは自分では思ってなかったですけど、はあ、はい。 |

補遺 9-2　回顧インタビューデータ（2）遥香（みかんグループ）

1	遥香	：塾は行ってない。
2		教科書やってた。訳したり、単語ノート作ったり、
3		あと CD 聞いたりしてた。
4		発音とか単語とかもわかるようになった。
5	調査者	：ほとんど教科書だね。
6	遥香	：はい。
7	調査者	：山田先生は速読やってたけど、どうだろう？スピード読解。
8	遥香	：スピード読解？
9		あの 15 分のときにやるやつ。。。
10		長文は最初から読むけど、注がついてるから、
11		注のついてる言葉とかを最初に見て、途切れないように読む。
12	調査者	：ああ、そういう練習してたんだね？私の授業はどうだった？
13	遥香	：家とか授業では 1 人で読んでるときは何回も読み返すとだんだんわかるようになるけど、
14		友達とやると「ああ、そうだよね」って言って意見交換できたから、「ああそういう展開なのかな」とか「あたし違ったかな」とか。。。
15	調査者	：じゃあ、わりと効果あった？
16	遥香	：はい。あと、自分にとって効果があったのは、長い長文とかなると、ひとりでは読む気にならなかったんですけど。
17		なんか、友達とだと、楽しいって言うのもあるけど、文章を前向きにっていうか、そういうふうに読めるようになった。

補遺 9-3　回顧インタビューデータ (3) 美奈 (みかんグループ)

1	調査者	(成績の表を見ながら) GTEC これがこうなって。。。
2	美奈	そうとう悪いですよ。そうとう悪いです。
3	調査者	びっくりするほど伸びてるんだけど、何が原因だったのかな？
4	美奈	悪かったのがですか？
5	調査者	伸びたのが。
6	美奈	何もしてない。
7	調査者	塾は？
8	美奈	行ってない。
9	調査者	じゃあ、学校だけだね。
10	美奈	はい。
11	調査者	じゃあ、学校で山田先生の授業、授業の始めにやってた、それと私のじゃない？
12		それ、どうですか？自分にとって、こっちのほうが伸ばしてくれた、とか。人によってそれぞれ違うと思うので。
13	美奈	先生の授業と速読。。。
14	調査者	うん、
15	美奈	あ～あ～あ～え～。。。
16	調査者	:速読ではこういうところが伸びたし、みたいな。
17	美奈	速読は、なんだろう？速読、なんだろ？両方似たような感じで、それほど違いはないと思うんですけど、わたし的に。
18	調査者	その両方から。。。
19		今までの教科書とはちょっと違ってたでしょ？
20		そのどういうところが、自分にはあってた？
21	美奈	私、たらたら読むんで、いつも。
22	調査者	それが？
23	美奈	それが、さっさと理解できるようになりました。
24	調査者	スピードがついたのね。それはとっても良かったですね。
25		それから、あなたたちのグループはすごくさあ、
26	美奈	(笑)
27	調査者	意見がわあわあ、ビデオ見てもいろいろ分かれてるじゃない？

28	美奈	：はい。
29	調査者：	意見が違ったとき、割とあなたは、引きながらも、言ってたかな、と思うんだけど。
30		どんなふうに関わってました？
31	美奈	：違うと思ったら言うけど、う〜ん、っていう時はとりあえず黙ってみんなの話を聞いてました。
32	調査者：	そうだよね。
33		結構、聞いてたよね。
34	美奈	：納得いかなかったらくいさがります。
35	調査者：	あ〜、さすが。
36	美奈	：（笑）
37	調査者：	それでどうでした？ああいうやり方？良かった？
38	美奈	：はい、楽しかったし。
39		ちょっと、微妙に違う考えが聞けた。
40	調査者：	でも、それから違う xxx
41		成績がすごく伸びたんだけど、今の英語に対する意識は？
42	美奈	：英語はすごく好きなんですけど、なぜかできないという悲しい結果に。
43	調査者：	決してできない部類じゃないと思うけど。
44	美奈	：できない部類です。
45	調査者：	じゃあ、他の科目がいいんだ。他の科目に比べて。
46	美奈	：数学と英語がきついんです、主要科目が。
47	調査者：	そう。でも、80 語（wpm のこと）読めてたらまあまあですね。自分の中で自信がない？どういうところが自信ない？リーディング、ライティング。。。
48	美奈	：ライティング。
49	調査者：	その次は？
50	美奈	：う〜、リスニング。
51	調査者：	じゃあ、リーディングはまあまあなんだ？
52	美奈	：それもダメですけどぉ。
53	調査者：	リーディングの中では、長文と速読みたいなのと、どういうのが自分としてはいや？物語文と理詰めの説明文。
54	美奈	：説明文。

55	調査者	：それは慣れとか。
56	美奈	：わけのわからない単語がわぁっと出てくるのが。
57	調査者	：文脈から guess するのとかは？少しできるようになった？
58	美奈	：はい。xxxx
		（友達の声や笑い声が入ってよく聞き取れない）
59	調査者	：じゃあ、授業受けて一番変わったのは何だろう？
60	美奈	：英語に対する取り組み。
61		ちょっとくいつく感じに。前はすぐ諦めてま、いいや、っていう感じになったんですけど、とりあえずがんばって、っていう感じになってきた。
62	調査者	：それはどうしてそうなったんだろう？
63	美奈	：なんだろう？(間)わかりたい。
64	調査者	：そういう気持ちが出てきたのね。
65		すごいね。
66		やればわかるって感覚が出てきたってことだね、長文に向き合う気持ちが。
67	美奈	：はい、まあ。。。
68	調査者	：どうもありがとう。

補遺 9-4　回顧インタビューデータ(4)多恵

1　調査者：あなたはもともとできてたんだけど、さらにこんなに伸びました。何か特別な勉強をしたの？
2　多恵　：授業中とか塾とかでいっぱい読んでたかな。
3　調査者：塾？
4　多恵　：塾も行ってました。
5　調査者：授業のどんなところが特に良かったと思いますか？
6　多恵　：普段から、早く読むことを意識してたから。
7　調査者：私の授業はちょっと変わってたと思うけど、ああいうふうに読むのはどうでしたか？
8　多恵　：う〜ん、自分の実力が上がってるっていうことはあまり感じなかったんですけど、でも、同じ長文読んでても、友達の見方と、自分の見方が違ったりしてたんで面白かったです。
9　調査者：違ってたときはどうした？
10　多恵　：うん、友達の見方と違って、じゃ、自分の見方がどこが違ったんだな、とか、ここが勘違いしてるんだから、見方の差が出たんだっていうのをなぁんとなくだけどわかってきたから、そういうのは成長したかなって思いました。
11　調査者：そのへんがこの点数に影響したのかな？
12　多恵　：あんまり確信はないんですけれども。
13　調査者：山田先生の速読の方はどうでしたか？やってて早くなったとか。
14　多恵　：単語を見るだけで意味がわかるようになった。
15　　　　　前は読まないとわからない、心の中で読んでってぇ、なんか理解してるって感じだったんですけど、なんか、目で見て、意味がわかってきた。
16　　　　　文章全体じゃないんですけど、単語単語で、たとえばworkって書いてあったら、あ、workだなって思ってから意味を理解する感じ？
17　　　　　日本語にどんどん訳してった感じなんですけど、でも、そうじゃなくて、でも、意味を想像していくような、読み方になったような気がします。
18　　　　　あの状況をイメージして。

　　［後略］

補遺 10　因子負荷量

	因子				
	I	II	III	IV	V
19	.810	-.109	.206	-.239	.044
28	.773	-.158	.197	.003	-.024
13	.662	.182	-.017	.030	.161
16	.565	.004	-.115	-.148	-.303
20	.520	.144	.180	-.031	.120
09	.511	-.161	-.048	.149	.016
10	.459	-.019	-.093	.166	.230
12	.413	.291	-.105	.232	.198
15	.314	-.012	-.006	.285	-.225
22	-.172	.844	.202	.021	.113
18	.180	.771	-.264	-.033	-.193
07	-.159	.762	.057	-.412	.137
21	-.246	.734	.254	.130	-.176
23	.296	.632	.133	-.119	-.047
17	.357	.594	-.134	-.022	-.207
27	.206	.044	.695	-.256	-.100
25	-.200	.138	-.661	-.058	-.226
26	-.279	.128	.642	-.070	-.301
30	-.314	-.090	-.551	.046	.231
01	.305	.101	.330	.116	.288
04	-.136	-.090	-.083	.863	-.160
05	.233	-.127	-.237	.814	-.342
02	.045	-.147	.152	.585	.303
03	.145	.145	.416	.425	-.197
06	.304	.210	-.024	.321	.082
29	.083	-.108	-.043	-.183	.727
24	-.158	.029	.388	.285	-.691
11	-.148	.413	-.237	.284	.430

因子抽出法：主因子法
回転法：Kaiser の正規化を伴うプロマックス法

補遺 11-1　タスク・ベースのストラテジー使用状況の英語運用能力別比較(1)指導前

(1) 指導前 (N=32)

(Pre-task)

	#1	#2	#3	#4	#5	#6	#7	#8
上位群	.29	.71	.29	.29	.29	.00	.00	.43
中位群	.27	.64	.36	.00	.27	.00	.00	.09
下位群	.31	.92	.38	.08	.08	.15	.08	.08
合計	.87	2.27	1.03	.37	.64	.15	.08	.60

(In-task)

	#9	#10	#11	#12	#13	#14	#15	#16
上位群	.71	.29	.14	.29	.00	.57	.43	.43
中位群	.73	.18	.55	.09	.09	.36	.55	.36
下位群	.92	.23	.46	.08	.15	.23	.31	.46
合計	2.36	.70	1.15	.46	.24	1.16	1.29	1.25

	#17	#18	#19	#20	#21	#22	#23
上位群	.00	.14	.00	.14	.00	.14	.14
中位群	.00	.00	.00	.00	.09	.00	.27
下位群	.00	.00	.08	.00	.23	.23	.23
合計	.00	.14	.08	.14	.32	.37	.64

(Post-task)

	#24	#25	#26	#27	#28	#29	#30
上位群	.57	.57	.57	.29	.29	.00	.00
中位群	.73	.45	.45	.18	.09	.00	.00
下位群	.38	.23	.15	.15	.15	.00	.23
合計	1.02	1.25	1.17	.62	.26	.00	.23

補遺 11-2　タスク・ベースのストラテジー使用状況の英語運用能力別比較(2)指導後

(2) 指導後（N=32）

(Pre-task)

	#1	#2	#3	#4	#5	#6	#7	#8
上位群	.63	.25	.25	.13	.25	.00	.00	.25
中位群	.55	.45	.27	.00	.55	.00	.00	.09
下位群	.62	.31	.15	.00	.31	.00	.08	.23
合計	1.80	1.01	.67	.13	1.11	.00	.08	.57

(In-task)

	#9	#10	#11	#12	#13	#14	#15	#16
上位群	.88	.13	.38	.13	.13	.50	.25	.63
中位群	.82	.09	.55	.27	.00	.55	.73	.18
下位群	.77	.08	.38	.23	.00	.62	.38	.62
合計	2.47	.30	1.31	.63	.13	1.67	1.36	1.43

	#17	#18	#19	#20	#21	#22	#23
上位群	.00	.00	.00	.13	.13	.25	.25
中位群	.09	.00	.18	.09	.09	.18	.64
下位群	.00	.00	.23	.08	.23	.23	.38
合計	.09	.00	.41	.30	.45	.66	1.27

(Post-task)

	#24	#25	#26	#27	#28	#29	#30
上位群	.50	.75	.50	.13	.13	.13	.00
中位群	.36	.55	.45	.27	.09	.27	.00
下位群	.38	.38	.38	.08	.15	.15	.08
合計	1.24	1.68	1.33	.48	.37	.55	.08

補遺 12　表 5.5　知らないこと・わからないことを教えてもらう

上位群	中位群	下位群
○わからない単語の意味を教えてくれたり一緒に考えてくれる(遥) ○段落の並び替えが苦手な私が教えてもらったり、話し合った(亜) ○問いに答えるとき、どのように言ったらよいかを一緒に考えてくれた(多) ○並べ替えでどのような考え方でその答えになったのかを教えてもらった(多) ○話の流れを簡単にまとめて説明してもらった(多)	○話の流れがわからないとき、読むためのヒントを教えてもらった(と) ○1つの単語にいくつかの意味を持つこと(は) ○わからない単語、文を教えてもらい、文が読みやすくなった(つ) ○お話の面白さ(わからなかったとき)(は)	○わからない単語を教えてもらった(な) ○単語のわからないところを教えてもらった(の) ○知らない単語があったとき教えてもらった(み) ○段落の要旨で抜けているとき教えてもらった(み) ○自分では考えられなかった文章の結末を友達が考えたのを聞いて理解できた(な) ○オチがよくわからないときに話を聞いたらわかった(み) ○意味のわからない段落を教えてもらった(ぬ) ○難しい文章で流れが掴みにくいときに大まかなことを教えてくれたから読みやすくなった(ほ) ○よくわからないところを教えてもらう(吾)
〈協働読み〉	〈協働読み〜受身〉	〈受身〉

補遺 13　表 5.6　意見を出し合う

上位群	中位群	下位群
○わからない単語は教えあえた(あ) ○わからない単語の意味を話し合って予測した(え) ○わからない単語をわかるように知っている知識を出し合った(こ) ○ある一文の意味などを話し合えた(い) ○オチを一緒に考えた(え) ○わからない問をみんなで考えた(え) ○読む前の話の予測をみんなの意見を取り入れて考えると面白かった(遥)	○オチの候補が1つ以上になったとき、前の部分を指摘し合って1つに選べた(か) ○単語の意味がわからなかったとき、皆で話し合ったら想像できた(お) ○段落の並び替えを考えるとき互いに意見を出しあい修正した(と) ○注目する単語がお互いに違っていたときに、時制を表す単語への注目を学んだ(由)	○わからない単語について話し合って憶測をつけられた(き) ○単語の意味などみんなで考えることができた(ほ) ○わからない単語があり文の意味がわからないときに友と一緒に単語を考えて文を予測していくこと(智) ○いろんな意見が出るので、内容がわかりそのストーリーについての感想まで言い合える(の) ○段落の順番を考えるとき、協力したほうが考えやすい(す) ○より正しいストーリーにたどりつける(の) ○話の流れについて話し合って、良くわかるとオチもわかる(き)
〈協働読み〉	〈協働読み〉	〈協働読み〉

補遺 14　表 5.7　理解を深める

上位群	中位群	下位群
○その場の状況が読めた（け） ○登場人物がどういう考えを持っているのかがわかった（け）	○オチの理解が深まる（お） ○オチの理解度が深まった（う） ○オチの理解をみんなで話し合って理解できた（理）	○みんなでわからないところを辞書を引かずに考えるためより内容を深められる（の） ○話の方向性を常に考えながらできたので文脈から先を読み取ることが容易になった（ふ） ○話の流れを考えるときにわかりやすい（す）
〈文脈理解〉	〈内容理解〉	〈単語〜文脈理解〉

補遺 15　表 5.8　修正

上位群	中位群	下位群
○話の流れを間違えて解釈したときに正しいものを教えてもらった（こ）	○話の流れの方向が違ったときに訂正してもらう（さや） ○段落の並べ替えで間違った方向に行ったのを修正してもらった（う） ○1つの単語には様々な意味があるので勘違いしたときに修正してもらえた（し） ○話の大筋を聞き、自分の間違えに気づいた（つ）	○話の流れを考えるとき、間違った方向に行ったのを修正してもらった（ね） ○勘違いしているところを直してもらった（ぬ） ○思い込んでいたところが本当は違っていた（へ）
〈協働読み〜受身〉	〈協働読み〜受身〉	〈受身〜協働読み〉

補遺 16　表 5.9　リーディング・スキルを学ぶ

上位群	中位群	下位群
なし	○話の流れから単語の意味を理解したので覚えられた（理） ○まわりから単語の意味を考える（美） ○文の流れで覚えた単語は忘れない（美） ○単語は前後を読めばわかりやすくなる！（に） ○流れには段落ごとにキーワードがある（は） 〈単語理解の仕方・マクロメタ認知〉	○一つ一つちゃんと読まないでバーと読んで大体の内容を理解すること（智） 〈タスクベース・ミクロメタ認知〉

補遺 17　表 5.10　視野を広げる

上位群	中位群	下位群
○次の展開の予測のとき、色々な意見を聞けた（い）	○話の予測を話し合って、様々な考えを知れて読むときに視野を広げて読めた（か） ○展開をたくさんの人と回し読みし、たくさんのアイディアに触れることができた（う）	○オチの理解などを考えるときいろんな意見が出たので視野が広がった（ち） ○わからない単語や予測などを言い合う中で、色々な考えができた（へ） ○話の予測、オチ、タイトルを考えるとき個人個人の考えを知ることができるから（ほ）

補遺18　表5.13　協働学習の問題点

	上位群	中位群	下位群
おしゃべり	○無駄な話が増える(遥) ○話し合わずにだらだらと話してしまう(亜)	○うるさい(理) ○うるさくなる(美) ○関係ないおしゃべりが入ってしまう(つ) ○話し合いにおける主旨がずれてくる(さ) ○話が変な方向に進むと誰も止められない(に) ○話題がそれる(は)	○話し合いをしようとしたら話が別の方に行き、私語が多くなってしまう(智) ○しゃべりやすい(吾) ○少し不要なおしゃべりをしてしまう(ふ) ○関係ない話もしてしまいがち(き)
他人頼り	○自分で考えないで人の答えだけ頼ってしまう人が出てくる可能性がある(こ) ○自分でよく考える前に聞いてしまう(あ) ○自分自身で深く考える前に友達に聞いてしまうこと(多) ○真面目に参加しない人がいるとちゃんと取り組めない(い) ○他人に頼りきってしまう人が出る(え) ○集団で思い込むとその話題のことしか議論しなくなる(け)	○自分のできなかったところ、間違いがわからなくなる(お) ○読む前から話の流れを他の人が話してしまっては問題(と) ○人に頼りすぎることがある(は) ○(意見を言う人と言わない人の)役割が決まってくる(さや) ○意見を言う人と言わない人の偏りが見られる(と) ○集中できない(理) ○考えがバラバラになることがある(でも話し合えばまとまります)(か) ○話がそれる(は)	○1人で読もうとしなくなるときがあった(ほ) ○自分ひとりが考えなくても他の人のプリントを写せば見かけ上、理解したように見える(ち) ○わからないところを他人にいつも聞いてしまい自分ではよくわからなかったりする(智) ○自分の意見が他の人に左右されてしまうこともある(へ) ○グループの人数が多いほど他の人の意見に流されやすくなる(ち) ○意訳を思い込んで進めると修正できなくなる(の) ○少し時間がかかることがある(み) ○意見がまとまりにくくなる(ふ) ○みんなが分からないと話がストップ(す) ○自分のペースで文章を読んでいくことができない(な)

補遺 19　表 5.14　個別学習が良いとき

上位群	中位群	下位群
○じっくり<u>自分で考える</u>とき(あ) ○展開の予想など<u>自分の考え</u>で書くとき(あ) ○自分の実力を知りたいとき(い) ○試験みたいな問題のとき(多) ○問題を考えて解くとき(遥) ○作業的に解ける問題のとき(文法、知識を問われる問題)(け) ○話の趣旨等がすぐに分かったとき(け) ○集中したいとき(亜) ○どんな問題でも、まず個人で考えなければならないと思う(え)	○最初に一通り読むとき(その後はみんなで話し合ったほうがいい)(か) ○簡単な物語(と) ○自分で考えなくても答えが出てしまうことがある(う) ○人の考えに左右されず自分の中で話の<u>イメージ</u>を作ることができる(つ) ○要旨を掴むとき(お) ○問に答えるとき(並べ換えなど)(は) ○難しい説明が述べられているとき(由) ○速く読む！というプレッシャーにあまりかられない(マイペースになれる)(に) ○じっくり読める(理) ○自分のペースで読める(理) ○タイトルを考えるとき(か)	○集中したいとき(吾) ○話題があまりにもずれてしまうとき(ふ) ○簡単で理解しやすいものは一人の方が速く終わる(へ) ○<u>自分の考えをしっかり持てる</u>(ほ) ○タイトルを考えたり質問に答えるとき(ほ) ○すぐに人に聞かないで<u>1人でじっくりと話の内容を考えることができる</u>(智) ○分からない単語があまりないとき(き) ○速読できる(す)

補遺20　表5.15　協働学習による英語学習の変化

	上位群	中位群	下位群
自己効力感	○文章全体の流れを掴むようになった(け) ○あきらめずに読むようになった(こ) ○よくわからない文も前後からだいたいの意味を推測できるようになった(え) ○自分の意見を英語で伝え友達の意見を聞き取る(あ)	○読解力がついた(う) ○すらすら読めるようになった！！(理) ○問題を先に読むようになった(か)	○長文が読めるようになった(す) ○長い文章でも最後までとりあえず読めるようになった(み) ○よくわからない文があっても前後の文から意味を推測できるようになった(み) ○3年生の一番初めのテストで偏差値が一気に下がり、その後もズルズルと低い状態を行ったりきたりしていたが、分割で長文の読解力がとても上がったと思う(ち) ○知らない単語を前後の文章から推測するようになった(ふ) ○わからない単語を予想するようになった(智)
情意フィルター	○前より英文を読むのが楽しくなった(遥)	○長文を読むのが楽しくなった(美) ○英語が好きになった(う) ○長文に対する気持ちの変化(読みたくないという気持ちが減り、読みやすくなった)(さや)	○長文にチャレンジするようになった(の)
動機付け	○洋画や洋楽などに興味を持つようになり英語が好きになったので意欲的になった(多)	○積極的に洋楽を聴いたり洋画を観るようになった(つ)	なし
社会性	○みなで話し合う癖がついた(亜)	○わからないときに話し合うことができた(由)	○みんなで話し合うようになった(智)

補遺 21-1　表 5.16　協働学習に関するコメント（1）メリット

	上位群	中位群	下位群
協働学習のメリット	○最初は大変だーと思っていたけど回を重ねるごとに楽しくなりました(遥) ○毎回色々な長文を読み、色々な種類の問題を解いて勉強になった(え) ○周りの皆と協力できてよかった(け) ○少人数で楽しかった(こ) ○分からないところを補いあえた(亜)	○話し合ったりしてとても楽しかった(か) ○よくわかると思う(お) ○楽しい授業だった(う) ○楽しくてよいクラスでした(さや) ○たのしかった(由) ○色々な意見が聞けて良かった(と) ○長い文章を読むことに対しての抵抗がなくなってきた(理) ○たくさんの英文に触れることができた(つ) ○人と一緒に読むことでアドヴァイスしあえて学習を深めることができた(に) ○様々な単語がわかるし、楽しかった(美) ○長い文章を読むことに対する抵抗がなくなってきた(そ) ○脱線しつつも話あいの中で物語を読めました(由) ○曲を聴いたりが良かった(さや) ○みんなでできて楽しかった(さや)	○グループ内で話の展開を考えるのが楽しかった(す) ○色々な英語の文章を読めて楽しかった(き) ○考え方が広がった(と) ○理解が深まる(へ) ○長文の内容が前よりわかるようになったと思う(な) ○少人数だったので気楽だった(み) ○グループでやるのは楽しかった(ほ) ○わからないところを教え合ったり話し合えるのが良い(の) ○わからないところを言い合っていたのでいろいろと参考になった(み) ○みんなで楽しく相談をしながらできた(ま) ○みんなで笑って楽しくできた(ま) ○いろんな種類の英文が読めて、力がついたし、速く読めるようになった(ち) ○GTECを2回受けたことで英語力を確かめることができてよかった(ち)

補遺 21-2　表 5.16　協働学習に関するコメント(2)デメリット

	上位群	中位群	下位群
デメリット	○英語力が上がったのかどうか、実感がなくわからない(多) ○話してしまって困った(亜)	○わからない長文も多かった(な) ○少しうるさかった(つ)	○毎回授業が延びた(自己評価用紙記入のため*)(ぬ) ○少しうるさかったので、集中しにくかった(み) ○たくさん当てられて困った(ぬ) ○同じ人ばっかり当たっている気がした(ち) ○人が少ない(ね)

＊筆者による補足

＊6章のエピソードの登場人物との対応は以下のとおりである。
　　　りんごグループ　亜紀(亜)
　　　　　　　　　　　由美(由)
　　　　　　　　　　　智恵(智)
　　　　　　　　　　　大吾(吾)
　　　みかんグループ　遥香(遥)
　　　　　　　　　　　さやか(さや)
　　　　　　　　　　　理沙(理)
　　　　　　　　　　　美奈(美)
　　　　　　　　　　　多恵(多)

補遺22　書き起こしデータ（エピソード #1）

1　由美：そうなの、
2　亜紀：ちげえよ、
3　由美：ど、ど、どうなの？（笑）同じ、同じ。
4　　　　それはいい、大吾君、どうなの？［大吾は無反応］
5　由美：（笑）帽子を、寝てる間に取ってきて、はい、って
6　亜紀：そのときナッツを投げつけたらしいんだよ。
7　由美：そう、ナッツをサンボに投げつけてきて。。。
8　智恵：マ、マーチェント？マーチェントとかに投げつけて来てるんだよ。
9　　　　そう、投げつけてるんだよ。
10　　　 え、Sambo was a merchant.
11　　　 あ、マーチェント。。。
12　亜紀：サンボは帽子売り。
13　　　 「帽子売り」、言うかな？
14　　　 Throw them at the merchant。。。
15　智恵：あ、xxx なっちゃった。漢字間違えただけだよ。
　　［みんなが口々にしゃべる］
16　xx　：なかなかいい、頭がいい。
17　智恵：サルがナッツを、ナッツを投げつけて、｜それで、なんだっけ？
18　亜紀：　　　　　　　　　　　　　　　　　　｜うん、はい、なんですか・
19　智恵：それでなんでサンボに投げつけたの？
20　亜紀：え、だから。。。
21　　　 で、全部帽子を取られちゃったから、ま、そんな1つ｜じゃ意味がない
22　智恵：　　　　　　　　　　　　　　　　　　　　　　　　｜1個。。。
23　　　 帽子は1個しか持ってなかったの？
24　亜紀：いや、いっぱい持ってたの。
25　智恵：いっぱい持ってたの？ぼろぼろ持ってたの？お金持ってたの？
26　亜紀：帽子売りだから。
　　［中略］
29　　　 ［ICレコーダーを持って］あ、すみません。よく声がきこえてると思って。
30　由美：（笑）

31　智恵：サンボは帽子ほぼ取られて、もう帽子なんか全部いらねえよ、みたいな？
32　亜紀：そ、そ、そ、そういうことになりますね。
33　由美：え、そうなの？
34　亜紀：じゃないの？
35　由美：帽子、なに？
36　亜紀：帽子、売りたいのに、もうサル達が使っちゃったからって意味じゃないの？
37　由美：使っちゃったから、なに？
38　亜紀：え、もう、1つなんかいらねえよ、みたいな？
39　由美：なに、xxxx［意味不明］
40　亜紀：1つなんかいらねえ。。。
41　由美：なにが？
42　智恵：Take this one, too. は？
43　亜紀：それも持って｜け、みたいな。
44　智恵：　　　　　　　｜持ってけよ、みたいな？
45　　　　全部いらねえよ、みたいな？
46　亜紀：　　　　　　　　　　うん。
47　智恵：はあ、
48　亜紀：なんかありますか、なんかありますか？
49　由美：1個あっても、｜別に売れねえよ、｜みたいな？
50　亜紀：　　　　　　　｜うんうん、　　｜ああ、
51　由美：意味ない、ってことか。なんか。
52　亜紀：ああ、
53　亜紀：なんかさっきから無言ですよ、彼は。
54　　　　［大吾の反応を見ながら、しばらく待っているが］
55　　　　だめだっ。（笑）
56　　　　よし。
57　智恵：返されてた。xxxx
58　調査者：ここ、もう1回考えて。
59　亜紀：はい、喜んだ。
60　xx　：なんとか、かんとか。
61　智恵：喜んだにしては、xxx。xxx。

62	亜紀：	・・・てか、両方あるじゃん、たしか。。。
63	智恵：	ふうん（笑）
64	由美：	xxxx が怒った。
65	亜紀：	これ、違うらしい。
66		帽子屋が邪魔だった？
67	由美：	違うでしょ！（笑）
68	亜紀：	［歌っている］（笑）
69	智恵：	見えないところには、帽子もサルたちが取った、みたいな感じでしょう？
70	由美：	そうそう、自分のことばで書いてみて xxx
71	智恵：	はっとしたらなんとかかんとか？
72	亜紀：	だよね。xxxx とは限らない。
73	由美：	そうだよね。
		［どのような順に並べるか、みんなが口々にしゃべっている］
74	智恵：	並び順は xxxx
75	亜紀：	A。じゃ、みんなで一緒に行こう！
76		いっせえのぉせ、A-B-C、ん？
77	智恵：	わからない。
78	亜紀：	ぜんぜん違う、っていうか、みんな違う。
79	智恵：	ていうか、私は基本的に違う。xxxx
80	智恵：	最後 C か F かどっちかって迷ったけどぉ。
81	亜紀：	F 違わない？
82	智恵：	C-F？じゃ、F-C？
83	亜紀：	だってこいつは、自分の道を、めっちゃ早く、可能な限り、めっちゃ早く降りた［went on his way as quickly as he could］、っていうんだから、これ［段落 C］は最後じゃない？たぶん。
84	由美：	可能な限り早く降りたって、じゃあ、なんで？
85	亜紀：	え、なにが、なんで？
86	由美：	なんで、サンボウは頼んで
87		"Sambo was pleased and surprised."
88	亜紀：	わあい、って喜んだんだよ。
89	由美：	頼んで、喜んだ？
90	亜紀：	え？頼んだの？ "pleased" って、頼んだ、か？

91　由美：なんで驚いたの？
92　亜紀：え、わかんない。
93　　　　え、なんで？
94　　　　知らないでーす！
　［中略］
101　由美：He was answered by a lot of strange sounds って何？
102　亜紀：ええと。。。
103　由美：たくさんのおかしな音が彼の上の木から。。。
104　亜紀：違う、彼の上の木から。。。
105　　　　あ、すんません。
106　　　　わかった、わかった！
107　　　　彼が answered 答えられるじゃん！答えられるってわかんないけど、
108　　　　や、彼の上に木があんじゃん。
109　　　　そこから、変な音が聞こえて、でぇってなって、うぇ、っと見て見たらぁ、中に 2、30 匹くらいのモンキーがぁ、こう、うぇっとか、うわっとか
110　智恵：気持ち悪い
111　由美：じゃあ、（笑）B と D［段落］が反対だよ。
112　亜紀：でしょ？
　［中略］
159　智恵：それが、戻ってきて
160　亜紀：うんうん、
161　智恵：バックも戻ってきて
162　亜紀：いや、バックって、そう意味のバックじゃないよ、たぶん。
163　智恵：あ、そうなの？
164　亜紀：うん、後ろって意味だよ、バックって。バッグー、たぶん G だよ。
　　　 xxxxx
165　亜紀：帽子とバック（笑）っていうから、なんかおかしいなあ、と思った（笑）。
166　　　　そういうことかぁ。勘違いの理由がさぁ。
167　智恵：(笑)
168　亜紀：ま、いっかぁ！
169　智恵：あれ、ええと、帽子が戻ってきてぇ、で、彼はぁ。
170　由美：うんうん、back into bag っていうふうに。

171	亜紀：	あれ、ほんとだ、back into bag だ、おもしろい。
172		で？
173	智恵：	xxxx
174	亜紀：	だから、その、なに、行く道を、名詞なのかどうかわかんないけど、それを、ま、自分のできるだけ早く、降りてった。
175		この方(かた)はたぶんねぇ、ヒッピーか何か。。。
176	由美：	picked up all his cap って、なに？
177	亜紀：	え、だから全部、自分の帽子を、拾って、持ち上げて、xxxx
178	智恵：	あ、そういうことか。
179	由美：	Take this one, too

［中略］

227	由美：	you have taken all the other capsxxx
228	亜紀：	だから、君達はもうほかの全部 cap 持ってるから、これももうやるよ、って。だからもう持ってケェ。
229	由美：	one cap is no use to me.
230		うん。。。
231	智恵：	ははん。ははん。
232	由美：	でもさぁ、
233	亜紀：	うん？ Then?
234	由美：	if he xxxx だったらさあ、なんか、ううう、なんか、ううう　m・・・
235	智恵：	（笑い）　う〜〜
236	亜紀：	なんか？
237	智恵：	（笑）
238	由美：	うううううう。。。
239	亜紀：	なんかやってた？
240	智恵：	なんか、なんか
241	由美：	ううううう。。。
242	亜紀：	なんかやってたね。それ、井上の方もやって・・
243	智恵：	（笑）
244	由美：	4本、
245	智恵：	（笑）
	xxxxxxx	
246	由美：	いやとくに意味はない。

247 智恵：xxxxx
248 由美：xxx
249 智恵：xxx
250 亜紀：置くとかいろんな意味あるけどさあ、
251 由美：ちょっとさあ、［段落の並び替えの］順番にさあ、疑問を抱き始めてきたよ、私は。
252 亜紀：なんだよぅ？
253 由美：ムー、ムー、ムー。
254 亜紀：♪〜もういくつねるとお正月
255 由美：マンキー
256 亜紀：だから、ぬぐ、脱ぐって、なんだ？
257　　　 え、うそ、降りるとかだと思う、これ、たぶん。
258 由美：う〜ん、う〜ん、
259 亜紀：マンキー、帽子じゃない、キャップ、オー、マンキーて言えばいい。
260 亜紀：いやあ、・・・かな？これでいいや。
261 由美：あ、なあに、そうか、起こったことを想像して書くのか。
262 亜紀：そうだよ、そうだよ。
263　　　 参考にするのFじゃん？
264 由美：そうか、そうか、わたしさ、てっきり、てっきりてっきりってか。
　［中略］
301　　　 正直なところォ、大吾君、こういうマイクの持ち方できるの？
302　　　 大吾君もォ、こういうマイクの持ち方したことないと思いますけど。
303　　　 小学校のときから、毎回これで笑わせて来たからぁ、
304 ？？：xxx
305 亜紀：大吾君、ちょっとしゃべってみてくれる？
306 大吾：・・・
307 亜紀：ドーは！［歌うように］
308　　　 ふふふじゃねえよ。ふふふじゃ。［強い口調で］
309　　　 ドーは！［歌うように］
310 智恵：looking up って上を見る？
311 亜紀：そうそうそう。
312　　　 ミーは！［歌うように］
313 由美：hard ってなに？モンキーが hard, hard みたいな？

314 亜紀：ええとね、う〜、went through でいいじゃん。
　［中略］
345 由美：亜紀、大吾君が怒ってるよ。すごい怒ってるよ。
346 大吾：ぼくはぁ！そういう ｜ 亜紀さんがそんなに嫌いじゃないです。
347 由美：　　　　　　　　　｜ 真面目にやりたいって。
348 智恵：(笑)
349 由美：毛糸帽って言うよねえ。毛糸帽。
350 亜紀：あ、ウール？うんうんうん
351 由美：え、ウールって違うの？
352 　　　ウールっていったら毛糸だよね？
353 亜紀：はははははははは
354 　　　ウールって言ったら毛糸帽だよ。
355 　　　羊だけじゃなくない？
356 　　　キツネだって、ウールだよ。
357 　　　牛の毛は？
358 　　　え、なんか、馬の毛？
359 由美：え、
360 亜紀：(笑)なんの毛？羊か？あれは、考える。
361 亜紀：(歌う)「ひとつだけ〜」［歌うように］

補遺 23-1　ワークシート #1(1)課題文

(原文：315words)

[A]　Sambo was a merchant. He sold caps. Once he had a stock of fine, red woolen caps which he wanted to sell in a town. To *get to* this town he had to go through a forest. Sambo was a poor man so he had to travel on foot. He *set out* early one morning and walked until noon. Then he sat down in the shade of a large tree to have his lunch. It was a very hot day, and after his meal he lay down to have a little sleep. But first, he took one of the caps out of his bag, and put it on his head.

[B]　"Oh!" he said, "there are the thieves." Picking up some stones he threw them at the monkeys. *At once all the monkeys began to pick the hard nuts that grew on the trees and to throw them at the merchant.* The poor man did not know what to do. He protected himself as best as he could. When the monkeys had stopped throwing nuts at him, he took off the cap that he was wearing, and threw it at the little thieves.

[C]　*Sambo was pleased and surprised.* He picked up all his caps, put them back into bag, and went on his way as quickly as he could.

[D]　He was answered by a lot of strange sounds in the trees above him. Looking up he saw twenty or thirty monkeys, all wearing red, woolen caps!

[E]　When he woke up he found that his bag was empty; not one of his caps was left! "Help! Help!" he cried angrily. "Thieves have stolen all my caps."

[F]　"You have taken all the other caps," he cried. *"Take this one, too. One cap is no use to me."*

補遺 23-2　ワークシート #1（2）問題

Worksheet

3-　　名前_____

1. 正しい順序に並べ替えなさい。
[A] → [　] → [　] → [　] → [　] → [　]

2. [F]の言葉はどのようなことを言っているのですか。説明しなさい。
_____
_____

3. [B]の斜体字のようなことが起こったのはなぜですか。説明しなさい。
_____
_____

4. [C]で Sambo が歓んだり驚いたりしたのはなぜでしょう。斜体字の文の前に起こったことを想像して英語で書きなさい。
_____
_____

5. 大まかな話の流れを 60 字以内で説明しなさい。

6. [A]の get to, set out, を英語一語で表しなさい。

get to =

set out =

7. 今日の理解度を ○ で示す　　　0　20　40　60　80　100 %
8. 今日の満足度を ＊ で示す　　　|___|___|___|___|___|

9. 協働学習で良かった点：_____
_____

10. 協働学習で次回改めるべき点：_____

補遺 24　書き起こしデータ（エピソード #2）

［小声で xxxx］
1　由美：you would begin to だから、
2　智恵：うんうん。
3　由美：考え｜始める、でしょう？
4　亜紀：　　｜考え始めるだろうということを知ってる？
5　由美：考え始めようとしていた？
6　大吾：うー、うー、xxx じゃないの？
7　亜紀：考え始めようとしていたこと｜を
8　由美：　　　　　　　　　　　　　　｜考え始めるであろうということを知って
　　　　　　　　　　　　　　　　　　　た。
9　亜紀：｜ん？だから、考え始めるだろうな｜ってことを知ってた
10　由美：｜う？　　　　　　　　　　　　　｜考え始めようとしていたってこと
　　　　　　　　　　　　　　　　　　　　　だよ。
11　亜紀：うん、ふ(笑)くどいんだけど。
12　　　　くどいじゃん、それ。もっとスマートに、しようよ。
　（間）
13　由美：ここから、ここから、on our way とか。
14　亜紀：うん、だから、｜あの。。。
15　智恵：　　　　　　　｜xxxx ねえ。
16　亜紀：自分の｜
17　由美：　　　｜自分自身の道にある、人生の道みたいな？
18　亜紀：う、ちゃう、なんか現実っつうか、あれだよ。。。
19　由美：帰ってきてんの？
20　智恵：xxx っての？
21　由美：うん？
22　智恵：なんか。
　［中略］
29　亜紀：our way to the station だったら、人生の生き方でしょう？
30　　　　生き方でしょ？生き方じゃねえ？
31　　　　our way. 生き方じゃねえ？人生じゃねえ？
32　　　　生きざま？

33	由美：	We're on our way．［課題文を音読する］
34	亜紀：	あ、だから、
35	由美：	だから、人生の中に、
36	亜紀：	あはは。（笑）
37	智恵：	うふふふ、あははは。
38	亜紀：	たぶん、あれだろ？
39		だから、だから、
40	由美：	人生の、
41	亜紀：	だから、その、旅行に行くところだよ。
42		行く道だよ
43	由美：	そうか。

［中略］

45	由美：	じゃ、Can you drive slowly?　［課題文を音読する］
46		できましたか。なんで、なんで。。。
		［父の台詞 why? に対応していると思われる］
47	亜紀：	なんか起こった？
		［why? に続く What's the matter? に対応していると思われる］
48		起こった？　［同上］
49	由美：	What's the matter?　［課題文を音読する］
50	亜紀：	［歌う］
51	大吾：	the matter。。。　［つぶやくように］
52	亜紀：	matter ん、起こった、起こった？
53		What happened? と同じじゃん？

［中略］

61	大吾：	［電子辞書を見ながら］ああ、あったぁ。
62		うう。on the one's way.　［もごもごと］
63	亜紀：	on one's way だよ。
64	大吾：	ううう、途中で。
65	智恵：	途中で。
66		あ、だから、私達は行ってる途中じゃないの、みたいな、言い方？

［中略］

74	亜紀：	アイロンのスイッチ消したっけ、かな？
75	由美：	どこ？

76　亜紀：turn offってそうだよね？
77　智恵：turn off。
78　亜紀：うん、
79　智恵：じゃ、これは、私はアイロンのスイッチを消しまぁ。。
80　亜紀：消しましたか？
81　智恵：消しました。
82　　　　消しましたか？
83　亜紀：うん。
84　　　　あ、わたし、わたし、消したっけ？みたいな。。。
85　智恵：あ、これ、車の中？え〜、電話とかじゃなくて。
86　亜紀：電話じゃない！
87　　　　これ、車、車、車、4人、車。
88　智恵：あ、これ車だったんだ！
89　亜紀：これ、全員、車。
90　智恵：じゃ、これでもっとドライブゆっくり行ける、って思ったんだ。
91　亜紀：うん、だからもっとゆっくり運転したまえ、って言って。
92　智恵：だけど、消したかどうだかわかんないから、xxx
93　亜紀：だからぁ、ここで、あ、なに？
94　智恵：うん、
95　亜紀：ここで、なんでぇ？なんで？
96　　　　なんか起こったの？って。
97　　　　あ、おれ、今、全然速くないけど、みたいなこと言うじゃん。
98　智恵：うん、うん、
99　亜紀：いや、違うよぉ。
100　　　じゃあ、これたぶん、旅に必要なもの、っていう意味じゃん？
101　　　旅に必要な｜ものがもやっとしてんのよ。
102　智恵：　　　　｜うん、　　　　　　　　｜うん。
103　亜紀：たぶんアイロン消し忘れたら、家に戻ってきた｜いじゃん。
104　智恵：　　　　　　　　　　　　　　　　　　　　｜うん。
105　亜紀：ということは、たぶん思い出してぇ。
106　　　　で、やだぁ、じゃぁ、アイロン｜のことまた考えた｜りしてんだろ、みたいな。
107　智恵：　　　　　　　　　　　　　　｜うん、うん、　｜うん、うん、

　　[中略]

113 智恵：あ、だから、この奥さんはぁ、いっつも、アイロン消したかな、どうかなって。。。
114 亜紀：電気消したかな、ガス消したかな。
115 智恵：火事になったらどうしよう、みたいな？
116 　　　そういう人なんだぁ。ふうん。

補遺 25-1　ワークシート #2(1) 課題文

200X/11/28

3- (　　) 名前 _____

Mrs. Johnson　: Is everybody ready for the trip?　Oh, Kate, your bag looks too full. You should take out a few things.
Kate　: I can't, Mom.　I need everything I've packed.
Mrs. Johnson　: Remember, Kate, we're going only for a week.　David, can you take the garbage outside?
David　: Sure…when I finish eating this apple.
Mr. Johnson　: David, do it now!　We must leave home in the morning.　The streets are very busy in the afternoon.

Ten minutes later, the Johnson family are in their car about eight miles from their home.

Mr. Johnson　: I can't believe it.　We're on our way now.
Mrs. Johnson　: Oh, no!　Can you drive slowly?
Mr. Johnson　: Why?　What's the matter?　I'm not driving too fast.
Mrs. Johnson　: No, it's not that.　I'm trying to remember something important. Did I turn off the iron?
David　: Oh, Mom.　I knew you would begin to think about the iron again.
Kate　: Yes.　You always think about that when we go on a trip.　And each time, we have to go back home.
David　: And the iron is NEVER on.
Mr. Johnson　: It's all right, everyone.　I don't know why I didn't have this idea before.　I brought the iron!

(注) garbage　ごみ　　iron　アイロン

補遺 25-2　ワークシート #2(2)問題

200X/11/28

3- (　　) 名前 _____

Worksheet

1. What is the situation of this conversation?
   _____

2. Who are these people? What are they doing first?
   Mrs. Johnson: _____
   Kate: _____
   David: _____
   Mr. Johnson: _____

3. What did Mrs. Johnson say just after they started?
   She said, " _____

4. What was Mr. Johnson's *good idea*?
   To _____

5. Write the summary of about 80 words.
   _____
   _____
   _____
   _____
   _____(　　words)

振り返り	全然わからない			理解した	
1. 初めの理解度	1	2	3	4	5
2. 終わりの理解度	1	2	3	4	5
	良くない			良かった	
3. 今日の協働学習は良かったと思いますか？	1	2	3	4	5

　理由： _____
   _____
   _____

4. 次回がんばりたい点は何ですか？ _____

補遺 26　書き起こしデータ（エピソード #3）

1　理沙　：ああ、わかった、わかった、わかった。
2　　　　　ひらめくって、
3　遥香　：　　　　　　そう、それそれそれ！
　　　　　　［みんな、それぞれ単語を考えている］
4　理沙　：あ、u-u-u-・・・あったような気がすんだぁ。
5　　　　　ごめん。
　　　　　　［遥香が電子辞書を持って戻ってくる］
6　美奈　：心配になるって、なんだ？
　　　　　　［遥香が電子辞書を持って戻ってくる］
7　理沙　：先生、どうでしたっけね？wo・・・
　　　　　　［さやか遥香美奈それぞれプリントに書き込んでいる］
　　　　　　［理沙は美奈を覗き込んでから自分の答えを消しゴムで消す］
8　理沙　：なんて［出てる］？
　　　　　　［遥香の辞書を手に取る］
9　　　　　かわいいこれ。
10　遥香　：　　　　　　じゃ、occ とか入れてみたら？
11　理沙　：でも違うかも。なんかねえ、うろ覚え。
12　　　　　ああ、c を 3 回も入れちゃった。
　　　　　　［遥香はニコニコしながら理沙を見ている］
13　理沙　：「気づく」なんかあった？
　　　　　　［ドンと大きな物音がする］
14　理沙　：ああ、びっくりしたぁ！［さやかと顔を見合わせる］
15　さやか：なんかあったよねえ。［遥香は辞書を調べている］
16　遥香　：［辞書を見ながら単語を読む］flush
17　理沙　：かっこいい！
　　　　　　［みんな、一斉に単語をプリントに書き込む］
　　［中略］
25　教師　：できたら周りの人と見せ合って足りないところを足したり消したりしてください。
26　理沙　：one, two, three,...［中略］eighteen,［だんだんゆっくりと］nineteen, twenty.

27	美奈	：遅い！
28	理沙	：31、32、［中略］40、41、42、43、44。
29		44文字だったよ、先生。
30	教師	：いいよ、それくらいで、それくらいしか入らないでしょ、そこに。
31	遥香	：43。ああ、負けた！
32	理沙	：やったぁ！
33		あっ、付け足していい？
34	遥香	：ふふ、ダメって言｜ったら付け足さないの？
35	美奈	：　　　　　　　　｜閃くってなに？
36	理沙	：閃くってflushだって。Flush.
37	美奈	：フラッシュ？あ、あ、freshをaに変えればいい？
38	遥香	：いやぁ、違う！flush、flush、
39		［辞書を見ながら］flush、flush.

［中略］

51	美奈	：「なになにの代わりに」って？
52	さやか	：代わりに？
53	理沙	：［しばらく考えてから、左手で口元に触りながら］for
54	美奈	：心配。Forだけでいいの［笑］？
55	理沙	：forなんとかしかわかんないよ［と、言いながら、目の前にある自分の辞書ではなく、遥香の辞書に手を伸ばす］
56	遥香・理沙	：あはは［笑い］
57	遥香	：［辞書で単語をみつけ美奈に教える］xxx
58	理沙	：え、forだけ？来たぁ！
59	美奈	：［遥香の顔を見ながら］「彼女の代わりに」、どっちを先にするの？
60	遥香	：［美奈の顔を見ながら］for her
61	理沙	：え、え、え、え、カバーステイション、コンバー・・・
62	遥香	：カバーステイション？
63	理沙	：コンバーサッション？
64	遥香	：会話。
65	理沙	：カンバ、［首を振り振り考える］あ、会話！
66		ああ、カンヴァーセーション。
67	遥香	：カンヴァーセーション。［笑］ふふふ。
68	理沙	：シチュエーション、ああ。

69　遥香・理沙：あははは。［大声で笑う］
70　美奈　：アイロン持ってきてた。［ボソッと］
71　理沙　：［美奈のプリントを見ながら強気で］持って来ればいいんだ。
72　美奈　：持ってきた。［はっきり念を押すように］
73　理沙　：あ！お！ほんとだ！
74　美奈　：アイロンを、
75　さやか：　　　　持ってきてたの？［のけぞって、あっ、という顔］
76　理沙　：やだあ、変わっちゃったぁ！
77　遥香　：はっきりしたね。
78　理沙　：いいんだぁ、みたいなね。
79　　　　　どんだけテンネンなんだよ、こいつ［ジョンソン夫人］。ありえねえよ。
80　美奈　：家に帰るよ。
81　遥香　：二重に忘れてるよ。
82　理沙　：うにゃ〜！
　　　　　　　［遥香は辞書を引いている。理沙は鼻をこする］
［中略］
92　教師　：［美奈に］この文、主語がないよ。
　　　　　　　［教師は隣の遥香の答えもチェックする］
93　理沙　：remember...
94　美奈　：あ、お父さん！
95　　　　　え？
96　遥香　：ほんとだ！
97　美奈　：わかった！
98　理沙　：え、おい、おい！え？
99　理沙　：あ、父ちゃん、父ちゃんが持ってきたんだ。
100 さやか：xxxx の性格読んで。
101 理沙　：あ、っていうか、ケイト、デイヴィッド、ってジョンソンじゃないじゃん！
　　　　　　　［美奈の顔を見る］
102 美奈　：だからさっき言ったじゃん！
104 理沙　：あ。［手で口を押さえる］
105 遥香　：あははははは。

106 美奈　：一人芝居してるみたいだよね、って。
　　　　　　［理沙は頭をかかえて横を向く］
107 さやか：違うよね、って。［美奈を見る］
108 　　　　だって、1人でしゃべってんだったら、全部おんなじでいいじゃん。
109 理沙　：ああもうやだ。
　　　　　　［両手を広げて指を開き机の面に向けて］
109 　　　　わかったわかったみんな！

補遺27 書き起こしデータ(エピソード#4)

【エピソード#4】
1 川島先生：じゃ、前田さん。
2 前田　　：Sunday.
3 川島先生：(文を読む)Staring at him. 富田さん、わかる？
4 富田　　：・・・
5 川島先生：
6 橋本　　：bed
7 川島先生：そう。
8 橋本　　：(友達に小声で)ありがとう。
9 川島先生：(文を読む)How comes? あ、4は何ですか？
10 西野　　：How come
11 川島先生：はい、どういう意味ですか？ How comes ですね。児玉さん。
12 児玉　　：xxxxx
13 川島先生：大きい声で。
14 児玉　　：どうやって。
15 川島先生：はい、そうですね。小高さん。
16 小高　　：dream
17 川島先生：そうです。どういう意味かわかる？
　　　　　(小高・横井が低い声でしゃべっている)
18 小高　　：(唐突に、しかし遠慮がちに)なんで How comes?
19 原　　　：forget
20 川島先生：(視線はプリントに向けて)あ、How come ですね。S いらない。何だかおかしいと思ってたんだ。
21 　　　　　6は？
22 原　　　：forget
23 (女子)　：言ったよ、先生大丈夫？
24 川島先生：言った？(黒板を見る)
25 　　　　　あたし、書いてない。

補遺 28　ワークシート #4

communicate with her.

Charo　: Arf, arf !

Tomoko : You're kidding.

Charo　: Arf arf ! I understand. Arf arf ! I'm from Japan ! Arf arf !
　　　　　 I ⁸(　　　　) to go back to Shota. Arf arf !

Tomoko : Charo, you need to slow down. Once again …
　　　　　 Your owner is an eight-year-old boy named Shota.
　　　　　 If this is ⁹(　　　　), bark … twice.

Charo　: Arf arf !

Tomoko : Oh, my …

Tomoko grabs a piece of ¹⁰(　　　　　) and pencil … and starts to draw a picture. She shows it to Charo.,

Class _____　No. _____　Name _____

Little Charo (2)

Episode 42 The Two Dreams   /10

1. **Dictation Practice**

   One [1](   ) morning, Charo wakes up to find Tomoko staring at him. [2](   ), Tomoko picks him up and carries him to the [3](   ).

   Tomoko : Charo, are you from Japan? Your Japanese owner... Is his name... Shota?

   Charo : Yes! How [4](   ) you know? Arf!

   Tomoko : Oh, this is insane.

   Tomoko chuckles to herself.

   Tomoko : You see. I had this weird [5](   ) last night. There was an old woman who called herself...Andorra! She said you were from Japan and ... Oh, [6](   ) it. It's just a dream.

   Charo : Andorra!? She appeared in your dream? Arf arf arf!

   Charo barks hard.

   Tomoko : Hmm... Okay, Charo. If you [7](   ) me, bark twice.

   Half jokingly, Tomoko is trying to see if Charo is really able to

補遺29　書き起こしデータ（エピソード #5）

1. 川島先生：あ、じゃ、明子さん。
2. 明子　　：それはわかんない。
3. 川島先生：え、だって、ずっと欲しくて取り戻したりしてたんだよね？
4. 明子　　：え、また？
5. 川島先生：また欲しくなった。
6. 　　　　　はい、そこがポイント！
7. ？　　　：で〜、知らないふりをしたの。
8. 川島先生：え、どうして知らないふりしたの？
9. ？　　　：気分。
10. 川島先生：気分？（笑い）
11. 　　　　　あ、愛子さん。
12. 愛子　　：xxxxx
13. 女子　　：ああ、そういうことか！
14. 恭子　　：ラッシーだと飼っちゃダメって言われるから、知らないふりして。
15. 川島先生：うん、うん、
16. 恭子　　：xxx
17. 川島先生：じゃ、恭子さんに賛成の人？
18. 　　　　　え、何て言ったかわかった？
19. 恭子　　：この犬がこの前飼ってたラッシーじゃないって言って、も1度飼おうとした。
20. 川島先生：え、どうして知らないふりしたの？
21. 愛子　　：え、ラッシーだとダメって言われるから。
22. 川島先生：え？
23. 愛子　　：飼っちゃダメって。
24. 川島先生：誰が飼っちゃダメって？
25. 愛子　　：え、お母さん。
26. 川島先生：え。お母さんが飼っちゃダメって言うの？
23. 　　　　　飼おうとしてたのは誰？ラッシーをもう1度飼おうとしてたのは？
24. 　　　　　この he っていうのは・・・・・duke が言ったんです。
25. 　　　　　Duke はやっぱりもう1度ラッシーを飼ったんですよね。で、飼うためには。．．．

26.	紀子	：だからお父さんはお金とかなくて、貧乏だったからラッシーを売っちゃった。
27.		ええと、duke はラッシーがほしかったからあの、あ、ちょっと待って。
28.	川島先生：	あ、いいよ。
29.	紀子	：ラッシーだと知っちゃったらお父さんがまた売っちゃったりするかもしれないから。
30.		あの、お金とかあげるからこの犬は知りませんって duke はわざと言って知らないふりをして。
31.		あの、あ、なんだろう、もらってもらう、あの、あの、ああ、だめだ。
32.	川島先生：	ああ、じゃもう1回愛子さん。
33.	愛子	：ラッシーがかわいそうだと思ったから、もう1回飼う。
34.	川島先生：	もう1回誰が飼うの？
35.		xxxxxxx
36.	川島先生：	え、じゃ、duke はラッシー連れて帰らなかった？愛子さん。
37.	愛子	：かわいそうだと思った。
38.	川島先生：	うん、いいよ、いいよ。かわいそうだと思ったから？寛志君。
39.	寛志	：4行目のラッシーが細くて毛が汚かったからわからなかった。
40.	川島先生：	ほんとにそう思ってたの？
41.	寛志	：思ってた。だからマジ、他の犬だと思ってたんだよ。体型が変わってるから。
42.	川島先生：	他の犬だと思ったけど、I need a dog keeper. って何で言ったかわかる？
43.	（女子）	：何となくわかる。
44.	川島先生：	他に？俊夫君はどう思う？
45.	俊夫	：・・・
46.	川島先生：	寛志君の意見に賛成？duke はこの犬は別の犬だと思ってた？そう、そう思う？この duke が言ったんでしょ？"I don't know this dog," he told the boy's father. お父さんに、少年のお父さんに言ったの。なんでお父さんに言ったかっていうと、あ、わかった？紀子さん。
47.	郁子	：お父さんが言ったんですか？

48.	川島先生	：なんでそう言ったか？
49.	紀子	：日本語がわかんない。（おしゃべり）
50.	川島先生	：じゃ、悠子さん。
51.	悠子	：Joe に返したかったけど、そのまんま返すとお父さんがまたどっか売っちゃう。
52.		Joe のために、Joe に返してあげるためにはそのうちで飼わなきゃならないじゃないですかぁ。ジョーと一緒に暮らすためには、ラッシーが、だから、ええと、公爵は欲しいんですけど、飼える人がいないので、あのー、そのー、お金とか家はあげますから、飼い主になってくれませんか、みたいな。
53.	川島先生	：え、じゃ、このラッシーは Joe とお父さんと一緒にそれまでの家で暮らして Duke とは別に暮らしたの？
		え、ここがポイント！ And so at last the duke got Lassie - together with Joe and his family.（恭子、おしゃべり）
54.		恭子さん、どうした？家族ごと、どうした？
55.	恭子	：家族ごと、一緒に飼った。
56.	川島先生	：まあ、そうとも。
		孝子さん、どう？
57.	孝子	：公爵もラッシーはほしいけど、それでジョーと引き離しちゃうとかわいそうだし、だからと言ってジョーの元に戻すとお父さんに売られちゃうから、だから、自分も満足できるし、っていうんで、お父さんも飼い主として雇って家族ごと自分の家に越してきてもらって、世話をしながら暮らしてもらう。
58.	川島先生	：はい、えー、孝子さんの意見に賛成の人、Raise your hands!
59.		Duke はラッシーのこと、わかってたけど、1 回連れて帰ったら逃げ出してしまって、また同じこと繰り返したら、結局自分のものになんないから、みんなが満足するように。ジョーとお父さんとラッシーとそこに残しとくとお父さんがまた売っちゃうかもしれないし、みんなが幸せに暮らせたらいいなと思って、飼い主として雇ったっていうことですね。

補遺 30-1　ワークシート #5(1)課題文

Lassie Come-Home

A　Joe loved his dog Lassie. They lived in a little town in England. Everyday Lassie came to meet Joe after school. A duke in the town had many dogs. He wanted Lassie, too. Joe's father was poor and needed money. He sold Lassie.

Lassie ran away from the duke. She went to school to wait for Joe. But the boy had to take her back. He was crying, but he said, "Stay here. You must not come to meet me again."

Then the duke sent Lassie far way from England.

B　Lassie was in the duke's house in Scotland. But she ran away again. She ran for days and days. She went through many towns. People tried to catch her. She had to swim across lakes and rivers. She ate grass. She cut her feet. She became sick.

An old man gave her food. Soon she became better. She said thanks with her eyes. Then she began to run again.

Many months went by. Then one day Joe saw a dog at the school door. It was Lassie !

C　At home Joe's mother was angry. "Why did you bring that dog here?

"Because Lassie wanted to come home," he said.

The duke came to Joe's house. Lassie was thin and her hair was dirty. She had cuts on her feet and ears.

"I don't know this dog," he told the boy's father. "But I need a dog keeper. Come to work for me. I will give you money and a house. Bring your family and your dog."

And so at last the duke got Lassie – together with Joe and his family.

補遺 30-2　ワークシート #5(2)問題

② Are the statements true (T) or false (F)?

1. The name of Joe's dog was Lassie. _____
2. Joe and his dog lived in a little town in Scotland. _____
3. Everyday Lassie came to Joe's school. _____
4. Lassie loved the duke. _____
5. The duke sent Lassie far away from England. _____
6. Lassie had to swim across the ocean. _____
7. At last Lassie lived with the duke, Joe and his family. _____

4. WRITING

① Summarize each paragraph.（要約）

A _____

_____

_____

B _____

_____

_____

C _____

_____

_____

② Write what will happen next? (この物語の続きを書きなさい。)

_____

_____

_____

_____

_____

_____

_____

Class _____　No. _____　Name _____

1. PRE-READING

Look at the picture.

1. What do you think this story is about?

2. Can you guess what happens?

2. VOCABULARY

Write the meaning of the following words.

town _____	angry _____
duke _____	thin _____
sent _____	hair _____
grass _____	dirty _____
feet _____	keeper _____
go by _____	at last _____

3. COMPREHENSION

① Answer the questions.

1. Why did Joe's father sell Lassie?
   _____

2. What did Lassie do after she was sold?
   _____

2. What did the old man do for Lassie?
   _____

3. Why did Joe bring Lassie home?
   _____

5. How was Lassie when the duke came to Joe's house?
   _____

あとがき

　振り返れば、2011年3月11日。あの大震災の日に立教大学大学院異文化コミュニケーション研究科長(当時)である鳥飼玖美子先生から博士論文が最終審査に合格した旨、メールをいただきました。
　また、おかげさまで思いのほか早い時期に出版の機会をいただき、ほんとうに幸せです。博士論文の完成がほぼ確実になった2010年の晩秋、お茶の水女子大学英文学会でお目にかかった外山滋比古先生が「こう言っちゃ何だけど、その年でよくがんばったね」とおっしゃってくださいました。先生に出版のご報告ができることを嬉しく思います。
　アカデミックな世界とは縁の無い生活を送っていた私がここに至るまでに、すばらしい方たちとの出会いによるいくつかの大きな転機がありました。
　まず、20年ほど前、私が中学校で教育実習をしたときの指導教官だった先生から講師のお話がありましたが、その直前に当時3歳の娘が幼稚園の入園を決めたところでしたし、2人の小学生の息子を抱えておりましたので、涙を呑んで先生のお誘いをお断りしました。しかし、その後も先生のお誘いは続き、3年後、娘が小学校に入学する年に再びお電話があり、「もういいでしょ？」とおっしゃったのです。あの先生の一言が私の背中を押してくださって、私は教育の世界に入りました。ちょうど40歳になったところでした。
　次に、大学院に入るきっかけを作ってくださったのは、母校お茶の水女子大学の故佐々木嘉則先生でした。中学校の非常勤講師を務めて7年ほど経った頃、自分の知識が枯渇していっているような不安を覚え、佐々木先生の授

業に時折お邪魔していたのですが、あるとき、先生のお誘いでロッド・エリスの第二言語習得に関する講演を聴きに行きました。早稲田大学で行われたエリスの講演は私にとって衝撃的でした。こんな世界があるのかと胸の高まりを感じました。その直後、立教大学でもエリスの別の講演があるというので出かけたところ、社会人向けの昼夜間開講の大学院が新たに設立されることを知りました。研究科長は鳥飼玖美子先生でした。鳥飼玖美子さんといえば、アポロ11号の月面着陸を西山千さんと同時通訳なさった、私たち世代の人間にとって憧れの方でしたから、面接でお目にかかれるだけで幸せと思い受験しました。おかげさまで入学を許可していただき、その後、前期課程後期課程併せて9年間も立教大学にお世話になることになりました。そこでは、「奥さん」や「○○ちゃんのお母さん」でなく、「津田ひろみ」としてのアイデンティティをもって生きる場所を与えられ、夜遅くまで、あるいは早朝に起きて専門書を読み、講義に出席して新しい知識を吸収し、レポートを書きました。母と講師と院生と嫁…ひとり何役もこなしていても毎日がたまらなく楽しくて、睡眠不足など少しも苦にならないくらい院生としての毎日は充実した時間でした。

　修士論文を提出したのがちょうど50歳。その後の後期課程在籍の7年間は自分の体力・視力・能力の限界との闘いとも言える日々でした。ことに立教大学の小山亘先生にバフチンやフレイレ、ヴィゴツキー、デューイなど社会文化理論に関連する論文を次々に紹介していただきましたが、どれも私にとってひどく難解で、ついて行くのに必死でした。でも、それは同時に新しい世界が開けるようでわくわくする時間でもありました。

　そして2011年3月、ようやく博士論文が大学に受理されましたが、大震災の影響できちんとした学位授与式も修了式もなくなり、長年の夢だったキャップとガウンを身に纏って壇上で学位をいただくこともなく、私は9年間の大学院生活に終止符を打ちました。それからしばらくの間は、まるで大海原に漂う一枚の木の葉のように、孤独で不安でたまらない時間を過ごしましたが、次第に研究会や学会を通じて仲間の輪が再び広がって行きました。久米昭元先生と研究科の仲間が立ち上げてくださった「ドクターの会」も心の強い支えでした。そんな時期に博士論文の出版が決まったことは、研究者

の仲間入りをしようとしている私にとって大きなはずみとなりました。

　この本を2012年ロンドンオリンピックの年に出版できることは、最高のタイミングでした。なぜなら、今回のオリンピックではチームや団体競技の躍進が目立ち、メダリストたちは「このメダルはひとりでは獲れなかった。みんなで獲ったもの」「感謝の気持ちでいっぱい」「素敵な仲間たちとチームで笑えた」とコメントしていましたから。ひとりではできないことを仲間と一緒に達成する。しかも、互いに依存し合うのでなく、ひとりひとりがチームの中で責任を果たす。これは正に、協働学習がめざすゴールです。テレビで選手たちの活躍やインタビューを見て心を揺さぶられた人は少なくなかったと思いますが、学習でも同様に、仲間と学ぶことによってより高いゴールに到達し、学ぶことの喜びや自分にもわかるという達成感を味わうことが可能となるのです。そのような感動を学習者にぜひ経験してもらいたいと私は願っています。（諸々の事情により、出版は2013年11月に延期になりましたが、私の願いは今も変わりません。）

2013年6月
津田　ひろみ

索引

A
agency 37, 38
animator 203
apprenticeship learning 227
author 203

B
Benson 36, 44, 129, 130

F
FTA 168, 207, 218, 235, 286

G
GTEC 90

H
Holec 36, 37, 39, 40, 43, 64, 129, 172

I
inner speech 83
interaction 83
I-R-E 55, 184, 194, 233, 266, 286

J
Johnson and Johnson 7, 49, 122, 222

K
kaleidoscopic view 118
KJ法 9, 31, 102

M
microscopic view 101, 118, 175
multiple direction 241

O
O'Malley and Chamot 20
Oxford 16, 47

P
PIES 54
PISA 2
proactive 46

R
reactive 46
Rubin 19, 129

S
self-regulation 79
SILL 15, 16, 17, 18, 23, 32, 114
SPEAKING 104
state 32, 92, 96, 117
stimulated recall interview 26, 33

T
telescopic view 101, 118, 175
think-aloud 25, 27, 93
trait 32, 92, 96, 114

Z

ZPD 理論　88, 132, 158, 166, 200, 214, 225, 233, 257, 271, 286

あ

アイデンティティ　159, 240
曖昧さ（ambiguity）　19
秋田喜代美　74
足場掛け（scaffolding）　36, 166, 154, 276

い

意思決定　39
異種混交性　227
今ここ　167, 215, 216, 237, 256
因子分析　98
隠喩的コード・スイッチング　188, 200, 205, 211, 215, 225

う

ヴィゴツキー（Vygotsky）　7, 59, 62, 74, 75, 259

か

カーニバル　8, 43, 53, 67, 72, 75, 170, 219, 233, 234, 239
外言　51, 63, 88
回顧インタビュー　25, 26, 33
階層性　257, 260
階層的フレーム　291
カイ二乗分析　98
解放の教育学　8
学習指導要領　2
学習者中心　6, 13, 35
学習者要因　27
学習段階（learning stage）　19
学習日誌　31
学習プロセス　36, 148, 159

課題提起型教育　52, 69
過程　32, 88, 223
関係性の格率　212, 216

き

気づき　34, 123
教育心理学講義　59
協調の理論　199
銀行型教育　52, 62, 69, 103, 129, 135, 154, 168

け

権威　7, 27, 43, 45, 50, 53, 66, 87, 131, 153, 166, 223, 239, 240, 273
言及指示性　104, 105, 185, 238
言語学習ストラテジー　16

こ

効果量　97, 120
交話的機能　104
国際教育到達度評価学会　3
互恵的　49, 54, 89, 251, 253
5件法　23
個人差　15, 47
ことばの民族誌　104
個別学習　43
コミュニケーション・モデル　102
混成的構文　65
コンテクスト　29, 31, 32, 33, 41, 79, 153, 155, 185, 189, 190, 210, 216, 218, 224, 239, 249, 287

さ

差異　276
再帰的　87, 159, 266
サイバネティクス的モデル　103
差別化　277, 288
三角測量　6, 11, 26, 34, 92

参与枠組み　201, 203

し

思考の主体　50, 87
自己効力感　134, 135, 163, 166
自己修正　156, 168, 207, 214, 250
自己中心的ことば　63, 85
自己調整　32, 33, 134, 137
自己内対話　256
自省的サイクル　126
詩的機能　104
指標的　81
社会化　38, 138, 227, 252, 273, 285
社会コンテクスト　46
社会指標性　105, 185, 186
社会ストラテジー　20, 40
社会的階層性　260
社会的コンテクスト　13, 47
社会的出来事　37
社会的役割　201, 219, 226
社会文化理論　15
習熟度　26, 27, 28, 29, 30
習熟度別　3, 11, 71
集団意思決定　182
主体的　223
情意ストラテジー　20
情意フィルター　163, 165, 166, 255
状況的コード・スイッチング　188, 215, 218
自律の度合い　87
親疎関係　215
身体の時間　258, 271
信頼性（reliability）　25, 26, 30

す

垂直の人間関係　267
水平の関係　248, 252
スティグマ　228

せ

成績至上主義　260
背伸びとジャンプ　52, 58
前提的コンテクスト　202, 204

そ

相互行為　42, 43, 51, 61, 87, 93
双方向コミュニケーション　72, 74, 184
外付けの権威　243

た

ターン（発話順）　231, 238, 266, 274
対話　10, 14, 52, 64, 70, 74, 75, 76, 166, 170, 172, 223, 224, 240
対話理論　7
他者修正　156, 168, 207, 212, 267
多声（polyphony）　51, 65, 69, 74, 155
脱コンテクスト化　153, 155, 239, 246, 261, 267
多様性　44, 261

ち

力関係　54

て

テーマ　277
出来事モデル　105, 153, 184
適切さ　24, 41
テクスト　190, 192, 205
テクスト化　209, 231
天井効果　123

と

同一性　276
導管メタファー（conduit metaphor）　61, 66
動機づけ　134, 148, 163, 166

動能的機能　104
時計の時間　271
トップダウン　30, 182
どんでん返し（転覆）　68, 191, 205, 248, 286

な

内言　51, 63, 88
内的説得力　66, 70, 72, 205, 286
内的変化　219

に

二極化　5
日本協同教育学会　48, 57
認知ストラテジー　20
認知段階　20

ね

ネガティブ・フェイス　209, 217

の

能動的な聞き手　224

は

バーバル・レポート　25
発達の最近接領域理論　7
バフチン（Bakhtin）　7, 59, 64, 65, 66, 74, 172, 184
反復　192, 236

ひ

ヒエラルキー（階層）　53, 68, 74
東アジア型教育の危機　3
表出的機能　104
平等な参加　55
被抑圧　45, 62, 169, 245

ふ

ファシリテータ　59, 89, 291
フェイス　188
腹話術　65
フッティング　186, 201, 203, 225
プラハ構造主義　104
フレイレ　59, 75, 129, 172
フレーム　185, 201, 286
フロア　214
プロセス　136, 291
プロトタイプ　194
分散分析　113

へ

ヘッジ　188, 203, 211, 286

ほ

ポジティブ・フェイス　218
ボトムアップ　30, 182

ま

マクロ・メタ認知　73, 88, 149, 157, 159, 175
マクロ・メタレベル　161, 169, 173
マクロ・レベル　215, 217, 249, 284
学び合い　88, 171
学びの「共同体」　293
学びの内化　214, 276

み

ミクロ・メタ認知　73, 119, 149, 156, 175
ミクロ・メタレベル　161, 169, 173
ミクロ・レベル　217, 237, 246, 252, 267, 284

め

メタ・メッセージ　210
メタ言語機能　104, 246
メタ的視点　25, 47, 59, 69, 161, 171, 226, 276
メタ認知　6, 11, 33, 37, 159
メタ認知ストラテジー　7, 11, 20, 40
メタ認知力　4, 42
メタ認知レベル　215, 227
面子　168, 208

も

モダリティ　203, 238, 252
モノローグ　226
模範（modeling）　166

や

役割　53, 170
ヤコブソン　103

よ

様態の格率　202
抑圧からの解放　43

り

リカート・スケール　18, 23, 24, 25
理念型　53, 102, 173
量　277
量の格率　200
隣接ペア　191, 199, 226, 231

れ

レーマ　277
レジスター　187, 201, 286

ろ

6機能モデル　192

わ

ワーチ（Wertsch）　27, 63, 64, 65

[著者] **津田ひろみ** (つだ・ひろみ)

略歴
お茶の水女子大学文教育学部英語英文学科卒業、立教大学大学院異文化コミュニケーション研究科博士後期課程修了、2011年学位取得（異文化コミュニケーション学）。十数年にわたり中学校を中心として、小学校・高等学校・短期大学で非常勤講師を務め、帰国生を対象とした英語教育にも携わってきた。現在、明治大学・東京農工大学・実践女子大学・他で英語基礎科目および英語科教育法関連科目を担当。学習ストラテジー研究に始まり、協働学習・学習者の自律・メタ認知・動機づけを主な研究テーマとしている。

主要著作・論文
A pilot study on learner autonomous development through collaborative learning in listening classes at a university in Japan（『明治大学国際日本学研究』4 (1)、明治大学国際日本学部、2012）、「自律的学習者の育成をめざす協働学習の役割：中学校英語リーディングクラスの教室エスノグラフィーの分析」（『異文化コミュニケーション論集』10、立教大学、2012）、「学習ストラテジー指導を取り入れた小学校英語活動」（共著、『中部地区英語教育学会紀要』38、2009）、『CROWN PLUS English Series Level 1』（編集協力、三省堂、2006）など。

シリーズ言語学と言語教育
【第29巻】
学習者の自律をめざす協働学習
中学校英語授業における実践と分析

発行　2013年11月28日　初版1刷

定価	6800円＋税
著者	©津田ひろみ
発行者	松本功
装丁者	吉岡透 (ae) ／明田結希 (okaka design)
印刷所	三美印刷 株式会社
製本所	株式会社 星共社
発行所	株式会社 ひつじ書房 〒112-0011　東京都文京区千石2-1-2 大和ビル2F Tel 03-5319-4916　Fax 03-5319-4917 郵便振替　00120-8-142852 toiawase@hituzi.co.jp http://www.hituzi.co.jp/

造本には充分注意しておりますが、落丁・乱丁などがございましたら、小社かお買上げ書店におとりかえいたします。
ご意見、ご感想など、小社までお寄せ下されば幸いです。

ISBN978-4-89476-617-4　C3080
Printed in Japan

【刊行書籍のご案内】

シリーズ言語学と言語教育　23
学習者オートノミー　　日本語教育と外国語教育の未来のために

青木直子・中田賀之 編　　定価4,800円＋税

時代の変化に対応した新しい形の言語学習を可能にするものとして、外国語教育や日本語教育の関係者の間で、学習者オートノミーへの関心が高まっている。本書は、学習者オートノミーの研究と実践のエッセンスを紹介することを目的として編まれた論文集で、アンリ・オレック、デビッド・リトル、フィル・ベンソンら学習者オートノミー研究の第一人者が執筆者に名を連ねている。学習者オートノミーに関して日本語で読める初めての本格的な書。英語版：Mapping the Terrain of Learner Autonomy: Learning environments, learning communities and identities. 2009. Tampere, Finland: Tampere University Press.

シリーズ言語学と言語教育　26
第二言語習得における心理的不安の研究

王玲静 著　　定価5,800円＋税

第二言語習得における心理的不安の実態と本質を実証で明らかにする。日中両国の学習者の共通点と相違点を取り扱う点が、独創性がある。実践から提案する不安の軽減策は、研究者と教育者にとって非常に有益な情報となる。第二言語習得研究全般及び心理的不安の研究のレビューは、第二言語習得研究及び不安を含め動機づけなどの情意要因に関して勉強を始めようとする人にもぴったりの一冊。巻末に詳細なアンケート調査資料を付す。